普通高等教育“十一五”国家级规划教材
普通高等教育汽车车身设计学科方向规划教材

汽车人机工程学

主　编　杜子学
副主编　左言言
参　编　温吾凡

机 械 工 业 出 版 社

本书内容从汽车工程学科学生的知识结构需要出发，着眼基础和实际运用，将内容限制在汽车人机工程设计上。在介绍汽车人机工程学的一些基本原理和概念的基础上，重点讲述汽车布置设计、空间尺寸设计、视野设计、座椅设计、人机系统设计、室内环境设计等内容，书的最后也专门补充了人体模拟技术在汽车人机工程设计中的应用等知识，特别强调车身设计特色。全书内容共分九章，第1章为概述，第2章~第6章介绍了汽车人机工程学设计的具体知识，第7章内容为汽车车室环境评估，第8章介绍了计算机辅助汽车人机工程设计技术，第9章作为全书总结，对汽车人机工程中的几个重要问题进行了讨论。

本书可作为汽车设计、车身设计、工业设计等专业方向本科生学生的教材，也可供汽车设计人员和相关设计人员参考。

图书在版编目（CIP）数据

汽车人机工程学/杜子学主编. —北京：机械工业出版社，2011.2（2018.1重印）

普通高等教育“十一五”国家级规划教材　普通高等教育汽车车身设计学科方向规划教材

ISBN 978-7-111-35635-6

Ⅰ.①汽…　Ⅱ.①杜…　Ⅲ.①汽车工程—人—机系统—高等学校—教材　Ⅳ.①U461

中国版本图书馆CIP数据核字(2011)第165033号

机械工业出版社(北京市百万庄大街22号　邮政编码100037)
策划编辑：尹法欣　责任编辑：尹法欣
版式设计：霍永明　责任校对：佟瑞鑫
封面设计：王伟光　责任印制：李　洋
三河市国英印务有限公司印刷
2018年1月第1版第4次印刷
184mm×260mm·13印张·321千字
标准书号：ISBN 978-7-111-35635-6
定价：32.00元

凡购本书，如有缺页、倒页、脱页，由本社发行部调换

电话服务	网络服务
服务咨询热线：(010)88379833	机工官网：www.cmpbook.com
读者购书热线：(010)88379649	机工官博：www.com/cmp1952
	教育服务网：www.cmpedu.com
封面无防伪标均为盗版	金 书 网：www.golden-book.com

前　言

汽车人机工程学是汽车工程学科中一门新的分支，其实质是人机工程学在汽车上的应用。针对汽车（车身）设计而言，它的任务是：使车身设计适应驾驶者和乘坐者的人体结构的要求，使车身的“空间几何”和“人机界面”设计做到容纳合理、乘坐舒适以及主动安全。

因此，本书从汽车工程学科学生的知识结构需要出发，着眼基础和实际运用，将内容限制在汽车人机工程设计上（国外学术、技术界称之为 Automotive Ergonomics）。在介绍汽车人机工程学的一些基本原理和概念的基础上，重点讲述汽车布置设计、空间尺寸设计、视野设计、座椅设计、人机系统设计、室内环境设计等内容，书的最后也专门补充了人体模拟技术在汽车人机工程设计中的应用等知识。本书特别强调车身设计特色。

本书第 1、3、7、8、9 章由重庆交通大学杜子学教授编写，第 2、6 章由江苏大学左言言教授编写，第 4、5 章由杜子学教授和原吉林工业大学车身系主任温吾凡教授编写。

本书在作为汽车设计、车身设计、工业设计等专业和方向学生的教材使用的同时，也可满足汽车设计人员和工业设计人员的实际工作参考之需，编者在和国内知名的长安汽车集团的科研合作中感触甚深。

感谢主审中国农业大学周一鸣教授和原吉林工业大学车身系副主任、重庆交通大学马芳武教授的帮助。

编者

目　录

第1章 概 述

1.1 人机工程学的发展

人机工程学是工程学科中的一个分支，是研究人、机具（包括汽车、飞行器等）及其相关工作环境之间的相互作用的一门学科。该学科在其发展过程中，逐步打破了各学科之间的界线，融合了相关学科的理论、知识和方法，通过完善自身的基本概念、理论体系、研究方法以及技术标准和规范，最终基本形成了一门研究和应用范围都极为广泛的综合性边缘学科。

人机工程学的形成与发展大致经历了三个阶段。

1.1.1 经验人机工程学阶段

19 世纪后期，西方国家工业迅速发展，机械化生产方式和机器大工业日趋成熟，追求效率成为重要目的。而这时的机械设计多以功能的实现为目标，生产的效率与节奏完全由机器所决定，操作者只能被动地跟随机器的节奏工作，以便使机器充分发挥其效率。由于机器设计没有充分考虑人的因素，对操纵机器的工人必须加以选拔与训练，并要尽量创造条件，使他们能保证机器的高效率工作。基于工业生产的实际要求促成了泰勒工效管理方法的产生。

20 世纪初，美国学者 F. W. 泰勒（Frederick W. Taylor）在传统的管理基础上，首创了新的管理方法和理论，并据此制定了一整套以提高工作效率为目的的操作方法，并考虑了人使用的机器、工具、材料及作业环境的标准化问题。其后，随着生产规模的扩大和科学技术的进步，科学管理的内容不断充实丰富，其中动作时间研究、工作流程与工作方法分析、工具设计、装备布置等，都涉及人和机器、人和环境的关系问题，而且都与如何提高人的工作效率有关，其中有些原则至今对人机工程学研究仍有一定意义。因此，人们认为他的科学管理方法和理论是后来人机工程学发展的奠基石。

从泰勒的科学管理方法和理论的形成到第二次世界大战之前，称为经验人机工程学的发展阶段。该阶段的研究者大都是心理学家，其中突出代表是美国哈佛大学的心理学教授门斯特伯格（H. Munsterberg），他提出了心理学对人在工作中的适应与提高效率的重要性，并把心理学研究工作与泰勒的科学管理方法联系起来，解决了选择、培训人员与改善工作条件、减轻疲劳等实际问题。由于研究着眼于心理学，因而在这一阶段大多称本学科为“应用实验心理学”。

经验人机工程学一直延续到第二次世界大战之前。

1.1.2 科学人机工程学

人机工程学发展的第二阶段是第二次世界大战期间。在这个阶段中，由于战争的需要，许多国家大力发展效能高、威力大的新式武器和装备。但由于片面注重新式武器和装备的功能研究，忽视了“人的因素”，因而由于操作失误而导致失败的教训屡见不鲜。据统计，美国在第二次世界大战的飞机事故中，80%是由于人与机器之间关系的原因造成的。失败的教训引起决策者和设计者的高度重视。通过分析研究，逐步认识到，“人的因素”在设计中是不能忽视的一个重要条件；同时还认识到，要设计好一个高效能的装备，只有工程技术知识是不够的，还必须有生理学、心理学、人体测量学、生物力学等学科方面的知识。这一认识标志着人机工程学作为一门独立的新兴学科的形成并进入科学的轨道。

科学人机工程学一直延续到20世纪50年代末，在战争结束后，学科的综合研究从军事领域向非军事领域发展，并逐步把应用在军事领域中的研究成果应用于解决工业与工程设计中的问题，如飞机、汽车、机械设备、建筑设施以及生活用品等。人们开始讨论并提出在设计工业产品时也应集中运用工程技术人员、医学家、心理学家等相关学科专家的共同智慧。在这一发展阶段中，学科发展已超出了心理学研究范畴。由于有许多生理学家、工程技术专家共同进行研究，从而使本学科的名称也被称之为“工程心理学”。其发展特点是重视工业与工程设计中的“人的因素”，研究如何使机器适应于人。

1.1.3 现代人机工程学

20世纪60年代，欧美各国进入了大规模的经济发展时期，科学技术的进步，使人机工程学获得了更多的发展机会。在宇航、原子能利用、电子计算机以及各种自动装置等领域的人—机关系更趋复杂。同时，在科学领域中，由于控制论、信息论、系统论等学科中新理论的建立，使应用新理论和新技术来进行人机系统的研究应运而生。所有这一切，不仅给人机工程学提供了新的理论和新的实验场所，同时给该学科的研究提出了新的要求和新的课题，促使人机工程学进入了系统的研究阶段，称其为现代人机工程学阶段。

现代人机工程学研究的方向是把人—机—环境系统作为一个统一的整体来研究，以创造最适合于人的各种产品和作业环境，使人—机—环境系统和谐统一，从而获得系统的最优综合效能。

近几十年的飞速发展，人机工程学的地位越来越重要，所涉及的领域也不断扩大。目前，该学科的研究、成果及其应用已扩展到农业、制造业、交通运输、医疗卫生以及教育系统等国民经济的各个部门，由此也促进了本学科与工程技术和相关学科的交叉渗透，使人机工程学成为既有深厚理论基础又有广泛应用领域的边缘学科。

1.2 人机工程学的研究领域

人机工程学的研究领域非常广泛，如表1-1所示。在表1-1中，把与人类有直接关系的机械、工具、设施、设备等统一用机具来概括。

表1-1 人机工程学的研究领域

范　围	对　象	例
机具的设计与改进	机械	机床、电子计算机及程序、汽车、船舶、飞机、火箭、飞船、家用电器等
	器具	工具、电话、家具、清扫工具、文具、图书等
	设备	工厂、车间、安全与防灾设备、城市设计与设施
	被服	工作服、生活用服、安全帽、工作靴等

（续）

范 围	对 象	例
作业的设计与改进	作业姿态 作业方法 作业量 工具的选择与放置等	车间作业、监视作业、车辆等的驾驶作业、办公作业等
环境的设计与改进	温湿度 照明、色彩 声响 振动 尘埃 气体等	工厂、车间、控制中心、办公室、车厢（室）、住宅等

可以说，人机工程学的主要研究内容与方向是通过揭示人、机具、环境之间相互关系的规律，以达到确保人—机—环境系统总体性能的最优化。研究主要包括人体特性的研究（例如，人体形态特征参数、人的感知特性、人的反应特性以及人在劳动中的心理特征等）、人机系统的总体设计、信息传递装置的设计、环境控制和安全保护设计等方面。

1.3 人机工程学的相关学科

人机工程学的研究对象是人—机—环境构成的系统，因此与系统工程学有密切关系。系统工程（System Engineering）是一门关于复杂系统的优化设计和优化应用的工程学。系统是一个为了实现某种目的的实体，它由人、机器和其他一些相互作用的事物组成，并实现由个体所不能实现的目标。作为系统工程学的一个分支，管理科学是从人、机械、设备、信息等因素出发，提高管理系统和生产系统效率的学科，它与人机工程学有许多相一致的地方。管理科学的一个分支，作业研究（Work Study）和时间研究（Time Study）是研究如何对劳动进行科学管理。劳动科学则是一门追求最佳劳动的科学，即研究最佳作业方法、最佳作业量、最佳作业工具和最佳作业环境的学科。它与人机工程学中的作业及环境等的设计和改善有许多相同之处。与劳动科学紧密联系的学科有劳动医学、环境医学等；作为劳动科学的基础发展起来的学科有心理学和生理学，它们也是人机工程学的相关学科。此外，要了解人体的特性，必须懂得医学、生物学和计测学；为了掌握人和系统的动态特性，必须运用控制理论。计测学是人机工程学的数据来源，其数学基础是统计学。以上学科都是与人机工程学有密切联系的学科。图1-1所示为人机工程学与相关学

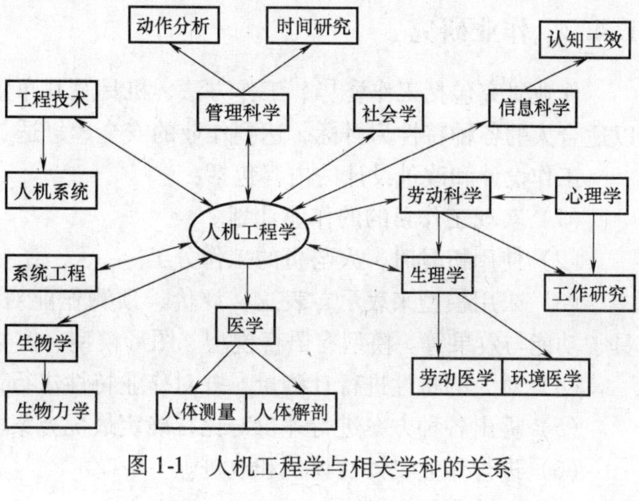

图1-1 人机工程学与相关学科的关系

科的关系。

1.4 人机工程学的研究方法

人机工程学是一门根据人的各种特性，对与人直接相关的机具、作业、环境等进行设计和改进的工程学。因此，人机工程学的研究方法就是一种对人机系统整体进行优化处理的方法。然而实际情况下，很难一开始就达到最优，而是对现有系统的缺点进行了解，不断去除这些缺点，进行阶段性的改进过程。另外，机具与作业环境的研究方法又各不相同，因此对其研究方法应分别加以讨论。

1.4.1 机具

图 1-2 所示为机具的设计与改进的一般方法。

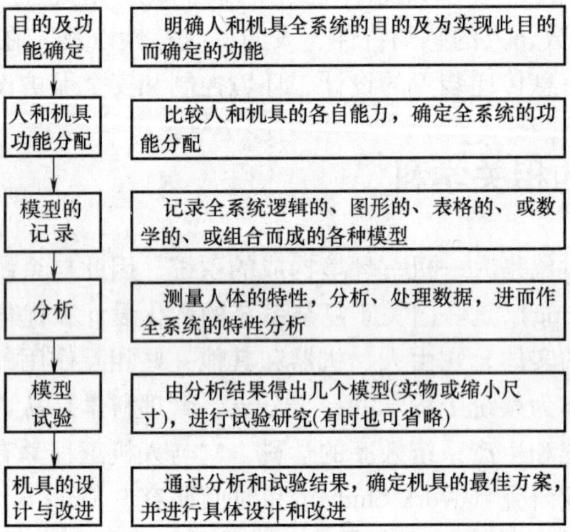

图 1-2　机具的设计与改进的一般方法

1.4.2 作业研究

作业研究包括工作姿势、工作方法、机具及其布置研究、设计和改进。作业最优化是指以适合人的各种特性为目标，达到作业的安全、舒适、疲劳小、误操作少、效率高。

工作设计和改进设计的内容包括：

（1）实现工作目的的作业计划。

（2）使用机具时，人与机的工作分工。

（3）采用模型来表示、表达、评价、预测作业对象的顺序、作业量、时间、使用的机具、功能与效果等。模型有语言模型、图形模型、实物模型和计算机模型等。

（4）对人的特性进行计测量，并对作业特性进行试验研究。

（5）提出各种方案进行评价对比，确定最优方案。

（6）进行作业设计、评价和改进。

1.4.3 环境

环境设计的任务是对环境参数如温度、湿度、照明、色彩、影响、振动、灰尘和气体等进行研究，使周围的环境最适宜人体各种特性，使人能够高效率地工作和舒适地生活。环境设计与改进的方法可采取下列顺序：

（1）确定人在环境中的目的，然后决定以哪个环境因素（湿度、温度、照明、色彩等）为重点。

（2）对所选择的环境因素对人的影响，进行试验理论研究。环境因素及其对人的影响有时使用图像模型或数学模型来描述。

（3）提出各种可行方案，予以分析评价，确定最佳方案，有时还需模型试验。

（4）进行环境的设计、改进和评价等。

上面简单介绍了机具、作业、环境三个方面的人机工程学研究方法。在现实生活中常常是对现有系统进行逐渐改进，使其达到最佳状态。对这种情况，上述方法也是适用的。

总之，对人机工程学，主要是掌握它的观点和方法。人机工程学不是一般的机械设计指南，更不是设计手册。重点放在掌握人机工程学的观点、方法与原理，并应用到实际设计中，使人—机—环境系统和谐、安全、高效。

1.4.4 研究模型

在人机工程学研究中，机具、作业、环境的设计和改进多采用图像模型，因此有必要对图像模型加以介绍。图像模型可分为以下几种形式（见图1-3）。

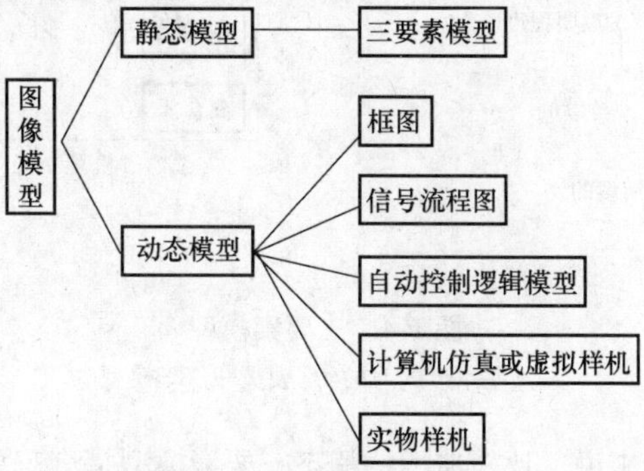

图1-3 图像模型的分类

1.4.4.1 三要素模型

不论是人或机具都可以认为是由宏观的三个要素组成。人可分为中枢神经系统、感觉器官、运动器官三大部分。机具可分为主体部分、显示部分和操作部分三大部分。因此三要素模型可以用于机具、作业的设计和改进。

图1-4a所示为三要素模型的基本形式；图1-4b所示为驾驶员—汽车模型。该图属于静态模型，它表明了各个要素之间是如何连接并构成系统的。若绘制出各种机具及其作业的模型，就能看出人体哪一部分与机具哪一部分的对应关系，机具的显示部分不仅仅是显示仪表，当机具的某一部分能表示机具的操作特性时，该部分也可以看做是显示部。

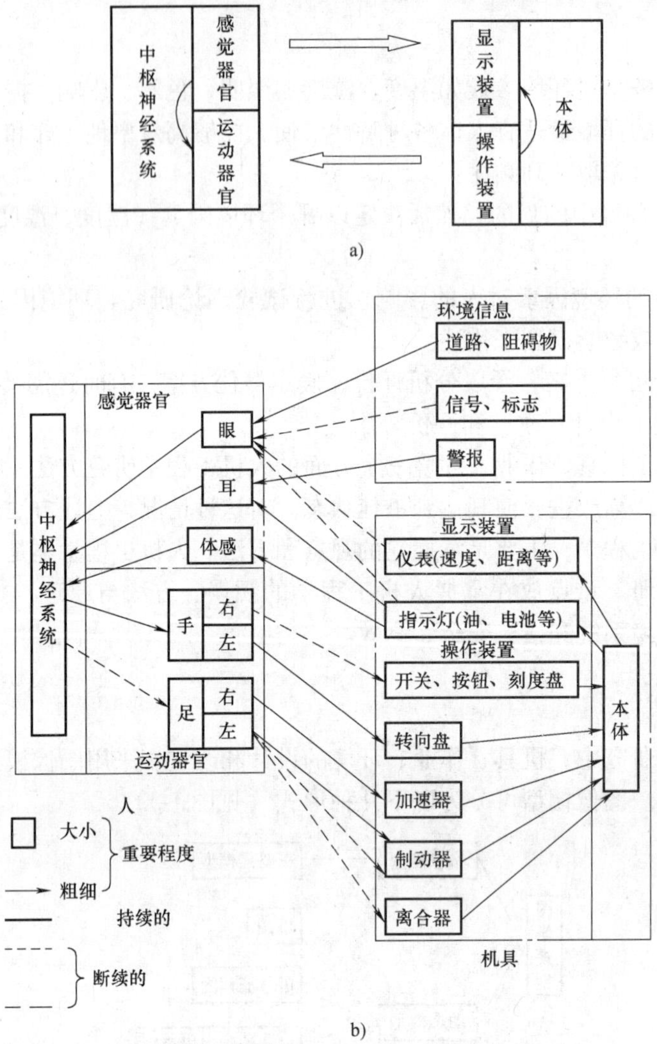

图 1-4　三要素模型

a）基本形式　b）驾驶员—汽车模型

对于汽车人机工程设计来说，比较典型的静态三要素模型是汽车总体布置图（见图 1-5）。采用基于数字人体模型的虚拟样机技术的三要素模型是比较典型的动态三要素模型（见图 1-6）。

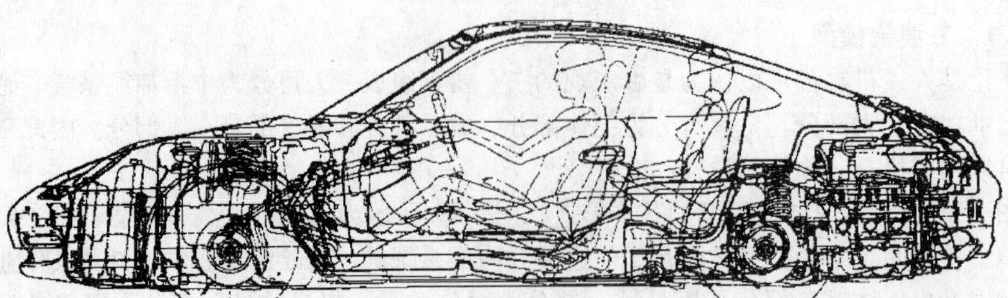

图 1-5　静态三要素模型

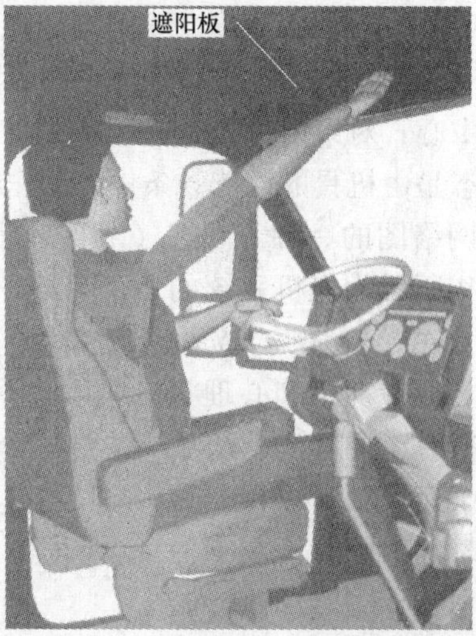

图 1-6 动态三要素模型

图 1-7 所示是作业的三要素模型，表 1-2 中列举的是人的三要素与作业的关系。

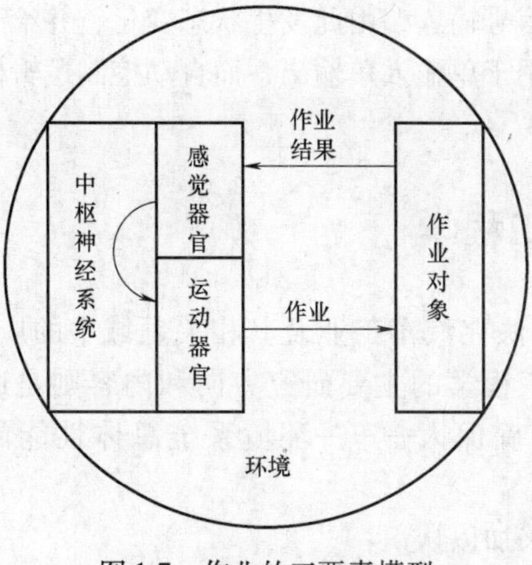

图 1-7 作业的三要素模型

表 1-2 人的三要素与作业的关系

人的三要素 / 作业的分类	中枢神经系统	感觉器官	运动器官
思考	×		
监视	×	×	
复杂的机械运转	×	×	×
单调的控制作业		×	×
极其简单的体力劳动			×

注：×为各作业的主要相关要素。

1.4.4.2 框图和流程图

这两种图主要用于表现人机系统结构和动态特性。对于动态特性的表示，在框图中使用传递函数 $G(s)$，在信号流程图中使用传递系数 $G(s)$ 表示。

框图属于控制工程学的范畴；信号流程图作为网络图的一种，用于系统工程学的各个领域。两种表现形式都是通过数学或计算机模拟来求得人机系统的动态特性。主要用于汽车、飞机等与驾驶员构成的系统的动态特性研究。图 1-8 所示是两种模型对一简单系统进行的描述。

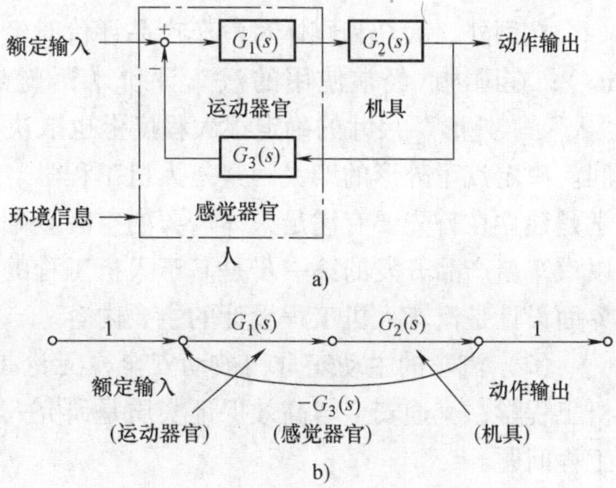

图 1-8 框图和信号流程图模型

a）框图 b）信号流程图

1.4.4.3 自动控制逻辑模型

框图和信号流程图主要以时间延迟这一动态特性为中心，对系统进行描述；自动控制逻辑模型则以人机状态的变化为中心，对系统进行描述。人的状态是由人的能力、心理状态、动作状态所决定的；机具的状态是由机具的性能、条件、动作状态所决定的。自动控制逻辑模型和信号流程图一样，也是网络图的一种。圆圈（节）表示状态，带箭头的线条（有向枝）表示状态间的移动。图 1-9 所示为人机系统的自动控制逻辑模型的说明图。图中，人有 a，b，c 三个输入端。人接受这些信息之后，动机和心理状态发生了变化，而且这些变化在各节间移动，最后输出 d，e。一个节可以分为数个有向枝，可根据输入的类别（a，b，c）选择一枝。输出 d，e 基本上是原封不动地输入到机具里。由于操纵力的输入，机具内部状态发生变化，输出动作 j。上述状态的移动也可用矩阵表示，作为数学模型进行数学处理。

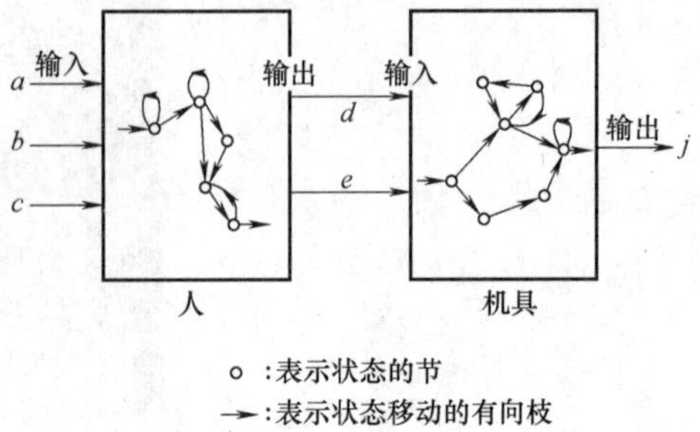

图 1-9　自动控制逻辑说明图

自动控制逻辑模型是用来描述接受不断变化的信号输入，由此发生状态变化，并给出输出的人与机具或人与作业构成的系统的。框图只能用于单输入单输出，而自动控制逻辑模型则能用于多输入多输出。

1.5 汽车人机工程问题——汽车人机工程学

汽车人机工程学是人机工程学知识、理论和方法在汽车工业及其相关领域中的应用。相对于人机工程学研究内容的广泛性，汽车人机工程学的主要研究方向和内容则是通过揭示人、车、环境之间相互关系的规律，以达到确保人—车—环境系统总体性能的最优化。

汽车人机工程学的重要性主要从以下几个方面来加以认识：

(1) 汽车是人的乘坐、生活和工作空间，设计的车必须让人满意。

在国外，大众和媒体对汽车产品评价时经常使用的术语就是“人机工程学”（Ergonomics）；在国内，经常使用的汽车评价术语就是“舒适性”和“外形”。“舒适性”关乎“人”，“外形”尺寸的确定很大程度上也取决于“人”，因为汽车的外形是容纳人的车室空间。决定汽车外形的四大因素是人机工程学、空气动力学、美学和机械工学，气动优化和美学是建立在首先要有满足人体需要的空间基础上，毕竟车室是人的生活和居住空间之一。所以汽车新产品开发的第一步是基于人机工程的总布置设计和外部轮廓尺寸的确定。汽车人机界面设计是汽车人机工程设计的主要内容。

(2) 汽车的主动安全和被动安全，无论是试验和设计、使用与评价，都离不开汽车人机工程学；交通安全与高效保证实质是研究人—车—路—环境系统这个典型系统的汽车人机工程问题。

(3) 汽车生产线的高效、节能，是汽车人机工效研究的重要课题。生产线的布局要符合工效学的要求，它最终关系到一个企业的产品成本和产品质量，亦即企业竞争力和生存问题。

可见，汽车人机工程学研究内容的广泛、丰富与重要。

本书主要限于人机工程学的理论、方法在汽车设计上的应用，主要研究和讲述如何进行汽车设计，以实现对驾驶员和乘员人体因素的最佳适应与容纳。国外研究表明，汽车设计中有关人车协调的最大课题是乘员空间亦即车室空间的设计问题，其实质就是解决车身对乘员（驾驶员）人体尺寸和特征的容纳和适应问题。因此，在汽车设计领域，就研究内容和任务，“汽车人机工程设计”或“人机工程在汽车设计上的应用”的称谓更为科学和恰当，正如国外对应的 Automotive Ergonomics 或 Human Factors In Automotive Design 或 Occupant Accommodation。由于我国学术界已经习惯于人机工程一词的传承，本书则继续称之为“汽车人机工程学”。本书的内容基本上是以汽车人机工程设计为主线展开的。

1.5.1 汽车人机工程设计的主要工作任务

汽车人机工程设计的主要工作任务，就是利用人机工程因素解决汽车（车身）设计中的“空间几何”和“人机界面问题”。从图 1-10 可看出汽车人机工程设计在汽车设计中的地位和任务。

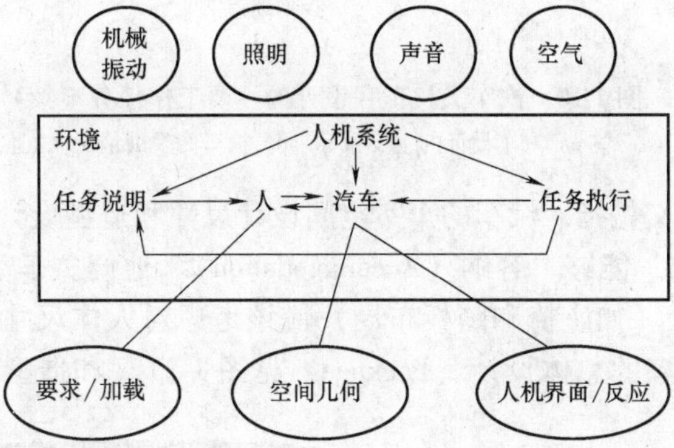

a)

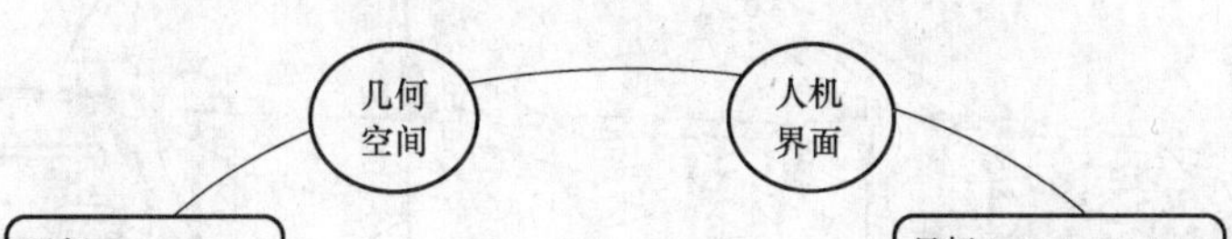

b)

图 1-10 汽车人机工程设计的主要工作任务

a）汽车人机工程设计的两个基本领域 b）汽车人机工程设计的目标

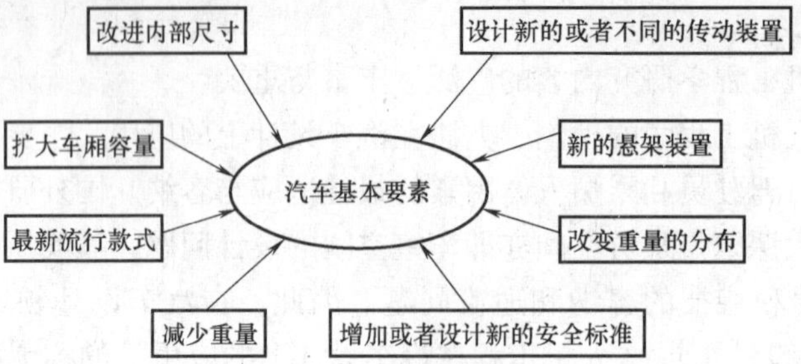

c)

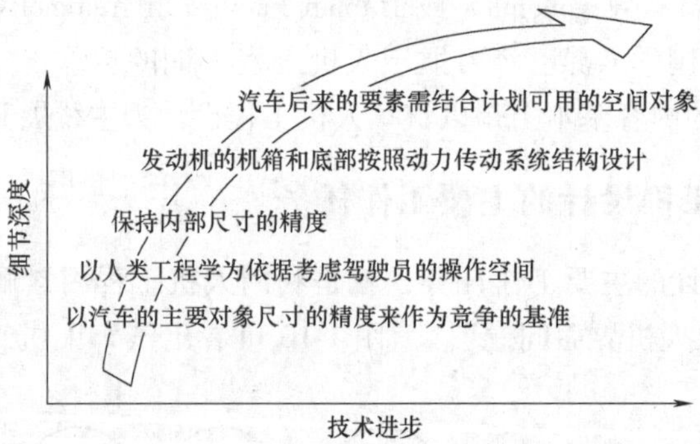

d)

图 1-10　汽车人机工程设计的主要工作任务（续）

c）汽车设计的主要目标　d）汽车的发展情况

“空间几何”的含义是指，汽车的车室空间设计尺寸和造型设计尺寸应该满足驾驶员和乘员的主观与客观要求，能够“容纳（Accommodation）”他们。车室的空间设计（如车顶）与室内设施的布置设计（如座椅和踏板布局）应该考虑对人体尺寸的容纳与适应（如伸腿空间、进出车门）；整车的总体设计（Package，见图 1-11）和造型设计应该满足驾乘人员

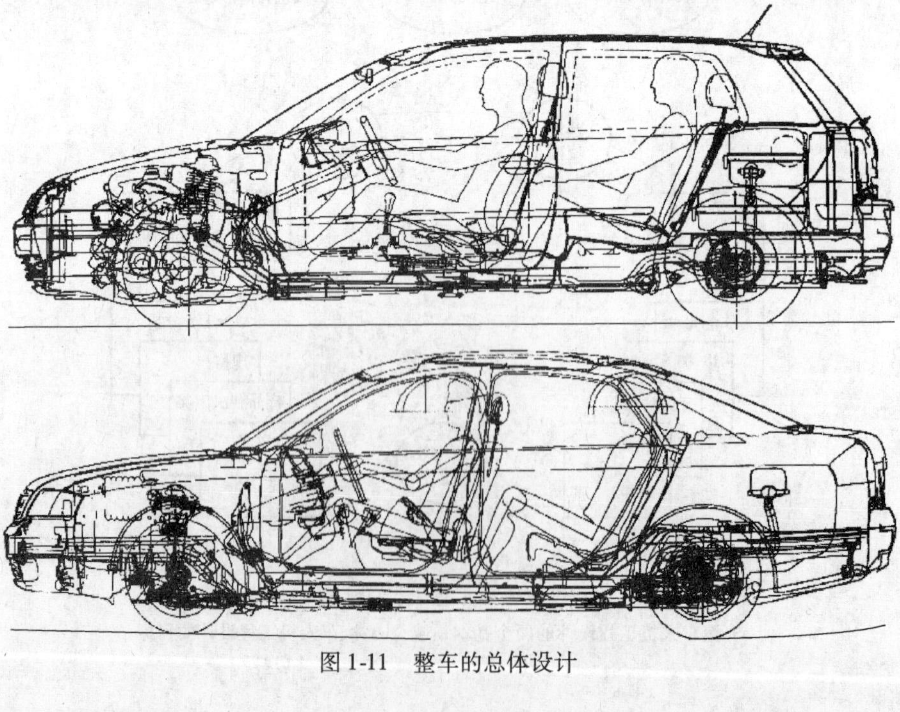

图 1-11　整车的总体设计

对道路等环境的视野需要。在产品开发中，为驾乘人员确定合适的车室尺寸是总布置设计的重要一环，驾驶员和乘员可以说是车身装配中最重要的一个“零件”。另外，车室的温、湿、噪声环境等应适合驾乘人员工作与“居住”。

“人机界面”的设计目标是优化和减轻驾驶员的工作负荷和疲劳（如对外部环境和仪表的关注所造成的视觉疲劳和因操作杆件的操作力度及伸及所造成的操作疲劳）。驾驶员和汽车之间最重要的人机界面是座椅，接下来是施加给人工作负荷（包括生理和心理）的显示装置和控制（操作）装置等。人机界面的分类如图1-12所示。

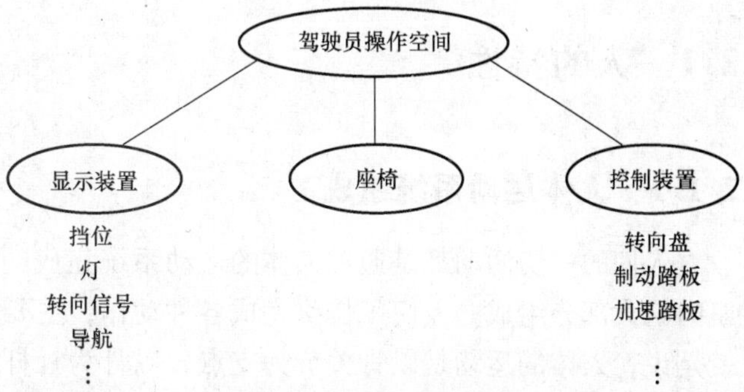

图1-12 人机界面的分类

汽车人机工程设计是汽车新车型设计中首先要解决的问题之一。在汽车设计过程中，一般应完成如下几个与人机工程设计相关的设计任务。

（1）汽车总体布置设计与总体尺寸确定。

（2）驾乘人员空间位置布置设计。

（3）车室内空间尺寸设计。

（4）舒适坐姿与座椅设计。

（5）汽车视野设计。

（6）室内小气候宜人性评价。

（7）室内显示装置人机界面评价。

（8）室内控制装置的布置设计。

1.5.2 汽车人机工程设计所涉及的研究范围

从汽车设计的角度出发，汽车人机工程设计所涉及的主要研究内容是以下几个领域：

（1）汽车人体计测量方法及驾驶员人体尺寸标准研究。

（2）信息传递理论在人—车—环境系统中的应用研究。

（3）汽车驾驶员眼椭圆与汽车视野性能研究。

（4）人机工程在汽车总布置设计中的应用研究。

（5）汽车驾驶员手伸及界面与操作空间设计研究。

（6）汽车驾驶员肢体操作力与杆件布置设计研究。

（7）汽车驾驶员坐姿舒适性研究。

（8）汽车乘员振动体觉研究。

（9）汽车驾驶员座椅设计研究。

（10）与人体相关的汽车被动安全研究（人体损伤、肢体保护机理）。

（11）汽车室内气候宜人性研究。

（12）人的视觉特征在车室仪表显示系统设计中的应用研究。

（13）色彩学在汽车造型及内饰设计上的应用研究。

（14）人—车系统评价与系统优化匹配研究。

第 2 章　汽车人机工程学中的人体因素

2.1　人的特性

2.1.1　人体运动系统组成

人们的一切活动都是通过人体的运动系统完成的。人体的运动系统主要由骨骼、关节、肌肉三大部分组成。人们工作要完成各种动作，主要是靠肌肉收缩进而作用于骨骼的结果。就是说，人体的运动是以骨关节为支点，以骨为杠杆，通过附着在骨面上的骨骼肌的收缩，牵动骨骼改变位置而完成的。

2.1.1.1　骨骼

骨骼是人体的构架。骨是人体内部最坚固的组织，骨与骨之间借人体纤维结缔组织和软骨等相连，最终形成骨骼。人体全身共有 206 块骨，约占体重的 1/5，其中 177 块骨参与人体运动，如图 2-1 所示。人骨大多是成对出现的，只有少数不成对。依其所在部位的不同，

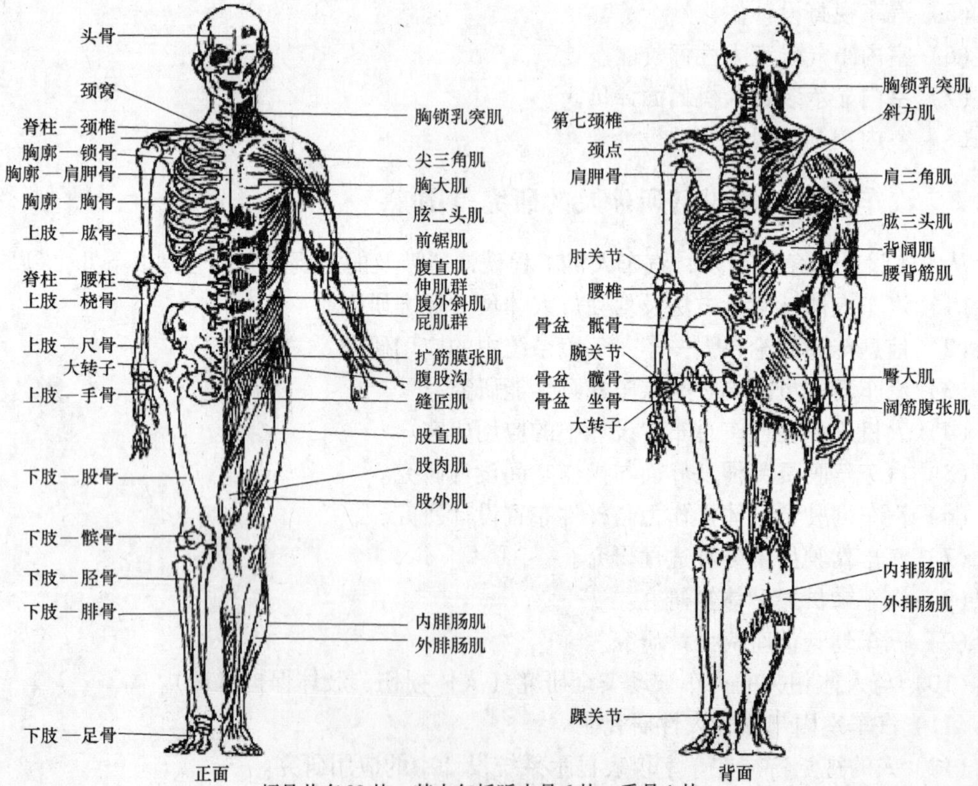

颅骨共有 29 块，其中包括听小骨 6 块、舌骨 1 块。
躯干骨共有 51 块，包括椎骨 26 块、肋骨 12 对、胸骨 1 块。
四肢骨共有 126 块，包括上肢骨 64 块、下肢骨 62 对。

图 2-1　人体骨骼与肌肉

骨可分为颅骨、躯干骨、四肢骨三部分。

2.1.1.2 关节

骨与骨之间借纤维结缔组织、软骨或骨组织相连接，称为骨连接。人体的骨连接可分为直接连接（无腔缝连接，活动范围很小或不活动）和间接连接（有腔隙连接，活动性较大）。直接连接如椎弓间的韧带联合，胸骨和第一肋骨的软骨结合等；间接连接即关节。依据关节面的形态和运动形式，可分为单轴关节、双轴关节和多轴关节三种类型，如图 2-2 所示。

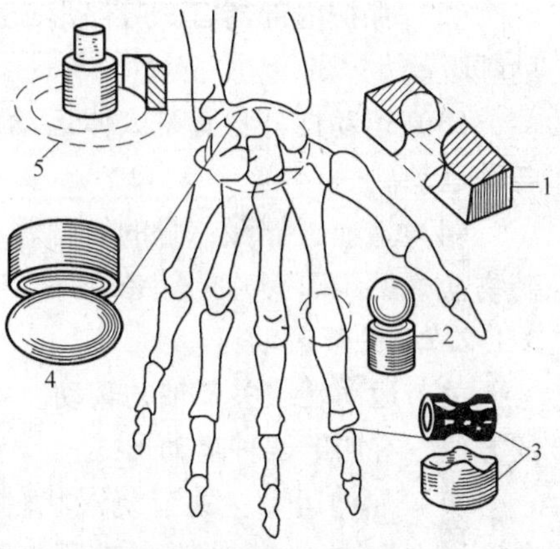

图 2-2 关节的类型

1—鞍状关节 2—球窝关节 3—屈戌关节 4—椭圆关节 5—车轴关节

单轴关节包括车轴关节、屈戌关节（滑车关节）和蜗状关节。车轴关节是绕垂直轴作旋转运动的关节，如桡骨近侧关节和寰枢正中关节。屈戌关节（滑车关节）是沿冠状轴作屈伸运动的关节，如指骨间关节。蜗状关节为滑车关节的变形，如肘关节。

双轴关节包括椭圆关节和鞍状关节。椭圆关节是沿冠状轴作屈伸运动，并沿矢状轴作收展运动的关节，如桡腕关节。鞍状关节可作屈伸运动，也可作收展运动，如拇指腕掌关节。

多轴关节包括球窝关节、杵臼关节和平面关节。球窝关节相当于球铰链，可做多种形式的运动，关节运动范围很大，如肩关节。杵臼关节也可做多种形式的运动，关节运动范围较大，如髋关节。平面关节是巨大的球窝关节的一小部分，如肩锁关节。

2.1.1.3 肌肉

肌肉广泛分布于人体的各个部分。根据其形态、功能与位置的不同，可分为骨骼肌、平滑肌与心肌三种类型。骨骼肌是附着在骨骼上的肌肉，与人体外形密切相关；平滑肌构成人体脏器的管壁；心肌则分布于心脏的壁上，组成心肌层。骨骼肌与人体的运动直接相关。

骨骼肌是人体内数量最多、分布极广的一种组织。人体全身共有骨骼肌 434 块，以成对对抗、平衡状态存在，占人体体重分别为男性 40%，女性 35%。根据其形状，骨骼肌可分为长肌、短肌、阔肌、轮匝肌四种。长肌呈梭形（纺锤状），中间部分肥大，两端渐细，肌腱起止于骨上，其运动幅度较大，多分布于四肢。短肌形状短小，收缩时产生的运动幅度也较小，多分布于躯干的深层。阔肌扁薄宽大，多分布于胸、腹壁和背部浅层，除完成躯干的运动外，对内脏还有保护、支持的作用。轮匝肌呈环状，位于孔、裂缝（如口、眼）的周围，收缩时可关闭孔或裂缝（详见图 2-1）。

2.1.1.4 皮下脂肪

人体皮下脂肪组织的主要作用是形成人的外形和性别差，看起来好像与人体运动毫无关系，但实际上，皮下脂肪是肌肉与皮肤之间的过渡层，它形成体表的圆顺和柔软，人体运动时，可允许皮肤相对肌肉产生滑移。因此，皮下脂肪与人体运动也是紧密相关的。

2.1.2 人体运动系统功能

2.1.2.1 骨骼的功能

人体骨骼功能主要如下：

（1）支撑人体：骨骼构成人体的构架，有维持体形、支撑软组织、承担全身重量的作用。

（2）保护内部器官：骨骼形成体腔壁架，能保护大脑、内脏及其他内部器官，也能帮助呼吸。

（3）运动杠杆：骨是人体运动的杠杆，在肌肉的牵动下，骨绕关节转动，使人体产生各种运动。

（4）造血、储藏：骨的红骨髓有造血功能，黄骨髓有储藏脂肪的作用。骨还是人体内矿物盐（钙、磷等）的储备仓库。

2.1.2.2 关节运动

关节运动是绕关节轴的转动。其运动形式与关节面的形态有密切关系。根据关节运动轴的方位，有如下四种运动形式：

（1）屈伸运动：关节绕冠状轴所进行的运动。同一关节的两骨之间，角度减小为屈，角度增大为伸。如肘关节的前臂与肱骨接近，角度减小为屈肘，反之为伸肘。

（2）内收外展：关节沿矢状轴所进行的运动。内收为关节转动时，骨向正中面靠拢的运动；外展则为骨离开正中面的运动。

（3）旋转运动：骨绕垂直轴或绕骨本身的纵轴的旋转运动。骨的前面转向内侧称为旋内，而骨的前面转向外侧则称为旋外。

（4）环转运动：骨的近侧端在原位转动，远侧端作圆周运动，全骨形成一圆锥形运动轨迹。环转运动实际上是屈、展、伸、收的依次连续运动。凡是具有横轴和纵轴的关节，均可作环转运动。

2.1.2.3 肌肉的运动特征

肌肉运动的基本特征是收缩和放松。收缩时长度缩短，横断面增大；放松时则相反。两者都是由神经系统支配而产生的。

肌肉在收缩与放松过程中具有如下特性：

（1）肌肉紧张：由于中枢神经系统持续兴奋，肌肉收缩保持持续性轻微收缩状态，称为肌肉紧张。肌肉紧张用以维持人体的一定姿势。

（2）弹性：肌肉受压变形缩短，外力解除即复原的特性。

（3）粘滞性：为原生质（细胞质和细胞间质）的普遍特性。肌肉的这种特性保证了人动作的灵活性，避免了肌肉拉伤。

2.1.3 人体的力学特征

2.1.3.1 肌肉的肌力

人体有三类肌肉。第一类为骨骼肌，通过腱与骨骼相连。骨骼肌的收缩能力强，但不能持久，能随人的意志运动，也称随意肌。第二类为平滑肌，构成人体某些脏器的管壁，其活动不受人的意志支配，故称不随意肌。第三类为心肌，分布在心脏的房、室壁上，组成心肌层，也属不随意肌。

人们常说的肌肉实际上是骨骼肌，没有它的活动，人就不能动作。所以，人机工程学所讨论的仅限于骨骼肌。

骨骼肌纤维是长圆柱状细胞，表面由肌膜包围，其长度一般约为3～40mm，直径约为

10～100μm。许多肌纤维排列成束，构成肌束。肌肉由聚集在一起的肌束构成。

通常骨骼肌借助肌腱附着于邻近的骨面上，跨过一个或多个关节。肌肉收缩时会引起关节运动。在运动中比较固定的一端称为起点，活动较大的一端称为止点。随着运动情况的改变，起、止点通常会相互转换。例如，胸大肌起自胸前壁，止于肱骨，其作用为内收和屈上臂。当身体向上攀缘时，胸大肌的起、止点易位，止于肱骨的一端被固定，而附着于胸前壁的一端活动，故可引体向上。

1. 肌肉收缩的机理和形式 肌肉的基本机能是将生物化学能转变为机械位能或动能。这种转变是靠骨骼肌所具有的收缩性来实现的。人体的每一块骨骼肌都受一定的神经支配。当来自中枢神经系统的神经冲动，由分布于肌肉中的运动神经末梢传递给所支配的肌纤维并引起肌纤维兴奋时，肌纤维的机械状态就会发生变化。肌纤维在刺激作用下所发生的这种机械状态的变化就是肌肉收缩。

人体的任何运动，都是众肌肉群共同收缩的结果。在肌肉的共同活动中，作用相同者称为协同肌，作用相反者，则称为拮抗肌。如肱二头肌和肱肌、肱桡肌都有屈肘的作用，属于协同肌；而肱二头肌和肱三头肌，对肘关节是一屈一伸，故二者属于拮抗肌。屈肘时，既要有屈肌组的协同收缩，又要有伸肌组的舒张相配合，才能完成屈肘动作。协同肌与拮抗肌的收缩，都是在神经系统的调节下进行的，是高度协调的。

肌肉的收缩有两种形式：等长收缩和非等长收缩。

等长收缩时，肌肉收缩所产生的拉力等于外界阻力，肌肉的长度不变。等长收缩所产生的力主要用以维持身体一定的姿势。如人体直立不动时，许多组肌肉都处于收缩状态，正是由于肌肉收缩所产生的静态性力量，才维持了正常的直立姿势。

肌肉收缩所产生的拉力不等于外界阻力时，肌肉的长度就要发生改变，这种收缩形式称为非等长收缩。非等长收缩所产生的动态性力量是人体实现各种运动的基础。

非等长收缩可分为向心收缩和离心收缩两种形式。当肌肉拉力大于外界阻力时，肌肉长度缩短，称为向心收缩，如伸手取物、举起重物等。此时，肌肉收缩所产生的动态性力量使物体发生了位移，肌肉做了外功；当肌肉拉力小于外界阻力时，肌肉也收缩，但是被拉长了，这种收缩形式称为离心收缩，此时，肌肉收缩所产生的能量转化为热能。

2. 肌力 肌肉收缩所产生的力通常以肌肉收缩时所测定的对外用力的数值表示。肌肉收缩时，每条肌纤维都会产生一定的力量（约为0.01～0.02N），许多肌纤维的收缩力之和称为肌力。肌肉的最大肌力为横截面上30～40N/cm²。可见一个人能产生多大的肌力取决于其肌肉横截面面积的大小。肌力还与收缩肌肉的长度有关，当肌肉长度为静态长度时，肌肉产生的力量最大，随着肌肉长度的缩短，肌肉产生力量的能力也逐渐下降。

影响肌肉力量的因素很多，如遗传、营养、体重、年龄、性别、训练状况等。年龄是影响肌力的显著因素。一般10岁以内，肌肉力量迅速增长；20～30岁时达到峰值；到40～50岁时肌力则下降到峰值的75%～85%。肌力与性别的关系，在年龄与训练状况基本相同的情况下，男性比女性的肌力约大30%。训练可使肌纤维增粗，从而增大肌肉的横截面积，也即增大肌力。人们通过训练，肌力可提高30%～50%。

表2-1列出了中等体力，20～30岁的男性和女性身体主要部位肌肉所产生的力。

表 2-1　身体主要部位肌肉产生的力　　（单位：N）

肌肉的部位			手臂肌肉	上臂肌中的肱二头肌	手臂弯曲时的肌肉	手臂伸直时的肌肉	拇指肌肉	背部躯干曲伸肌
力的数值	男	右	382	284	284	225	118	1196
		左	363	274	274	206	98	
	女	右	216	127	206	176	88	696
		左	196	127	196	167	78	

2.1.3.2　人体运动的杠杆原理

在肌肉拉力的作用下，骨绕关节轴转动，其结构与功能类似于机械杠杆，故称为骨杠杆。在图 2-3 所示的骨杠杆中，关节为支点（O）；肌肉的起止点为力点（A）；负荷的作用点为阻力点（D）。支点至肌肉拉力线的垂直距离为力臂（OC）；支点至阻力作用线的垂直距离为阻力臂（OD）。肌肉起止点至关节轴的距离为杠杆臂（OA）。肌肉拉力与力臂的乘积就是肌肉拉力矩，阻力与阻力臂的乘积为阻力矩。力臂和阻力臂之比值 OC/OD 为杠杆的机械增益。

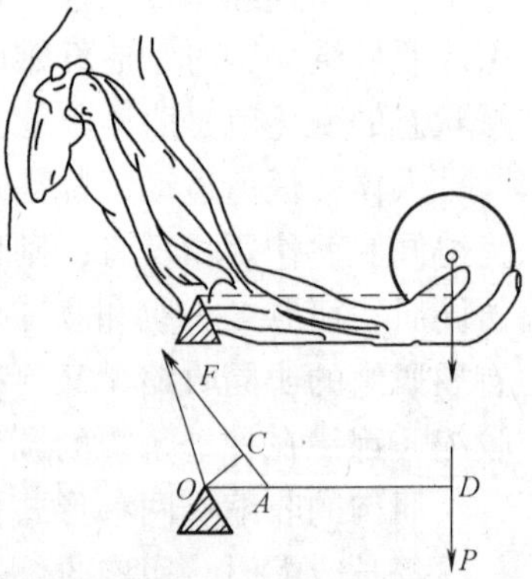

图 2-3　骨杠杆示意图

人体运动骨杠杆的基本形式有三种：第一种是平衡杠杆，如图 2-4a 所示的头和颈椎的连接，寰枕关节为支点，颈部背侧肌群的起点为力点，头的重心为阻力点。支点位于重心和力点之间。第二种是省力杠杆，如图 2-4b 所示，跖趾关节为支点，体重通过小腿骨施加于踝关节处而成为阻力点，腓肠肌的拉力作用于足跟骨上而成为力点。因此，阻力点（重点）位于支点与力点之间。这种杠杆由于力臂大于阻力臂，故其机械增益大于 1，因而省力。第三种是速度杠杆，如图 2-4c 所示，髋关节为支点，髂腰肌止点为力点，下肢重心为阻力点，因此，力点位于支点与阻力点之间。这种杠杆由于力臂小于阻力臂，故其机械增益小于 1，因而费力。但阻力点的移动速度快，所以能以力的消耗来换取较快的运动速度。人体内特别是肢体内，大多为速度杠杆。

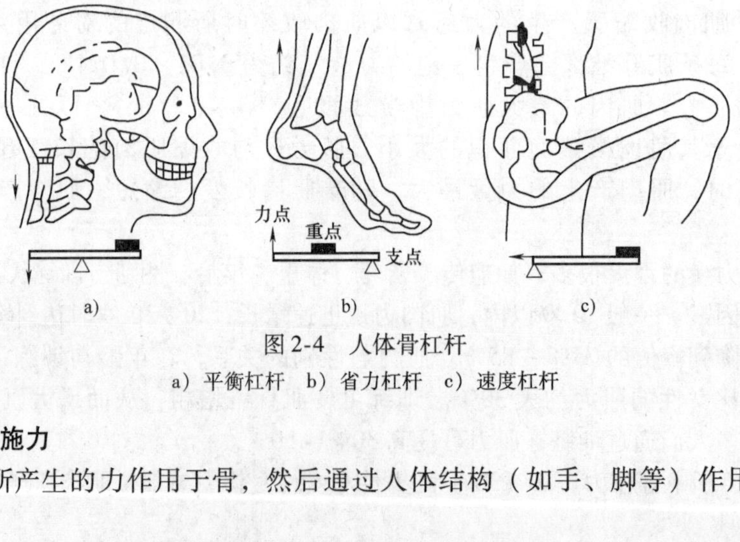

图 2-4　人体骨杠杆

a）平衡杠杆　b）省力杠杆　c）速度杠杆

2.1.3.3　肌肉施力

肌肉收缩所产生的力作用于骨，然后通过人体结构（如手、脚等）作用于其他物体，这一过程称为肌肉施力。肌肉施力可分为静态肌肉施力和动态肌肉施力两种方式。

1. 静态肌肉施力　静态肌肉施力时，依靠肌肉等长收缩所产生的静态性力量，身体较长时间地维持某种姿势，致使肌肉相应地作较长时间的收缩。在静态肌肉施力情况下进行的作业称为静态作业。如汽车行驶过程中，驾驶员的脚要长时间地踩在加速踏板上，此时脚跟的状态即为静态肌肉施力状态。

静态肌肉施力时，持续收缩的肌肉压迫血管，阻止血液进入肌肉，致使肌肉无法通过血液补充足够的氧，因而容易引起肌肉疲劳，造成肌肉酸痛，静态作业的持续时间因此受到限制。

2. 动态肌肉施力　动态肌肉施力时，对物体施力与放松交替进行，使肌肉有节奏地收缩与舒张。在动态肌肉施力的情况下进行的作业，称为动态作业，如控制转向盘时上肢的工作状态。

动态肌肉施力时，肌肉有节奏地收缩与舒张。肌肉收缩时将血液挤压出肌肉，舒张时又使血液进入肌肉，此时血液输送量可以比平常提高几倍，有时可达静息状态输入肌肉血液量的10~20倍。血液的压出和进入，促使肌肉内血液的不断流动，不仅使肌肉获得充足的氧，而且也带走了代谢终产物二氧化碳和水。因此，只要选择合理的作业节律，动态作业就可以延续很长时间而肌肉不易产生疲劳。

在其他操作条件基本相同的情况下，与动态作业相比，静态作业会产生如下生理效应：更大的能量消耗；心率加快，血压升高；需要更长的恢复时间。所以，应该尽量避免过长时间的静态肌肉施力。

3. 静态肌肉施力持续时间　静态肌肉施力时，向肌肉供血受阻的程度与肌肉收缩产生的力成正比，即静态肌肉施力越大，肌肉内压力越大，血液向肌肉流动所受的阻力也就越大。

因此，肌肉施力 F 的大小与其最大肌力 F_{max} 的比值 P（$P=F/F_{max}$）决定了肌肉机能的发挥程度。图2-5示出了 P 值对肌肉收缩时间 t_{max} 的影响。当 F/F_{max} 接近1.0时，表明肌肉在接近于其最大肌力 F_{max} 的极限状态下工作，此时，向肌肉的供血几乎完全中断，因此肌肉用这样大的力工作只能持续几秒钟；当 F/F_{max} 为50%时，即肌肉发挥出其最大肌力的一半，此时，肌肉最长收缩时间 t_{max} 约为1min；当 F/F_{max} 为30%时，肌肉最长收缩时间 t_{max} 约为2.5min；当 F/F_{max} 为15%时，肌肉施力持续时间约为15min；当 F/F_{max} 小于15%时，即肌肉施力大小低于其最大肌力的15%时，血液循环基本正常，如图2-5中的虚线所示，施力持续时间可以很长直至出现如厌烦之类的其他情绪。由此可以得出的一个重要的设计准则：在长时间工作的情况下，不应使操作者的肌肉负荷超过其最大肌力的15%。

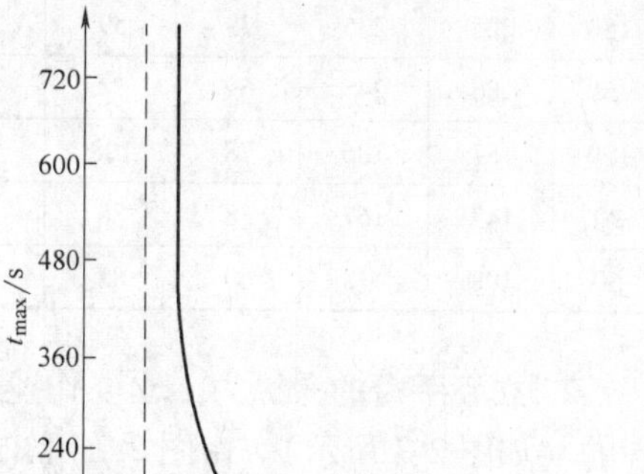

图2-5　施力大小与持续时间的关系

图2-5中的曲线称为Rohmert曲线，其数学表达式为

$$t_{max}=\frac{126}{P}-\frac{36}{P^2}+\frac{6}{P^3}-90$$

如果已知操作者的最大肌力和施力大小，即可求得肌肉施力 F 的大小与其最大肌力 F_{max} 的比值 P，再由上式即可确定此种情况下，操作者可以持续工作的最长时间。

2.1.3.4 人的操纵力

操纵力是由人体某部位（如手、脚）直接与控制装置接触时，施加于操作装置的动态作用力。在设计车辆的操作装置时，必须考虑人的操纵力的限度，以免造成操作困难。

手臂的操纵力与人体的工作姿势有关，不同的姿势，手臂能够发挥的操纵力也不一样。

1. 坐姿手臂的操纵力 坐姿手臂操纵力的大小与手臂的角度和作用力方向关系很大（见表2-2）。手臂操纵力的一般规律是，右手臂的力量大于左手臂力量；手臂处于内、外下方时，推力、拉力均较小，但其向上、向下的力量较大；拉力略大于推力；向下的力略大于向上的力；向内的力大于向外的力。坐姿手臂的角度如图2-6所示。

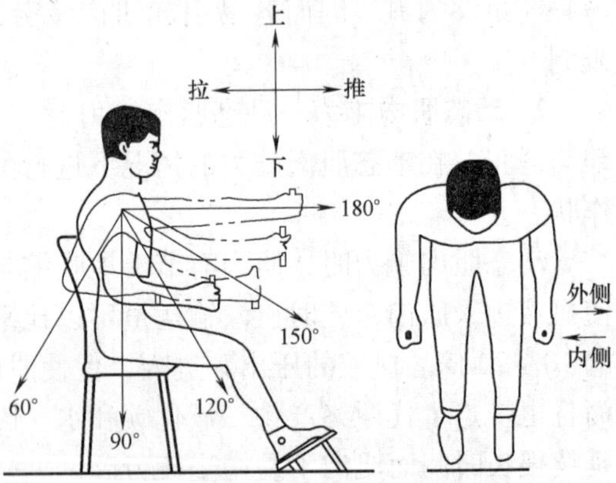

图2-6 坐姿手臂的角度

表2-2 坐姿手臂在不同角度和方向上的臂力（第5百分位臂力）

手臂的角度/(°)	拉力/N 向后		拉力/N 向上		拉力/N 向内		推力/N 向前		推力/N 向下		推力/N 向外	
	左手	右手	左手	右手	左手	右手	左手	右手	左手	右手	左手	右手
180	225	235	39	59	59	88	186	225	59	78	39	59
150	186	245	69	78	69	88	137	186	78	88	39	69
120	157	186	78	108	88	98	118	157	98	118	49	69
90	147	167	78	88	69	78	98	157	98	118	49	69
60	108	118	69	88	78	88	98	157	78	88	59	78

2. 立姿手臂的操纵力 立姿作业时，手臂位于不同方位和角度时的拉力和推力也是不同的（如图2-7所示）。由图2-7可知，手臂最大拉力在肩的下方180°的方向上；最大推力在肩的上方0°方向上。伸直前臂时，向前的推力略大于向侧面的推力。因此，推拉形式的操作装置应尽量布置在有利于发挥最大操纵力的位置和方向上。

3. 手的握力 普通男性青年右手瞬时最大握力可达556N，左手可达421 N。握力与手的姿势和持续时间有关，如持续握紧1min后，右手平均握力下降为275N，左手为244N；手掌向上时的握力最大，手掌朝向侧面时次之，手掌向下时的握力最小。

当紧握手柄时，需要考虑操作者的握紧强度。握紧强度是指手能够施加在手柄上的最大握力。在设计手工工具、夹具、操作装置时，需考虑握紧强度的数值。对于年龄30岁以上的操作者，其握紧强度可用下述公式计算：

$$G_s=608-2.94A$$

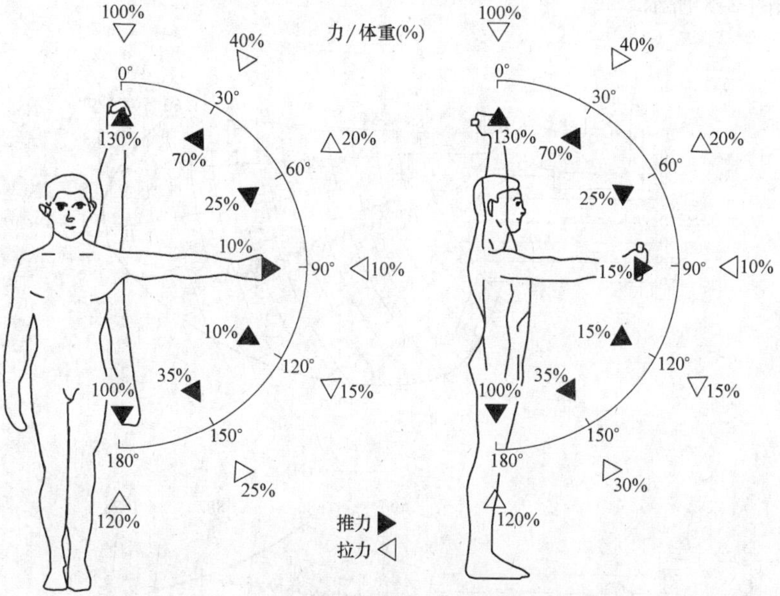

图 2-7　立姿手臂伸直时的操纵力的分布

式中，G_s 为手的握紧强度（N）；A 为操作者的年龄（岁）。

操纵控制手柄时，操纵力的大小与手柄距离地面的高度、操纵方向、哪只手操作等因素有关，表 2-3 列出了使用手柄操纵时最适宜的操作力数据。

表 2-3　手柄操纵时最适宜的力

手柄离地高度/mm	左手操作力/N			右手操作力/N		
	向　上	向　下	向 侧 面	向　上	向　下	向 侧 面
500 ~ 650	137	69	39	118	118	29
650 ~ 1050	118	118	59	98	98	39
1050 ~ 1400	78	78	59	59	59	39
1400 ~ 1600	88	137	39	39	59	29

4. 拉力和推力　在立姿手臂水平向前自然伸直的情况下，一般男性瞬时拉力可达 689N，女性可达 378N。当手作前后方向运动时，拉力大于推力，瞬时拉力可达 1078N，连续操作的拉力约为 294N。当手作左右方向运动时，则推力大于拉力，最大推力约为 392N。最大操纵力产生在被控制的手柄离座位靠背为 570 ~ 660mm 范围内。

5. 脚的操纵力　在驾驶车辆时，有些控制装置是用脚来操纵的，如汽车离合器踏板、制动踏板、加速踏板等。

脚操纵力的大小与下肢的位置、姿势和方向有关。下肢伸直时，脚所产生的力大于下肢弯曲时所产生的力。坐姿有靠背支持时，两脚蹬踩可产生最大的力。一般坐姿时，右腿最大蹬力平均可达 2568N，左腿可达 2362N。膝关节角在 150° ~ 165°之间时，腿的蹬力最大。脚产生的操纵力通常是以压力的形式出现的，压力的大小与脚离开人体中心对称线向外偏转的程度有关，如图2-8所示。

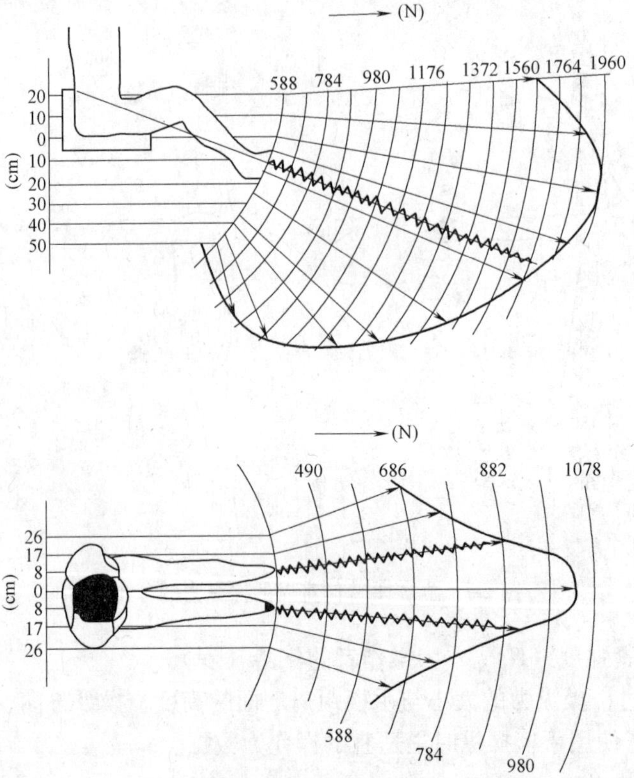

图2-8　脚的操纵力分布

2.2　人体计测量

为了设计和改善人—机—环境系统，必须掌握人体各部分的外观形态特征和相关数据。人体测量就是获得包括人体高度、人体各部分长度、厚度及活动位移范围等参数的测量工作。

2.2.1　人体测量基本术语

GB/T 5703—2010《用于技术设计的人体测量基础项目》规定了人机工程学使用的人体测量术语和人体测量方法，适用于成年人和青少年借助人体测量仪器进行的测量。

2.2.1.1　基本姿势

人体测量的主要姿势是立姿和坐姿。

立姿是指被测者挺胸直立，头部以眼耳平面（通过左、右耳屏点及右眼眶下点的水平面）定位，眼睛平视前方，肩部放松，上肢自然下垂，手伸直，手掌朝向体侧，手指轻贴大腿侧面，膝部自然伸直，左、右足后跟并拢，前端分开，使两足大致成45°夹角，使体重均匀分布于两足。被测者应使足后跟、臀部和后背部与同一铅垂面相接触，以保证直立姿势正确。

坐姿是指被测者挺胸坐在被调节到腓骨头高度的平面上，头部以眼耳平面定位，眼睛平视前方，左、右大腿大致平行，膝部大致为直角，足平放在地面上，手轻放在大腿上。被测者的臀部、后背部应同时靠在同一铅垂面上，以确保坐姿正确。

无论何种姿势，身体都应保持左右对称。因呼吸而使测量值有变化的测量项目，须在呼吸平静时进行测量。

2.2.1.2 测量基准面

人体测量的基准面主要有矢状面、冠状面和水平面。它们是由互相垂直的三个轴（垂直轴、纵轴和横轴）来定位的（见图 2-9）。

通过垂直轴和纵轴的平面以及与其平行的所有平面都称为矢状面。在矢状面中，把通过人体正中线的矢状面称为正中矢状平面。正中矢状平面分人体为左、右对称的两个部分。

冠状面是将人体分为前、后两部分的平面，它是通过垂直轴和横轴的平面及与其平行的所有平面。

与矢状面及冠状面同时垂直的所有平面都称为水平面。水平面将人体分成上、下两部分。

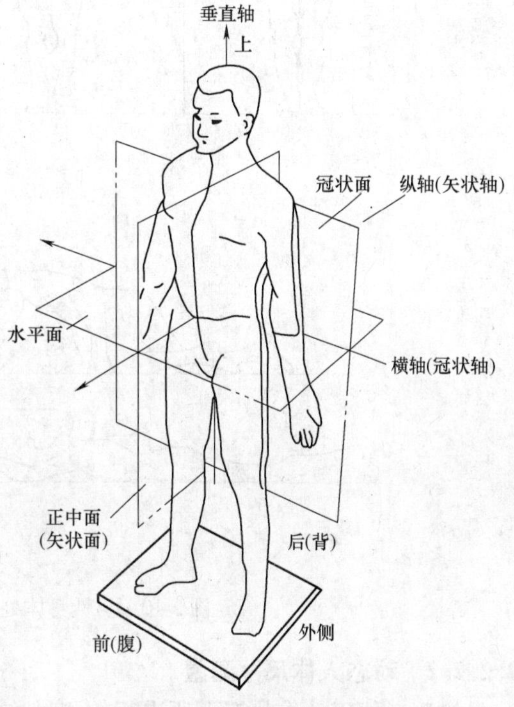

图 2-9 人体测量的基准面和轴

2.2.1.3 测量方向

人体的上下方向上的上方称头侧端，下方称足侧端。在人体的左右方向上，靠近正中矢状面的方向称内侧，远离正中矢状面的方向称外侧。

四肢上靠近四肢附着部位的称近位，远离四肢附着部位的称为远位。上肢的桡骨侧称桡侧，尺骨侧称为尺侧。下肢的胫骨侧称胫侧，腓骨侧则称为腓侧。

2.2.1.4 其他

人体测量时，立姿站立的地面或平台以及坐姿的椅平面必须水平、稳固和不可压缩；被测者应裸体或穿着尽量少的内衣；测量值的读数精度，线性测量项目为 1mm，体重为 0.5kg。

2.2.2 人体测量的分类

人体尺寸测量可分为静态人体尺寸测量和动态人体尺寸测量。

2.2.2.1 静态人体尺寸测量

被测者静止地站着或坐着进行的测量方式称为静态人体尺寸测量。静态测量的人体尺寸用以设计工作区域的大小。图 2-10 所示为静态下测出的男性身体处于站、坐、跪、卧、蹲等不同姿势时的限制尺寸。

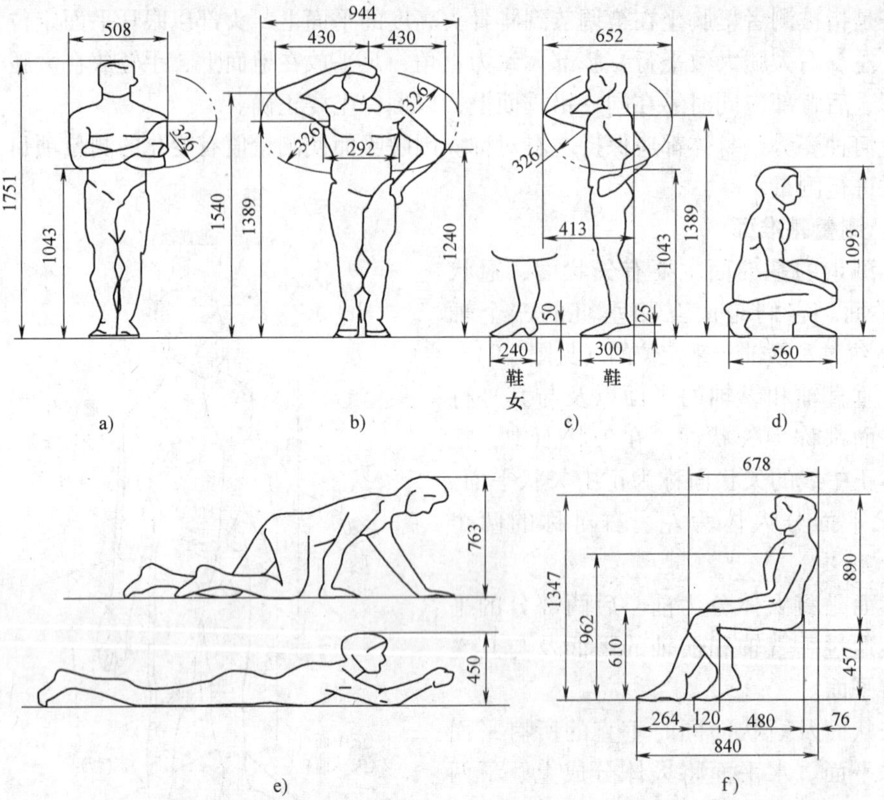

图 2-10　男性身体处于不同姿势时的限制尺寸

2.2.2.2　动态人体尺寸测量

被测者处于动作状态下所进行的测量称为动态人体尺寸测量。动态人体测量的重点是测量人在执行某种动作时的形体特征。图 2-11 所示为驾驶车辆时的静态图和动态图。静态图强调驾驶员与驾驶座位、转向盘、仪表等的物理距离；动态图则强调驾驶员身体各部位的动作关系。动态人体尺寸测量具有这样的特点：在任何一种身体活动中，身体各部位的动作并不是孤立的，而是协调一致的，具有连贯性和活动性。例如，腿脚可及的极限并非唯一由腿脚长度决定，它还受到腰部和臀部的运动、躯干扭转以及操作本身特性的影响。

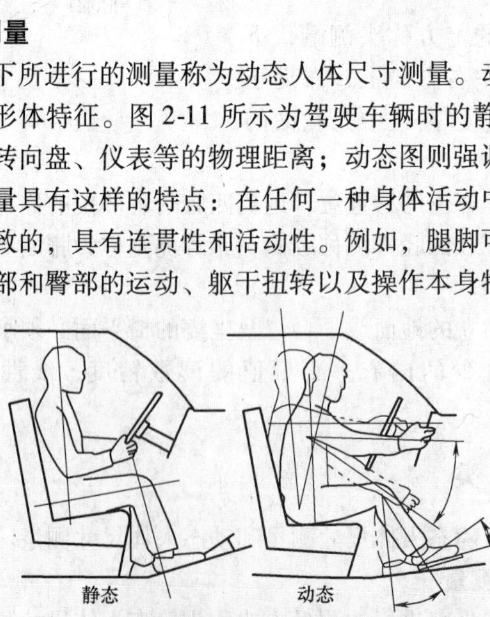

图 2-11　驾驶车辆时的静态图和动态图

动态人体测量通常是对手、上肢、下肢、脚所及的范围以及各关节能达到的距离和能转动的角度进行测量，如图 2-12 所示。

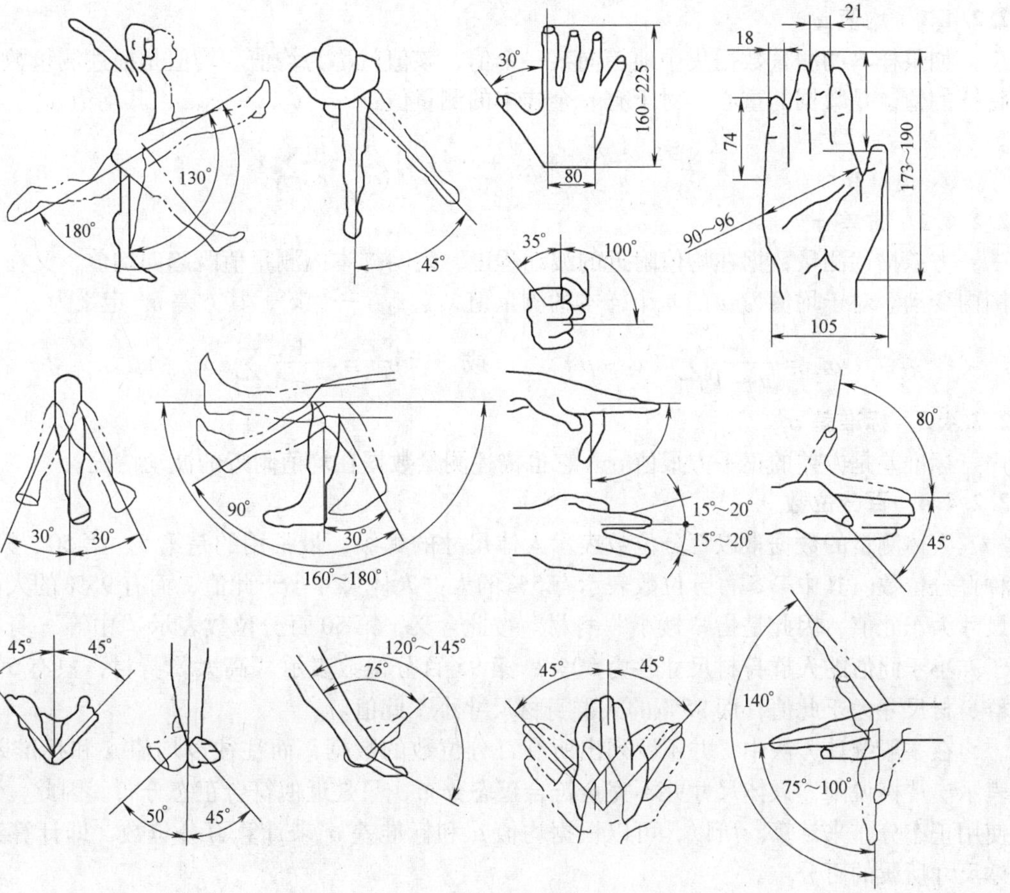

图 2-12 上、下肢的转动和移动范围

2.2.3 人体测量方法

人体测量常用的仪器主要有：人体测高仪、人体测量用直脚规、弯脚规、三脚平行规、坐高椅、量足仪、角度计、软卷尺、描骨器以及医用台秤等。

我国对前四种测量仪器已制定了标准。

测量应在呼气与吸气的中间进行。测量次序是从头向下到脚；从身体的前面，经过侧面，到后面。为保证测量值的准确性，测量时只许轻触测点，不可紧压皮肤。一般性测量只测量左侧，特殊目的测量按具体要求进行。

2.2.4 人体测量数据的统计处理

一般来说，个体的测量尺寸不能作为群体的设计依据。为适合于一个群体的使用，设计中需要的是群体的测量尺寸。然而，全面测量群体中每个个体的尺寸又是不现实的。通常是通过测量群中较少量个体的尺寸，对数据统计处理后获得所需的较为精确的群体尺寸。

人体测量中所得到的测量值，是离散的随机变量，可根据概率论与数理统计理论对测量数据进行统计分析，获得所需群体尺寸的统计规律和特征参数。常用的统计特征参数有均值、方差、标准差、百分位数等。

2.2.4.1 均值μ

如果样本的测量数据集中地趋向某一个值，该值就称为均值。均值是描述测量数据位置特征的值，是数据的重心。对于有 n 个样本的测量值：x_1、x_2、…、x_n，其均值μ 为

$$\mu = \frac{1}{n}(x_1 + x_2 + \cdots + x_n) = \frac{1}{n}\sum_{i=1}^{n} x_i$$

2.2.4.2 方差σ^2

方差描述测量数据在均值附近的波动程度，表明样本的测量值既趋向均值，又在一定范围内变动。对于均值为μ 的 n 个样本的测量值 x_1、x_2、…、x_n，其方差 σ^2 定义为

$$\sigma^2 = \frac{1}{n-1}\sum_{i=1}^{n}(x_i - \mu)^2 \quad 或 \quad \sigma^2 = \frac{1}{n-1}\sum_{i=1}^{n}(x_i^2 - n\mu^2)$$

2.2.4.3 标准差σ

标准差是方差的正平方根值σ。它也描述测量数据在均值附近的波动情况。

2.2.4.4 百分位数

人体测量的数据常以百分位数表示人体尺寸的等级，最常用的是第 5、第 50、第 95 三种百分位数。其中第 5 百分位数表示有 5% 的人群人体尺寸小于此值，而有 95% 的人群人体尺寸大于此值，因此是指“矮小”身材。按此含义，第 50 百分位数表示“中等”身材，大于和小于此值的人群身材尺寸各为 50%；第 95 百分位数表示“高大”身材，只有 5% 的人群身材尺寸大于此值，而 95% 的人群身材尺寸小于此值。

在一般统计方法中，并不罗列出所有百分位数的数据，而往往以均值μ 和标准差σ 来表示。严格说来，人体尺寸并不完全符合正态分布，只是近似符合正态分布。因此，通常仍使用正态分布来计算。所以，可以根据均值μ 和标准差σ 来计算百分位数，即计算某一人体尺寸所属的百分位。

已知人体测量尺寸的均值μ 和标准差σ，可用下式计算百分位数 P_x

$$P_x = \mu \pm \sigma K$$

当求 1% ~50% 之间的百分位数时，式中取“ - ”号；当求 50% ~99% 之间的百分位数时，式中取“ + ”号。式中的 K 为变换系数，设计中常用的百分位数 P_x 与变换系数 K 的关系见表 2-4。

表 2-4 百分位数 P_x 与变换系数 K 的关系

P_x(%)	K	P_x(%)	K	P_x(%)	K
0.5	2.576	25	0.674	90	1.282
1.0	2.326	30	0.524	95	1.645
2.5	1.960	50	0.000	97.5	1.960
5	1.645	70	0.524	99	2.326
10	1.282	75	0.674	99.5	2.576
15	1.036	80	0.842		
20	0.842	85	1.036		

2.3 人体尺寸

人体尺寸是人机系统设计的重要依据，是人体测量的主要内容。人体尺寸数据与人的国

家、地区、性别、年龄、种族和生活状况等密切相关。

2.3.1 人体结构尺寸

2.3.1.1 我国人体尺寸

我国的国家标准 GB/T 10000—1988《中国成年人人体尺寸》按照人机工程学的要求提供了我国成年人人体尺寸的基本数据。标准中把成年人的年龄范围界定为：男 18 ~ 60 岁；女 18 ~ 55 岁。人体尺寸按性别和年龄段分开列表。年龄段划分为三个：18 ~ 25 岁（男、女）、26 ~ 35 岁（男、女）、36 ~ 60 岁（男）、36 ~ 55 岁（女）。该标准中用图标出了各尺寸项目的部位，用相应的表格分别列出各年龄段、各常用百分位的各项人体尺寸数据。

图 2-13 所示为各主要人体尺寸的部位。表 2-5 列出了我国成年人的人体主要尺寸。

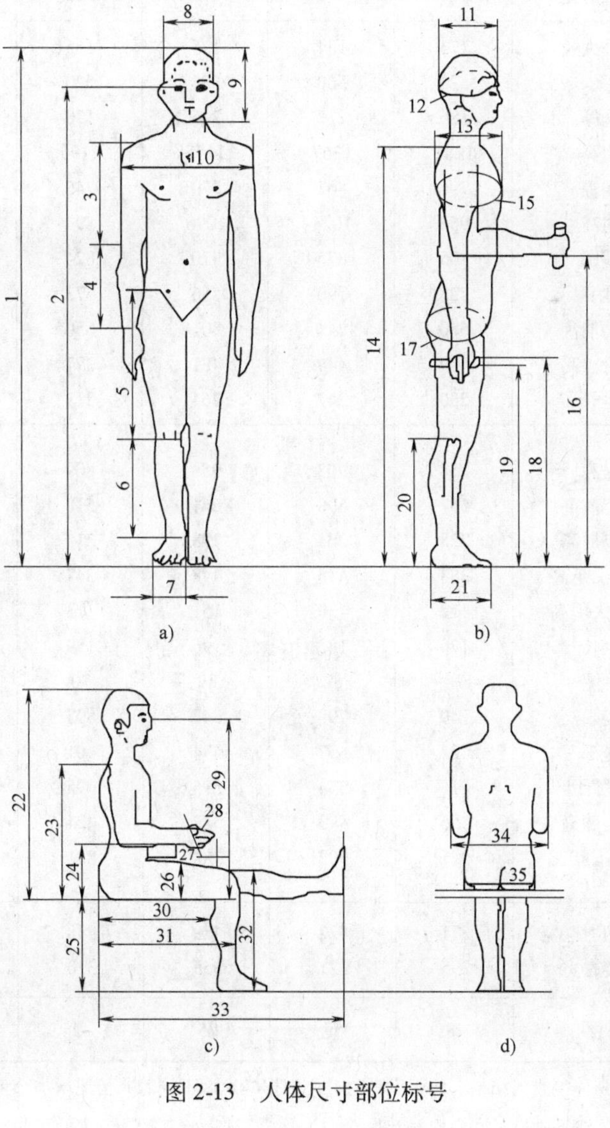

图 2-13 人体尺寸部位标号

表 2-5　我国成年人人体主要尺寸与体重　　（单位：mm）

图序	标号	测量项目	男性（18~60）			女性（18~55）		
			5%	50%	95%	5%	50%	95%
图 2-13a	1	身高	1583	1678	1775	1484	1570	1659
	2	眼高	1474	1568	1664	1371	1454	1541
	3	上臂长	289	313	338	262	284	308
	4	前臂长	216	237	258	193	213	234
	5	大腿长	428	465	505	402	438	476
	6	小腿长	338	369	403	313	344	376
	7	足宽	88	96	103	81	88	95
	8	头最大宽	145	154	164	141	149	158
	9	头全高	206	223	241	200	216	232
	10	最大肩宽	398	431	469	363	397	438
图 2-13b	11	头最大长	173	184	195	165	176	187
	12	头围	526	560	586	520	546	573
	13	胸厚	186	212	245	170	199	239
	14	肩高	1281	1367	1455	1195	1271	1350
	15	胸围	791	867	970	745	825	949
	16	肘高	954	1024	1096	899	960	1023
	17	臀围	805	875	970	824	900	1000
	18	会阴高	728	790	856	673	732	792
	19	手功能高	680	741	801	650	704	757
	20	胫骨点高	409	444	481	377	410	444
	21	足长	230	247	264	213	229	244
图 2-13c	22	坐高	858	908	958	809	855	901
	23	坐姿肩高	557	598	641	518	556	594
	24	坐姿肘高	228	263	298	215	251	284
	25	小腿加足高	383	413	448	342	382	405
	26	坐姿大腿高	112	130	151	113	130	151
	27	手长	170	183	196	159	171	183
	28	手宽	76	82	89	70	76	82
	29	坐姿眼高	749	798	847	695	739	783
	30	坐深	421	457	494	401	433	469
	31	臀膝距	515	554	595	495	529	570
	32	坐姿膝高	456	493	532	424	458	493
	33	坐姿下肢长	921	992	1063	851	912	975
图 2-13d	34	坐姿两肘间宽	371	422	489	348	404	478
	35	坐姿臀宽	295	321	355	310	344	382
其他	36	体重/kg	48	59	75	42	52	66

注：1. 表中数值均为裸体测量的结果。用于设计时，应根据各地区不同着衣情况增加余量。

2. 我国地域辽阔，不同地区之间人体差异较大。

表 2-6 列出了我国六个地区成年人的身高、胸围、体重的均值和标准差。

表 2-6　不同地区成人身高、胸围、体重的均值和标准差

项　目		东北华北		西　北		东　南		华　中		华　南		西　南	
		均值	标准差	均值	标准差	均值	标准差	均值	标准差	均值	标准差	均值	标准差
体重/kg	男	64	8.2	60	7.6	59	7.7	57	6.9	56	6.9	55	6.8
	女	55	7.7	52	7.1	51	7.2	50	6.8	49	6.5	50	6.9
身高/mm	男	1693	56.6	1684	53.7	1686	55.2	1669	56.3	1650	57.1	1647	56.7
	女	1586	51.8	1575	51.9	1575	50.8	1560	50.7	1549	49.7	1546	53.9
胸围/mm	男	888	55.5	880	51.5	865	52.0	853	49.2	851	48.9	855	48.3
	女	848	66.4	837	55.9	831	59.8	820	55.8	819	57.6	809	58.8

2.3.1.2　其他国家人体尺寸

不同国家、不同地区的人，因为历史原因、地理环境、气候条件、生活水平等诸多因素的不同，人体尺寸、体型、身体各部分的尺寸比例等都可能有较大差异。表 2-7 所列是美国、日本、英国、法国、意大利、非洲、马来西亚等国家和地区的人体身高的均值、标准差及常用百分位。

表 2-7　部分国家和地区成年人的身高尺寸　　　（单位：mm）

序号	国家地区	性别	均值	标准差	百分位数										
					1	10	20	30	40	50	60	70	80	90	99
1	日本	男	1657	52	1529	1584	1607	1624	1638	1651	1664	1678	1695	1718	1773
2		女	1544	50	1429	1481	1502	1518	1532	1544	1556	1570	1586	1607	1659
3	美国	男	1755	72	1587	1662	1691	1717	1737	1755	1773	1793	1816	1848	1923
4		女	1618	62	1474	1539	1566	1585	1602	1618	1634	1651	1670	1697	1762
5	英国	男	1780	61	1638	1702	1729	1748	1765	1780	1795	1812	1831	1858	1932
6	法国	男	1690	61	1548	1612	1639	1658	1675	1690	1705	1722	1741	1768	1832
7		女	1599	45	1485	1532	1552	1566	1579	1590	1601	1614	1628	1648	1695
8	意大利	男	1680	66	1526	1596	1625	1645	1663	1680	1696	1715	1735	1764	1834
9		女	1560	71	1394	1469	1500	1522	1542	1560	1578	1591	1620	1651	1726
10	非洲	男	1680	77	1501	1581	1615	1639	1661	1680	1699	1721	1745	1779	1859
11		女	1570	45	1465	1512	1532	1546	1559	1570	1581	1594	1608	1628	1675
12	马来西亚	男	1540	66	1386	1456	1485	1505	1523	1540	1556	1575	1595	1624	1694
13		女	1440	51	1321	1375	1397	1413	1427	1440	1453	1467	1485	1505	1559

2.3.2　人体功能尺寸

GB/T 10000—1988《中国成年人人体尺寸》中没有给出成年人的人体功能尺寸。表 2-8 以设计中常用的第 5、50、95 百分位数的成年男子为例，给出了几项与人的作业和活动空间有关的人体功能尺寸数据。

表 2-8 几项常用的人体功能尺寸（男 18 ~ 60 岁） （单位：mm）

百 分 位	立姿双臂展开宽度	立姿手伸过头顶高度	坐姿手臂前伸距离	坐姿腿前伸距离
5	1579	1999	781	957
50	1690	2136	838	1028
95	1802	2274	896	1099

2.3.3 人体主要参数计算

正常人的身体各部分之间存在一定的比例关系，我们可以根据这种比例关系计算人体相关参数。

2.3.3.1 人体各部分尺寸与身高的比例关系

我国成年人人体各部分尺寸与身高 H 的比例关系如图 2-14 所示。

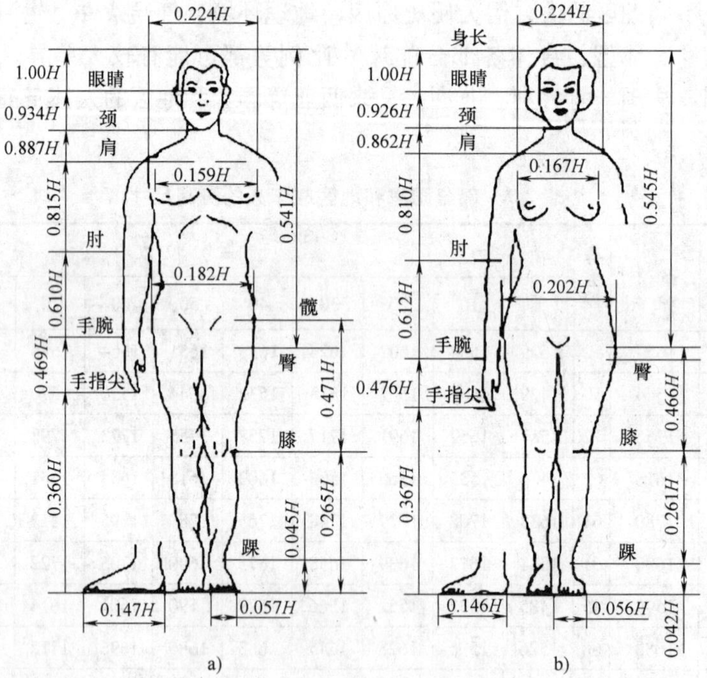

图 2-14 我国成年人人体各部分尺寸与身高 H 的比例关系

2.3.3.2 体重与身高的比例关系

一般人的体重（kg）与身高 H 之间存在下列关系

正常体重 $W_z = H - 110$

理想体重 $W_L = H - 100$

式中，身高 H 的单位是 cm。

如果人体的体重低于或高于正常体重的 10% 以上，则属于不正常状态。

2.3.3.3 人体体积和表面面积的计算

如果体重在 50 ~ 100kg 之间，则可按体重、身高计算人体体积和表面面积。

（1）人体体积计算公式

$$V=1.015W-4.937$$

式中，V为人体体积（L）；W为人体重量（kg）。

（2）人体表面面积计算公式。已知身高时，可用下式计算人体表面面积

男性 $$B=100H$$

女性 $$B=77H$$

式中，B为人体表面面积（cm^2）；H是人体身高（cm）。

已知身高和体重时，可用下式计算人体表面面积：

$$B=61H+128W-1529$$

式中，人体表面面积B的单位是cm^2，人体身高H的单位是cm，体重W的单位是kg。

2.3.3.4 人体生物力学参数的计算

已知人体身高H(cm)、体重W(kg)、体积V(L) 时，可计算出人体生物力学参数的近似值（见表2-9）。

表2-9 人体生物力学参数的计算式

序号	名称	序号	名称
1	人体各部分长度（以人体身高H为依据） 手掌长 $L_1=0.109H$ 前臂长 $L_2=0.157H$ 上臂长 $L_3=0.172H$ 大腿长 $L_4=0.232H$ 小腿长 $L_5=0.247H$ 躯干长 $L_6=0.300H$	4	人体各部分体积（以人体体积V为依据） 手掌体积 $V_1=0.00566V$ 前臂体积 $V_2=0.01702V$ 上臂体积 $V_3=0.03495V$ 大腿体积 $V_4=0.0924V$ 小腿体积 $V_5=0.4083V$ 躯干体积 $V_6=0.6132V$
2	人体各部分重心位置（指靠近身体中心关节的距离） 手掌重心位置 $O_1=0.506L_1$ 前臂重心位置 $O_2=0.430L_2$ 上臂重心位置 $O_3=0.436L_3$ 大腿重心位置 $O_4=0.433L_4$ 小腿重心位置 $O_5=0.433L_5$ 躯干重心位置 $O_6=0.660L_6$	5	人体各部分的重量（以人体体重W为依据） 手掌重量 $W_1=0.006W$ 前臂重量 $W_2=0.018W$ 上臂重量 $W_3=0.0357W$ 大腿重量 $W_4=0.0946W$ 小腿重量 $W_5=0.042W$ 躯干重量 $W_6=0.5804W$
3	人体各部分的旋转半径（指靠近身体中心关节的距离） 手掌旋转半径 $R_1=0.587L_1$ 前臂旋转半径 $R_2=0.526L_2$ 上臂旋转半径 $R_3=0.542L_3$ 大腿旋转半径 $R_4=0.540L_4$ 小腿旋转半径 $R_5=0.528L_5$ 躯干旋转半径 $R_6=0.830L_6$	6	人体各部分的转动惯量（指绕关节转动的惯量） 手掌转动惯量 $I_1=W_1R_1^2$ 前臂转动惯量 $I_2=W_2R_2^2$ 上臂转动惯量 $I_3=W_3R_3^2$ 大腿转动惯量 $I_4=W_4R_4^2$ 小腿转动惯量 $I_5=W_5R_5^2$ 躯干转动惯量 $I_6=W_6R_6^2$

2.3.3.5 男女人体尺寸的换算

同一民族的男性和女性在身高、体重等参数之间存在相关关系，可以相互换算。表2-10

是日本学者大岛正光得出的由男性数据求女性人体尺寸的换算系数。

表 2-10 由男性数据求女性人体尺寸的换算系数表

部　位	系数（%）	部　位	系数（%）	部　位	系数（%）
身长	95	形态面高	92	前臂围	92
上肢长	93	头围	98	大腿围	102
下肢长	94	颈围	90	腿肚围	98
两臂展开宽	93	胸围	90	手宽	94
足长	94	腰围	89	足宽	93
躯干长	96	臀围	102		
头长	92	上臂围	96		

应当说明的是，由表 2-9 中的换算系数求出的女性人体尺寸是近似值，用于设计时，应考虑它们是否符合设计要求。

2.4 人体模型

以人体参数为依据建立的人体模型是描述人体形态特征和力学特性的有效工具，是研究、分析、设计、评价人体系统的重要设施。下面介绍几种在人机工程学领域常用的人体模型。

2.4.1 二维人体模板

二维人体模板是目前人机系统设计时最常用的一种物理仿真模型。它是根据人体测量数据进行处理和选择而得到的标准人体尺寸，利用塑料板材、胶合板或有机玻璃等材料，按照 1∶1、1∶5、1∶10 等比例制成的，各个关节均可活动的人体侧视模型，如图 2-15 所示。将人体模板放在实际作业空间或置于设计图纸的相关位置上，可用以校核设计的合理性和可行性。

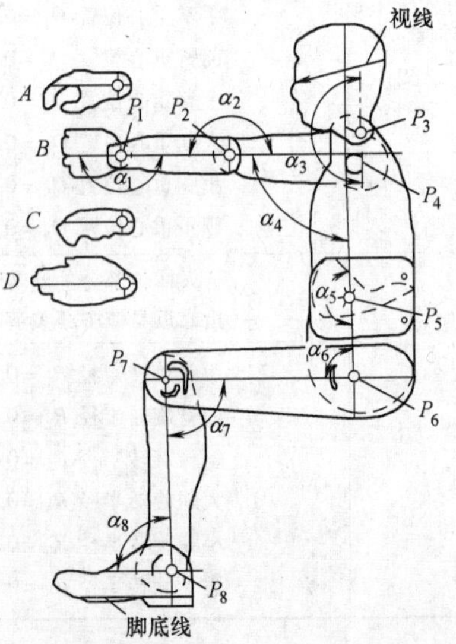

图 2-15 二维人体模板

人体模板可以在侧视图上演示关节的多种功能，但不能演示侧向外展和转动动作。模板上带有角刻度的人体关节调节范围，是指功能技术测量系统的关节角度，包括健康人在韧带和肌肉不超过负荷的情况下所能达到的位置。由于人体模板中部分关节角度是根据有关专家们提供的经验数据设计的，并对某些关节结构（如 P_5）作了一定程度的简化，因而不能反映人体相应区域的生理作用，其背部外形也没有表示正常人体的腰曲弧形。所以，这种人体模板不适宜作为工作座椅靠背曲线的模型。表 2-11 列出了人体模板关节角的调节范围。

表2-11 人体模板关节角的调节范围

人体关节		调节范围		人体关节		调节范围	
关节部位	关节名称	角度代号	调节量	关节部位	关节名称	角度代号	调节量
P_1	腕关节	α_1	140°~200°	P_5	腰关节	α_5	168°~195°
P_2	肘关节	α_2	60°~180°	P_6	髋关节	α_6	65°~120°
P_3	头/颈关节	α_3	130°~225°	P_7	膝关节	α_7	75°~180°
P_4	肩关节	α_4	0°~135°	P_8	脚关节	α_8	70°~125°

根据作业中手的不同姿势，有四种手的模板（见图2-15）可供选用。

A型：三指捏在一起的手。

B型：握住圆棒的手，手的横轴位于垂直面。

C型：握住圆棒的手，手的横轴位于水平面。

D型：伸开的手。

人体模板的应用十分广泛，在设计机械、作业空间、交通运输设备，特别是设计各种运动机械时，车身形式的选择、车辆驾驶室空间的确定、显示与操纵机构的布置、驾驶座椅及乘客座椅尺寸等方面的设计参数，都要以人体尺寸作为依据。表现在可用于辅助制图、辅助设计、辅助演示或模拟测试等方面。具体应用将在后面的章节中详细讲述。

2.4.2 三维人体模型

三维人体模型用于确定汽车车身中实际人体 *H* 点的位置，这一办法已被许多国家的汽车设计机构采用。汽车车身设计时，将人体躯干与大腿相连的铰接点，即胯点定义为 *H* 点。在人体模板中为髋关节。确定汽车车身或驾驶室内部人机界面几何尺寸关系时，常以此点作为人体的定位基准。

三维人体模型的结构如图2-16所示。模型由背板、座板、大腿杆及头部空间探测杆等构件组成，各构件的尺寸、质量及质心位置均以人体测量数据为依据。背板模仿成年男子的平均背部，座板模仿人体臀部及大腿，是两者的合一。座板与背板的廓线形状是真实人体臀部和背部廓线形状的统计描述。模型的背板与座板在相当于人体胯关节处通过转动副相铰接。转动副中心线的左右两侧对称地标有两个 *H* 点标记。

三维人体模型的膝部、踝部也设有转动副，以模拟人体的膝关节和踝关节。模型的各关节处装有量角器，供安装模型时调整角度之用。座板的板腔中对称地装有水平仪，供调节水平之用。沿背板中心线方向的头部空间探测杆在 *H* 点处与大腿杆相铰接，头部空间探测杆上紧固着一个量角器，用于测量实际靠背角。在座板上附有一根可调节的大腿杆，用于确定大腿的中心线，并作为臀部角度量角器的基准线。小腿杆与座板总成连接在T形杆处，组成膝关节。头部空间探测杆的长度、大腿杆与小腿杆的长度以及两膝之间的宽度均可调节，以适应不同百分位的身体尺寸。

在背板、座板、大腿及小腿的各部分质心上，放置着代表该部分质量的重块。重块的质量也是根据各种不同百分位人体相应部位的质量来配置的。背板和座板常用加强塑料或金属制成，其他各部件则多用金属。

常用的三维人体模型是第50百分位和第95百分位的，前者代表中等身材，后者代表高大身材。也有采用代表矮小身材的第 5 百分位人体模型。

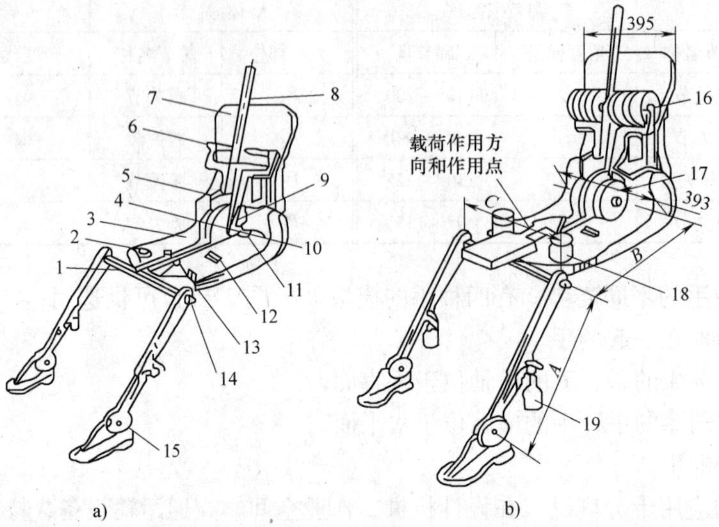

图 2-16　三维人体模型

a）构件名称　b）构件尺寸和载荷分布

1—连结膝关节的 T 形杆　2—大腿重块垫块　3—座板　4—臀部角度量角器

5—靠背角水平仪　6—躯干重块悬架　7—背板　8—头部空间探测杆

9—靠背角量角器　10—*H* 点标记钮　11—*H* 点支轴　12—横向水平仪　13—大腿杆

14—膝部角量角器　15—小腿夹角量角器　16—躯干重块　17—臀部重块　18—大腿重块　19—小腿重块

第3章 汽车人机工程布置设计与车室尺寸设计

3.1 汽车车身布置设计

从轿车布置设计的分工看，汽车布置设计一般分四个部分：

（1）内部布置：主要任务是室内人机工程布置设计。

（2）前端设计：主要任务是发动机舱布置设计。

（3）后端设计：主要任务是行李舱布置设计。

（4）车身下部设计：主要任务是如何使底盘布置设计与车身协调。

其设计的主要影响因素是：标准与法规、用户及其要求、制造厂本身成本和加工技术考虑。

1. 法规标准方面的直接影响因素 具体包括：

（1）保险杠高度。

（2）灯的安装位置。

（3）雨刮器刮扫范围。

（4）驾驶员视野要求。

（5）内部尺寸要求（如踏板位置和间距等）。

（6）标牌位置要求。

2. 法规标准方面的间接影响因素 它们是指由于消费者组织和工程设计需要，而带来的安全要求。如：

（1）足够的碰撞变形区域。

（2）乘员通道。

（3）在碰撞保护区安装特殊昂贵的保护设备。

（4）催化转化器的安装位置优化。

（5）和安全有关的某些装置的布置位置，如安全气囊、安全带以及膝部保护设备。

（6）空间考虑。

3. 制造要求 主要是生产和模块化方面的要求，达到降低加工成本、简化工艺流程、降低加工难度、提高制造质量、提高物流水平、适应车型变化和保证制造质量等目的。

4. 用户服务要求 主要指通过布置设计，降低汽车某些零件的维护时间和成本。

5. 车型战略影响 主要指车型平台的合理化，因此必须考虑模块化、物流、生产线设计，实现车型易改型、开发周期短、开发成本低的目的。这里主要的模块化结构有：

（1）动力总成（发动机，变速器）。

（2）悬架总成或悬架、车轴的模块化。

（3）转向模块。

（4）驱动模块（驱动轴和差速器）。

（5）辅助装置（空调）。

（6）加热和气候系统。

（7）备用轮胎。

3.2 汽车人机工程布置设计概述

车身布置设计的主要任务包括车室内部布置设计及确定内部尺寸。尤其对轿车而言，内部布置和尺寸的确定基本上代表了乘员乘坐空间和汽车外部基本轮廓控制尺寸的定义。有好的定义就有好的舒适性，先有控制尺寸才能接下来进行外形气动优化、美学修饰和加工分析。该项工作是按照人机工程学的原理、方法来展开的，是从人体本身出发的，因此，将车身内部布置设计称之为汽车人机工程布置设计。汽车人机工程布置设计是汽车车身布置设计工作的第一步。

汽车人机工程布置设计的目的是安置驾驶员和乘客。汽车人机工程布置设计的工作内容是根据人体（驾驶员和乘员）舒适性和安全性的要求，进行人机工程学优化，如确定座椅位置，分析室内零部件的操纵和识认方便性，包括转向盘位置和踏板位置的可操纵性、仪表板上仪表的辨识、驾驶员和乘员的头部空间尺寸、车外视野设计等。这些内容分三章讲述，本章只讲述座椅布置设计和车室内部尺寸设计。

3.2.1 室内布置设计基准 *H* 点及确定

车身室内布置设计的基准是 *H* 点。*H* 点是人体身躯与大腿的连接点，即胯点（Hip Point）。汽车车身设计中称它为 *H* 点。*H* 点是通过 *H* 点人体模型获得的。本书的第 2 章中详细介绍了人体模型问题，在此仅从设计基准的角度讲述如何使用人体模型获取 *H* 点。

3.2.1.1 汽车的实际 *H* 点

汽车的实际 *H* 点是指当 *H* 点三维人体模型按规定的步骤安放在汽车座椅中时（见第 2 章），人体模型上左、右两 *H* 点标记连接线的中点。它表示汽车驾驶员或乘员入座后胯点关节中点在车身中的实际位置。汽车实际 *H* 点在车身设计中有重要的作用。

（1）汽车实际 *H* 点是与操作方便性及坐姿舒适性相关的车内尺寸的基准点。驾驶员以正常姿势入座后，其体重的大部分通过臀部由座椅和坐垫来支撑，一部分通过背部和腰部由靠背来承受，另一部分通过左右手作用于转向盘上，尚有极少部分通过右脚加速踏板踵点作用于汽车地板上。在这种特定的约束坐姿下，驾驶员在操作时身躯上部的活动必然是绕通过实际 *H* 点的横向水平轴线的转动。因此，实际 *H* 点的位置便成为决定与驾驶员操作方便、乘坐舒适相关的车内尺寸的基准。

（2）汽车实际 *H* 点是确定眼椭圆在车身中位置的基准点。车身侧视图上眼椭圆的定位要以 *H* 点作为基准，详见第 4 章。

（3）汽车实际 *H* 点的位置影响到驾驶员的手伸及界面，详见第 5 章。

3.2.1.2 实际布置设计 *H* 点

目前，在进行内部布置设计时，均采用二维的如图 3-1 所示的 *H* 点人体样板来获得 *H* 点。它由躯干、大腿、小腿、足及靠背基准杆等组成。车身内部布置设计采用的通常是第

95、50和第10百分位的H点人体样板。分别代表大、中、小身材。这三种百分位的H点人体样板的上身躯干长度尺寸一样，但大腿长度B、小腿长度A各有不同，分别如表3-1所示。

表3-1　H点人体样板大、小腿长度尺寸

百　分　位	第10	第50	第95
大腿长度B/mm	406	432	455
小腿长度A/mm	391	417	460

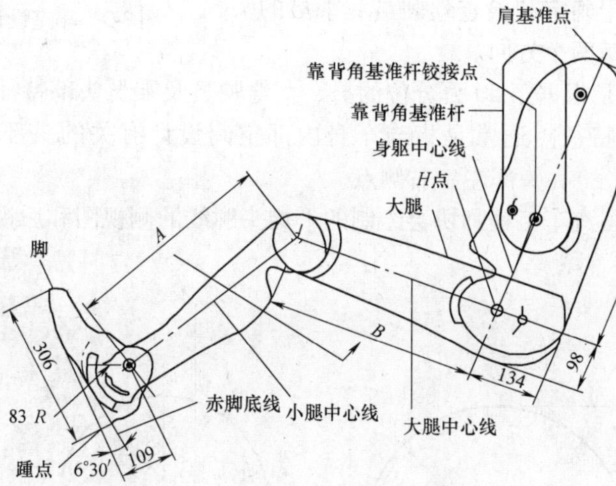

图3-1　H点人体样板

H点人体样板在车身侧视图上安放时，应根据：1）H点的高度H_z（图中以b代表）的大小；2）舒适坐姿角α、β、γ及δ。如图3-2所示。

H点的高度H_z是指人体样板踵点与H点之间铅垂方向的距离。H_z、α、β、γ及δ的参考数值如表3-2所示。

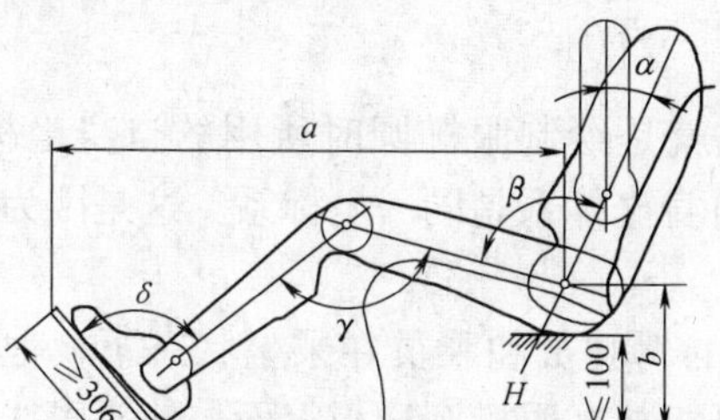

图3-2　用人体模板进行车内布置

表3-2　H点人体样板参数参考值

车型	重型载货车	轿车、旅行车、轻型载货车
H_z/mm	405～508	300～405
α/(°)	11°～18°	20°～23°
β/(°)	95°～120°	60°～110°
γ/(°)	95°～135°	80°～70°
δ/(°)	90°～110°	87°～130°

3.2.2　室内布置设计用包络线

车身室内布置设计用包络线是指将驾驶员座椅调整到适意位置与姿态，以正常驾驶姿态入座后，通过摄影法获取的眼睛、头部、胯部、膝部及胃部等与车身设计有关的特征点在车内坐标系中的位置数据，经二维正态分布数据统计后，得到的各种百分位的人体特征点的分布图形。它们包括驾驶员眼椭圆（*D*），头部包络线（*E*），左、右膝包络线（*B*、*C*），*H*点位置线（*A*）与胃部包络线（*F*）（见图3-3）。关于驾驶员眼椭圆及其应用、各种包络线的数理统计方法与过程将在第4章予以详述。

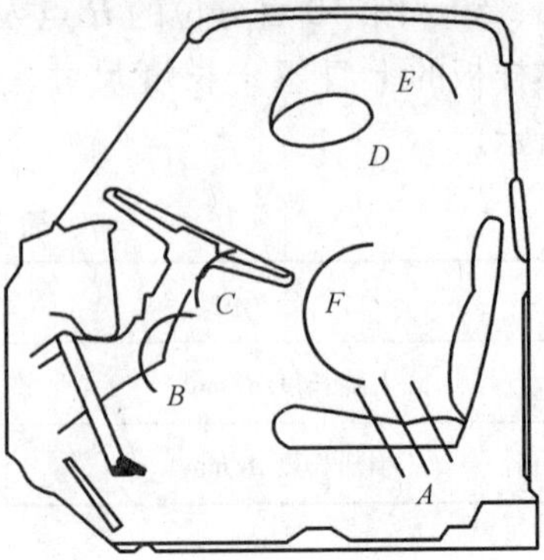

图3-3　车室设计用工具性图形

3.2.2.1　头部包络线及其定位

头部包络线主要用于确定和检查驾驶员和乘员的头部空间尺寸，包括纵、横两个方向。

1. 平均头廓线　它是根据第50百分位的男、女驾驶员及乘员头部特征点的统计尺寸绘制的头部外廓线。这些特征点通常是指与车身内部空间设计有关的头部点，如头部顶点（含发），头部后点（含发），头部左、右侧点。

图3-4所示为由美国汽车工程师协会绘制的平均头廓线的侧视图和后视图。

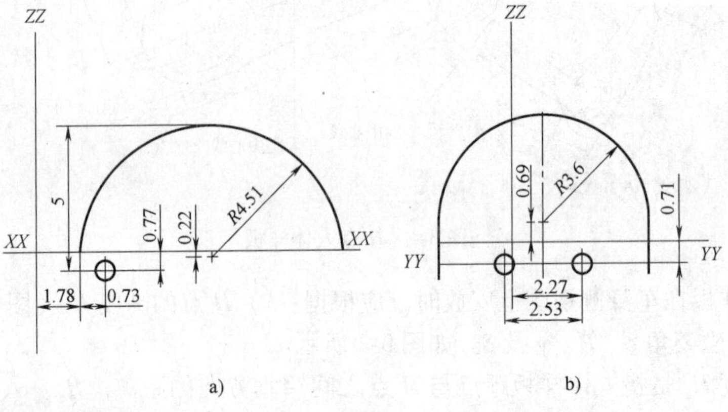

图3-4　平均头廓线图

a）侧视图　b）后视图

图中的坐标轴*X*、*Y*、*Z*是头廓线的自身坐标，也就是绘制眼椭圆时所用的自身坐标。或者说眼椭圆样板上的自身坐标系与头廓线样板上的自身坐标系是同一坐标系。这是因为头廓包络线要以眼椭圆为轨迹来形成。

2. 头廓包络线　头廓包络线是指不同百分位身材的驾驶员和乘员在乘坐状态下，他们头廓线的包络线。头廓包络线的形成方法是将头廓线样板放在眼椭圆样板上面，使头廓线样板上的眼点沿着眼椭圆样板上的上半部眼椭圆运动，并保持两样板上的自身坐标平行，描绘出头廓线运动时的包络线便是头廓包络线。由于头廓包络线以眼椭圆为基准而生成，而眼椭圆的长短轴因身材百分位及*H*点水平行程的不同而有异，因而头廓包络线是有许多条的。其中，以*H*点水平行程127mm的第50、第95及第99百分位的最为常用。这种*H*点水平行程可调节的头廓包络线适用于确定驾驶员的头部位置。

另外，*H*点水平方向不可调节的头廓包络线用来确定坐在固定式座椅中的乘员或驾驶员的头部位置。后者在后座乘员头顶空间设计时更为重要。图 3-5 所示为不可调式座椅的头廓包络线；图 3-6 所示为可调式座椅的头廓包络线，其 H 点水平行程为 127mm。

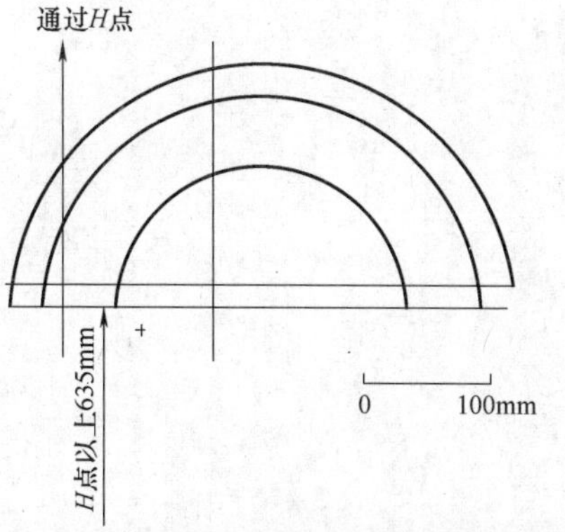

图 3-5　不可调节式座椅用头廓包络线侧视图

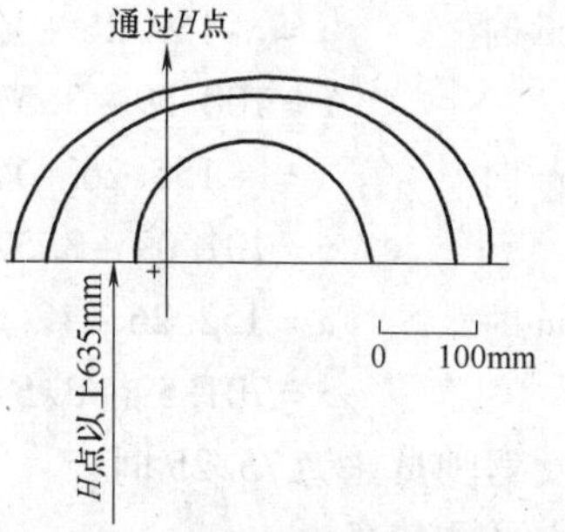

图 3-6　可调节式座椅用头廓包络线侧视图

3. 头廓包络线在车身侧视图上的定位

（1）A 类汽车的头廓包络线定位（侧视图）。A 类汽车的头廓包络线定位视座椅为可调式或不可调式而分成两种情形，以下分别叙述。

1）第一种情形：座椅可调式。此情形下，头廓包络线在车身侧视图上的定位方法与眼椭圆在该类汽车车身侧视图上的定位方法相同。即先按身材百分位值及 H 点水平行程（座椅水平调节量）选定相应的头廓包络线样板。然后通过最后 H 点作垂直工作线并向上量取 635mm，并在此处作一水平工作线。根据座椅靠背角 β 的大小，由式（4-11）、式（4-12）算出或由表 4-5 查出头廓包络线自身坐标原点相对于垂直与水平工作线交点的水平和垂直偏移量 x，z。最后按样板描出头廓包络线在车身侧视图上的位置。

2）第二种情形：座椅不可调式。在车身侧视图上最后 H 点后方 122.7mm 处作一垂直工作线；并向上量取 650mm 作水平工作线。然后按式（3-11）算出或由表 3-5 查出坐标原点相对于上述两工作线交点的水平和垂直偏移量 x，z。最后按样板绘出头廓包络线在车身侧视图上的位置。

（2）B 类汽车的头廓包络线定位。它的定位方法与 B 类汽车眼椭圆的定位方法类似，其步骤如下：

1）根据身材百分位值及 H 点水平行程（即座椅水平调节量）选取相应的头廓包络线样板。

2）利用式（3-12）~式（3-14），由给定的男女驾驶员比及 H 点的高度，首先确定头廓包络线的定位参考线和参考点的位置。

3）根据座椅水平调节量（即 H 点的水平行程）以及座椅靠背角，按以下不同的三种情况（男女驾驶员比分别为 50/50、75/25 和 90/10 或 95/5 时）的公式，算出头廓包络线自身坐标原点相对于由步骤 2）中得到的定位参考点的水平偏移量和垂直偏移量。

当男女驾驶员比为 50/50 时：

座椅水平调节量为

102mm 时　　$x = -177.76 + 12.68\beta$

$z = 697.09 - 3.57\beta$

114mm 时 $x=-171.26+12.68\beta$

$z=698.59-3.57\beta$

127mm 时 $x=-165.76+12.68\beta$

$z=699.59-3.57\beta$

140mm 时 $x=-159.26+12.68\beta$

$z=700.59-3.57\beta$

152mm 时 $x=-155.26+12.68\beta$

$z=701.09-3.57\beta$

165mm 时 $x=152.26+12.68\beta$

$z=701.59-3.57\beta$

当男女驾驶员比为75/25时：

座椅水平调节量为

102mm 时 $x=-203.55+13.65\beta$

$z=705.66-3.82\beta$

114mm 时 $x=-197.05+13.65\beta$

$z=707.16-3.82\beta$

127mm 时 $x=-191.55+13.65\beta$

$z=708.16-3.82\beta$

140mm 时 $x=-185.05+13.65\beta$

$z=709.16-3.82\beta$

152mm 时 $x=-181.05+13.65\beta$

$z=709.66-3.82\beta$

165mm 时 $x=-178.05+13.65\beta$

$z=710.16-3.82\beta$

当男女驾驶员比为90/10或95/5时：

座椅水平调节量为

102mm 时 $x=-186.94+12.23\beta$

$z=713.52-4.17\beta$

114mm 时 $x=-180.44+12.23\beta$

$z=715.02-4.17\beta$

127mm 时 $x=-174.94+12.23\beta$

$z=716.02-4.17\beta$

140mm 时 $x=168.44+12.23\beta$

$z=717.02-4.17\beta$

152mm 时 $x=-164.44+12.23\beta$

$z=717.52-4.17\beta$

165mm 时 $x=-161.44+12.23\beta$

$z=718.02-4.17\beta$

以上各式中，x 为头廓包络线自身坐标原点相对于定位参考点的水平偏移量（mm）。负值时头部包络线坐标原点位于定位参考点的前方，反之亦然；z 为头廓包络线自身坐标原点相对于定位参考点向上的垂直偏移量（mm）；β 为座椅靠背角（°）。

4）按样板画出头廓包络线在车身侧视图上的位置。

3.2.2.2 适意驾驶位置时的驾驶员 *H* 点位置线

图3-7所示为A类汽车适意驾驶位置时 H 点位置线。适意驾驶位置时，H 点的水平行程 X 与 H 点离踵点的高度 Z 之间的关系可用以下的数学表达式描述

$$\left.\begin{aligned}X_{97.5}&=936.6+0.613879Z-0.00186247Z^2\\X_{95}&=913.7+0.672316Z-0.00195530Z^2\\X_{90}&=885.0+0.735374Z-0.00201650Z^2\\X_{50}&=793.7+0.903387Z-0.00225518Z^2\\X_{10}&=715.9+0.968793Z-0.00228674Z^2\\X_{5}&=692.6+0.981427Z-0.00226230Z^2\\X_{2.5}&=687.1+0.895336Z-0.00210494Z^2\end{aligned}\right\}\qquad(3\text{-}1)$$

式中，X_i 为第 i 百分位身材驾驶员的 H 点位于足部拇趾参考点之后的水平距离（mm），拇趾参考点如图3-7所示；Z 为 H 点离加速踏板踵点的高度（mm）。

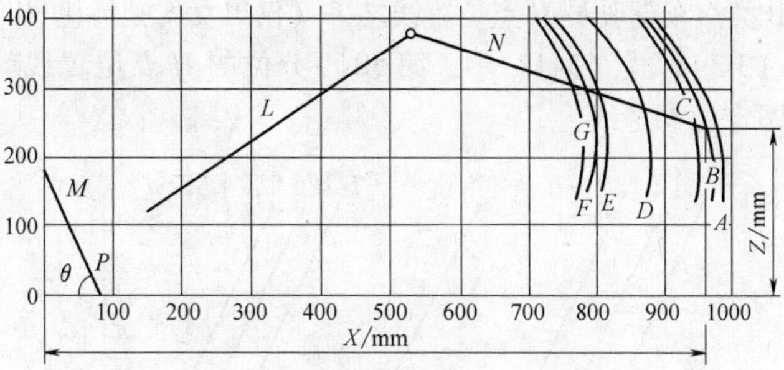

图3-7 A类汽车驾驶员 *H* 点位置线

百分位：*A*—97.5% *B*—95% *C*—90% *D*—50% *E*—10% *F*—5% *G*—2.5% *P*—踵点 *M*—拇趾 *N*—大腿 *L*—小腿

B类汽车的 H 点位置线可表达为线性式。

当男女驾驶员比为50/50时

$$\left.\begin{aligned}X_{97.5}&=916.50-0.471Z\\X_{95}&=900.23-0.471Z\\X_{90}&=888.44-0.487Z\\X_{50}&=798.44-0.446Z\\X_{10}&=668.97-0.340Z\\X_{5}&=637.76-0.317Z\\X_{2.5}&=625.21-0.327Z\end{aligned}\right\}\qquad(3\text{-}2)$$

当男女驾驶员比为75/25时

$$\left.\begin{aligned}X_{97.5}&=941.88-0.514Z\\X_{95}&=928.86-0.519Z\\X_{90}&=909.79-0.512Z\\X_{50}&=822.44-0.460Z\\X_{10}&=699.71-0.354Z\\X_{5}&=668.86-0.339Z\\X_{2.5}&=641.35-0.329Z\end{aligned}\right\}\qquad(3\text{-}3)$$

当男女驾驶员比为90/10或95/5时

$$\left.\begin{aligned}X_{97.5}&=929.13-0.480Z\\X_{95}&=922.49-0.494Z\\X_{90}&=903.03-0.485Z\\X_{50}&=855.31-0.509Z\\X_{10}&=785.36-0.492Z\\X_{5}&=762.17-0.485Z\\X_{2.5}&=732.26-0.460Z\end{aligned}\right\}\qquad(3\text{-}4)$$

图3-8所示为B类汽车驾驶员*H*点位置线之一（仅男女驾驶员比90/10或95/5）的情况。

式（3-2）、式（3-3）、式（3-4）中，第50百分位的*H*点位置线就是B类汽车各种男女驾驶员比的眼椭圆定位参考线。

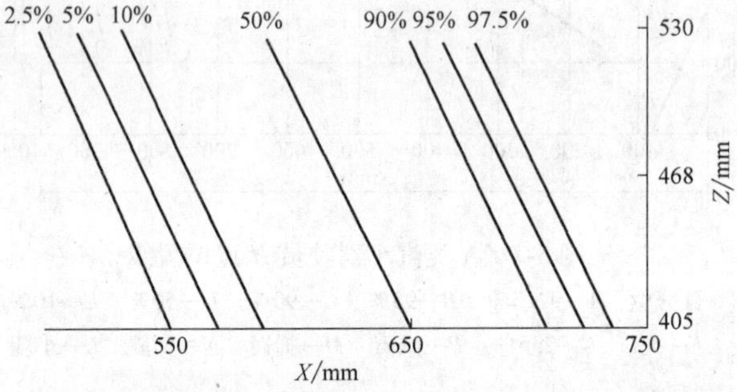

图3-8　B类汽车驾驶员*H*点位置线（男女驾驶员比90/10或95/5时）

3.2.2.3　膝部和胃部包络线定位参考线和定位参考点

1. 拇趾和踵点基准点　图3-9画出了装置角度不同的加速踏板踵点、拇趾基准点、踏板及踏平面（即鞋底面）。左图中的踏板装置角φ小于踏平面角θ。因此，踵点与踏板支点保持接触，而足的拇趾点与踏板不接触。此时，应以踵点为支点转动踏板来找到在踏平面上的拇趾基准点。加速踏板平面上的拇趾基准点与踵点的距离为203mm。右图中为另一种情况：踏板装置角φ大于踏平面角θ。此时踏平面上的拇趾点就是拇趾基准点。拇趾基准点是用来决定膝部包络线、胃部包络线的定位参考点的水平距离的基准；而踵点用来决定定位参考点的垂直距离。

踏平面角θ以二维人体样板的足与小腿夹角来衡量，是*H*点高度的函数

$$\theta=78.96-0.15Z-0.0173Z^2 \qquad (3\text{-}5)$$

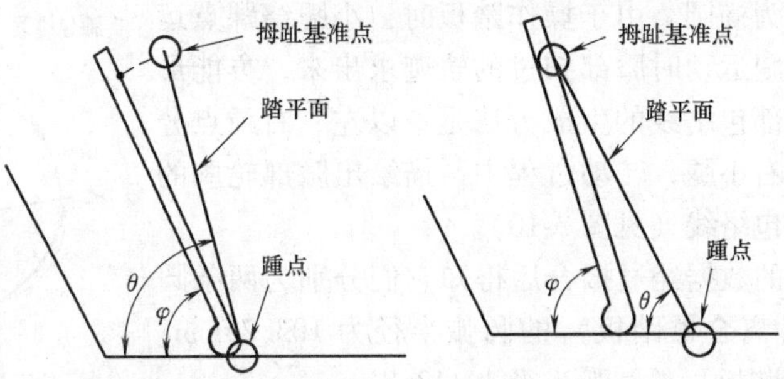

图 3-9 拇趾基准点与踵点

2. 定位参考线和定位参考点

（1）A 类汽车定位参考线与定位参考点：

选择第 50 百分位的驾驶员 H 点位置线作为定位参考线，其表达式为

$$X = 793.7 + 0.903387Z - 0.00225518Z^2 \tag{3-6}$$

式中，X 为定位参考线上各点离拇趾基准点的水平距离（mm）；Z 为 H 点离踵点的垂直距离（mm）。

由于 H 点离踵点的垂直距离（即 H 点高度）在设计时已选定，所以 X 便可求得，也就是说定位参考点的位置可确定。

（2）B 类汽车的定位参考线与定位参考点：

B 类汽车的第 50 百分位的驾驶员 H 点位置线为定位参考线。

男女驾驶员比为 50/50 时

$$X = 798.74 - 0.446Z \tag{3-7}$$

男女驾驶员比为 75/25 时

$$X = 822.44 - 0.460Z \tag{3-8}$$

男女驾驶员比为 90/10 或 95/5 时

$$X = 855.31 - 0.509Z \tag{3-9}$$

式中，X 为定位参考线上各点离拇趾基准点的水平距离（mm）；Z 为 H 点的高度（mm）。

同上述相似，由于 H 点高度为已知，X 值便可算出，因此定位参考点的位置亦可确定。定位参考点确定之后，根据以下将要给出的公式算出设计工具性图形相对于定位参考点的水平和垂直偏移量，最后便可确定这些图形在车身侧视图上的位置。以下以膝部和胃部包络线为例进行说明。

3.2.2.4 驾驶员膝部包络线及定位

驾驶室仪表板下方的膝部空间设计应以驾驶员的膝部包络线为依据。膝部空间的形状和尺寸直接影响到操作方便性和撞车时驾驶员身体的运动轨迹及伤害程度。近年来，在仪表板的下部设置撞车防护用的缓冲膝垫的车辆日渐增多，从而令膝部包络线这一设计工具在车身设计中的作用越显重要。

1. 膝部包络线的生成 膝部包络线的生成需具备三个要素：膝部特征点、膝椭圆及二维 H 点人体样板的小腿。膝部特征点 K 定义在胫关节和踝关节连线的垂直线上。该垂直线通过胫关节中心。K 点至胫关节中心的距离为 50.8mm。左、右膝特征点分别表示操作离合器踏板和操作加速踏板的膝部特征点。由摄影法获得的位置数据经统计分析后得知，两膝特

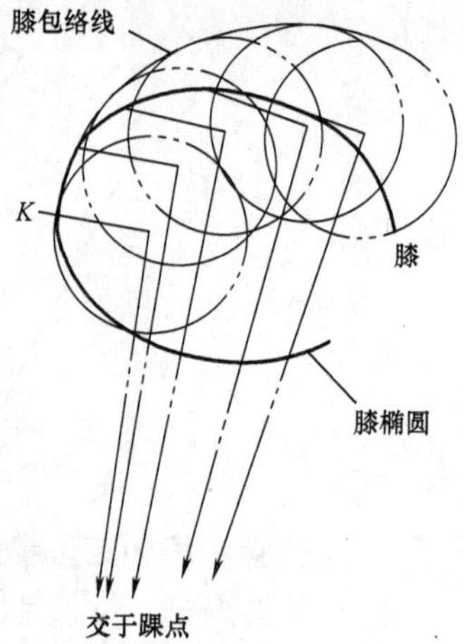

图 3-10　膝部包络线的形成

征点的分布图形均为椭圆。由于操作踏板时，小腿绕踝点运动，所以还需将小腿运动时膝部扫过的轨迹求出来，方能形成膝部包络线。膝部包络线的生成方法是：以左、右踵点分别为支撑点转动左右小腿，转动过程中，描绘出膝部轮廓的轨迹，便可得膝部包络线（见图 3-10）。

将膝部包络线的数据经过拟合后得知它们分别为两条圆弧。左膝包络线（离合器踏板）的圆弧半径为 103.25mm，右膝包络线（加速踏板）的圆弧半径为 113.25mm。

2. 膝部包络线在车身图上的定位　定位步骤为：

（1）首先按 B 类汽车确定定位参考线和定位参考点。

（2）明确是左膝包络线（离合器踏板）还是右膝包络线（加速踏板）。

（3）利用式（3-10）~式（3-12）算出左膝包络线圆心的水平和垂直偏移量。利用式（3-13）~式（3-15）算出（或利用表 3-3 ~ 表 3-5 查出）右膝包络线圆心的水平和垂直偏移量。

左膝包络线圆心偏移量：

男女驾驶员比为 50/50 时

$$\begin{aligned} x &= 12049.4057 + C_{HX}[-15.7837 - 0.0222C_X + C_Z(0.0483 - 6.5\times10^{-9}H_{30}C_X)] + \\ &\quad H_{30}(-6.7718 - 0.0105C_X + 0.0201C_Z) + C_X(17.9401 - 0.0001C_X + \\ &\quad 0.0030C_Z) + C_Z(-37.9352 + 0.0010C_Z) \\ z &= -2210.6823 + C_{HX}(3.3278 + 0.0370C_X + C_Z)(-0.0403 + 2.7\times10^{-9}H_{30}C_X) + \\ &\quad H_{30}(0.4561 + 0.0155C_X - 0.0167C_Z) + C_X(-28.7615 - 0.0009C_X - \\ &\quad 0.0003C_Z) + C_Z(32.7120 - 0.0007C_Z) \end{aligned} \tag{3-10}$$

男女驾驶员比为 75/25 时

$$\begin{aligned} x &= 4229.4784 + C_{HX}[-5.8753 + 0.0789C_X + C_Z(-0.0473 - 3.9\times10^{-9}H_{30}C_X)] + \\ &\quad H_{30}(-2.3832 + 0.0351C_X - 0.0232C_Z) + C_X(-64.3385 - \\ &\quad 0.0002C_X + 0.0024C_Z) + C_Z(39.6780 + 0.0007C_Z) \\ z &= 12254.3381 + C_{HX}[-14.3121 - 0.0450C_X + C_Z(0.0692 + 6.6\times10^{-9}H_{30}C_X)] + \\ &\quad H_{30}(-7.6863 - 0.0219C_X + 0.0326C_Z) + C_X(37.9286 - \\ &\quad 0.0009C_X - 0.0016C_Z) + C_Z(-56.1338 - 0.0006C_Z) \end{aligned} \tag{3-11}$$

男女驾驶员比为 90/10 或 95/5 时

$$\begin{aligned} x &= 14601.7633 + C_{HX}[-17.7652 + 0.0081C_X + C_Z(0.0506 - 8.6\times10^{-9}H_{30}C_X)] + \\ &\quad H_{30}(-8.7461 + 0.0034C_X + 0.0243C_Z) + C_X(-6.6220 + 5.7\times10^{-6}C_X + \\ &\quad 0.0035C_Z) + C_Z(-42.6080 + 0.0010C_Z) \\ z &= 13495.0413 + C_{HX}[-15.2231 - 0.3160C_X + C_Z(0.1508 + 3.4\times10^{-8}H_{30}C_X)] + \\ &\quad H_{30}(-8.8427 - 0.1641C_X + 0.0769C_Z) + C_X(271.9531 - 0.0013C_X - \\ &\quad 0.0085C_Z) + C_Z(-127.735 - 0.0012C_Z) \end{aligned} \tag{3-12}$$

式中，x 为膝部包络线圆心相对于定位参考点的水平偏移量（mm）；z 为膝部包络线圆心相对于参考点的垂直偏移时（mm）；C_{HX}为座椅至踏板踵点的水平距离，即定位参考点至踏板踵点的水平距离（mm）；C_X为离合器踏板表面中心点至踏板踵点的水平距离（mm）；C_Z为离合器踏板表面中心点至踏板踵点的垂直距离（mm）；H_{30}为 H 点的高度（mm）。

右膝包络线圆心偏移量：

男女驾驶员比为 50/50 时

$$x=-991.525+0.8658H_{30}-2[-991.525+0.8658H_{30}-(-718.243+0.4462H_{30})]$$

$$z=334.882-0.694H_{30} \tag{3-13}$$

男女驾驶员比为 75/25 时

$$x=-1036.737+0.9074H_{30}-2[-1036.737+0.9074H_{30}-(-741.943+0.4595H_{30})]$$

$$z=373.098-0.637H_{30} \tag{3-14}$$

男女驾驶员比为 90/10 或 95/5 时

$$x=-1093.64+0.9932H_{30}-2[-1093.64+0.9932H_{30}-(-774.852+0.5087H_{30})]$$

$$z=324.916-0.5832H_{30} \tag{3-15}$$

表 3-3、表 3-4 和表 3-5 可以用来分别代替式（3-13）、式（3-14）和式（3-15）。

表 3-3 男女驾驶员比为 50/50 时的膝部包络线圆心偏移量（加速踏板） （单位：mm）

H 点高度（H_{30}）	x	z	H 点高度（H_{30}）	x	z
405	-434.188	76.897	470	-432.459	35.492
410	-434.055	73.712	475	-432.320	32.307
415	-433.922	70.527	480	-432.193	29.122
420	-433.789	67.342	485	-432.060	25.937
425	-433.656	64.157	490	-431.927	22.752
430	-433.523	60.972	495	-431.794	19.567
435	-433.390	57.787	500	-431.661	16.382
440	-433.257	54.602	505	-431.528	13.197
445	-433.124	51.417	510	-431.395	10.012
450	-432.991	48.232	515	-431.262	6.827
455	-432.858	45.047	520	-431.129	3.462
460	-432.725	41.862	525	-430.996	0.456999
465	-432.592	38.677	530	-430.863	-2.728

表 3-4 男女驾驶员比为 75/25 时的膝部包络线圆心偏移量（加速踏板） （单位：mm）

H 点高度（H_{30}）	x	z	H 点高度（H_{30}）	x	z
405	-442.415	91.218	470	-441.697	45.978
410	-442.393	87.736	475	-441.639	42.498
415	-442.335	84.258	480	-441.581	39.018
420	-442.277	80.778	485	-441.523	35.538
425	-442.219	77.298	490	-441.465	32.058
430	-442.161	73.818	495	-441.407	28.578
435	-442.103	70.338	500	-441.349	25.098
440	-442.045	66.858	505	-441.291	21.618
445	-441.987	63.378	510	-441.233	18.138
450	-441.929	59.898	515	-441.175	14.658
455	-441.871	56.418	520	-441.177	11.178
460	-441.813	52.938	525	-441.059	7.698
465	-441.755	49.458	530	-441.001	4.218

表 3-5　男女驾驶员比为 90/10 或 95/5 时的膝部包络线圆心偏移量（加速踏板）　（单位：mm）

H 点高度（H_{30}）	x	z	H 点高度（H_{30}）	x	z
405	−446.263	88.720	470	−444.690	50.812
410	−446.142	85.804	475	−444.569	47.896
415	−446.021	82.888	480	−444.448	44.980
420	−445.900	79.972	485	−444.327	42.064
425	−445.779	77.056	490	−444.206	39.148
430	−445.658	74.140	495	−444.085	36.232
435	−445.537	71.224	500	−443.964	33.316
440	−445.416	68.308	505	−443.843	30.400
445	−445.295	65.392	510	−443.722	27.484
450	−445.174	62.476	515	−443.601	24.568
455	−445.053	59.560	520	−443.480	21.652
460	−444.932	56.644	525	−443.359	18.736
465	−444.811	53.728	530	−443.238	15.820

3.2.2.5　驾驶员胃部包络线

载货汽车驾驶员的胃部包络线对决定转向盘与驾驶员座之间的尺寸、安全气囊及座椅安全带结构方案具有重要作用。

1. 胃部包络线的生成　胃部包络线的生成亦需三个要素（见图 3-11）：两个胃部特征点，一个辅助点。第一个胃部特征点在驾驶员胃腹突出处（点 2），第二个胃部特征点在驾驶员腰部前下方与安全带贴合处（点 3）。根据摄影及统计分析，这两个胃部特征点的分布图形也是呈椭圆形（见图 3-11）。

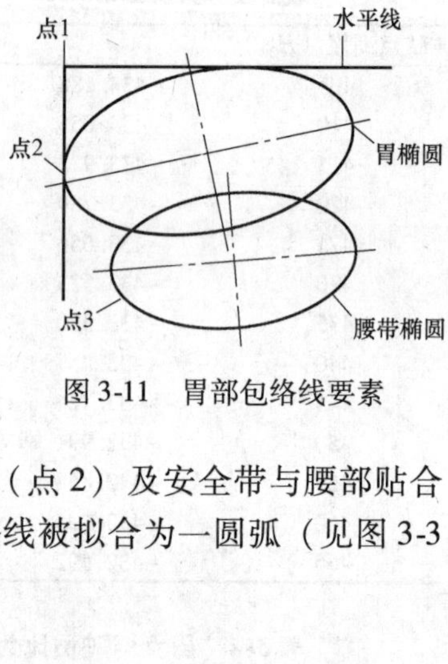

图 3-11　胃部包络线要素

胃部包络线应该通过这两个特征点。为此，在胃腹部最突出点的椭圆上缘作一水平切线，再通过这个椭圆的前端点作一垂直切线。这两条切线相交的点称为辅助点（点 1），即第三个要素。然后，通过辅助点（点 1）、胃腹部椭圆最前点（点 2）及安全带与腰部贴合处（点 3）拟合一曲线，使两个椭圆被包络在其中。这条包络线被拟合为一圆弧（见图 3-3 中的 F 线），其半径为 157.45mm。

2. 胃部包络线的定位　定位步骤为：

（1）首先从 B 类汽车中确定定位参考线和定位参考点。

（2）利用式（3-16）~式（3-18）计算出胃部包络线圆心相对于定位参考点的水平和垂直偏移量，找出圆心位置再画圆弧。

男女驾驶员比为 50/50 时

$$
\begin{aligned}
x &= -752.657 + 1.0461H_{30} - 2[-752.657 + 1.0461H_{30} - (-368.243 + 0.4462H_{30})] \\
z &= 249.319 - 0.1127H_{30}
\end{aligned}
\tag{3-16}
$$

男女驾驶员比为 75/25 时

$$
\begin{aligned}
x &= -765.65 + 1.0149H_{30} - 2[-765.65 + 1.0149H_{30} - (-391.943 + 0.4595H_{30})] \\
z &= 240.182 - 0.0891H_{30}
\end{aligned}
\tag{3-17}
$$

男女驾驶员比为 90/10 或 95/5 时

$$
\begin{aligned}
x &= -788.548+1.0451H_{30}-2[-788.548+1.0451H_{30}-(-424.852+0.5087H_{30})] \\
z &= 235.894-0.0793H_{30}
\end{aligned}
\tag{3-18}
$$

式中，H_{30}为H点的高度（mm）；x、z分别为胃部包络线圆心相对于定位参考点的水平和垂直偏移量（mm）。x、z值也可以由表3-6～表3-8查得。

表3-6　胃部包络线圆心偏移量（男女驾驶员比为90/10或95/5）　（单位：mm）

H点高度	x	z	H点高度	x	z
405	−72.3745	203.777	470	−74.1750	198.623
410	−72.5130	203.381	475	−74.3135	198.226
415	−72.6515	202.984	480	−74.4520	197.830
420	−72.7900	202.588	485	−74.5905	197.433
425	−72.9285	202.191	490	−74.7290	197.037
430	−73.0670	201.795	495	−74.8675	196.640
435	−73.2055	201.398	500	−75.0060	196.244
440	−73.3440	201.002	505	−75.1445	195.847
445	−73.4825	200.605	510	−75.2830	195.451
450	−73.6210	200.209	515	−75.4215	195.054
455	−73.7595	199.812	520	−75.5600	194.658
460	−73.8980	199.416	525	−75.6985	194.261
465	−74.0365	199.019	530	−75.8370	193.865

表3-7　胃部包络线圆心偏移量（男女驾驶员比为50/50）　（单位：mm）

H点高度	x	z	H点高度	x	z
405	−46.0755		470	−56.0680	196.350
410	−46.8460	203.676	475	−56.8365	195.787
415	−47.6145	203.112	480	−57.6050	195.223
420	−48.3830	202.549	485	−58.3735	194.660
425	−49.1515	201.985	490	−59.1420	194.096
430	−49.9200	201.421	495	−59.9105	193.532
435	−50.6885	200.858	500	−60.6790	192.969
440	−51.4570	199.731	505	−61.4475	192.406
445	−52.2255	199.167	510	−62.2160	191.842
450	−52.9940	198.604	515	−62.9845	191.278
455	−53.7625	198.041	520	−63.7530	190.175
460	−54.5310	197.477	525	−64.5215	190.152
465	−55.2995	196.913	530	−65.2900	189.588

表3-8　胃部包络线圆心偏移量（男女驾驶员比为75/25）　（单位：mm）

H点高度	x	z	H点高度	x	z
405	−57.0755	204.096	470	−63.3090	198.305
410	−57.5550	203.651	475	−63.7885	197.859
415	−58.0345	203.205	480	−64.2680	197.414
420	−58.5140	202.760	485	−64.7475	196.968
425	−58.9935	202.314	490	−65.2270	196.523
430	−59.4730	201.869	495	−65.7065	196.077
435	−59.9525	201.423	500	−66.1860	195.632
440	−60.4320	200.978	505	−66.6655	195.186
445	−60.9115	200.532	510	−67.1450	194.741
450	−61.3910	200.087	515	−67.6245	194.295
455	−61.8705	199.641	520	−68.1040	193.850
460	−62.3500	199.196	525	−68.5835	193.404
465	−62.8295	198.750	530	−69.0630	192.959

3.3 车身室内空间尺寸设计

就汽车人机工程设计的研究范畴，车身室内空间尺寸设计的主要影响因素有标准和法规、人体尺寸及特征（如特征点包络线）、座椅布置和调节范围以及驾驶区布置等，空间尺寸的最终确定是各种影响因素后的尺寸妥协与优化，样车试验结果是最终裁决。

车身室内空间尺寸及其定义和推荐取值、影响因素如图 3-12 ~ 图 3-16 和表 3-9、表3-10、表3-11 所示。它们来源于美国 SAEJ1100 标准和欧洲 ECIE 标准以及有关车型统计数据。

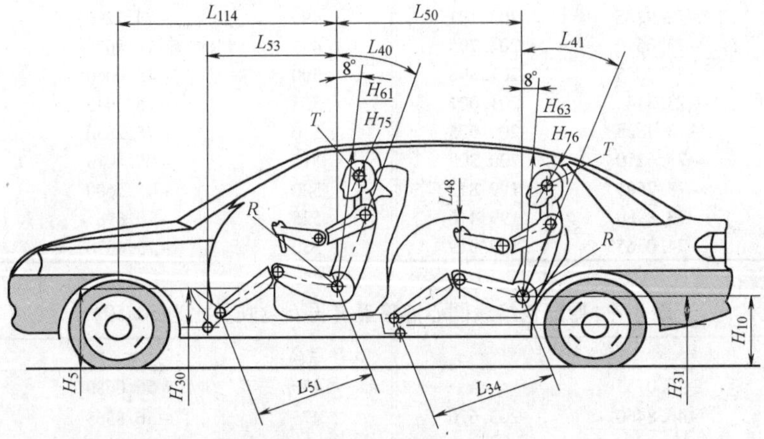

图 3-12　ECIE 标准的内部尺寸

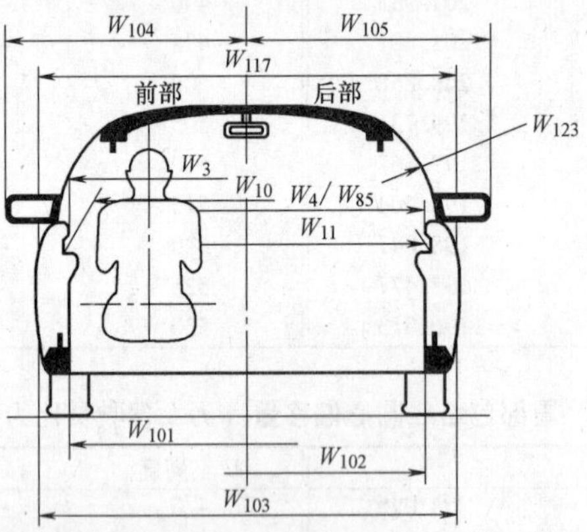

图 3-13　ECIE 标准的宽度尺寸

表 3-9　关键的装配尺寸

外部尺寸	内部尺寸
车长（L_{103}）	乘员坐姿基准点（S_{gRP}）的伸腿活动的有效空间
车宽（W_{103}）	驾驶员脚踏在加速踏板上的伸腿长度/乘客（L_{51}/L_{34}）
高（H_{101}）	乘客的最小膝盖间隙（L_{48}）
轴距（L_{101}）	前后两乘员的 S_{gRP} 的距离（L_{50}）

（续）

外部尺寸	内部尺寸
前胎距/后胎距（W_{101}/W_{102}）	前排/后排 T 点到顶棚的有效高度（H_{75}/H_{76}）
封闭式行李舱体积（ISO V_{210}）	驾驶员头顶间隙（W_{27}）
燃油箱体积	前排/后排 S_{gRP} 与脚后跟的高度（H_{30}/H_{31}）
	到风窗玻璃的视角与白昼灯（DLO）上部/下部的高度（H_{124}），到后窗的视角上部/下部高度
	前排/后排的车厢肩部宽度（W_3/W_4），座椅上肘靠间的距离
	前排的 S_{gRP} 与 y 坐标的宽度（W_{20}）

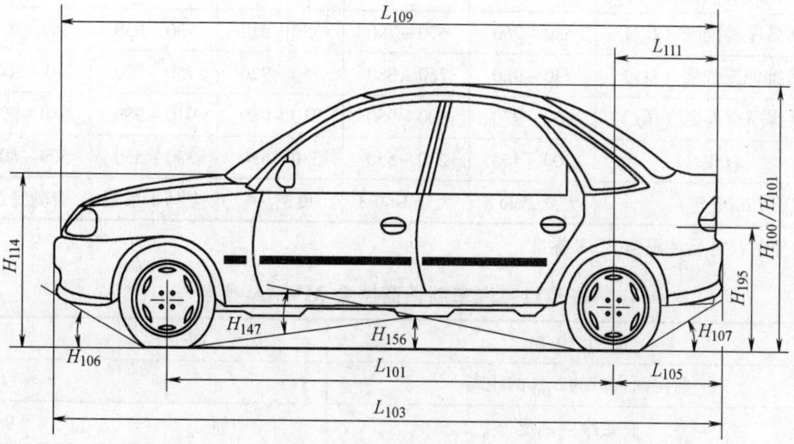

图 3-14 ECIE 标准的外部尺寸

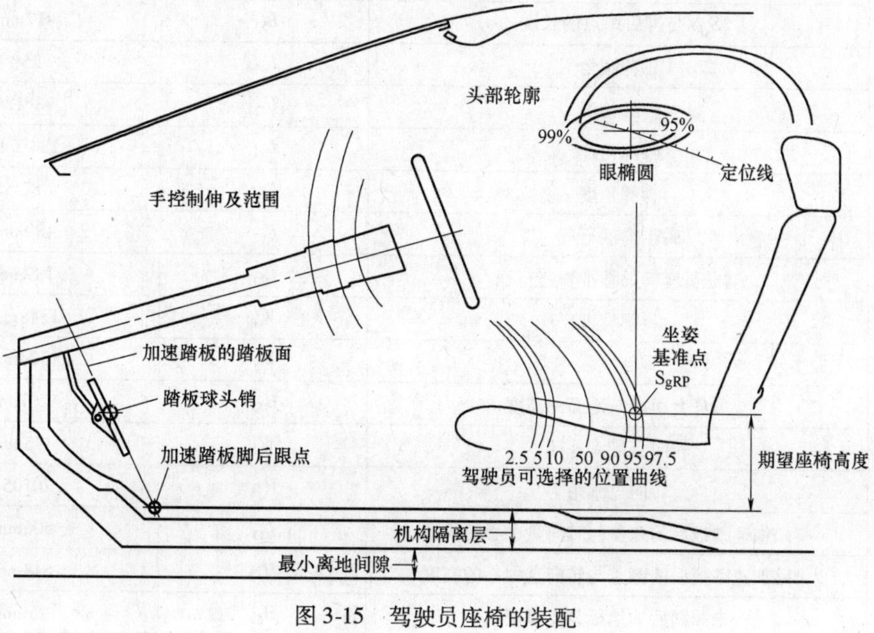

图 3-15 驾驶员座椅的装配

表 3-10 汽车尺寸对照 （单位：mm）

规格		汽车类型					
位置	尺寸	微型	普及级	中级	中高级	高级	厢式车
外部尺寸	长度（L_{103}）①	3600～3800	3800～4400	4300～4700	4300～4700	4700～5100	4500～4800
	轴距（L_{101}）	2350～2500	2400～2700	2500～2700	2500～2700	2700～3000	2700～3000
	宽度（W_{103}）	1550～1650	1670～1740	1670～1770	1670～1770	1800～1900	1750～1900
	高度（H_{100}）	1350～1480	1330～1440	1360～1430	1360～1430	1400～1500	1650～1800
外部尺寸	前排伸腿长度（L_{51}）	960～1080	970～1080	1000～1100	1000～1100	1000～1100	970～1080
	前排净空高度（H_{61}）	920～1000	940～1010	950～1010	950～1010	980～1020	1000～1050
	前排肩部宽度（W_3）	1280～1360	1340～1440	1340～1460	1340～1460	1450～1500	1500～1650
	前后座椅间隔（L_{50}）	680～760	670～790	730～830	730～830	840～950	850～900
	后排伸腿长度（L_{34}）	730～920	760～880	750～920	750～920	900～1000	800～900
	后排净空高度（H_{63}）	900～970	900～980	910～980	910～980	950～990	950～1000
行李箱	容积/L	200～460	240～550	330～550	330～550	500～600	250～2500
典型汽车（2000年）		大众 Polo 3	大众 Golf 3	奥迪 A4	宝马 5 系列	奔驰 S 级	大众 Sharan

① 表示括号里的尺寸标注根据 ECIE 标准。

表 3-11 汽车制造商协会 MVMA 参数

部位	尺寸规格	标注	参考值
前舱	前排两乘员的 S_{gRP} 的距离	L_{31}	1494mm
	有效净空高度	H_{61}	938mm
	伸腿最大有效长度	L_{51}	1094mm
	S_{gRP} 与脚后跟点的高度	H_{30}	177mm
	S_{gRP} 与脚后跟点的长度	L_{53}	917mm
	靠背倾角	L_{40}	25°
	臀部角度	L_{42}	98°12′
	膝部角度	L_{44}	134°04′
	脚部角度	L_{46}	87°
	臀点前后行程	L_{17}	189mm
	驾驶员座椅的标准轨迹行程	L_{23}	189mm
	肩部宽度	W_3	1348mm
	臀部宽度	W_5	1308mm
	车身上切口与地面的高度	H_{50}	1207mm
	转向盘最大外径	W_9	375mm
	转向盘倾角	H_{18}	20°05′
	脚踏加速踏板后的膝盖与转向盘中心的长度	L_{11}	506mm
	脚踏加速踏板后的膝盖与转向盘中心的高度	H_{17}	548mm
	未踩踏后的地板蒙皮厚度	H_{67}	25mm

（续）

部　位	尺寸规格	标　注	参考值
后舱	前后两乘员的 S_{gRP} 的距离	L_{50}	616mm
	有效净空高度	H_{63}	867mm
	伸腿最小有效长度	L_{51}	688mm
	S_{gRP} 与脚后跟点的高度	H_{31}	265mm
	膝部间隙	L_{48}	-112mm
	肩部宽度	W_4	1299mm
	臀部宽度	W_6	1146mm
	车身上切口与地面的高度	H_{51}	—
	靠背倾角	L_{41}	28°30′
	臀部角度	L_{43}	82°45′
	膝部角度	L_{45}	65°51′
	脚部角度	L_{47}	106°48′
	踩踏后的地板蒙皮厚度	H_{73}	20mm
行李舱	有效容积	V_1	—
	提离高度	H_{195}	809mm
微型汽车内部体积	内部容积	—	2465L
	行李箱/载货指标	—	310L

注：本参数主要适用于四门三厢轿车。

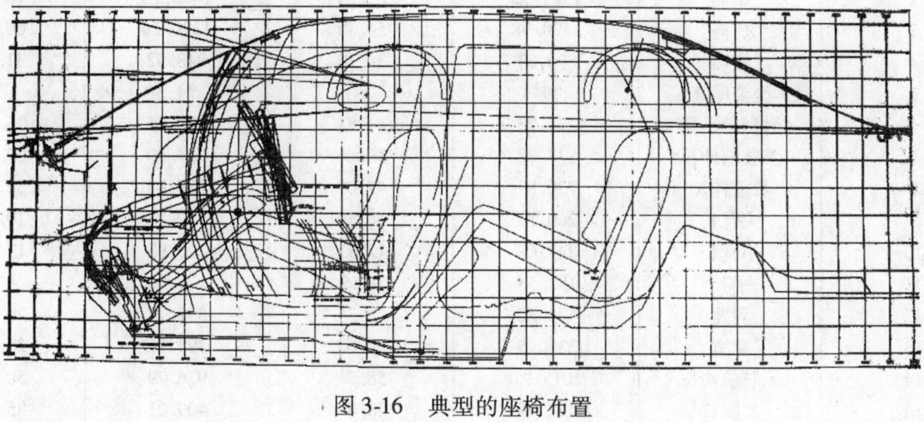

图 3-16　典型的座椅布置

3.4　座椅布置设计

汽车座椅尤其是驾驶员座椅是车室这个装配空间中最重要的零部件，它们的布置设计影响车室的大小、驾乘人员的舒适性，更为重要的是影响安全性。在本节中我们将针对轿车、客车和货车三种车型的座椅布置设计进行讨论和说明，三种车型的座椅布置设计方法有相互参考价值。

3.4.1 轿车座椅布置设计及头部空间尺寸

轿车是运送乘客的，其车身的内部布置应考虑人的因素第一，也就是说，既要保证安全，又要考虑舒适性。

车身内部空间和操纵机构的布置，以及驾驶员与乘客座椅的尺寸和布置等参数，均可以图3-17和表3-12所示的我国各地区的人体尺寸测量和统计数据，或美国SAE标准提供的有关人体尺寸数据为依据。此时可综合利用均值和标准差，亦即以均值来决定基本尺寸，而以标准差来定调整量。例如：男子身长均值μ约为1688mm，标准差σ为81.83mm，取$\mu \pm 1.645\sigma$，也就是说，男子总数的90%，其身长在1550～1820mm范围内，根据此项数据来设计上述参数，就能照顾到绝大多数人的身材。

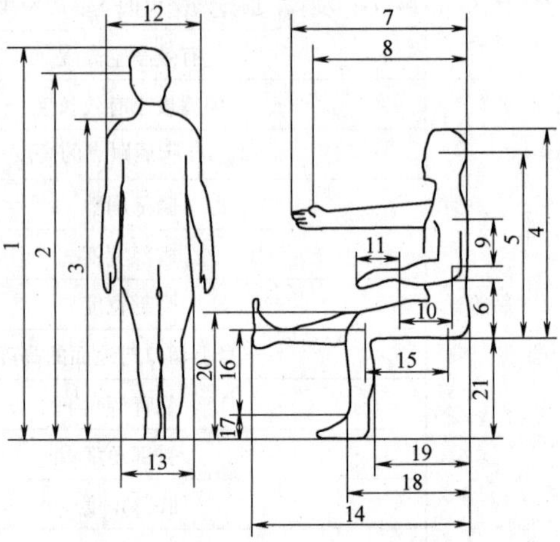

图3-17 人体基本尺寸

表3-12 人体基本尺寸 （单位：mm）

序号	测量项目	男		女	
		均值	标准差	均值	标准差
1	身高	1688.25	81.83	1586.17	51.29
2	眼高	1585.32	61.61	1480.25	76.02
3	肩高	1420.98	54.35	1320.26	60.96
4	座高	896.53	36.12	848.52	31.58
5	坐姿眼高	794		74.3	
6	肘到座平面	245.23	41.81	238.63	25.63
7	上肢前伸长	837.78	36.81	784.50	37.98
8	拳前伸长	730.87	47.07	688.84	36.79
9	大臂长	269.21	16.36	260.74	19.79
10	小臂长	247.08	13.22	225.93	17.03
11	手长	192.53	9.46	179.00	9.52
12	肩宽	426.32	20.35	391.71	21.67
13	臀宽	333.75	22.62	394.71	23.99
14	下肢前伸长	1015.91	58.91	976.79	50.84
15	大腿长	422.48	28.44	409.21	35.39
16	小腿长	401.34	21.57	368.60	22.21
17	足高	70.69	5.46	65.78	6.94
18	膝臀间距	550.78	27.49	527.77	31.28
19	大腿平长	422.92	23.31	413.76	30.34
20	膝上到足底	515.08	24.67	479.89	23.61
21	膝弯到足底	405.79	19.49	382.77	20.83

从人机工程学的观点出发，座椅在中间位置时，驾驶员最适宜的几何比例关系如图3-18所示。

另外可以通过人体模板的设计，来进行轿车座椅的布置设计。这里以H点人体模型为例，通过确定 H 点人体模型中的一些重要参数可以基本确定出座椅的布置情况，参阅图 3-1。根据选定的 H 点高度 H_z 及坐姿角 α、β、γ 及 δ，首先可以确定人体样板在车身图样上的位置。具体方法是：

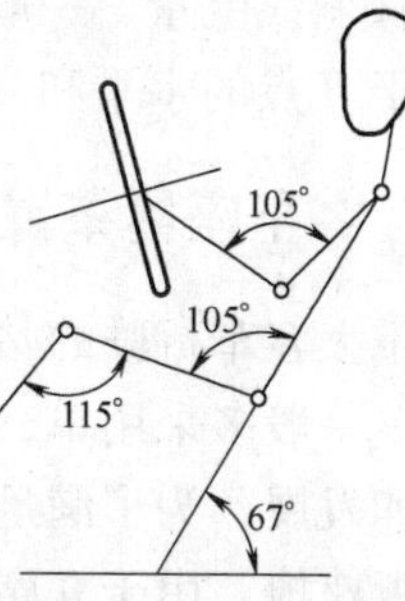

图 3-18　驾驶员最适宜的几何比例关系

（1）画出地板线（先以水平线代表）。

（2）确定出 H 点的位置（以加速踏板踵点为基准，兼顾坐垫、靠背的压缩量）。

（3）将第 95 百分位人体样板的 H 点与刚才确定的 H 点相重合。

（4）按选定的 α、β、γ 及 δ 角确定人体样板在图样上的位置。

（5）选定 H 点的水平及垂直行程（即座椅的水平及垂直调节量）。水平行程范围一般为 100 ~ 160mm，垂直行程一般应大于 80mm。

（6）画出座椅调节至中间位置、最前最高位置以及最后最低位置时的 H 点。

（7）将第 95 百分位的人体样板的 H 点与图样上最后最低位置的 H 点相重合，根据样板背部曲线形状、靠背压缩量与厚度，确定驾驶舱的最后界限。

（8）将第 50、第 10 百分位的人体样板的 H 点，分别与图样上座椅调节到中间位置及最前最高位置的 H 点相重合。以加速踏板踵点为固定点，观察 δ，γ，β 角的变化及坐姿位置的变化，决定 H 点高度 H_z 及行程大小是否合适。

（9）画出三种位置时上述三种百分位人体样板腿部轮廓线，供设计伸腿空间用。

（10）轿车后排座的布置方法与上述过程相似。

图 3-19 所示是用人体模板校核小型汽车驾驶室设计的实例。

另外，在上述工作的基础上，可进行头部空间尺寸的确定，方法有两种：

（1）可按前面“头廓包络线”一节中所述的方法决定车顶内饰线。

（2）或参阅图 3-20，由驾驶员或乘员头顶部 F，垂直向上 100 ~ 135mm 为车顶内饰线。

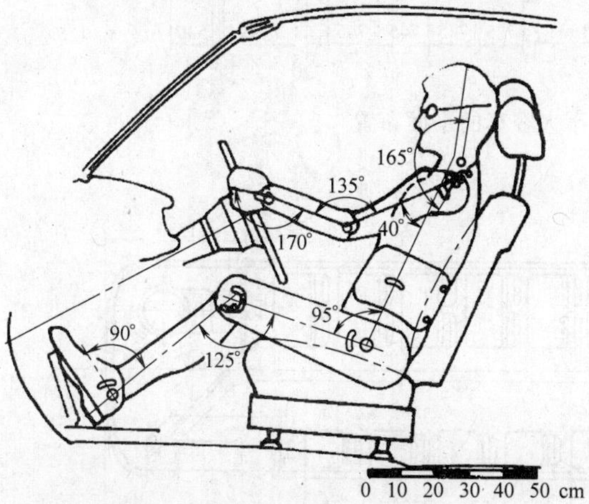

图 3-19　利用人体模板进行小轿车驾驶设计

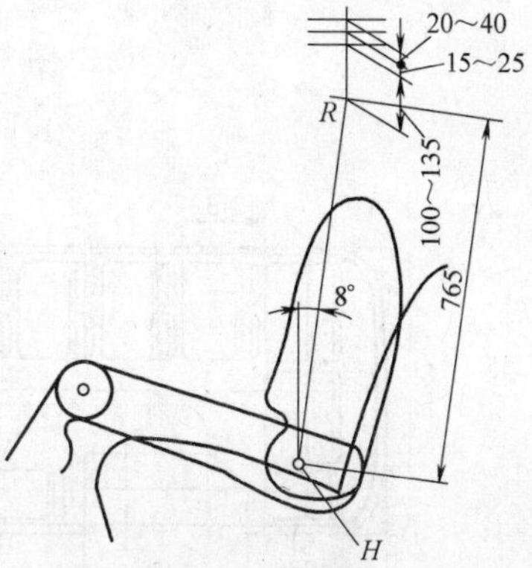

图 3-20　用人体样板确定内高

（3）车顶厚度取 15 ~ 25mm。考虑到驾驶员头顶处的车高并非是车体的最大高度，从而再增加 20 ~ 40mm 作为车体总高的设计参考值。对于载货车，H 点至车顶内饰线之间的距离在沿 8°倾斜线上量，一般不应小于 1000mm。

关于 H 点的水平和高度方向的调节行程的确定见后述内容。

3.4.2 客车座椅布置设计

城市大客车行驶的站距短、乘客流动频繁，所以主要应保证乘客上下车方便和便于在车内走动。一般多采用单、双排座的布置方案，以增大过道宽度和立席面积。随着城市公共交通的迅速发展，为了满足职工上、下班时刻客流高峰的需要，可以采取权宜之计，亦即沿两侧壁布置座椅，由于立席面积的显著增大，从而大大增加了载客量。这种纵向布置座椅的方案所带来的问题是：恶化了一般使用情况下的舒适性，此外，由于在进行汽车承载系统（包括车身骨架、底架和行驶系统）的强度计算中必须考虑高峰载荷，无疑将会使汽车的承载能力相应有所增加，而在非高峰时刻（占大部分时间）使用则是强度大大过剩，这显然是很不经济的。图 3-21 所示为某型 30 座城市大客车的平面布置。该车发动机装在地板下面，有效载客面积为 22.52m^2，乘客座椅面积占 10.82m^2，总容量为 110 人，客流高峰时刻可容纳 120 人以上。图 3-22 所示为一辆 10m 长的 32 座城市大客车（无售票员，由驾驶员专营售票）的平面布置，此车发动机后置，有效载客面积为 18m^2，乘客座椅面积为 11.4m^2，总容量约 80 人，高峰时刻可容纳 100 人。图 3-23 所示为某型 33 座城市大客车的座椅布置，该车发动机前置前开门，为了充分利用车厢面积，前、后轮拱上均布置两排面朝后的座椅。

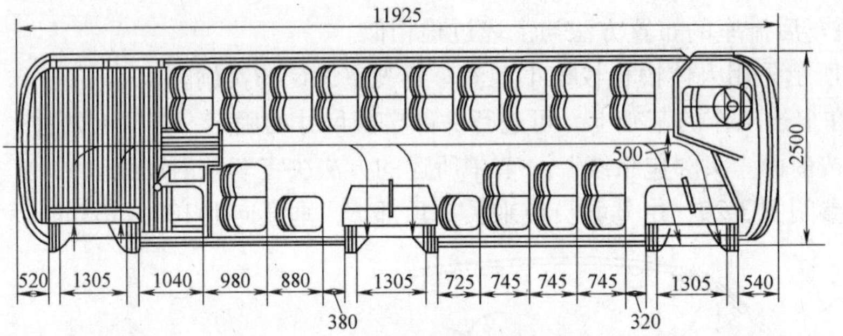

图 3-21 某城市大客车的平面布置

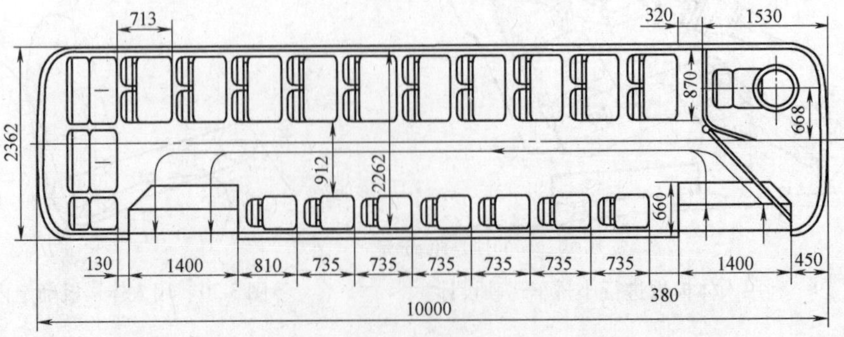

图 3-22 某长 10m 的城市大客车（无售票员）平面图

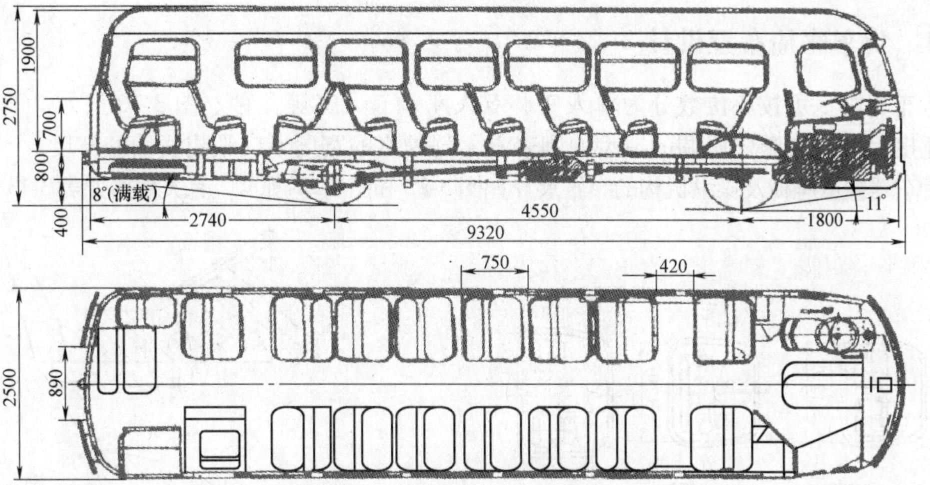

图 3-23　某型城市大客车座椅布置

长途大客车由于乘客乘坐时间长，站距也远，客流量较稳定，所以主要应保证座椅的舒适性，而且座椅的布置应尽可能使乘客面朝前方。为了增加载客量，一般可在两排座中间的过道处增设活动座。图 3-24 和图 3-25 所示为两种发动机后置的豪华型长途（或旅游）大客车的平面布置，与城市大客车相比，其特点是仅开一扇乘客门，座椅间距较大（800mm 和 930mm），靠背高，通道窄，后者在车厢的右后角上还设置有卫生间。

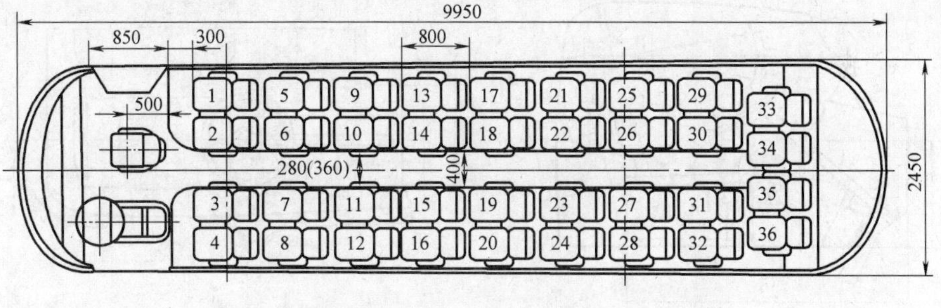

图 3-24　长途（旅游）大客车的平面布置示意图

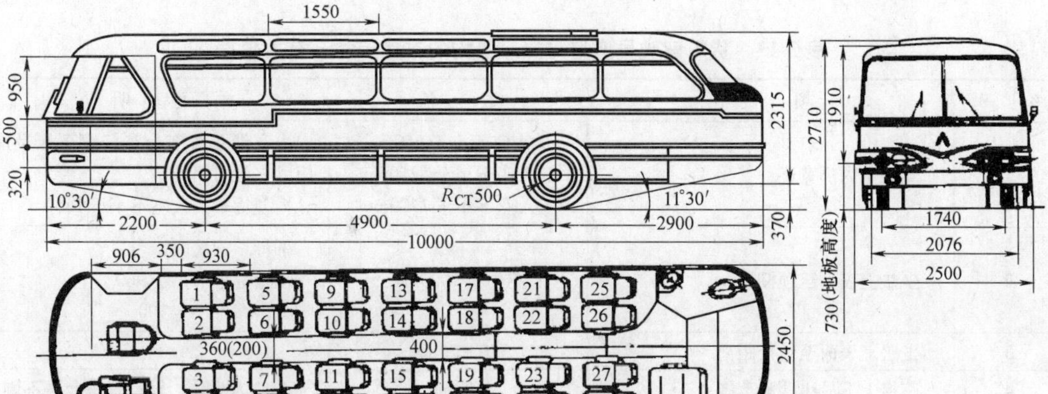

图 3-25　长途（旅游）大客车的平面布置示意图（带卫生间）

3.4.3 货车座椅布置设计

货车驾驶室可按座位数分为单人座、双人座、三人座等几种。图 3-26 所示为驾驶室和座椅宽度尺寸，从整体协调的造型原则来看，驾驶室的宽度不应超出货箱的宽度。

货车驾驶员座椅及操纵机构的布置尺寸如图 3-27 和图 3-28 所示，有关数据如表 3-13 所示。

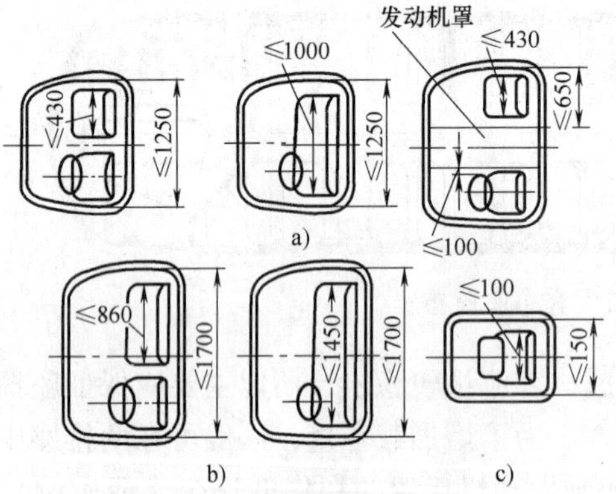

图 3-26　货车驾驶室和座椅的宽度

a）双人座　b）三人座　c）单人座

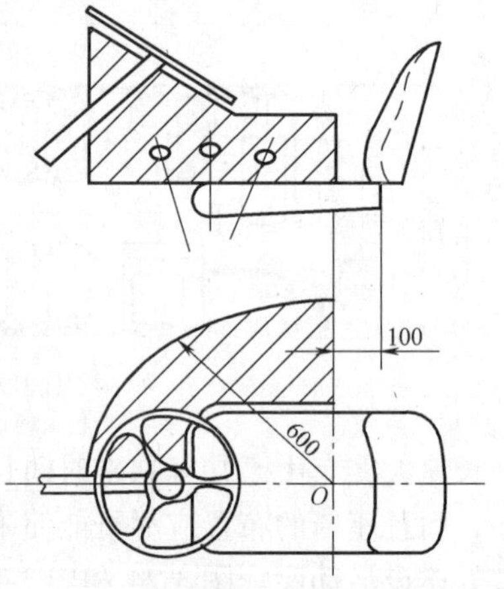

图 3-27　货车驾驶室操纵机构的布置图

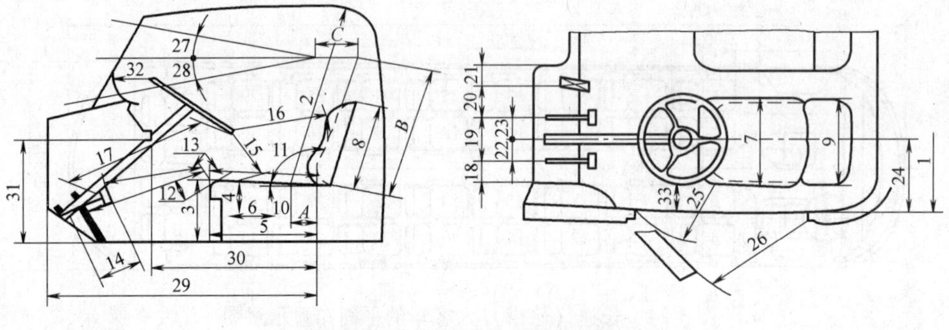

图 3-28　货车驾驶员座椅布置尺寸

表 3-13　货车驾驶员座椅与操纵机构的布置尺寸及有关数据

序　号	项　目	数　值	说　明
1	驾驶室内部宽度	单人座不小于 850mm 双人座不小于 1250mm 三人座不小于 1700mm	内宽是在高度为车门窗下缘及车门后立柱内侧量取 轻型货车三人座不小于 1550
2	坐垫上表面至顶棚高	不小于 1000mm	平行靠背量取 轻型货车不小于 960 图 3-28 中 A = 100
3	坐垫上表面至地板距离	370 ±70mm	
4	座椅上下最小调整范围	±20mm	以 ±35 为佳，轻型货车允许不调
5	坐垫深度	420 ±40mm	
6	座椅前后最小调整范围	±50mm	以 ±70 为佳

（续）

序 号	项 目	数 值	说 明
7	坐垫宽度	不小于450mm	
8	靠背高度	480±30mm	带头枕的靠背，此尺寸可以增加，但增加部分宽度应当减小
9	靠背宽度	不小于450mm	在最宽处测量
10	坐垫角度（与水平面）	2°~10°	
11	靠背与坐垫夹角至少应能在给出的范围内调整	90°~105°	在靠背平直部分测量
12	靠背下缘至加速踏板距离	900~1000mm	
13	靠背下缘至离合器，制动器踏板距离	800~900mm	气制动或带有加力器的离合器和制动器，此尺寸的增加不得大于100
14	离合器、制动器踏板行程	不大于200mm	
15	转向盘至坐垫上表面距离	不小于180mm	
16	转向盘至靠背距离	不小于360mm	
17	转向盘至离合器、制动器踏板距离	不小于600mm	
18	离合器踏板中心至侧壁距离	不小于80mm	
19	离合器踏板中心至制动器踏板中心距离	不小于150mm	
20	制动器踏板中心至加速踏板中心距离	不小于110mm	
21	加速踏板中心至最近障碍物距离	不小于60mm	
22	离合器踏板中心至座椅中心面距离	50~150mm	
23	制动器踏板中心至座椅中心面距离	50~150mm	
24	座椅中心面至车门后立柱内侧（高度为车门窗下缘）距离	360±30mm	轻型货车不小于310
25	车门打开时，下部通道宽度	不小于250mm	
26	车门打开时，上部通道宽度	不小于650mm	
27	上视角	不小于12°	此二项为推荐值 图3-28中：$B=750$　$C=180$
28	下视角	不小于12°	
29	靠背下缘至前围距离	不小于1050mm	脚能伸到的最前位置
30	靠背下缘至仪表板距离	不小于650mm	
31	仪表板下缘至地板距离	不小于550mm	此项是从安全角度出发来考虑的，允许时建议在布置上尽量达到
32	转向盘到前面及下面障碍物最小距离	不小于80mm	
33	转向盘到侧面障碍物最小距离	不小于100mm	轻型货车不小于80
34	转向盘中心与座椅中心面偏移量	不大于40mm	
35	变速杆手柄在所有工作位置，应位于转向盘下面和驾驶员座椅右边，不低于座垫表面，距靠背表面的距离不小于100mm		
36	变速杆和手制动的手柄在任意位置时，距驾驶室内其他零件或操纵杆的距离不得小于50mm		

注：1. 除第10和11项尺寸外，所有坐垫和靠背有关的尺寸，都是按人体质量为65kg的情况下量取的。

2. 图3-26~图3-28是按座椅中间位置画出。

3.4.4 座椅调节量设计

座椅调节量也是影响座椅布置设计从而影响室内空间尺寸的因素之一。一般情况下，乘员座椅调节量的设计与驾驶员座椅调节量的设计相仿。由于乘员座椅的基本功能是为乘坐者提供舒适和休息的条件，因此相对于驾驶员座椅的设计较为简单一些。本节重点讨论驾驶员座椅调节量的设计。乘员座椅的调节量设计可参照下一节的相关内容。

3.4.4.1 几种不同的调节方案

在讨论驾驶员座椅调节量之前，不妨先从保证良好的视野性及操作转向盘、加速踏板的方便性来分析几种不同的调节方案。分析时以图 3-29 所示的第 95 百分位男驾驶员的人体尺寸（见分母数据）和第 5 百分位女驾驶员的人体尺寸（见分子数据）为依据。

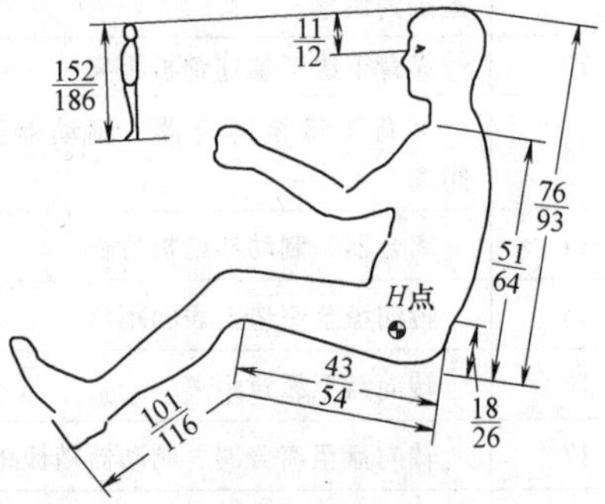

图 3-29 驾驶员人体尺寸

1. 固定 *H* 点 图 3-30b 所示为 *H* 点固定即座椅不可调节的方案。第 95 百分位男驾驶员与第 5 百分位女驾驶员的 *H* 点被认为重合于同一点。此时，为适应上述两种百分位身材驾驶员的操作，要求加速踏板的纵向调节量为 190mm，转向盘的纵向调节量为 70mm，转向盘的垂直调节量为 80mm。即使如此，眼睛在垂直方向上的位置变化将达 80mm，可见视野将有明显改变。但是，固定式驾驶员座椅也有其优点，在汽车碰撞时驾驶员的伤害会轻些。

2. 固定转向盘抓握点 如图 3-30c 所示。不同身材驾驶员都抓握同一固定点时，座椅应具有的纵向调节量为 70mm，垂直方向调节量为 80mm，且要求加速踏板能提供 120mm 的调节量，方能保证视野和坐姿。

3. 固定视点 如图 3-30d 所示。此时虽然能保证视野性能不变，但是为了操作方便和坐姿舒适，座椅、转向盘及加速踏板都应能调节，方能满足不同身材的要求，这对制造和使用均很不便。此时各部调节量为

座椅：纵向 20mm，垂直方向 120mm。

转向盘：纵向 80mm，垂直方向 30mm。

加速踏板：纵向 210mm，垂直方向 130mm。

4. 单独固定加速踏板 如图 3-30a 所示。为保证坐姿舒适，操作方便，座椅应纵向调节 190mm，垂直调节 10mm。另外转向盘还应在水平和垂直方向作适当调节，其结果视野变化仍然过大。

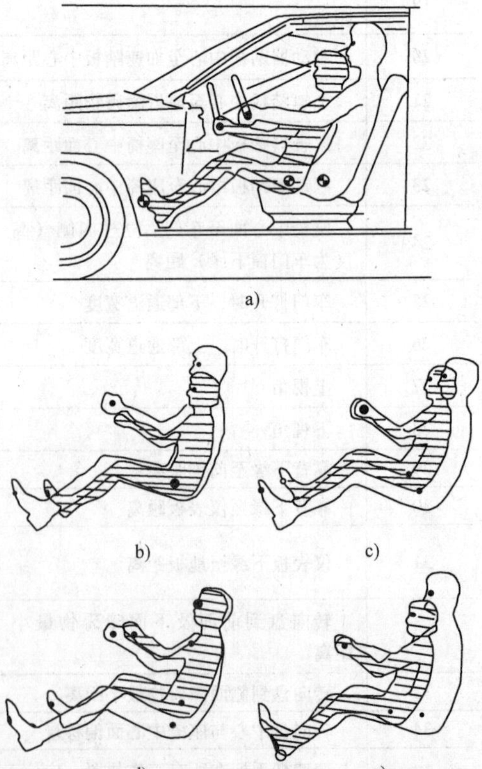

图 3-30 各种调节方式

a）踏板固定 b）*H* 点固定 c）抓握点固定 d）视点固定 e）同时固定踏板和转向盘抓握点

5. 同时固定踏板和转向盘 靠座椅调节来保证坐姿、视野和操作（见图 3-30e）。制造和使用均表明这种调节方式最实用，经济结构最简单，使用也方便。

如果再辅以转向盘的角度调节（并非位移调节）和座椅靠背角调节则更为理想。因此，目前多数轿车均用此方案。

3.4.4.2 驾驶员座椅水平调节量

驾驶员座椅调节量的确定以能满足设计预定百分比的驾驶员使用为原则，即调节量要达到一定的适用级，适用级越高，满足的面越宽，使用的人数百分比越大。当然，此时调节量就越大，带来不必要的空间浪费。一般情形下，适用级可取 90%，满足第 95 百分位至第 5 百分位身材驾驶员的需要。

驾驶员座椅水平调节量根据适意坐姿下 H 点位置线来确定。H 点位置线的表达式和图形已在前面内容中详细叙述。为说明利用 H 点位置线确定座椅调节行程的方法，这里将轿车、旅行车及轻型载货车的实际 H 点位置线的表达式再次写出如下

$$X_{97.5}=936.6+0.613879Z-0.00186247Z^2$$

$$X_{95}=913.7+0.672316Z-0.00195530Z^2$$

$$X_{90}=885.0+0.735374Z-0.00201650Z^2$$

$$X_{50}=793.7+0.903387Z-0.00225518Z^2$$

$$X_{10}=715.9+0.968793Z-0.00228674Z^2$$

$$X_{5}=692.6+0.981427Z-0.00226230Z^2$$

$$X_{2.5}=687.1+0.895336Z-0.00210494Z^2$$

式中，X_i 表示第 i 百分位身材驾驶员的 H 点相对于加速踏板拇趾参考点的水平距离；Z 为 H 点的高度。

各类汽车的 H 点高度的范围如下：运动车、竞赛车为 145 ~ 180mm；轿车、旅行车、轻型货车为 300 ~ 405mm；重型载货车、大客车为 405 ~ 508mm。

因此，确定座椅水平调节量（水平行程）的步骤为：

（1）确定该车辆的 H 点高度。

（2）确定调节量应满足从第几百分位到第几百分位身材驾驶员的适用级。

（3）利用 H 点位置线的有关公式计算 H 点的水平行程，即座椅水平调节量。例如：对于旅行车选 H 点高度为 350mm，适用级为 90%（从第 95 至第 5 百分位），则 H 点水平行程即座椅水平调节量

$$\Delta_{90}=X_{95}-X_5=150.5\text{mm}$$

另外还有一种较为简单实用的水平和高度方向的调节量确定方法，步骤为：

（1）利用第 95 百分位二维人体样板，根据车型特征，确定好人体样板的可行舒适坐姿，在车身图上安放好此二维人体样板，得到 H 点的 X_{95} 和 Z_{95} 两个坐标值。

（2）利用第 5 百分位二维人体样板，根据车型特征，确定好人体样板的可行舒适坐姿，在车身图上安放好此二维人体样板，得到 H 点的 X_5 和 Z_5 两个坐标值。

（3）则 H 点水平行程即座椅水平调节量以及 H 点垂向行程即座椅垂向调节量分别为

$$\Delta X=X_{95}-X_5$$

$$\Delta Z=Z_{95}-Z_5$$

3.4.4.3 座椅的其他几何调节量

关于座椅的调节量，各个国家的差别较大，以下列出的数据可供参考。

（1）高度和水平调节：

垂直方向的高度调节量为 30 ~ 50mm；前后方向的水平调节量为 100 ~ 160mm，每级为 10 ~ 20mm。

（2）大腿与腹部夹角可在 90° ~ 115°内调节。

（3）坐垫倾角调节范围为 5° ~ 10°或更大些。

（4）靠背倾角调节范围在 110° ~ 135°之间。

3.5 安全带固定点位置

安全带固定装置在车内的固定位置（即固定点的位置）也是室内空间要确定的位置尺寸之一，它们对佩带方便性和安全保护作用有重要的影响。腰带固定点位置选择不当，汽车碰撞时乘员下半身容易向前方滑移，产生所谓下潜的现象。肩部位置选择不当，有发生上半身脱出安全带的可能。因此，各国对安全带固定点的位置已有规定。

作者在承担长安汽车集团某三种车型的安全带固定点位置的合理性分析项目时发现，固定点的位置确定，一定要和车的销售地区也就是驾驶员人体特征相协调，并对应选择不同的标准规范做依据。对于微型汽车，选择日本的标准规范较为合理。

美国汽车工程师协会（SAE）的规定：

（1）腰带固定点的位置。对于前后方向可调节座椅、且固定点设置在车体上时，应按图 3-31 来确定腰带固定点的位置。方法如下：在座椅参考点（指就座后 *H* 点）前方 64mm、上方 10mm 处找到安全带夹角点。从该点向固定点连接一条直线，该线与水平线之间夹角应在 20° ~ 75°范围之内。对于前后方向不可调节座椅、且固定点设置在车体上时，应按图 3-32 来确定固定点的位置。方法为：由座椅参考点直接向固定点作直线。该直线与水平线之间的夹角应在 20° ~ 70°范围内。

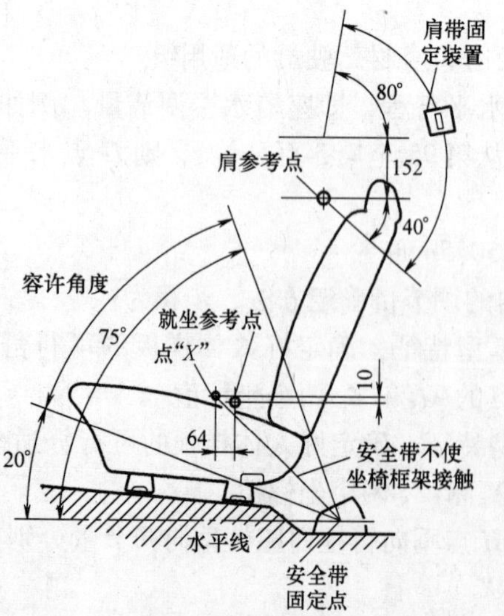

图 3-31 SAE 腰带固定点（座椅前后可调式）

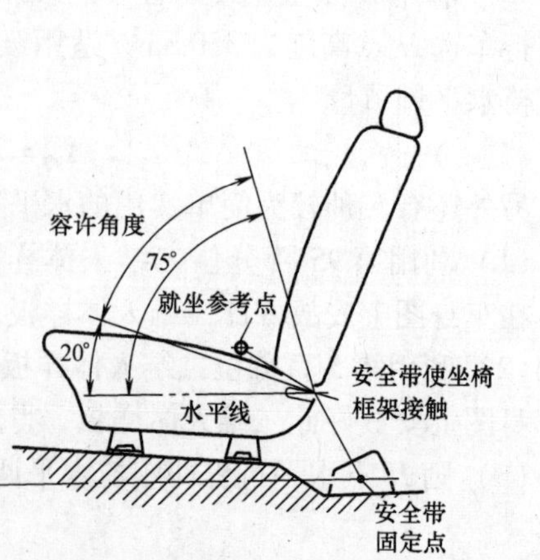

图 3-32 SAE 腰带固定点（座椅前后不可调式）

对于固定点设置在座椅骨架上的情况，由座椅参考点向固定点的连线与水平线夹角亦应在20°~70°范围内。

(2) 肩带固定点的位置。如图3-31所示，座椅调节至最后和最下位置，座椅靠背调至最小倾角位置。由肩部参考点向上垂直量取152.4mm，并作与水平线呈80°的夹角线，肩带固定点应落在通过肩部参考点的水平线与80°夹角线所包围的范围内。

如果车体结构上不可能在上述范围内设置肩带固定点，则可设置在肩部参考点水平线以下40°夹角的范围内。

日本的规定：

(1) 腰带在车体上的固定点的位置如图3-33所示。腰带固定点与H点的连线与水平线之间的夹角α在座椅各调节位置时应为45°±30°，并要求固定装置的宽度应大于350mm。结构上无法实现时，宽度可减少至300mm。

(2) 肩带固定点的位置应在图中阴影线范围内。

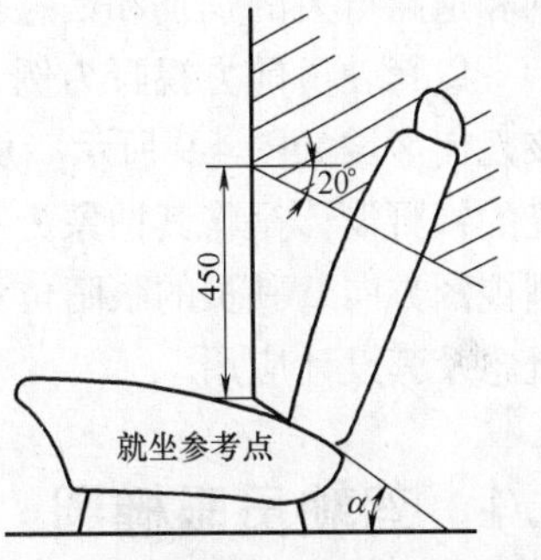

图3-33 日本安全带固定点位置

欧洲经济共同体（EEC）的规定：

(1) 腰带固定点的位置。如图3-34所示。座椅可调节且固定点设置在车体上时，α_1 和 α_2 为30°~80°；座椅不可调节且固定点设置在座椅底架上时，前座安全带的 α_1 和 α_2 为60°±10°，后座安全 α_1 和 α_2 为20°~80°。其中 W_1，W_2 为120mm以上，W 为350mm以上。

(2) 肩带固定点的位置。如图3-34所示。应设置在阴影线区域以内。图中 $DH = 315 + 1.6S$，$BH = 260 + 1.2S$，$S \geqslant 140$mm

中国的规定则和SAE的规定相同。

图3-35所示为美国SAE、澳大利亚、欧洲经济共同体（EEC）、中国及加拿大的肩部固定点位置的比较。从图中可知美国的肩带固定点区域在高度方向跨越面积较大，而欧洲及澳大利亚的固定点区域前伸面积较宽。这种差异与车身传统结构形式有关。美式车身内部较宽敞，在高度方向上有可能提供肩带固定点的部位。

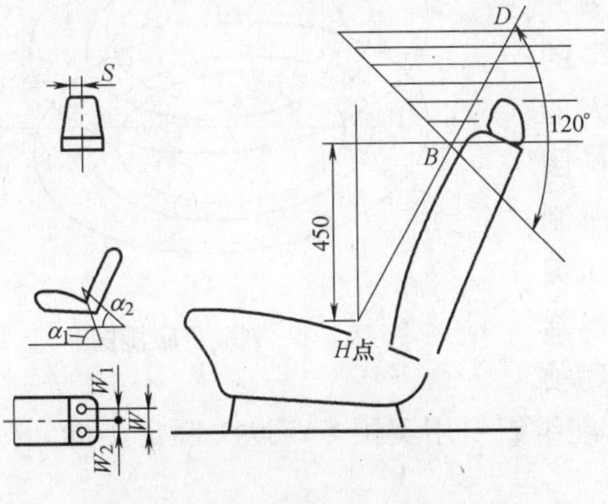

图3-34 腰带固定点位置图（EEC）

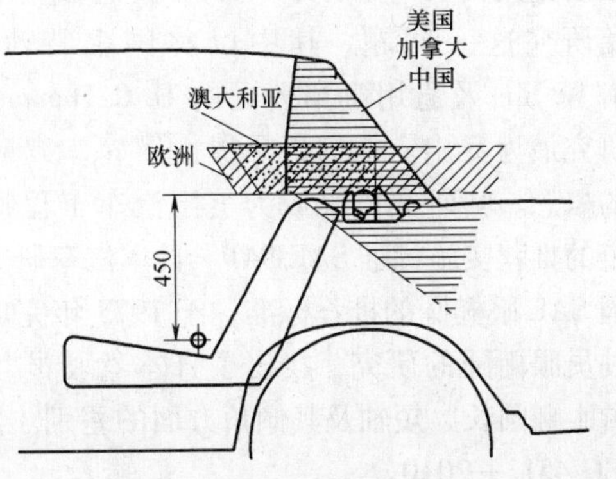

图3-35 美国、欧洲、澳大利亚固定点区域比较

第4章　汽车视野设计

驾驶员视野是汽车行驶时一个非常重要的因素，是汽车主动安全的主要影响因素。因此，保证汽车驾驶员的最大外界视觉信息需要，如对外界信号和指示牌、道路边界、通过车辆和道路行人的识别和信息获取，是汽车视野设计的任务。

以驾驶员前方视野为例，它无疑是一个三维的空间区域，需要以几何形式来加以表达，该几何区域如图4-9所示。从图中可以看出，驾驶员眼睛V是这个三维空间区域的基准。传统的视野设计是将其抽象为一个点；现代汽车视野设计中它则是一个三维空间范围，在汽车侧视图方向驾驶员的眼睛位置分布是一系列不同百分位的眼椭圆。本章将重点介绍眼椭圆的概念及其设计应用。

4.1　驾驶员眼椭圆

汽车驾驶员眼椭圆是指不同身材的驾驶员按自己的意愿将座椅调整到适意位置，并以正常的驾驶坐姿入座后，他们眼睛位置在车内坐标系中的统计分布图形呈椭圆状（见图4-1），因此被称为驾驶员眼椭圆。驾驶员眼椭圆的确立为汽车视野设计提供了视点基准。

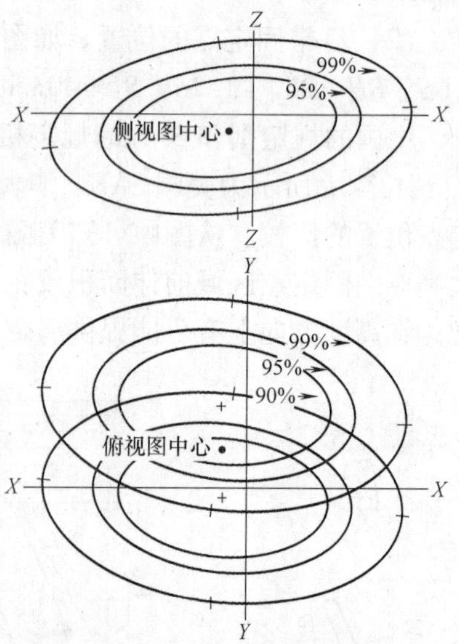

图4-1　驾驶员眼椭圆

以往，以平均身材驾驶员的眼睛位置所在点作为汽车视野分析的视点基准。这种方法只适用于中等身材的部分驾驶员在座椅行程及靠背角不可调时的个别情况，缺乏统计意义。由于驾驶员身材、坐姿及驾驶习惯的差异，视野原点不可能是某个固定点，而是呈某种形状的分布图形。为此，人机工程学研究人员及车身设计师从20世纪60年代中期就开始研究这一问题。其中以美国福特汽车公司的R. W. Roe及通用汽车公司的D. C. Hammond等人的研究最为突出。他们最早提出了轿车驾驶员眼椭圆的概念。其研究成果成为美国汽车工程师协会所制定的推荐实施标准SAEJ941。日本汽车研究所效仿美国SAE眼椭圆的推荐标准，于1975年完成了日本驾驶员眼椭圆的研究，找出了日本驾驶员与美国驾驶员眼椭圆长、短轴及其倾角方面的差别。国际标准组织引用美国SAEJ941制定了国际标准ISO 4513—2010。

4.1.1　眼椭圆的数据测定

眼椭圆的测定是在室内进行的。在厅室的一面墙上设有宽银幕，银幕前方一定距离处停放着测定用汽车。银幕中央藏设一架照相机。另外，在汽车驾驶员的侧面与第一架照相机等高处，设置第二架照相机。两照相机等高且两光轴互相垂直。测试场地的布局可参见图4-2。被测驾驶员在明确了有关测定要求后，将座椅按自己意愿调节到适意位置，以正常驾驶姿态入座。当银幕上映出事先拍摄好的市区街道交通镜头时，驾驶员如同在此交通环境下行车一般。此时，两架照相机便同步拍摄驾驶员眼睛在汽车车身坐标中位置的照片。由于两照相机的光轴在同一水平面内且互相垂直，因此可以根据照片确定眼睛在车内坐标中的位置。

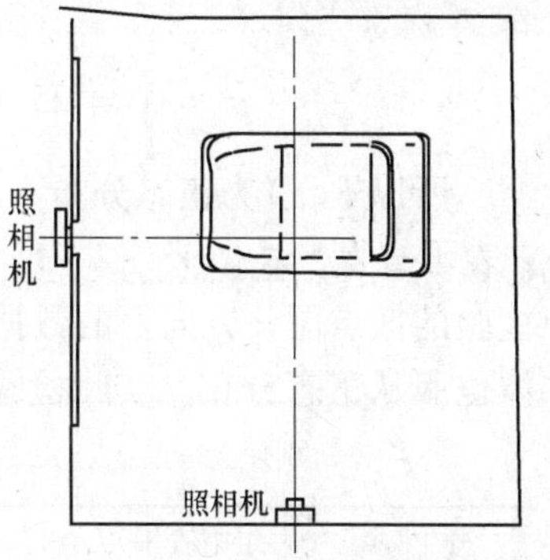

图4-2　眼椭圆测定现场示意图

4.1.2　眼椭圆定义来源及理论解释

本节以二维正态分布理论为依据，解释为什么正常驾驶姿势下汽车驾驶员眼睛位置在车身中的分布图形呈椭圆形；并说明驾驶员眼椭圆视切比与包含比之间的内在联系。

4.1.2.1　驾驶员眼睛位置数据的分布检验

根据由摄影法获取的驾驶员眼睛位置原始数据，可得到如图4-3所示的眼睛位置散点图。该散点图反映了驾驶员左、右眼（侧视图上两眼投影重合）在车身侧视图上的分布情形。为查明数据分布的属性，需进行统计分析。从人体计测学知识可知，人体特征点在车身坐标系中的分布往往具有正态性，因此可以从二元正态分布着手试检。检验二元统计数据是否服从正态时，一般采用先假定后检验的方法，即先假设数据服从正态分布，然后再检验其边缘分布为正态分布加以确定。据此，可用正态概率纸打点法或用χ^2检验法对图4-3进行沿x（汽车前后方向）、z（汽车上下方向）的边缘分布检验。文中列出了沿x方向的正态检验结果，即正态概率纸打点检验。

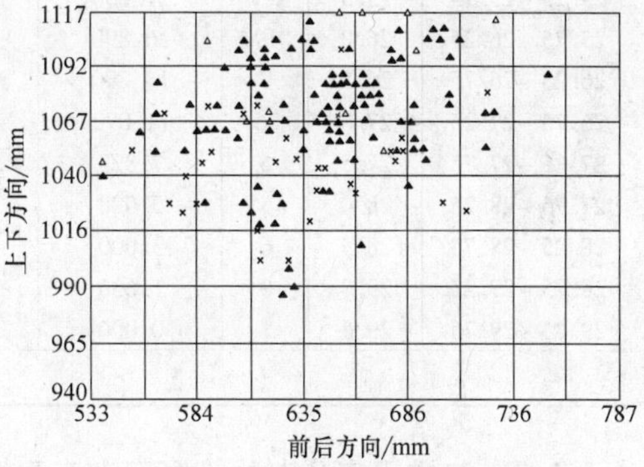

图4-3　驾驶员眼睛位置侧向散点图

正态概率纸打点检验结果为一直线，说明沿x方向的边缘分布服从正态。χ^2检验是在总体X的分布函数$F(x)$未知时，根据它的n个样本x_1，x_2，…，x_n来检验$F(x)$是否与预定的分布函数$F_0(x)$相同。在数据上表现为统计量

$$\chi^2 = \sum_{i=1}^{s} \frac{(f_i - np_i)^2}{np_i} \leqslant \chi^2_{\alpha_{s-l-1}} \tag{4-1}$$

式中，f_i为样本数据分为s个区间$(-\infty, a_1]$，$[a_1, a_2]$，…，$(a_{s-1}, +\infty)$时，样本落在各区间内的频数；n为样本数；$p_i = P\{a_i < x < a_i = F_0(a_i) - F_0(a_{i-1})$，$i=1, 2, \cdots, s$；$l$为$F_0(x)$中估计参数的数目。

如果式（4-1）成立，则认为$F(x)$与$F_0(x)$相同。

基于以上原理，在$\alpha=0.05$水平下检验散点图x方向数据总体是否服从正态分布。首先将数据分成13组（$s=13$），利用组中值以极大似然法估计两个参数（$l=2$），即均值μ和方

差 σ^2，可求得

$$\hat{\mu} = \overline{X} = 25.308 \qquad \sigma^2 = \frac{1}{n}\left(\sum f_i x_i - n\overline{X}^2\right) = 2.7957$$

所以 $F(x)$ 为正态分布 $N(25.308,\ 2.7957)$。然后列表可得 $\chi^2 = 10.036$（见表 4-1）。由 χ^2 表可查得，$\chi^2_{0.05}(13-2-1) = 18.307$。由于 $\chi^2 < \chi_\alpha(s-l-1)$ 成立，可知在 $\alpha = 0.05$ 水平下检验的散点图 x 方向上的数据总体服从正态分布。按同样方法也可检验出 z 方向上的数据总体也服从正态分布。实际检验时，正态概率纸打点法或 χ^2 检验法可选其中之一。

表 4-1　x 方向上数据的 χ^2 检验计算

分　组	组中值	f_i	np_i	$f_i - np_i$	$(f_i - np_i)^2$	$(f_i - np_i)^2/np_i$	对应的标准正态组限
20.75~21.25	21.0	2	1.170				−∞~2.427
21.25~21.75	21.5	0	1.386				−2.427~2.128
21.75~22.25	22.0	2	2.618	0.298	0.089	0.009	−2.128~1.829
22.25~22.75	22.5	6	4.528				−1.829~1.530
22.75~23.25	23.0	9	7.130	1.870	3.497	0.490	−1.530~1.231
23.25~23.75	23.5	8	10.300	−2.300	5.290	0.514	−1.231~0.932
23.75~24.25	24.0	15	13.560	1.440	2.074	0.153	−0.931~0.633
24.25~24.75	24.5	16	16.380	0.380	0.144	0.009	−0.633~0.334
24.75~25.25	25.0	12	18.060	−6.060	36.720	2.033	−0.334~0.035
25.25~25.75	25.5	23	17.650	5.350	28.622	1.620	−0.035~0.264
25.75~26.25	26.0	19	16.890	2.110	4.452	0.264	0.264~0.563
26.25~26.75	26.5	9	14.290	−5.290	27.980	1.958	0.563~0.862
26.75~27.25	27.0	15	11.073	3.927	15.42	1.390	0.862~1.162
27.25~27.75	27.5	6	7.823	−1.823	3.324	0.425	1.162~1.461
27.75~28.25	28.0	5	5.028	−0.082	0.007	0.001	1.461~1.760
28.25~28.75	28.5	6	3.000	2.730	5.617	1.213	1.760~2.059
28.75~29.25	29.0	0	1.630	2.730	5.617	1.213	2.059~2.358
29.25~29.75	29.5	1	0.000	2.730	5.617	1.213	2.358~+∞
			Σ			10.036	

4.1.2.2　二维正态分布的等概率密度为椭圆

由上述检验结果可知驾驶员眼睛位置在车身坐标系中的分布具有二维正态的性质。而二维正态分布的概率密度函数为

$$f(x_1,x_2) = \frac{1}{2\pi\sqrt{|B|}}\exp\left[-\frac{1}{2}(X-\mu)^{\mathrm{T}}B^{-1}(X-\mu)\right] \tag{4-2}$$

式中，$X = (x_1, x_2)^{\mathrm{T}}$；$\mu = (\mu_1, \mu_2)^{\mathrm{T}}$，为两个方向位置数据的均值，可以分别以 $\overline{x_1}$、$\overline{x_2}$ 来估计 μ_1、μ_2，$\overline{x_i} = \sum\limits_{j=1}^{n} x_{ij}/n,\ i = 1,\ 2$；$B = \begin{pmatrix}\sigma_{11} & \sigma_{12}\\ \sigma_{21} & \sigma_{22}\end{pmatrix}$，为眼睛位置数据的协方差阵，$\sigma_{11} = \sigma_1^2$，$\sigma_{22} = \sigma_2^2$，$\sigma_{12} = \sigma_{21} = \rho\sigma_1\sigma_2$，其中，$\sigma_1\sigma_2$ 为标准差，ρ 为相关系数，σ_{ij} 可用 $S_{ij} = \sum(x_i - \overline{x_i})(x_j - \overline{x_j})/(n-1)$ 来估计。

因此，式（4-2）可写成

$$f(x_1,x_2) = \frac{1}{2\pi\sigma_1\sigma_2\sqrt{1-\rho^2}}\exp\left\{-\frac{1}{2(1-\rho^2)}\left[\left(\frac{x_1-\mu_1}{\sigma_1}\right)^2 - 2\rho\left(\frac{x_1-\mu_1}{\sigma_1}\right)\left(\frac{x_2-\mu_2}{\sigma_2}\right) + \left(\frac{x_2-\mu_2}{\sigma_2}\right)^2\right]\right\}$$

所以，恒定概率密度线（或称等概率密度线）方程为

$$\frac{1}{(1-\rho^2)}\left[\left(\frac{x_1-\mu_1}{\sigma_1}\right)-2\rho\left(\frac{x_1-\mu_1}{\sigma_1}\right)\left(\frac{x_2-\mu_2}{\sigma_2}\right)^2+\left(\frac{x_2-\mu_2}{\sigma_2}\right)^2\right]=c^2$$

式中，c^2 为常数，当取定不同的概率值时便有不同的 c^2 值与之对应。

上式又可整理成为

$$\sigma_2^2(x_1-\mu_1)^2-2\rho\sigma_1\sigma_2(x_1-\mu_1)(x_2-\mu_2)+\sigma_1{}^2(x_2-\mu_2)^2=d^2 \tag{4-3}$$

很明显，式（4-3）为二次曲线方程。d^2 取不同值时，式（4-3）表达的是以驾驶员眼睛位置数据均值（μ_1，μ_2）为中心，与 x_1、x_2 两坐标成某一角度的椭圆曲线族。图4-4所示椭圆族中每一个椭圆对应着一定的 d^2 值，亦即对应着一定的 c^2 值。c^2 与眼椭圆的概率（百分位）之间又有着确定的关系（见下述），因此，族中的不同椭圆对应着不同的概率值，亦即对应着不同的百分位。

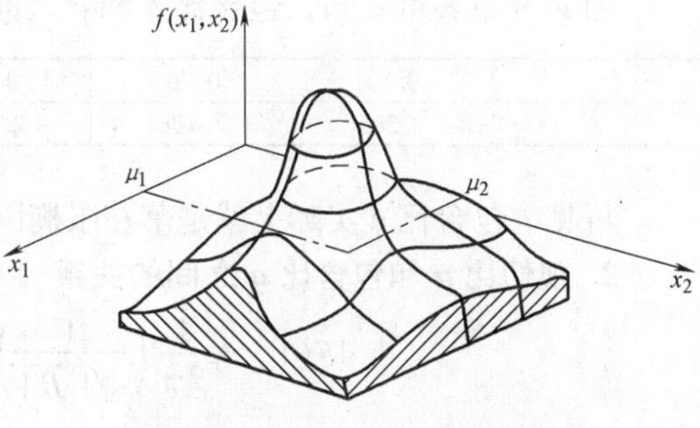

图4-4 二维正态分布的概率

4.1.2.3 眼椭圆的视切比与包含比

由某目标点向某百分位眼椭圆作一切线（视线）。切线将图形分成上、下两方，即含眼椭圆一方和不含眼椭圆的另一方。被测驾驶员的眼睛在切线上、下两方均有散布。视切比被定义为含眼椭圆的切线一方的区域内的眼睛数与切线上、下方区域内的眼睛总数之比，记作 p。这样落在含眼椭圆一方的眼睛百分比为 $p\times100\%$，落在切线另一方的眼睛百分数比为$(1-p)\times100\%$。眼椭圆是汽车视野的基准，它只有与视线（切线）一起使用时方有意义。因此用视切比来定义眼椭圆的百分位值。这样，如图4-5所示，第95百分位的眼椭圆意味着有总数为95%的眼睛位于切线的下方，另有5%的眼睛数落在切线的上方。包含比是指眼椭圆内包含的眼睛数与眼睛总数之比，记作 q。包含比、视切比以及眼椭圆的百分位数之间的关系仍然可以依据二维正态分布理论加以分析。

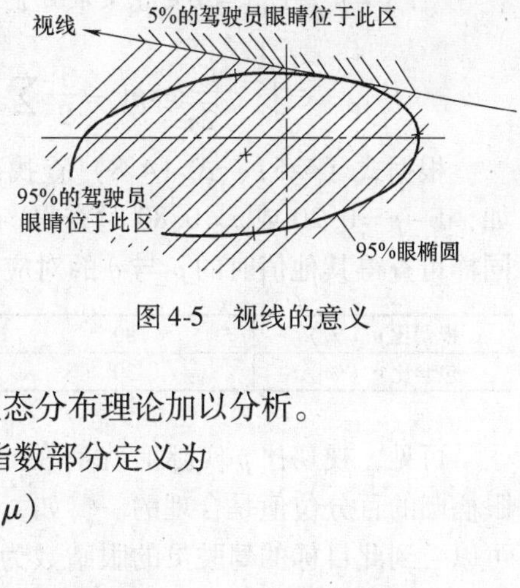

图4-5 视线的意义

1. 包含比 q 和 c^2 之间的关系 参看式（4-1），将指数部分定义为

$$Q=(X-\mu)^{\mathrm{T}}B^{-1}(X-\mu)$$

或可化为

$$Q=\frac{1}{\sigma_{11}\sigma_{22}-\sigma_{21}\sigma_{12}}[\sigma_{22}(x_1-\mu_1)^2-2\sigma_{12}(x_1-\mu_1)(x_2-\mu_2)+\sigma_{11}(x_2-\mu_2)^2] \tag{4-4}$$

令 $Q=c^2$，则由前述可知，式（4-4）表达的是一族斜椭圆，现以 $y_1=x_1-\mu_1$，$y_2=x_2-\mu_2$代入式（4-4），得

$$Q=\frac{1}{\sigma_{11}\sigma_{22}-\sigma_{21}\sigma_{12}}[\sigma_{22}y_1^2-2\sigma_{12}y_1y_2+\sigma_{11}y_2^2]$$

这是一般二次型的表达式。利用变换 $y=RV$，可把上述化为标准二次型

$$Q=\lambda_1V_1^2+\lambda_2V_2^2 \tag{4-5}$$

式中，R 是正交阵，而 λ_1，λ_2 及对应的 R 阵可以用雅可比法求得。此外，$Q=\lambda_1V_1^2+\lambda_2V_2^2$

服从自由度为 2 的χ^2分布，所以，包含在 $Q=c^2$这个眼椭圆内的眼睛总数之比（包含比）q 可用下式求得

$$P\{\chi^2(2)<c^2(2)\}=q \tag{4-6}$$

或者

$$P\{\chi^2(2)<c^2(2)\}=1-q \tag{4-7}$$

由χ^2分布表可查知，包含比 q 和 c^2之间有如下的关系：

q	0.50	0.70	0.80	0.90	0.95	0.99
c^2	1.386	2.408	2.219	4.605	5.991	9.210

可见，包含比 q 实际上就是落在眼椭圆内眼睛的概率。

2. 视切比 p 和包含比 q 之间的关系　写出式（4-5）的概率微分

$$\mathrm{d}F(V)=\frac{1}{2\pi}\left(\frac{1}{\sqrt{|B|}}\right)^{1/2}\exp\left(-\frac{1}{2}\sum\lambda_i V_i^2\right)\mathrm{d}V_1\mathrm{d}V_2 \tag{4-8}$$

令 $V_i=\dfrac{\omega_i}{\sqrt{\lambda_i}}$，则上式因$|B|=|\lambda_1\lambda_2|$可写为

$$\mathrm{d}F(\omega)=\frac{1}{2\pi}\exp\left(-\frac{1}{2}\sum\lambda_i\omega_i^2\right)\mathrm{d}\omega_1\mathrm{d}\omega_2 \tag{4-9}$$

于是在不含眼椭圆的切线一方的眼睛数与眼睛总数的比值为

$$1-p=\mathrm{P}\{(-\infty<\omega_1<+\infty),(\omega_2\geqslant c)\}=\frac{1}{2}\int_{-\infty}^{+\infty}\int_{-\infty}^{+\infty}\exp\left(-\frac{1}{2}\sum\omega_i^2\right)\mathrm{d}\omega_1\mathrm{d}\omega_2$$

$$=\int_c^{\infty}\frac{1}{\sqrt{2\pi}}\exp\left(-\frac{1}{2}\sum\omega_i^2\right)\mathrm{d}\omega_2 \tag{4-10}$$

根据式（4-6）、式（4-8）查找正概率积分表及χ^2分布表，可得 p 与 q 之间的关系。例如，$1-p=0.20$ 或 $p=0.80$ 时查得 $c=0.844$。再由 $c^2=0.713$ 查得 $1-q=0.70$，即 $q=0.30$。同样可查得其他值时的 p 与 q 的对应关系。下面仅列出几个常用的对应值：

视切比 p（%）	80	90	95	99
包含比 q（%）	30	56	74	93

可见，视切比 p 实际上就是落在视切线的含眼椭圆一侧的眼睛的概率。用视切比来表示眼椭圆的百分位值是合理的。譬如，从第 95 百分位眼椭圆向某目标作视线（见图 4-5），则可以看到此目标的驾驶员的眼睛数为眼睛总数的 95%。这是因为驾驶员眼睛位置落在视线的含眼椭圆的一侧的概率为 95%。

4.1.3　眼椭圆样板的制取

汽车车身设计中常将各种百分位的眼椭圆事先制成样板，以备设计或校核使用。制取眼椭圆样板要使用表 4-2 ~ 表 4-5 中的数据，并按以下步骤进行：

（1）参照图 4-1 画出眼椭圆的自身坐标轴 X、Y 及 Z。

（2）根据表 4-2 中列出的 H 点水平行程（即座椅水平调节量）查出眼椭圆中心在自身坐标系中的位置值 X，Z，$Y_{右眼}$，$Y_{左眼}$。从而确定了两视图上眼椭圆中心的位置。

（3）在侧视图上经眼椭圆中心画倾角为 $-6.4°$，前低后高的斜直线作为长轴。在俯视

图上经左右椭圆中心分别画倾角为 5.4°，前高后低的两条斜直线作为长轴。长轴在侧视图上和俯视图上的长度认为相等。其值根据 *H* 点水平行程从表 4-3 种查出。短轴长度在两视图上不等，由表 4-4 可查得。

至此，两视图上的眼椭圆已画出，样板便可制取。

表 4-2　眼椭圆中心离 *X*，*Y*，*Z* 轴的距离　（单位：mm）

H 点水平距离	*X*	*Z*	$Y_{左眼}$	$Y_{右眼}$
102	+1.8	-5.6	-6.4	+58.0
114	-4.6	-6.4	-5.6	+58.0
127	-10.7	-7.1	-5.1	+59.0
140	-17.0	-7.6	-4.6	+59.7
152	-20.3	-8.4	-4.1	+60.2
165	-22.9	-8.4	-4.1	+60.5

表 4-3　眼椭圆长轴　（单位：mm）

H 点水平行程	眼椭圆的百分位		
	90%	95%	99%
102	109	147	216
114	122	160	229
127	135	173	241
140	147	185	254
152	155	193	262
165	160	198	267

表 4-4　眼椭圆短轴　（单位：mm）

短　轴	眼椭圆的百分位		
	90%	95%	99%
正视图	77	86	122
俯视图	82	105	145

表 4-5　眼椭圆自身坐标的偏移量

靠背角/(°)	水平偏移/mm	垂直偏移/mm	靠背角/(°)	水平偏移/mm	垂直偏移/mm
5.0	-186.4	27.6	23.0	-17.5	4.9
6.0	-176.5	27.3	24.0	-8.5	2.5
7.0	-166.5	27.0	25.0	0.0	0.0
8.0	-156.8	26.5	26.0	8.6	-2.6
9.0	-147.1	25.9	27.0	17.2	-5.4
10.0	-137.4	25.1	28.0	25.8	-8.2
11.0	-127.8	24.3	29.0	34.2	-11.2
12.0	-118.3	23.3	30.0	42.6	-14.3
13.0	-108.8	22.2	31.0	50.9	-17.5
14.0	-99.4	21.0	32.0	59.2	-20.8
15.0	-90.0	19.7	33.0	67.4	-24.3
16.0	-80.7	18.3	34.0	75.6	-27.9
17.0	-71.5	16.7	35.0	83.6	-31.5
18.0	-62.3	15.0	36.0	91.6	-35.4
19.0	-53.2	13.2	37.0	99.6	-39.3
20.0	-44.2	11.3	38.0	107.5	-43.3
21.0	-35.2	9.3	39.0	115.3	-47.5
22.0	-26.3	7.2	40.0	123.0	-51.8

4.1.4 眼椭圆样板在车身图上的定位

定义：A 类汽车是指 H 点高度低于 405mm 且转向盘直径小于 450mm 的汽车。通常包括轿车、旅行车及轿车变型车；B 类汽车是指 H 点高度在 405 ~ 530mm 范围内且转向盘直径在 450 ~ 560mm 范围内的汽车。通常包括重型及中型载货车及一些大客车。

1. A 类汽车眼椭圆的定位 A 类汽车的眼椭圆定位应参照图 4-6a 进行。

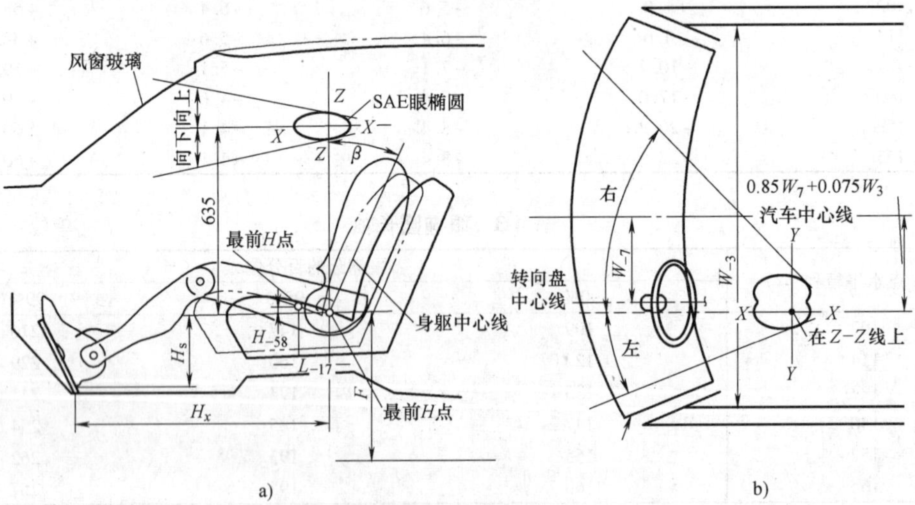

图 4-6 眼椭圆定位

(1) 根据已确定的 H 点水平行程及眼椭圆百分位值，在样板组中选取最接近的眼椭圆样板。

(2) 在车身侧视图上，经最后 H 点垂直向上作垂直工作线 ZZ，并量取 635mm。在该处作水平工作线 XX，见图 4-6b。

(3) 根据给定的座椅靠背角的值，由表 4-5 查出侧视图上眼椭圆自身坐标 $X-Z$（见图 4-1）的原点相对于垂直工作线和水平工作线交点的偏移量。当座椅靠背角为 25°时，水平或垂直偏移量均为 0，即眼椭圆自身坐标轴 $X-Z$ 分别与水平、垂直工作线重合。但是，当靠背角不等于 25°时偏移量均不为 0，具体数值由表 4-5 查得。或者根据以下公式来算得

$$X = -9.331288 + 0.404789\beta - 0.0012611\beta^2 \quad (4\text{-}11)$$

$$Z = -1.067621 + 0.0156987\beta - 0.0023347\beta^2 \quad (4\text{-}12)$$

式中，X 为水平偏移量（mm），负值向前偏移，正值向后偏移；Z 为垂直偏移量（mm）；β 为座椅靠背角（°）。

至此，完成了眼椭圆在 A 类车车身侧视图上的定位。于是，可利用样板在侧视图上画出眼椭圆。

(4) 为确定眼椭圆在 A 类汽车车身俯视图上的位置，首先应确定尺寸 W_{-7} 及 W_{-3}（其意义见图 4-6）。于是眼椭圆样板与汽车纵向中心线之间的定位距离 $0.85W_{-7} + 0.075W_{-3}$ 便可算出。因此眼椭圆在俯视图上的位置也就确定。

2. B 类汽车眼椭圆的定位

(1) 根据车身设计时已确定的 H 点水平行程及眼椭圆百分位值，在样板组中选取相应

的眼椭圆样板。H 点水平行程大于165mm 者仍采用165mm 对应的样板。

（2）利用以下所述的方法，首先找出对应于不同男女驾驶员比的定位参考线（对于载货车和大客车常用的男女驾驶员比为50/50、75/25 及90/10（或95/5）三种）。三条定位参考线都可用公式来表达，它们均是 H 点高度 Z 的线性函数。男女驾驶员比为50/50 时

$$X=798.74-0.446Z \tag{4-13}$$

男女驾驶员比为75/25 时

$$X=822.44-0.460Z \tag{4-14}$$

男女驾驶员比为90/10（或95/5）时

$$X=855.31-0.509Z \tag{4-15}$$

式中，X 为 H 点位于加速踏板拇趾参考点之后方的水平距离（mm）；Z 为 H 点离加速踏板踵点的垂直距离（mm）。

由于男女驾驶员比事先已确定，上述三条线（三个公式）中便可确定其中一条线（一个公式）作为该男女驾驶员比的眼椭圆定位参考线（参考公式）。接着根据设计时已确定的 H 点的高度 Z，代入其中的一个公式，便可得到眼椭圆定位用的一个定位参考点。

（3）根据给定的男女驾驶员比及座椅靠背角，按以下公式计算出侧视图上眼椭圆中心（不是自身坐标原点）相对于上述定位参考点的水平和垂直偏移量。

男女驾驶员比为50/50 时的偏移量

$$\left.\begin{aligned}x&=-175.26+12.68\beta^2\\z&=691.09-3.57\beta\end{aligned}\right\} \tag{4-16}$$

男女驾驶员比为75/25 时的偏移量

$$\left.\begin{aligned}x&=-201.05+13.65\beta\\z&=699.66-3.82\beta\end{aligned}\right\} \tag{4-17}$$

男女驾驶员比为90/10 或95/5 时的偏移量

$$\left.\begin{aligned}x&=-184.44+12.23\beta\\z&=707.52-4.17\beta\end{aligned}\right\} \tag{4-18}$$

式中，x 为眼椭圆中心相对于定位参考点的水平偏移量（mm），x 为负值时眼椭圆中心位于定位参考点前方，x 为正值时眼椭圆中心位于定位参考点后方；z 为眼椭圆中心相对于定位参考点垂直偏移量（mm）；F 为座椅靠背角（°）。

表4-6 ~ 表4-8 用来代替式（4-16）~ 式（4-18）的计算。表中列出三种男女驾驶员比的情形下靠背角 β 与偏移量 x，z 之间的对应值。

表4-6 男女驾驶员比为50/50 时的 β 与 x，z 值

β/(°)	13.5	14	15	16	17	18
x/mm	-4.080	2.26	13.672	27.62	40.30	52.98
z/mm	642.895	641.11	637.897	633.97	630.40	626.83

表4-7 男女驾驶员比为75/25 时的 β 与 x，z 值

β/(°)	13.5	14	15	16	17	18
x/mm	-16.775	-9.95	3.70001	17.35	31	44.65
z/mm	649.090	646.18	642.36	638.54	634.72	630.90

表 4-8 男女驾驶员比为 90/10 或 95/5 时的 β 与 x，z 值

β/(°)	13.5	14	15	16	17	18
x/mm	−19.335	−13.22	−0.989996	11.24	23.47	35.70
z/mm	651.225	649.14	644.97	640.80	636.63	632.46

（4）找到了眼椭圆中心在车身侧视图上的位置以后，通过该中心作倾角为 11.6°的斜线（前高后低），此斜线为眼椭圆的长轴方向。至此，在侧视图上的定位已完成。

（5）在俯视图上，如载货汽车或大客车的驾驶室座椅为长条形，则眼椭圆样板的 X 轴与汽车纵向中心线的距离仍为 $0.85W_{-7}+0.075W_{-3}$（见图 4-6）。如驾驶员座椅为挖斗型或单人椅，则上述距离按下述方法确定：即将俯视图上左、右眼椭圆中心连线的中心与 H 点相重合，并保持其眼椭圆的自身坐标的 X 轴与汽车纵向中心线相平行即可。

4.2 汽车前后视野及要求

汽车视野设计中，眼椭圆是一种比较理想的设计工具。实际设计和测试过程中可用视原点来代替眼椭圆，使作图过程简化。以下将介绍用视原点来确定满足前方视野要求的风窗玻璃透明区面积的作图方法。

4.2.1 基本概念介绍

V 点：V 点是表征驾驶员眼睛位置的点。它与通过驾驶员乘坐位置中心线的纵向铅垂平面、R 点及座椅靠背角有关。V 点用于检查汽车视野是否符合要求，通常用 V_1、V_2 两点表示 V 点的最上、下两个不同位置对应眼椭圆的上、下两个点（见图 4-7）。

R 点：简单地可定义为设计时制造厂规定的最后 H 点，亦称座椅基准点或座椅参考点。

P 点：系指驾驶员眼睛高度平面上的头部转动中心点，通常用 P_1、P_2 两点表示驾驶员水平方向观察物体时头部转动中心点在眼睛高度平面上的移动位置（见图 4-8）。头部转动中心点在本书亦用 J 表示。

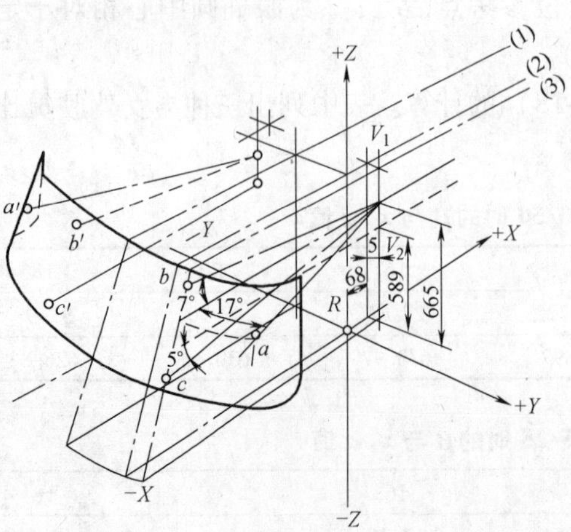

图 4-7 风窗玻璃透明区的确定

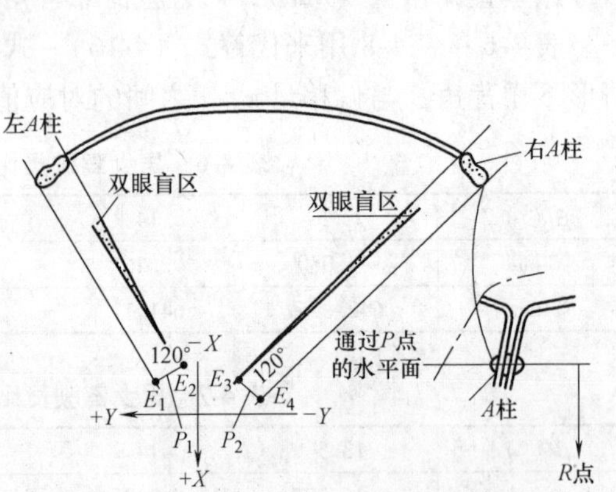

图 4-8 左、右 A 立柱双眼盲区求作

E 点：是指驾驶员左、右眼之间的中点，左、右眼在以下作图过程中将用 E_1、E_2（或 E_3、E_4）表示。它们用来作 A 立柱形成的双眼盲区。

4.2.2　汽车驾驶员前方视野要求

（1）为满足驾驶员前方视野的要求，风窗玻璃透明区的部位和最小面积应由下列基准点的连接线围成（见图 4-7）。

1）由 V_1 点水平向前且左偏 17°的基准点 a。

2）由 V_1 点向前在铅垂平面上上偏 7°的基准点 b。

3）由 V_2 点向前在铅垂平面上下偏 5°的基准点 c。

4）另外的三个基准点 a'、b' 及 c'。它们分别是 a、b、c 三个点关于汽车纵向平面的对称点。

5）V_1、V_2 点在以 R 点为原点的直角坐标系 $RXYZ$ 中的位置由表 4-9 给出的坐标值决定。

表 4-10 给出的是座椅靠背角为 25°时的坐标值，坐标的正方向如图 4-7 所示。如果座椅靠背角不等于 25°时，需按表 4-10 修正。

表 4-9　V_1、V_2 点的位置

V 点	X	Y	Z
V_1	68	5	665
V_2	68	5	665

表 4-10　座椅靠背角变化时 V 点坐标的修正值　（单位：mm）

靠背角/(°)	水平坐标 ΔX	垂直坐标 ΔZ	靠背角	水平坐标 ΔX	垂直坐标 ΔZ
5	−186	28	23	−18	5
6	−177	27	24	−19	3
7	−167	27	25	0	0
8	−157	27	26	9	−3
9	−147	26	27	17	−5
10	−137	25	28	26	−8
11	−128	24	29	34	−11
12	−118	23	30	43	−14
13	−109	22	31	51	−18
14	−99	21	32	59	21
15	−90	20	33	67	−24
16	−81	18	34	76	−28
17	−72	17	35	84	−32
18	−62	15	36	92	−35
19	−53	13	37	100	−39
20	−44	11	38	108	−43
21	−35	9	39	115	−48
22	−26	7	40	123	−52

（2）按驾驶员视野测量的规定测量，每根 A 柱双目障碍角不得超过 6°（见图 4-9）。若两柱相对汽车纵向铅垂面是对称的，则右柱不需要再测量。

（3）汽车不得有两根以上的 A 柱。

（4）在驾驶员前视野 180°范围内，在通过 V_1 的水平面下方和通过 V_2 的三个平面（三个平面都和水平面向下成4°夹角，其中一个平面垂直于Y基准平面，另两个平面垂直于X基准平面）上方的范围内，除了A柱、三角窗分隔条、车外无线电天线、后视镜和风窗玻璃刮水器等造成的障碍外，不得有其他障碍（见图4-10）。但是以下情况除外：

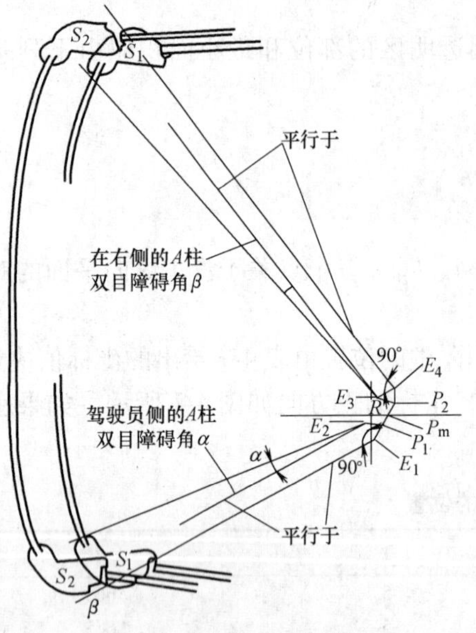

图4-9　双目障碍角测量示意图

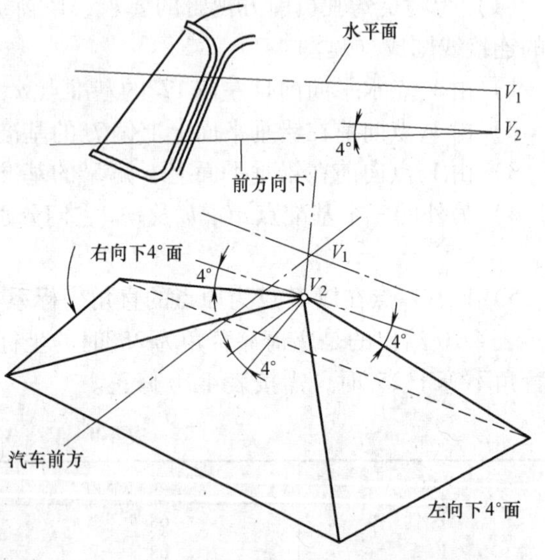

图4-10　驾驶员前方180°内视野评价

1）直径小于0.5mm的嵌入式天线或小于1.0mm的印刷式天线，不被认为是视野障碍。

2）无线电天线的导线一般不得进入A区范围内，但是导线直径小于0.5mm时，可允许三根导线进入，此种情况不被认为是视野障碍。

3）最大直径为0.03mm，导线是竖直的，最小间距1.25mm，或导线是水平的，最小间距2.0mm的除霜及除雾导线，不被认为是视野障碍。

（5）通过V_2垂直于Y基准平面且与转向盘上边缘相切的平面，如该平面相对水平面至少后下倾斜1°时，则转向盘上边缘以下的仪表板所构成的障碍是允许的。

4.2.3　*A* 立柱形成的双眼盲区的求作

1. P_1、P_2点的位置　P_1、P_2点在原点为R点的直角坐标系中的位置按表4-11确定。但是P_1、P_2的位置还须根据座椅水平行程（水平调节量）的大小按表4-12修正其X坐标值。

表4-11　P_1、P_2点的位置

P点	X	Y	Z
P_1	35	20	627
P_2	63	−47	627

表4-12　P_1、P_2点坐标的修正值

座椅水平行程	ΔX
108～120	−13
121～132	−22
133～145	−32
146～158	−42
158以上	−48

2. E_1、E_2或E_3、E_4点的位置　E_1、E_2（或E_3、E_4）点是驾驶员的左、右眼点。它们之间的距离为瞳孔间距，取65mm。在水平面内P_1点至E_1或E_2点的距离或P_2点至E_3或E_4点

的距离为104mm（见图4-8）。

3. A 立柱双眼盲区求作　E_1、E_2连线绕P_1点转动，直到它垂直于车辆纵向对称平面为止。此时，从E_1点引向A立柱外边缘的切线与E_1E_2线之间的夹角应不大于120°。如果夹角大于120°，应当调整E_1E_2线绕P_1点转动的角度，直到夹角为120°时为止。

由E_2点向左A立柱右边缘作切线，两切线之间的夹角即为双眼盲区角。为量度方便，可由E_2作一直线平行于从E_1点引出的切线。该直线与E_2点引出的切线之间的夹角等于双眼盲区角。右A立柱形成的双眼盲区的求作方法与上述相仿。

4.3　人眼视区

4.3.1　眼睛的运动

人观察外界对象时，眼睛经常在运动着。眼球上下左右方向的运动是由三对肌肉控制的。三对肌肉的协同活动能使眼球以角膜顶端后方13.5mm处为中心转动。每对眼肌控制眼球在一个平面上转动，图4-11所示是这三对眼肌的俯视图。这三对肌肉是：内直肌（mr）和外直肌（lr）、上直肌（sr）和下直肌（ir）、上斜肌（so）和下斜肌（io）。n是视神经。图中左眼上斜肌的一端被切断，以显露出下斜肌；右眼移去上直肌，以显露下直肌。内直肌和外直肌收缩，眼球向内外方向转动；上直肌收缩，眼球向上内方向转动；下直肌收缩，眼球向下内方向转动。三对肌肉的活动紧密配合，当眼球向一个方向移动时，除有关肌肉收缩外，其他肌肉，特别是对相对称的肌肉必须同时放松。这样才能保证眼球的自由活动。例如，眼球向上方转动时，上直肌和下斜肌同时收缩，下直肌和上斜肌要相应放松，同时内直肌和外直肌亦须作适当的放松。两个眼球的运动非常协调，它们总是向同一方向转动或做辐合运动。一个眼球不能单独活动，即使把一只眼睛遮住，两眼的活动仍然是协调的。眼球转动的范围有一定的限制，超过某个角度时就需要头部运动帮助，以扩大人的视野。

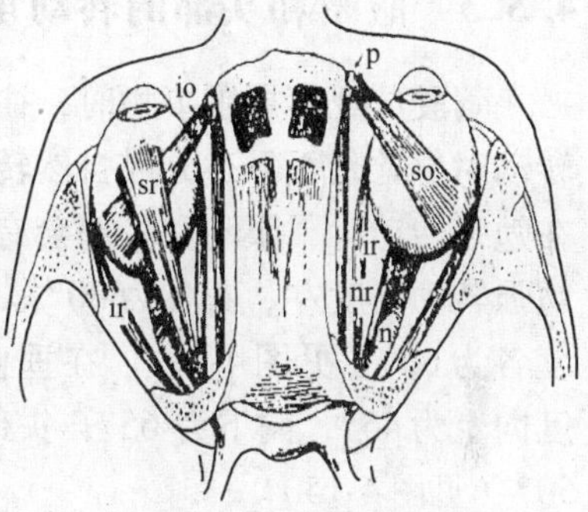

图4-11　眼肌的俯视图

4.3.2　眼睛和头部不转动时的视区

只用左眼或右眼单独观察时所能看到的区域称为单眼视区，用左眼或右眼单独观察到的两个单眼视区的合成区称为两单眼视区；用左、右眼同时观察时两眼都能看到的区域，即两单眼视区的重叠部分称为双眼视区。眼睛保持向前直视，眼球和头部均不转动时，单眼水平视区为150°，即能看见直前视线一侧90°、另一侧60°的区域。双眼视区为120°，两单眼视区为180°（见图4-12）。

在垂直方向上的双眼视区为：直前视线上方50°~55°，下方60°~70°，这样便构成了人眼视锥顶是瞳孔距的中点，如图4-13所示。

应该说明的是运动状态下人的视野将缩小。车速与视野的关系为：车速为40km/h时双眼视区为100°，其中能确认的范围为15°以下；车速为75km/h时降为65°，100km/h时为

40°。运动状态下，驾驶员的眼睛和观察物体之间的视力关系有人动视力（驾驶员看标志）和全动视力（驾驶员看行驶中的其他车辆）。人动视力与静视力相比，在车速为50～60km/h时约降低6%。全动视力降低更严重。

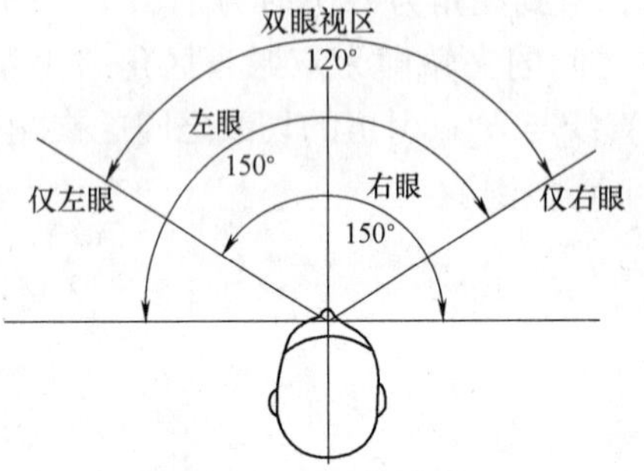

图4-12 水平方向的视图

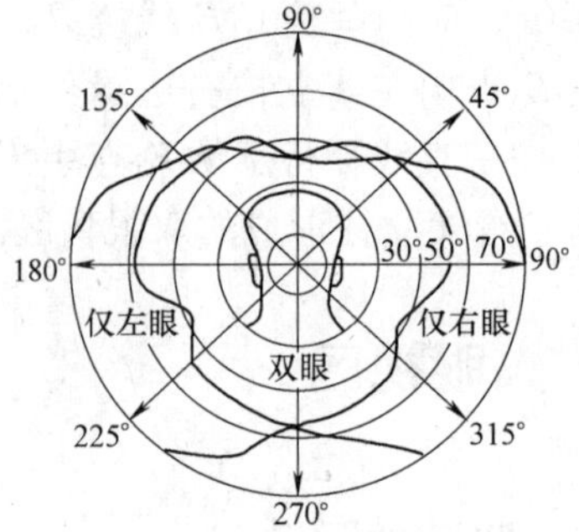

图4-13 垂直方向的视图

4.3.3 眼睛和头部的转动角

驾驶员观察周围事物时，往往转动眼球或头部，以扩大视区。眼睛与头部的转动角度按转动时感觉是否舒适分成自然转动和勉强转动。在自然转动时，眼睛和头部均无不舒适感。在勉强转动时，眼睛和头部会有不适感。眼睛的自然转动角度在水平方向左、右各为15°，勉强转动角度左、右各为30°；头部自然转动范围在水平方向左、右各为45°，勉强转动角度各为60°（见图4-14）。在垂直方向上，眼睛自然转动角度向上向下均为15°，勉强转动角度向上为45°，向下为65°；头部自然转动角向上向下均为30°，勉强转动角向上向下各为50°（见图4-15）。

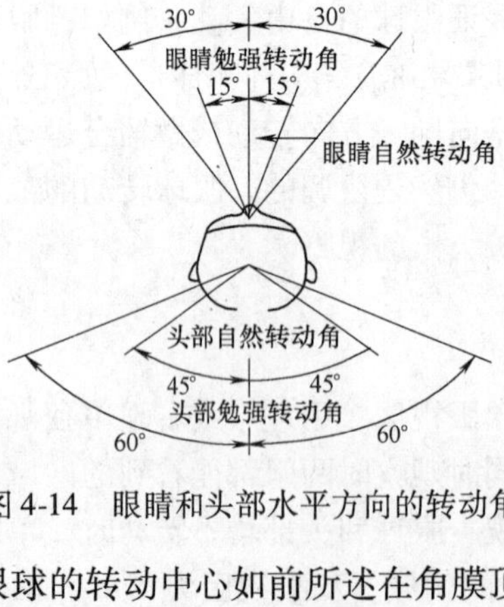

图4-14 眼睛和头部水平方向的转动角

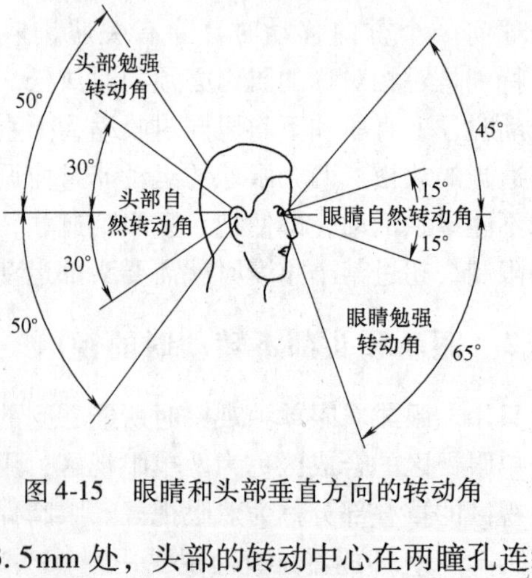

图4-15 眼睛和头部垂直方向的转动角

眼球的转动中心如前所述在角膜顶端后方13.5mm处，头部的转动中心在两瞳孔连线中点后方98.6mm处，位于第四颈椎上，瞳孔距一般取65mm，以便作图统一。

4.3.4 头部转动角的求法

目标在直前水平视线30°以内时，只需转动眼睛，不一定转动头部，便可将直前视线投向目标。但是目标在直前视线30°以外时，虽然可以继续转动眼球去注视目标。但太勉强，眼睛很费力。此时，便需要转动头部，将眼睛已转动了30°后的直前视线投向目标。显然，头部的转动角与目标的坐标值有直接关系。以下假设目标的坐标值为已知，求取头部水平方向上的转动角。

图4-16中T为目标，B、C分别为左、右眼。由于目标T落在B、C两点直前视线30°以外，必须在眼睛转动30°之后再将头部转动β角度，方能将直前视线对准目标T。头部转动时，代表头部的T字形$BCDJ$便一起绕J点转动。头部转过了β角时，右眼C转到了它的新位置C'，原来的视线CC_1变成新的位置的视线$C'C_1'$（或$C'T$），新位置视线$C'C_1'$恰好对准了目标T。

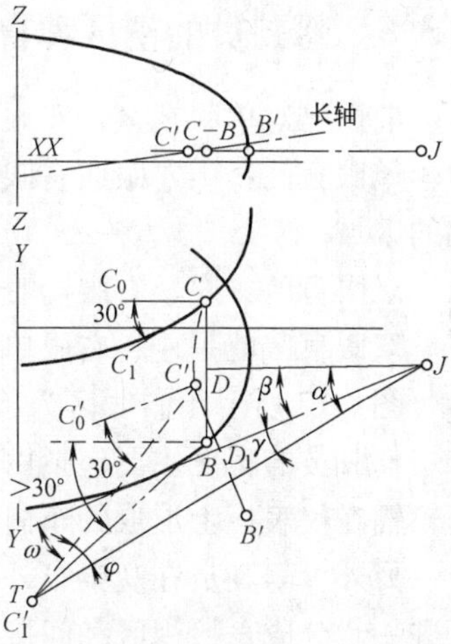

图4-16　头部水平转动角的求法

设目标T的坐标值X_T，Y_T为已知，头部转动中心J的坐标值X_J，Y_J亦为已知值，则头部转动角β可按下式计算

$$\beta = \arctan\left(\frac{Y_T - Y_J}{X_J - X_T}\right) + \arcsin\left(\frac{77.4}{[(X_J - X_T)^2 + (Y_T - Y_J)^2]^{1/2}}\right) - 30° \tag{4-19}$$

根据图4-16可证明如下：

$$\beta = \alpha - \gamma \tag{4-20}$$

式中

$$\alpha = \arctan\left(\frac{Y_T - Y_J}{X_J - X_T}\right) \tag{4-21}$$

$$\gamma = \omega - \varphi \tag{4-22}$$

由于$C'C_1' /\!/ JF$，$\omega = 30°$，则

$$\gamma = 30° - \varphi \tag{4-23}$$

因转动前后长度不变，$JD_1 = JD$，所以

$$\sin\varphi = \frac{JD_1}{JT} = \frac{JD}{JT} \tag{4-24}$$

另外，在直角三角形$\triangle CJD$中

$$JD = CJ\sin(30° + \sigma) \tag{4-25}$$

式（4-25）中

$$\sigma = \arctan\left(\frac{CD}{DJ}\right) = \arctan\left(\frac{65/2}{98.6}\right) = 18.24°$$

所以$CJ = (CD^2 + DJ^2)^{1/2} = 103.8\text{mm}$

将CJ代入式（4-25）得

$$JG = 103.8 \times 0.746\text{mm} = 77.4\text{mm}$$

又因$JT = [(X_J - X_T)^2 + (Y_T - Y_J)^2]^{1/2}$，将$JG$，$JT$代入式（4-24）得

$$\varphi = \arcsin\left(\frac{77.4}{[(X_J - X_T)^2 + (Y_T - Y_J)^2]^{1/2}}\right) \tag{4-26}$$

再将式（4-26）代入式（4-23），并与式（4-21）一起代入式（4-20），便可证得式（4-19）。

4.3.5 驾驶员的视区和盲区

前面已对单眼视区、双眼视区及两单眼视区作了定义，这里将对盲区作出定义。

单眼盲区：由左眼或右眼单独观察时，由于障碍物对视线的阻挡而形成左眼或右眼看不到的区域。

双眼盲区：左、右眼同时观察时，由于障碍物对视线的阻挡而形成两眼都不能看到的区域。双眼盲区就是左、右眼单眼盲区的公共部分。

图 4-17 所示单斜线区为单眼盲区，双斜线区为双眼盲区。

驾驶员的盲区主要包括由车身 *A*、*B*、*C* 立柱形成的车外盲区；由转向盘的轮缘、轮毂及轮辐在仪表板上形成的车内盲区。

另外，驾驶员在观察车外交通或车内状况时，还需借助后视镜。因此有时还将驾驶员视区进一步分成直接视区和间接视区。

直接视区：无须借助后视镜而能直接见到的区域。

间接视区：借助后视镜方能见到的区域。

图 4-18 所示为驾驶员对车外交通观察时的视区与盲区示意图。

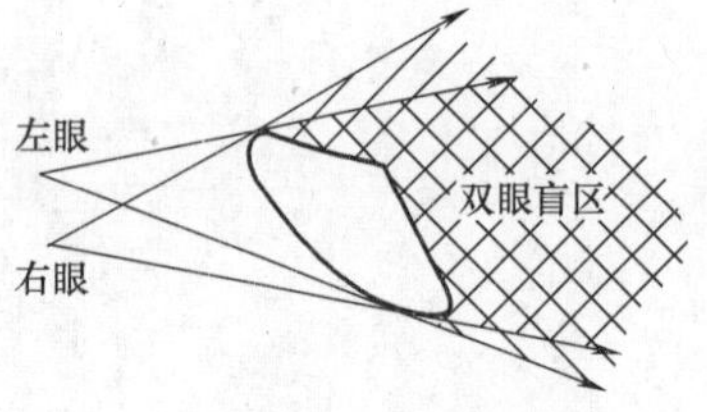

图 4-17 单眼盲区和双眼盲区

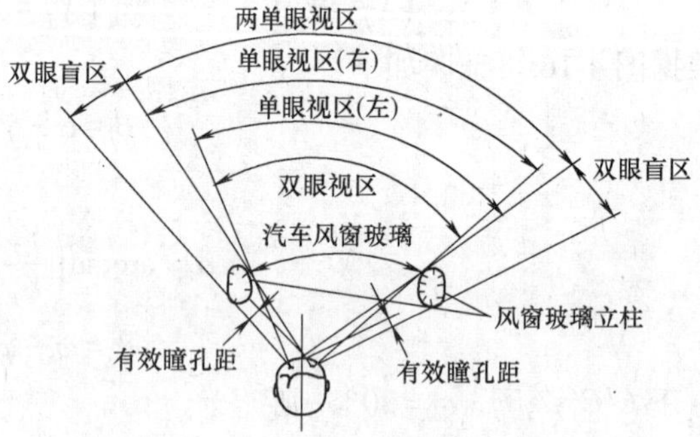

图 4-18 视区与盲区示意图

4.4 眼椭圆应用之一

汽车风窗玻璃刮水器和除霜系统的刮扫及除霜面积的大小和部位要以驾驶员眼椭圆为基准来确定。为确保良好的汽车视野性能，刮水器和除霜系统不仅应有足够的刮扫和除霜能力，而且要有正确的刮扫和除霜部位。有些系统尽管刮扫面积符合要求，但部位过偏，对于改善汽车视野仍然无益。另外，刮扫和除霜面积内的不同区域的清晰度要求亦不同。在驾驶员经常观察的风窗玻璃区域且刮水器运动不受曲面玻璃曲率限制的部位，其清晰度要求显然要高。表 4-13 ~ 表 4-17 所示为 SAE 对各类汽车刮扫和除霜面积、部位及清晰度的要求。汽车车身设计过程中应在确定了眼椭圆在车身侧、俯视图上的位置以后，对刮水器的运动轨迹予以校核，对除霜试验结果予以对比。

进行校核时，先在车身视图上确定第 95 百分位眼椭圆（在给定的 *H* 点水平行程时）的位置，根据表中对各类汽车的规定，分别作眼椭圆上、下切平面（在侧视图上为直线）和左、右切平面（在俯视图上为直线）。这四个切平面与风窗玻璃相交的四条交线构成了汽车视野要求的刮扫和除霜面积（见图 4-19）。在这一刮扫和除霜面积内清晰度要求并不一样。*A* 区受顺刮式或对刮式刮水器及风窗玻璃曲面形状的限制，其清晰度要求最低，其次为 *B* 区，*C* 区清晰度要求最高（参见图 4-19 及表 4-13、表 4-14 和表 4-15）。同样，对于半小时内最低除霜要求因 *A*、*B*、*C* 三区（载货汽车、大客车等）或 *A*、*C*（轿车）两区的受热程度的不同亦有不同规定（见表 4-16，表 4-17）。

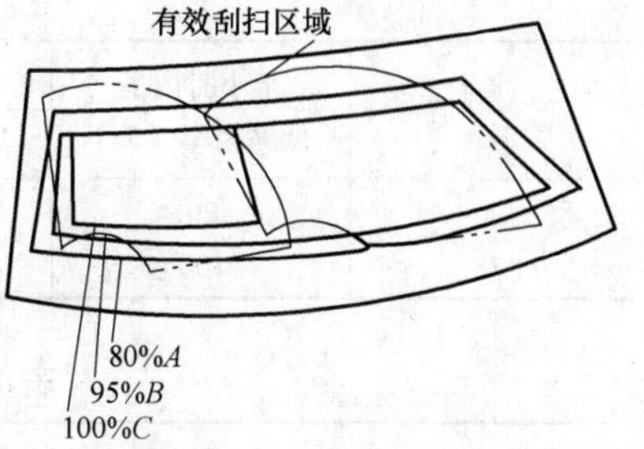

图 4-19　清晰度、除霜率要求不同的各区

表 4-13　轿车刮水器的刮扫部位和要求

区　域	刮净率（%）	眼椭圆百分位	角度/（°）			
			左	右	上	下
A	80	95	18	56	10	5
B	95	95	14	53	5	3
C	100	95	10	15	5	1

表 4-14　载货汽车、大客车刮水器的刮扫部位的确定

车　种	胯点至地面的距离/mm	区　域	角度/(°)			
			上	下	左	右
CBE 和 CAE 型载货汽车	0 ~ 1020	*A*	10	5	18	56
		B	5	3	14	53
		C	5	1	10	15
	1020 ~ 1270	*A*	8	7	18	56
		B	3	5	14	53
		C	3	3	10	15
	1270 以上	*A*	6	9	18	56
		B	1	7	14	53
		C	1	5	10	15
COE 型载货汽车	1020 以上	*A*	6	9	18	56
		B	1	7	14	53
		C	1	5	10	15
大客车（操纵机构前移）	1280 ~ 1520	*A*	7	14	18	65
		B	2	11	18	5
		C	1	11	18	25
轻型多用途载货汽车	不限	*A*	7	5	16	49
		B	4	3	13	49
		C	4	2	8	13

注：CBE 型驾驶室在发动机之后；CAE 型为发动机在驾驶室旁边；COE 型为驾驶室在发动机上。

表 4-15　载货汽车、大客车刮扫要求

风窗玻璃的形式	最低除霜率（%）		
	A 区域	*B* 区域	*C* 区域
整块	80	94	99
多块	65	70	84

表 4-16　轿车除霜要求

区　域	半小时内最低除霜率（%）	角度/(°)			
		左	右	上	下
A	80	18	50	10	5
C	100	10	15	5	1

表 4-17　载货汽车、大客车除霜要求

风窗玻璃的形式	最低除霜率（%）		
	A 区域	*B* 区域	*C* 区域
整块	80	94	99
多块	65	70	84

4.5　眼椭圆应用之二

为了避免阳光眩目，轿车前风窗玻璃上方部分、后风窗玻璃或侧窗玻璃的上方部分有的着以深色或贴上深色薄膜，以求降低该部分的透光率，防止驾驶员及乘员受阳光照射产生眩目，改善后座乘员头、肩光照过分的现象（见图 4-20）。

遮阳带的面积不宜过大，否则会影响视野。遮阳带的位置和面积可按以下步骤来确定。

（1）前风窗玻璃遮阳带的确定。前风窗玻璃遮阳带由 *A*、*B*、*C*、A_1 及 B_1 五点形成其边界点，将它们用曲线圆滑连接便确定了其位置和面积（见图 4-20）。其中：

A 点：侧视图上 95% 眼椭圆上缘水平切面 *A* 与左 *A* 柱前缘的交点。

B 点：切平面 *C* 和切平面 *B* 在前风窗玻璃上的交点。切平面 *C* 切于侧视图眼椭圆上缘且上倾 5°；切平面 *B* 切于俯视图左眼椭圆左缘且左偏 10°。

C 点：切平面 *C* 和汽车纵向中心平面在前风窗玻璃上的交点。

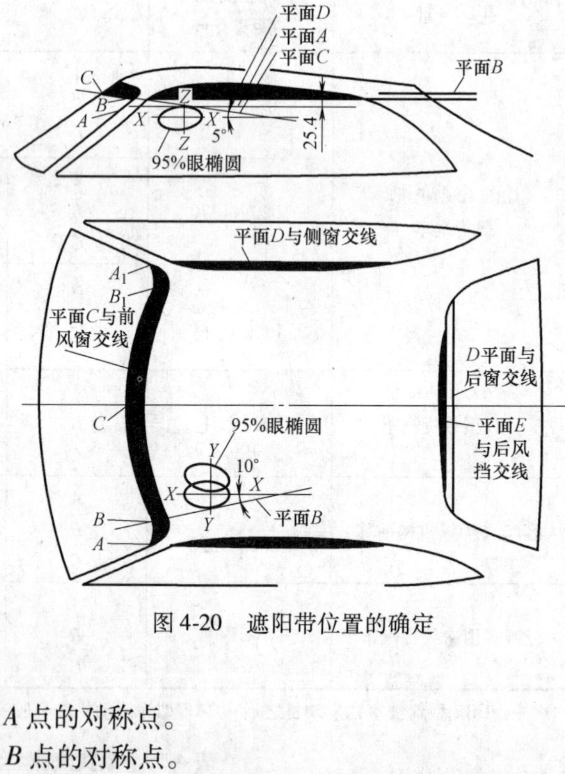

图 4-20　遮阳带位置的确定

A_1 点：以前风窗玻璃中心线为对称线，*A* 点的对称点。

B_1 点：以前风窗玻璃中心线为对称线，*B* 点的对称点。

（2）侧风窗玻璃遮阳带。侧视图眼椭圆上缘水平切面以上 25.4mm 处作一水平面 *D*，平面 *D* 与侧风窗交线以上的带域即为遮阳带的区域。

（3）后风窗玻璃遮阳带。与侧风窗玻璃遮阳带的确定方法相同，即 *D* 平面与后风窗玻璃交线以上的带域为遮阳带；或者根据保证车内后视镜的后视野的要求来确定。

4.6 眼椭圆应用之三

根据 SAE 的规定，对于车内后视镜（见图 4-21）的要求为：

（1）双眼水平后视角最小值为 20°。

（2）垂直方向视角应能看见最后 H 点后方 60m 处的交通情况。

下述作图方法用来校核车内后视镜（平面镜）的镜面尺寸与可调节角是否满足后视镜的要求。

首先，校核车内后视镜的镜面尺寸，如图 4-22 所示，步骤如下：

（1）画出车身侧视图和俯视图上的第 95 百分位眼椭圆。

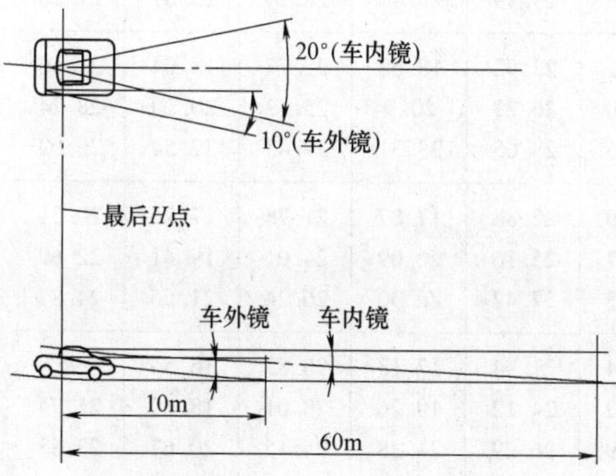

图 4-21　车内后视镜的要求

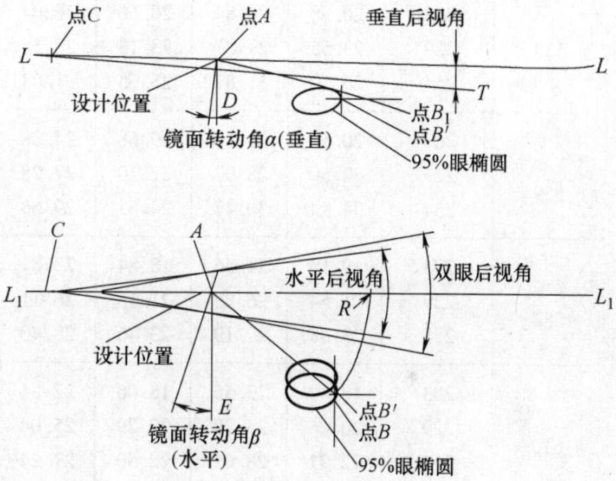

图 4-22　车内后视镜的校核

（2）依据初定的车内后视镜的设计位置、镜面尺寸及安装角度，画出镜面的两阴影。图中点 A 为镜面中心。

（3）在两视图上通过 A 点各画 LL，L_1L_1 水平线并前后延长之。

（4）在俯视图眼椭圆上找出离镜面最远点 B，点 B 在左眼椭圆上的最后点。向上投影找出侧视图眼椭圆上的对应点 B。

（5）为求得眼睛点 B 在镜中的成像点，应求出 AB 的实长 AB'。AB' 的求法为：在俯视图上以 A 为圆心、AB 为半径作弧交 L_1L_1 于 R 点。由 R 点向上作垂线，与侧视图上过 B 点所作的水平线交于 T 点。AT 即为 AB 的实长 AB'，即 $AT = AB'$。同理，亦可在俯视图上求得 AB 的实长 AB'。

（6）在侧视图上量 $AC = AT$，C 点便是 B 点在镜中的成像点。同样，在俯视图上量 $AC = AB'$，则 C 点便是俯视图上的成像点。

（7）在两视图上分别作 $\angle CAT$ 及 $\angle CAB'$ 的角平分线。由于 $AC = AT$，$AC = AB'$，这两条角平分线分别垂直于 CT，CB'。如将 AD，AE 看做镜面，则此眼睛 B 的直前视线便垂直于镜面。故这两条平分线与铅垂线之间的夹角 β、α 分别代表车内后视镜绕其水平轴线及垂直轴线的最小可调节角。

（8）为了确定车内后视镜的水平双眼视角的大小，先确定其单眼视角的大小。方法是

在俯视图上由 C 点向镜面两端点作射线，两射线之间的夹角便是水平方向的单眼视角。

（9）求得单眼水平视角后，根据表 4-18 便可查得双眼水平视角的值，据此判断镜面宽度是否足够。

表 4-18　车内后视镜单眼视角与双眼视角换算表

AB'长度/mm	镜面宽度/mm	镜面选转角/(°)									
		14		18		22		26		30	
		单眼	双眼	单眼	双眼	单眼	双眼	单眼	双眼	单眼	双眼
508	203	22.01	28.14	21.62	27.32	21.12	26.29	20.53	25.06	19.84	23.63
	229	24.70	30.78	24.27	29.94	23.72	28.88	23.68	27.62	22.32	26.15
	254	27.36	33.40	26.90	32.54	26.31	31.46	25.61	30.17	24.79	28.66
533	203	20.98	26.84	20.60	26.04	20.13	25.05	19.56	23.86	18.90	22.49
	229	23.55	29.37	23.13	28.55	22.61	27.52	21.89	26.30	21.26	24.86
	254	26.10	31.87	25.65	31.03	35.08	29.99	24.40	28.74	23.61	27.28
559	203	20.50	25.65	19.68	24.88	19.22	23.92	18.68	22.77	18.04	21.46
	229	22.50	28.07	22.10	27.28	21.60	26.29	20.9	25.12	20.29	28.74
	254	34.94	30.47	24.51	29.66	23.96	28.65	23.31	27.43	22.54	26.02
584	203	19.19	24.56	18.84	23.81	18.39	22.88	17.87	21.78	17.26	20.51
	229	21.54	26.89	21.15	26.11	20.67	25.16	20.09	24.01	19.41	22.69
	254	23.88	29.19	23.46	28.40	22.93	27.42	20.30	26.24	21.56	24.87
610	203	18.40	23.56	18.06	22.84	17.64	21.94	17.13	20.87	16.54	1965
	229	20.66	25.79	20.29	25.04	19.82	24.12	19.26	23.01	18.60	21.74
	254	22.91	28.01	22.50	27.24	21.99	26.29	21.38	25.15	20.67	23.83
635	203	17.67	22.64	17.35	21.93	16.94	21.07	16.45	20.04	15.88	18.85
	229	19.85	24.79	19.49	24.06	19.03	3.16	18.49	22.09	17.86	20.86
	254	22.01	26.92	21.62	26.18	21.12	25.25	20.53	24.14	19.84	22.86
660	203	17.00	21.78	16.68	21.10	16.29	20.26	15.82	19.26	15.27	18.12
	229	19.10	23.85	18.75	23.15	18.31	22.28	17.78	21.24	17.17	20.05
	254	21.18	25.92	20.80	25.19	20.32	24.29	19.75	23.21	19.08	21.97
686	203	16.38	20.99	16.07	20.33	15.69	19.51	15.23	18.55	14.70	17.44
	229	18.40	22.99	18.06	22.30	17.64	21.46	17.13	20.45	16.54	19.30
	254	20.41	24.98	20.04	24.27	19.58	23.40	19.02	22.35	18.37	21.15
711	203	15.80	20.25	15.50	19.61	15.13	18.82	14.69	17.88	14.18	16.81
	229	17.75	22.18	17.42	21.52	17.01	20.70	16.52	19.72	15.95	18.60
	254	19.69	24.11	19.33	23.42	18.88	22.57	18.34	21.55	17.72	20.39
737	203	15.26	19.56	14.97	18.94	14.61	18.17	14.18	17.27	13.69	16.23
	229	17.15	21.43	16.83	20.79	16.43	19.99	15.95	19.04	15.40	17.95
	254	19.03	23.29	18.68	22.62	18.24	21.80	17.71	20.18	17.11	19.68
762	203	14.76	18.92	14.48	18.31	14.13	17.57	13.71	16.69	13.23	15.68
	229	16.58	20.72	16.27	20.10	15.888	19.32	15.42	18.40	14.88	17.35
	254	18.40	22.53	18.06	21.88	17.64	21.07	17.13	20.12	16.54	19.02

单眼水平视角换算成双眼水平视角也可以按照下述计算公式来完成，参阅图4-23。

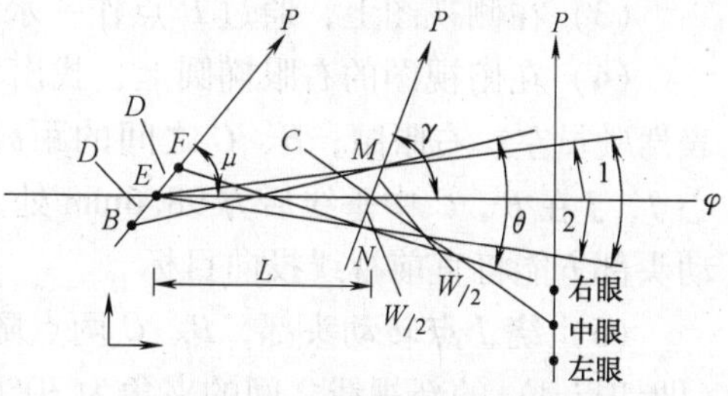

图4-23 单眼视角换算成双眼视角

$$X_E = X_C - L \qquad Y_E = Y_C$$

$$X_M = X_C - \frac{W}{2}\cos\gamma \quad Y_M = Y_C - \frac{W}{2}\sin\gamma$$

$$X_N = X_C - \frac{W}{2}\cos\gamma \quad Y_N = Y_C - \frac{W}{2}\sin\gamma$$

$$\varphi_1 = \arctan\left(\left|\frac{Y_M - Y_C}{X_M - X_C}\right|\right) \quad \varphi_2 = \arctan\left(\left|\frac{Y_C - Y_N}{X_C - Y_C}\right|\right)$$

$$\varphi = \varphi_1 + \varphi_2 \qquad \mu = 2\gamma - \frac{\pi}{2}$$

$$X_B = X_E - D\cos\mu \qquad Y_F = Y_E + D\sin\mu$$

$$X_B = X_E - D\cos\mu \qquad Y_B = Y_E - D\sin\mu$$

$$S = \frac{Y_N - Y_F}{X_N - X_F} \qquad T = \frac{X_M - Y_B}{X_M - X_B}$$

$$\theta = \arctan\left(\left|\frac{S - T}{ST + 1}\right|\right)$$

式中，C为镜面投影中心；γ为镜面与汽车纵向中心线的夹角；F、E、B分别为镜像的右眼，中眼和左眼，M，N为镜面两端点；W为镜面两端点的距离；D为瞳孔距的一半；L为两眼连线中点到镜面的实际距离；φ为单眼视角；θ为双眼视角。

4.7 眼椭圆应用之四

4.7.1 A立柱盲区的求作

风窗玻璃左侧立柱（A立柱）所形成的盲区是左置转向盘式汽车前视野中盲区的主要部分。由于A立柱对视线的阻碍，驾驶员往往要转动眼睛和头部来观察左前方交通。在设计眼睛和头部转动情况下，A立柱盲区可按以下步骤来求作（见图4-24）。

（1）在车身视图上分别画出眼椭圆及A立柱的投影。

（2）在俯视图的左眼椭圆上，找出离A立柱水平距离最短的一点B，B点代表驾驶员的左眼。由B点向立柱剖面作切线（视线AB，其中A点为A立柱的切点，B点为左眼。）将B点投影到车身侧视图上的眼椭圆长轴，眼睛离阻碍物（A立柱）的距离越近，盲区越大。

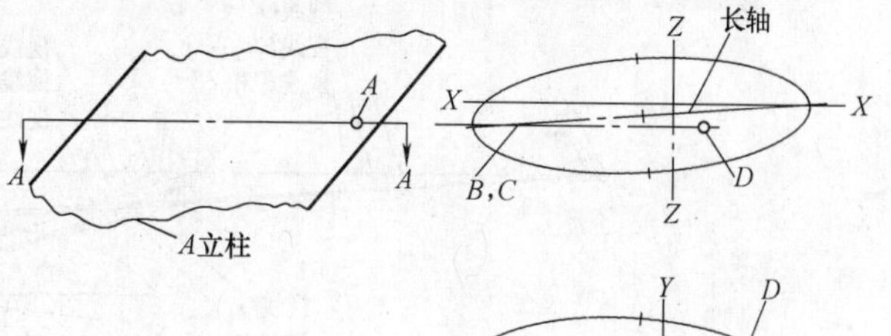

图4-24 A立柱形成盲区的求作

（3）在侧视图上，通过 *B* 点作一水平截面，截 *A* 立柱得断面 *A*—*A*。

（4）在俯视图的右眼椭圆上，找出与左眼椭圆上 *B* 点相对应的点 *C*。*B*、*C* 两点分别代表驾驶员左、右眼睛，*B*、*C* 之间的距离为瞳孔距，一般取 65mm。由此可求出头部转动中心 *J*，*J* 在 *B*、*C* 中垂线后方 98.6mm 处。由于 *A* 立柱位于左、右眼直前视线 30°以外，需转动头部方能将直前视线投向目标。

（5）绕 *J* 点转动头部，*B*、*C* 两点随之转动，直至转动后的头部中心线 *JD* 与对准目标（即切点 *A*）的新视线之间的夹角为 30°时为止。

（6）在俯视图上，从 *C′*点作视线 *C′E*，*E* 点为 *A* 立柱右缘切点。这样，视线 *B′*与视线 *C* 之间的夹角即为 *A* 立柱对左、右眼产生的双眼盲区。这一双眼盲区的角度的大小，可以由视线 *C′*与视线 *C* 之间的夹角来度量。因为视线 *C′*是 *B′*的平行线。

4.7.2 通过车内后视镜观察时的间接视区的求作

借助后视镜方能见到的视区为间接视区。由车内后视镜观察时，其间接视区的求作可简述如下（见图 4-25）。

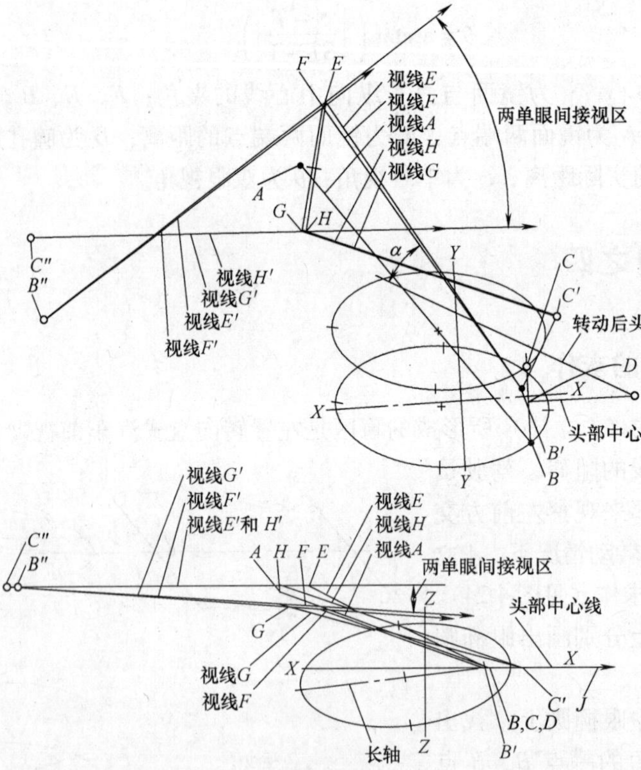

图 4-25　从车内后视镜观察的间接视区求作

（1）在车身侧视图和俯视图上分别画出眼椭圆、后视镜及其支点的投影。

（2）在俯视图上，以后视镜支点 *A* 向左眼椭圆上的最远点 *B* 作视线 *A*，将 *B* 点投影到正视图上。如果后视镜支点 *A* 的位置为未知，可用后视镜镜面中心点代替 *A* 点。由于 *B* 点是眼椭圆上的最远点，所以从 *B* 点求得的视区与其他点相比为最小。

（3）在俯视图上，在右眼椭圆上找出与左眼椭圆上的 B 点相对应的点 C，则 B 点和 C 点分别代表驾驶员的左、右眼。

（4）在俯视图上，找出头部转动中心 J，即在 BC 直线的中点 D 正后方 98.6mm 处。将 C、D 两点投影到车身侧视图上过 B 点的水平面上。

（5）在俯视图上，绕 J 点转动头部，直至从 BF 点向后视镜面右上角 E 点所连的视线 E（直线 $B'E$）与转动后的头部中心线之间的夹角 α 等于30°时为止（眼睛水平勉强转动角为30°），然后将视线 E 和点 E 投影到正视图上。

（6）在俯视图上，通过 E 点向眼睛在后视镜镜面中的成像点 B'' 作视线 E'，再将视线 E' 和点 B'' 投影到侧视图上。眼睛成像点 B'' 在视线 E' 上的长度 $B''E$ 等于视线 E 的实长。视线 E 与镜面前表面之间的夹角等于视线 E' 与镜面表面之间的夹角。则 B'' 点的位置可确定。

（7）按上述同样方法，由 B' 点向镜面右下角的 F 点作视线 F 及 F'。此时，眼睛在镜面中的成像点的作法同上，且也应落在 B'' 点之上。然后，再将视线 F 和 F' 投影到侧视图上。

（8）按照求视线 E 和 E' 相同的方法，从眼睛位置点 C' 向镜面左边缘上、下两点 H 和 C 作视线 H、视线 H'、视线 C 和视线 C'。求作时，右眼在镜面中的成像点 C'' 作法同上。再将视线 G、视线 C'、视线 H 及视线 H' 和 C' 及点投影到侧视图上。

至此，便求得了由左、右眼分别观察时的两单眼间接视区。它们分别代表了驾驶员通过车内后视镜观察到的垂直和水平视区。

4.7.3 B 立柱和 C 立柱的间接盲区求作

求作方法如下（见图4-26）。

图4-25 中已经求出了驾驶员左、右眼在车内后视镜中的成像点 B'' 和 C''，现在要在上述作图基础上，求作以成像点为虚视点来观察时，B、C 立柱形成的盲区。

（1）在车身侧视图和俯视图上分别画出车身 B 立柱和 C 立柱、车内后视镜以及眼睛成像点 B''、C'' 的投影。

（2）在图4-26 的第二幅图上，从 B''、C'' 两成像点经过车内后视镜右上角的 E 点分别作视线 E' 和视线 A。它们分别表示两眼的边界视线。物体位于边界视线内侧为可见，位于外侧为不可见。所以，B 立柱和 C 立柱是否能被两眼同时看见或仅被其中一只眼睛看见，取决于它们相对于上述两边界视线的位置。可有以下几种情形：

1）若立柱（如 B 立柱）位于视线 A、E' 之间，即在 A 视线之外、E' 视线之内，如图4-26 中第二幅图所示，那么 B

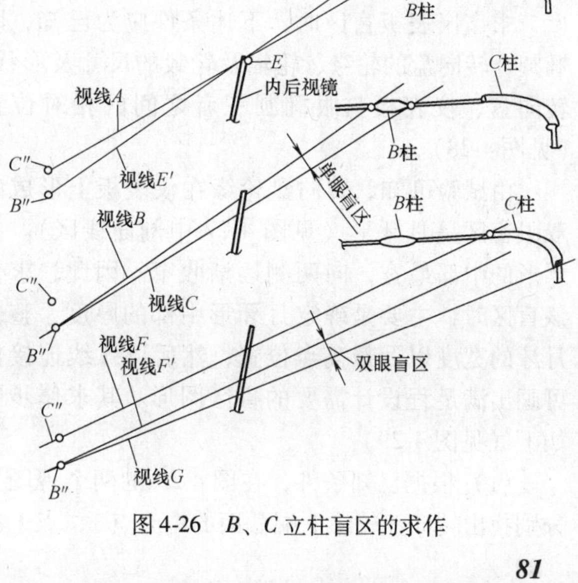

图4-26 B、C 立柱盲区的求作

立柱只能被左眼 B''看见，而右眼 C''则看不见。因此，此时 B 立柱后方形成的是左眼单眼盲区，盲区角的大小等于由 B''点向立柱两端缘所作的两视线之间的夹角 α_1。

2）若立柱（如 B 立柱）位于视线 E'之内，但被视线 A 穿过，如图 4-26 中第三幅图。则左眼可看见 B 立柱的全部，而右眼只看见其局部。此时则按 B 立柱后方形成的左眼单眼盲区来处理。盲区角等于从 B''点向 B 立柱两端缘所作的两视线之间的夹角 α_2。

3）若立柱（如 C 立柱）位于两边界视线 A 和 E'之间，如图 4-26 中第四幅，（E'视线在图上未画出）。则左、右眼都能看到，此时在 C 立柱后部形成的是双眼盲区。盲区角的大小等于由 B''点所作与 F'视线的平行线与视线 G 之间的夹角 α_3。

4.8 眼椭圆应用之五

汽车行驶过程中，驾驶员需要经常观察仪表板上的各种仪表及显示装置。从而获得汽车和发动机工作状况的信息。在观察时，驾驶员的视线要受到转向盘的阻挡，转向盘的轮缘、轮辐和轮毂都会在仪表板上形成相应的盲区，如图 4-27 所示。这些盲区影响了驾驶员对仪表或显示装置的读识，降低了人机之间信息传递的效率，对安全行驶是不利的。因此，仪表板盲区问题是汽车车身设计中不可忽视的问题。

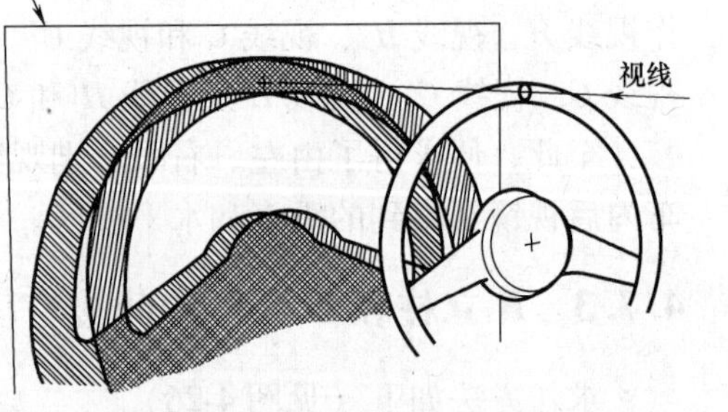

图 4-27　仪表板盲区的形成

确定由转向盘形成的在仪表板上的盲区，可以采用实验法或者作图法，以下介绍作图法。

4.8.1 由转向盘轮缘形成的盲区的求作法

仪表板的工作平面是一个假想的平面。根据各车的统计数据，它位于仪表板表盘平面之前约 17mm 处，且与表盘平面平行。

求作仪表板盲区时，下述条件应为已知，眼椭圆，转向盘的轮缘、轮辐及轮毂的尺寸及形状，转向盘、仪表板与眼椭圆三者之间的相对位置（见图 4-28）。

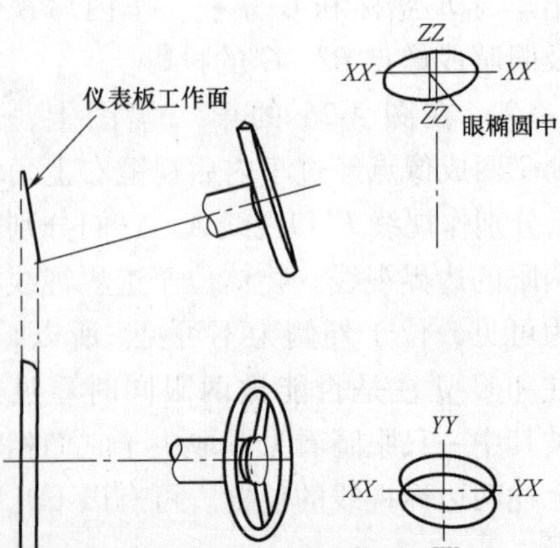

图 4-28　求作仪表板盲区的已知条件

由试验可知，转向盘轮缘在仪表板上形成的双眼盲区呈月牙形（见图 4-27 中剖面线区）。月牙形的中部最宽，向两侧逐渐收窄。因此，求作该盲区时，主要是确定月牙形中部的厚度、整个月牙的宽度以及最高点位置，然后以弧线连接便可画出满足程设计需要的盲区图形。其求作步骤如下（见图 4-29）：

（1）根据已知条件，在图 4-29 的两个视图上分别找出转向盘轮缘上端截面的中心点 1，点 1 在相当于时针指在 12 点的位置上。

（2）在主视图上，由左、右眼椭圆几何中心（并非眼椭圆自身坐标原点）向点 1 作视线 A 并延长之，使其与仪表工作平面相交于点 2；再将点 2 投影到俯视图上，得到相应的点 2。

（3）在俯视图上，作一条仪表板的工作线，这条工作线是通过点 2 平行于正投影面的直线。

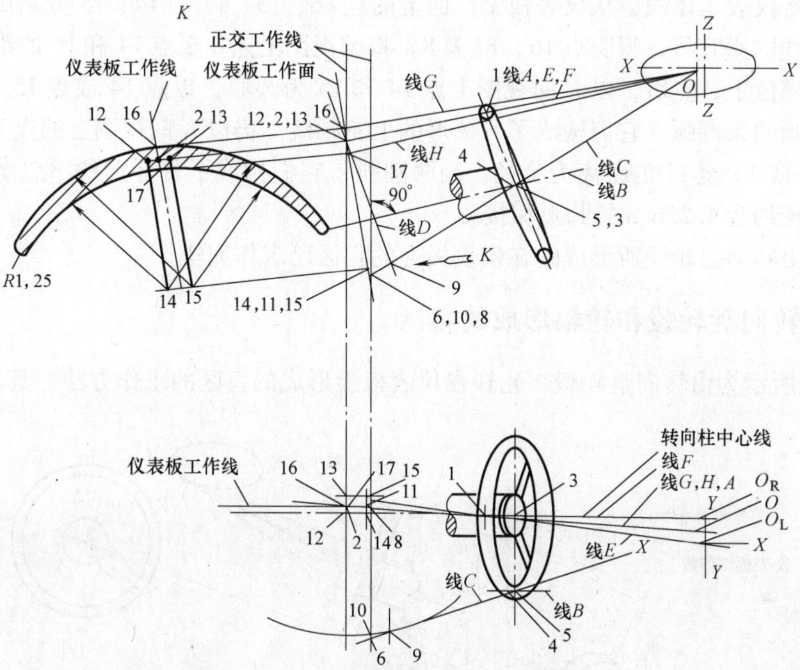

图 4-29　由转向盘轮缘形成的盲区求作

（4）在侧视图和俯视图上，分别找出转向盘轮缘上表面的中心点 3，在两视图上找出点 4。其中，点 4 是转向盘轮缘左侧截面的中心点，它相当于时针在 9 点钟的位置上，通过点 4 在俯视图上作平行于正投影面的直线 B。

（5）在俯视图上，由点 3 作与正投影面相垂直的正交工作线，该线与线 B 的交点为点 5，将点 5 投影到主视图，点 5 与点 3 重合。

（6）在主视图上，从眼椭圆中心 O 向点 5 作直线 C，直线 C 与仪表板工作面的投影相交于点 6，且在俯视图上找出相应的点 6，通过点 6 作一正交工作线，使其与仪表板工作线交于点 8。

（7）在主视图上，从点 2 向直线 B 作垂直平面。该平面在主视图上表现为直线 D，直线 D 与直线 C 交于点 9。将点 9 投影到俯视图上。

（8）在俯视图上，以点 2 为圆心，点 2 至点 9 之间的距离为半径作一圆弧与正交工作线的交点为点 10。将俯视图上的点 8 至点 10 的距离移到主视图上，使得主视图上点 2 至点 11 的距离与它相等，然后，将点 11 投影到俯视图的仪表板工作线上。

（9）在俯视图上，从左眼椭圆中心 O_L 和右眼椭圆中心 O_R 分别向点 1 作射线 E 和 F，它们与正交线分别交于点 13 和 12；然后，从这两个点分别作平行线，与通过点 11 的垂线相交于点 15 和 14。

（10）在主视图上，从眼椭圆几何中心 O 向转向盘上端截面和上、下两点作直线 G 和 H

并延长，使它们与仪表板工作面分别交于点16和17。

至此，已求得了月牙形盲区中部的厚度和最高点的位置，并确定了月牙形的方位。下一步可利用投影变换的方法，将仪表工作面逆时针方向旋转90°，以便求取月牙形盲区的实际形状。在求作月牙形盲区的实际图形时，可在主视图的K向视图上画出与仪表板工作面相平行的另一条仪表工作线，从仪表板工作面上的点16、13、17和14、15分别作刚刚画出的仪表板工作线的垂直线，得交点16、17及8。将俯视图上点8至点14和15的距离移到K向视图的对应部位上，然后，以K向视图上点14和15为圆心，以点14或点15至点16的距离为半径，画两条圆弧，它们构成了月牙形的上轮廓线。仍以K向视图上的点14和15为圆心，以点14或15至17的距离为半径，画两圆弧，它们构成了月牙形的下轮廓线。月牙形两端可用半径约为1.25mm的圆弧相接。

至此，由转向盘轮缘所形成的在仪表板上的盲区已求作完毕。

4.8.2 由转向盘轮毂和轮辐形成的盲区

图4-30所示为由转向盘轮毂、轮辐在仪表板上形成的盲区的求作方法，其步骤为：

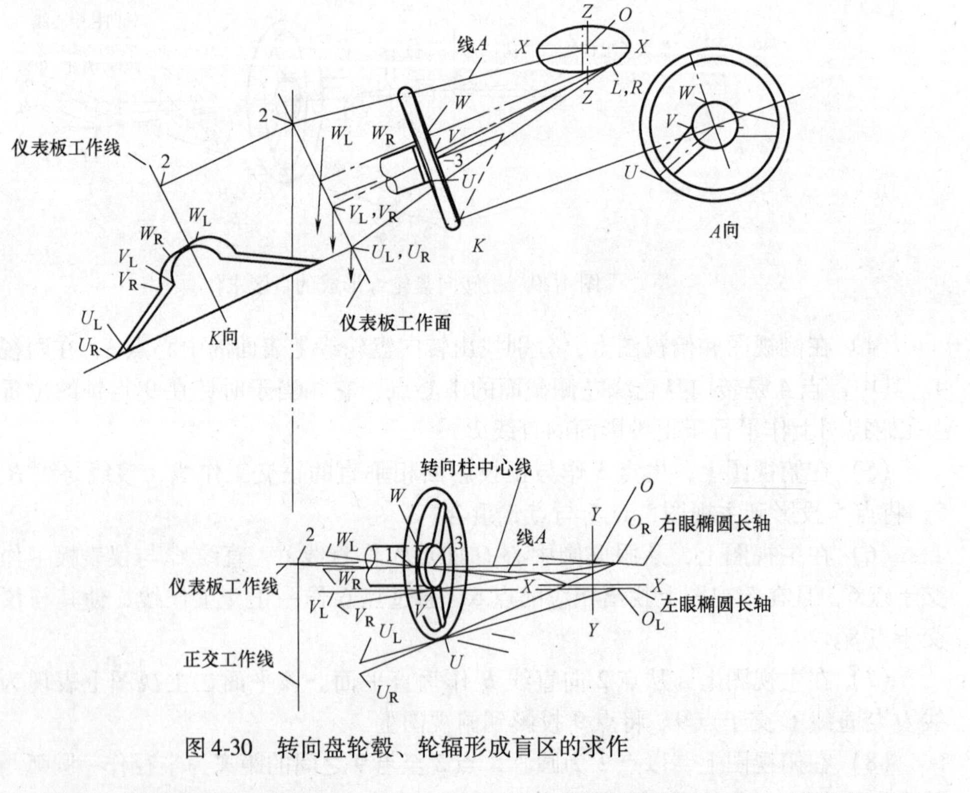

图4-30 转向盘轮毂、轮辐形成盲区的求作

（1）在主视图上，通过转向盘轮毂上的中心点3向左眼椭圆的底缘作一条切线，切点为L，将点L投影到俯视图上，使点L在俯视图上落在左眼椭圆的长轴上，得左眼视点O_L。

（2）同样，在主视图上通过点3向右眼椭圆的底缘作另一条切线，切点为R（与L重合），将点R投影到俯视图上右眼椭圆的长轴上，得视点O_R。

（3）在主视图上和俯视图的转向盘轮毂、轮辐、轮缘和周边上选取若干个点，如点W、V、U等（点数尽可能多些），从点L向点W、V、U分别作直线，这些直线在主视图上与仪表板工作面相交于点 W_L、V_L、U_L；再将点 W_L、V_L、U_L投影到俯视图上，求出它们在俯视图上的对应点。

(4) 同样，从点 R 向各选取点 W、V、U 分别作直线，这些直线在主视图上与仪表板工作线相交于 W_R、V_R、U_R。再将 W_R、V_R、U_R投影到俯视图上，求得它们在俯视图上的对应点。

(5) 在 K 向视图上画出仪表板工作线，它与仪表板工作面相平行。然后，将仪表板工作面上的诸点 W_L、V_L、U_L及 W_R、V_R、U_R分别向刚刚画出的仪表板工作线作垂直线。

(6) 在俯视图上，将 W_L、V_L、U_L和 W_R、V_R、U_R诸点至该视图上仪表板工作线的距离量出，并移到 K 向视图的相应部位上，得到对应的诸点；然后将它们分别连接成两条曲线，再绘出对称部分，这样便求得了用左、右单眼观察时的单眼盲区。两单眼盲区的重叠部分便是双眼盲区，即图中画有阴影线的部分。

至此，完成了由转向盘、轮毂、轮辐在仪表板上形成的盲区的求作。在车身设计过程中，可根据求得的盲区的大小和位置来合理调整仪表和显示装置的布置位置，以便驾驶员在行车中不必经常移动身躯或转动头部，就能读识仪表和显示装置。

4.9 汽车动态视觉及其设计应用

由图4-31可见，当驾驶员眼睛高度不变时，若风窗玻璃下沿由 a 降至 b，则前盲区将从 s_1 减至 s_2。因此，平头汽车前风窗玻璃下沿高度的降低对缩小车前盲区、改善汽车静态视野是有利的。但是，若过分降低，会导致驾驶员动态视觉的恶化。下面将对这一问题作具体分析。

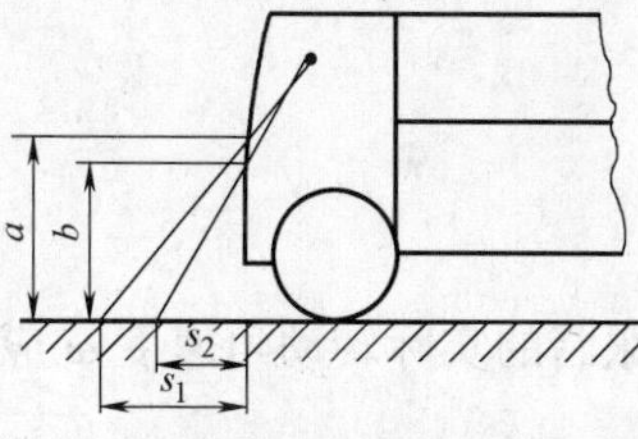

图4-31 风窗玻璃下沿高度与车前盲区

4.9.1 观察点的光流分布

美国视觉研究者吉布森（Gibson）认为观察者无论在哪一点观察周围空间时，周围每一点的环境光都具有特定的光流分布。而当观察者运动时，其周围各点的光流也将不断发生变化。在汽车行驶时，驾驶员两侧的光流以不同的速度相对于驾员的观察点（视点）向后移动。移动的快慢取决于观察点与目标的相对位置及汽车的行驶速度等（见图4-32）。这一光流分布的视觉理论，为研究高速行驶车辆的动态视觉提供了新的手段。

图4-32 汽车驾驶员的光流分布

4.9.2 驾驶员眼睛转动角速度

车辆行驶时，周围目标相对于驾驶员眼睛的位置在不断变化。驾驶员欲保持对目标的注视，就必须转动自己的眼睛。

以驾驶员的眼睛的瞳孔距中心点为原点建立 XYZ 坐标系（见图4-33）。设 G 为路面上的

某目标，其坐标为（x，y，z）。ρ 为坐标原点（视点）至目标的距离。由图 4-33 可知

$$\theta = \arctan(y/x) \tag{4-27}$$

$$\varphi = \arcsin(z/x) \tag{4-28}$$

式中，θ 为眼睛在水平方向上的转角（rad）；φ 为眼睛在垂直方向上的转角（rad）。

$$\rho = \sqrt{x^2 + y^2 + z^2} \tag{4-29}$$

随着目标在坐标系中位置的变化，眼睛转动速度公式为

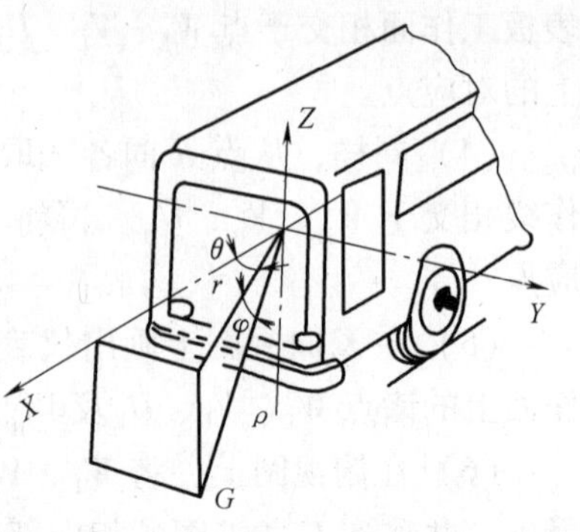

图 4-33　导出眼睛转动角速度的坐标系

$$\frac{\mathrm{d}\theta}{\mathrm{d}t} = \frac{1}{r^2}\sqrt{-y\frac{\mathrm{d}x}{\mathrm{d}t} + x\frac{\mathrm{d}y}{\mathrm{d}t}} \tag{4-30}$$

$$\frac{\mathrm{d}\varphi}{\mathrm{d}t} = \frac{1}{r}\sqrt{-\frac{z^x}{\rho^2}\frac{\mathrm{d}x}{\mathrm{d}t} - \frac{z^y}{\rho^2}\frac{\mathrm{d}y}{\mathrm{d}t} + \frac{r^2}{\rho^2}\frac{\mathrm{d}z}{\mathrm{d}t}} \tag{4-31}$$

式中，$r = \sqrt{x^2 + y^2}$。

为了讨论的方便，设在车辆行驶过程中驾驶员的眼睛离地面的高度 z 为常数，且仅考察直线行驶的情况（$\mathrm{d}z/\mathrm{d}t = 0$，$\mathrm{d}y/\mathrm{d}t = 0$）。于是，式（4-28）、式（4-29）可简化为

$$\frac{\mathrm{d}\theta}{\mathrm{d}t} = -\frac{y}{r^2}\frac{\mathrm{d}x}{\mathrm{d}t} \tag{4-32}$$

$$\frac{\mathrm{d}\varphi}{\mathrm{d}t} = -\frac{zx}{\rho^2 r}\frac{\mathrm{d}x}{\mathrm{d}t} \tag{4-33}$$

眼睛的实际转动角速度 ω 应为上述两种转动角速度之代数和，即

$$\omega = \sqrt{\left(\frac{\mathrm{d}\theta}{\mathrm{d}t}\right)^2 + \left(\frac{\mathrm{d}\varphi}{\mathrm{d}t}\right)^2} = \frac{v}{3.6}\sqrt{\left(-\frac{y}{r^2}\right)^2 + \left(-\frac{zx}{\rho^2 r}\right)^2} \tag{4-34}$$

式中，v 为车速（km/h），$v = \mathrm{d}x/\mathrm{d}t$。

4.9.3　等角速曲线

若已知车速 v 及驾驶员眼睛离地高度 z，根据式（4-34）可绘制出等速行驶时驾驶员眼睛转动的等角速度曲线。图 4-34 所示为某大客车车速为 100km/h 时驾驶员眼睛转动的等角速度曲线（$z = 2.143$m 时）。

由式（4-34）可知，眼睛转动角速度 ω 与车速 v 成正比。因此任意车速时的等角速度 ω_x 可利用下式求得

$$\omega_x = \omega_{100}\frac{v}{100} \tag{4-35}$$

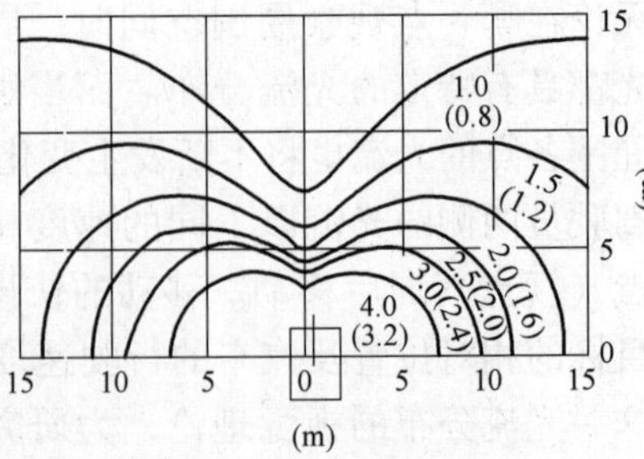

图 4-34　等角速度曲线

式中，v 为任意车速值（km/h）；ω_x 为任意车速 v 对应的眼睛转动角速度（rad/s）；ω_{100} 为 $v = 100$km/h 时的眼睛转动角速度（rad/s）。

例如 $v = 80$km/h 时的眼睛转动角速度曲线，仅需将式（4-34）算得的值，代替 $v = 100$km/h 时曲线上注明的各个角速度的对应值即可（图中括号的数值）。

4.9.4　角速度阈

眼睛转动角速度对汽车驾驶员行车时的心理反应有直接关系。具体表现在一些心理学指标上，即皮肤电阻值、临界闪光频率以及呼吸率等。根据日本三菱汽车公司及国家警察科学所的合作研究成果，认为 ω 值在 2rad/s 以下为舒适区，2～4rad/s 时为不舒适区，超过 4rad/s 为非常不舒适区，此时上述心理反应指数恶化，驾驶员紧张或有惧怕感。

4.9.5　风窗玻璃下沿高度

在一般情况下，降低风窗玻璃下沿高度的目的是为了便于发觉车前突然穿越的行人或自行车等。但是下沿高度过于降低时，会导致驾驶员眼睛转动角速度的增大。现以身高 1m 的儿童为对象，并假设车辆仅沿 X 轴直线行驶即 $y=0$，则式（4-34）可简化为

$$\omega=\frac{v}{3.6}\frac{z}{x^2+z^2}=z^2 \tag{4-36}$$

设眼睛离地高度 $z=2.143$m，车速 $v=40$km/h、60km/h 与 100km/h，则可绘制出图 4-35 中的曲线。图 4-35 中纵坐标为眼睛转动角速度，横坐标为正前方的视距。由图可知，当 $v=40$km/h 时，驾驶员觉察儿童时的视距为 3.05m（指通过儿童头顶的驾驶员视线与路面的交点的横坐标），此时对应的眼睛角速度值 $\omega<2$rad/s，即位于舒适区内。如果将风窗玻璃下沿降低到驾驶员能看到儿童的整个头部的位置，视距便由 3.05m 减少至 2.45m（指通过儿童肩部的驾驶员视线与路面交点的横坐标值），此时车前盲区虽然缩小，可是对应的眼睛角速度 ω 便从小于 2rad/s 的舒适区进入大于 2rad/s 的非舒适区。如果再进一步降低风窗玻璃下沿，驾驶员眼睛转动角速度值就可能会扩展到非常不舒适区。因此，平头汽车前风窗玻璃下沿的设计高度要兼顾到驾驶员静态和动态视觉两个方面的要求。过低的下沿会导致驾驶员前方路面光流快速流逝及眼睛角速度增大等令驾驶员不舒适的后果。这也是国外特大面积前风窗玻璃结构在后置发动机旅游客车上未获推广的原因之一。

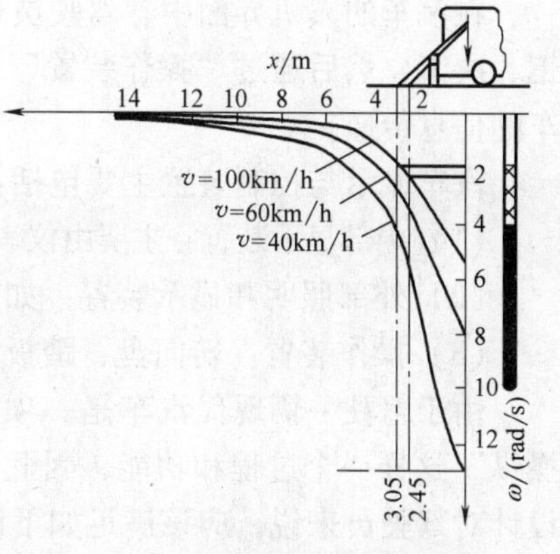

图 4-35　下沿高度的变化引起眼睛转动角速度的变化

第5章　汽车显示与操作装置设计

5.1　汽车人机界面概述

汽车人机系统是一个相互作用和相互依赖的、由“驾驶员”和“汽车”结合而成、具有特定的乘客或载物功能的运动体，如图1-4所示，它是一个典型的三要素模型。驾驶员和汽车通过两者之间的“信息显示—信息读取”、“操作或控制输入—运动执行”的过程，实现信息交流和控制活动，实现驾驶员和车之间的交互过程。在该三要素模型中，人和车之间存在一个相互作用的“面”，称为汽车人机界面。

在汽车的人机界面中，驾驶员通过“显示装置”接受来自汽车的信息，经过大脑的加工、决策，然后通过“操作装置”向汽车发出指令，改变车的运动状态，实现从驾驶员到车的信息传递。

汽车显示与控制装置主要包括：

（1）内部显示装置：主要由仪表台上的各种显示仪表如水温、车门开关状态显示等所组成。

（2）外部照明和显示装置：如前照灯等照明灯、后部的制动灯等信号灯。

（3）操作装置：转向盘、踏板和操作杆件与开关、钮件等。

由于驾驶一辆现代汽车是一项复杂的任务，需要完成“信息采集—分析加工—执行与操纵”这样一个过程和功能，因此，从行车主动安全的角度出发，汽车显示与操作装置的设计对驾驶员来说，应该满足如下设计原则：

1. 显示装置的一般设计原则

（1）最少显示界面布局原则，以减少驾驶员信息传递和分析时间，同时避免产生仪表间的视觉混乱。

（2）最精确的显示原则，以减少误读，提高驾驶员反应能力和降低视觉疲劳。

（3）最自然的显示格式，以便驾驶员用自然、习惯性的理解和辨识方式去分析和处理信息，减少误读率。

（4）最有效的布置技术，以便驾驶员有一个好的识读环境（照明）和识读位置等。

（5）优化显示特性，创造出看得见、显而易见、看得清楚和好理解等特征。

2. 操作装置的一般设计原则

（1）操作装置是驾驶员肢体的扩展，因此，其操作应该和手臂、手腕、腿、脚踝、脚的自然运动相协调，达到省力、高效率的效果。

（2）操作系统应该提供信息反馈，以使驾驶人员能确定他是否在操作过程中。

（3）在操作过程中，操作装置及系统应该有适度阻尼存在，以降低虚动作和误操作的可能。但太大又会带来实际操作负荷太大，造成疲劳。

（4）位置设计要在驾驶员的手、脚伸及范围内，并尽可能方便和舒适。

（5）外形特征要和驾驶员手、手指、脚等肢体尺寸协调，以操作可靠和舒适。

（6）钮件表面粗糙度选择要和操作任务一致，如锯齿状表面和较大的粗糙度可以增加手感，提高操作力。

（7）要避免采用双手操作装置。

5.2　汽车显示装置设计

5.2.1　显示符号的图形设计

显示符号图形设计的任务是实现图形与所表示的内容在形象上和含义上的一致性。这种一致性是由高度概括与抽象处理所形成的。由于人在感知图形信息时，符号与辨认客体这两个任务要融合为一，所以可以提高信息传递速度。

图形指示具有形、意等多种刺激因素，因而它包含相当大的信息量，可以提高信息接收的可靠度，保证信息接收中的较高的抗干扰性。当然形象性的图形指示有其局限性，它难以准确表达量值，这时应辅以数字符号加以补充。符号图形标志的辨认速度与准确性，主要与符号特征的数量有关。并非符号形状越简单越易辨认，也不是越复杂越能识别。因此，要避免将符号与图形变成图案。关键是要表达出显示装置的功能特征。

由于汽车产品销售和使用的国际化特征，在图形设计上，往往还要考虑不同文化的差异和共同之处，要考虑跨国行驶安全操作。因此，在汽车显示装置的符号设计上，要采用相对统一的标准。

美国 Jack，Heard 和 Pew 等人通过大量的符号研究和驾驶员试验、评价，获得了很多研究成果。他们的研究成果，构成了美国标准 SAE J1048—《汽车控制、显示和指示装置的符号》（Symbols for motor vehicle controls，indicators and tell-tales）和联邦安全标准 101—《车辆操作装置的位置、辨认和照明》（Control location，identification and illumination-passenger cars，multipurpose passenger vehicles，trucks and buses，motor vehicle safty standard no. 101）的基础，并发展成为 ISO 标准 2575《道路车辆控制装置、指示器和信号装置的符号》（Road vehicle-symbols for controls，indicators and tell-tales）。图 5-1 中列出

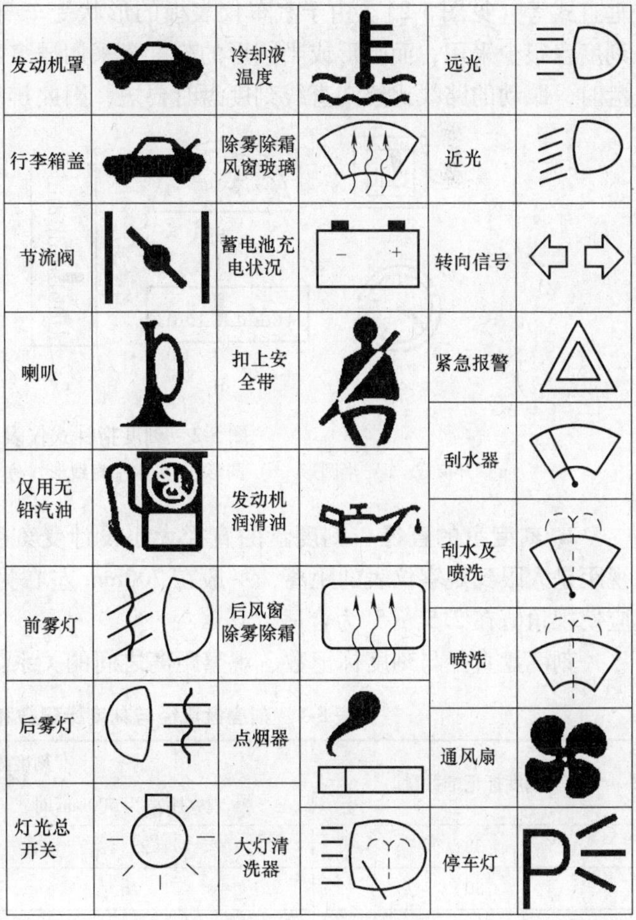

图 5-1　图形标志

了国际通用的汽车操作件、指示器及信号装置的图形标志。

5.2.2 显示仪表设计

汽车视觉显示装置分为数字显示和模拟显示两大类。数字显示装置是用数码直接显示有关参数的装置；模拟显示装置是利用刻度和指针来指示有关参量或状态的装置。目前，这两种显示装置均在汽车仪表上使用。

数字显示的优点在于认读简单、速度快、准确性好。但不能给人以生动的形象。这在产品造型竞争中是个严重的缺点。模拟显示能让观察者对观察参量的变化有动态的感觉和生动的形象，且显示量在全量程范围内所处的位置能一目了然。但认读准确度比数字显示低。

近代电子技术在汽车显示装置上的采用，使信息显示日趋完美。液晶显示 LCD、发光二极管 LED、阴极射线管 CRT 等电子显示器不仅可以显示数字量和模拟量，还可以显示工作过程参数的变化曲线或图形，更适合人的视觉特点。

5.2.2.1 指针式仪表设计

目前，指针式仪表在汽车仪表中仍居多数。在此，对指针式仪表设计中的要点作扼要说明。这些要点主要包括表盘形状、直径、刻度线及间隔等。

1. 刻度盘的形状 仪表的刻度盘的形状众多，一般有圆形、半圆形、扇形、水平式、垂直式等（见图 5-2）。由于汽车仪表板的形状受车身结构的限制，水平式和垂直式的仪表刻度盘很少采用，而圆形或半圆形的刻度盘采用居多数。因为人眼在感知圆形或半圆形刻度盘时，眼动的路线比感知直线刻度盘时要短，因此辨认速度较快。

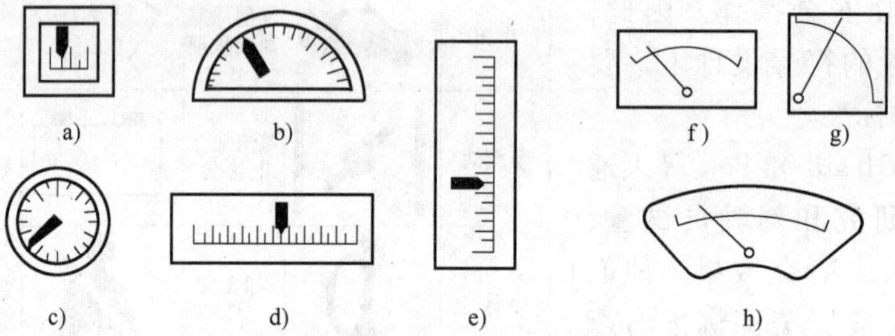

图 5-2 刻度指针式仪表的形式

a）开窗式 b）半圆形 c）圆形 d）水平直线形 e）铅垂直线形 f）、g）、h）非整圆形

2. 刻度盘的直径 刻度盘的直径大小设计受刻度标记数量、视距以及光照条件影响。视距是人眼到观察仪表的距离，一般在 700mm 左右为最佳。另外，刻度盘直径的计算结果应使视角值在 2.5°~5°为合适。

刻度盘直径与刻度标记数、观察距离之间的关系如表 5-1 所示。

表 5-1 刻度盘直径与刻度标记数和观察距离的关系

刻度标记的数量	刻度盘的最小允许直径/mm	
	观察距离为 500mm 时	观察距离为 900mm 时
38	25.4	25.4
50	26	33
70	26	46

（续）

刻度标记的数量	刻度盘的最小允许直径/mm	
	观察距离为 500mm 时	观察距离为 900mm 时
100	37	65
150	55	98
200	73	130
300	110	196

从视觉的角度看，仪表盘的外廓尺寸实际上是仪表盘外边缘构件形成的边界线尺寸。边界线的宽窄、颜色的深浅都影响仪表的视觉效果，也是仪表造型设计中应适当处理的因素。若边界线太宽、颜色太深或太鲜艳，会过度吸引驾驶员视线，从而影响对仪表的识读。反之，又会造成对视线吸引力的减弱。因此，需要处理和协调好它们的关系。

3. 刻度及刻度线设计 刻度盘上刻度线间的距离称为刻度，又称刻度线间隔。刻度线之间的间隔可根据人眼最小分辨能力来确定，其最小值不应低于 0.6 ~ 1mm，一般宜在 1 ~ 2.5mm 内选取。

刻度线之间的间隔还受到材料的限制，钢、铝材料的最小刻度为 1mm，黄铜、铸白铜的最小刻度为 0.5mm。

刻度线代表一定的测量值。一般用长、中、短三种，三种刻度线的最小尺寸如图 5-3 所示。刻度线的宽度一般可在刻度间距的 1/3 ~ 1/8 的范围内选取。

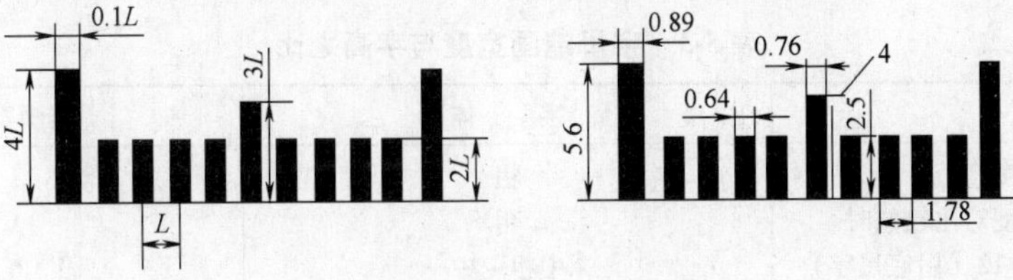

图 5-3 刻度线最小尺度

在足够的照明条件下，当观察距离（人眼至刻度线的距离）一定时，刻度线的长度可参考表 5-2 选取。

表 5-2 刻度线长度与观察距离的关系

视距/m	刻度线长度/mm		
	长刻度线	中刻度线	短刻度线
0.5 以内	5.5	4.1	2.3
0.5 ~ 0.9	10.0	7.1	4.3
0.9 ~ 1.8	20.0	14.0	8.6
1.8 ~ 3.6	40.0	28.0	17.0
3.6 ~ 6.0	67.0	48.0	29.0

4. 指针设计 指针指示仪表所要显示的信息。设计应要求：

（1）指针的形状要有指向性特征，力求简洁、明快，一般以针尖尖、尾部平、中间等宽或狭长三角形为好。

（2）指针的长度和宽度设计，重要的是针尖的宽度。一般应与刻度标记的宽度相对应，可与短宽度线等宽，不得小于该宽度，否则不易辨认。指针长度应以与刻度线间留有 1 ~ 2mm 的间隙为好，不能覆盖刻度标记。

（3）指针表面应与刻度盘面处于相互靠近的平行面内，以避免因观察视线不垂直于表面而产生较大视差。

5. 数字形状及笔画　实验表明，图 5-4 所示的五种数字在辨认准确性研究方面有如下结论：

（1）在散射照明条件下（透过雾层）数字经过银幕呈现给被试者，图中第三行的辨认准确性最高。

（2）在快速分辨或暗光条件下、或能见度较低时，带有尖角较多的字母易分辨，即图中的第四行。

（3）在光线良好、视角条件较好的条件下，图中第五行混合型较优。

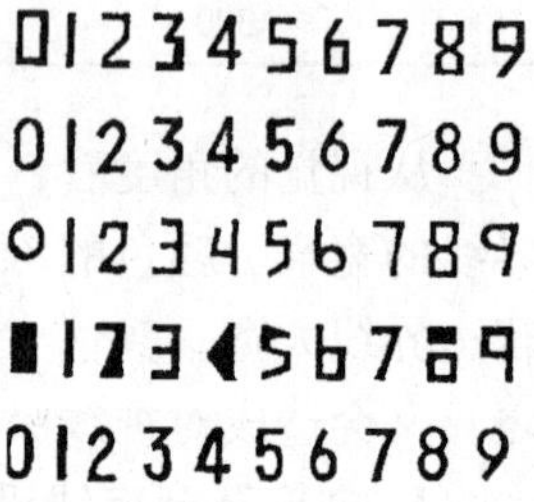

图 5-4　几种不同数字形状

汽车仪表盘上的数字形状，考虑到辨认的习惯性，常采用接近于第五行的形状。

数字笔画的粗细因照明和对比而变化。用逆对比的黑底白字，在散射照明下，笔画粗细与数字高度的最优比例是 1∶8。在微光条件下观察时，白色数字具有优越性。因认读黑底上的白色数字比认读白底上黑色数字不易疲劳、错误亦少。

表 5-3 列出了不同情况下字母笔画宽度与字高之比的建议。

表 5-3　字母笔画宽度与字高之比

条　件	字　体	笔画宽∶字高
低照度	粗	1∶5
字母与背景的明度对比较低时	粗	1∶5
明度对比值大于 1∶12（白底黑字）	中粗 ~ 中	1∶6 ~ 1∶8
明度对比值大于 1∶12（黑底白字）	中 ~ 细	1∶8 ~ 1∶10
黑色字母于发光背景上	粗	1∶5
发光字母于黑色背景上	中 ~ 细	1∶8 ~ 1∶10
字母具有较高明度	极细	1∶12 ~ 1∶20
视距较大字母较小	粗 ~ 中粗	1∶5 ~ 1∶6

5.2.2.2　液晶显示与电子显示

液晶显示（LCD）在汽车仪表上已经广泛采用。图 5-5 所示为采用液晶图形显示的发动机转速表（TACHO）、车速表（SPEED）、燃油表及水温表的组合式仪表。发动机转速表和车速表的表盘上除有数字和刻度表示量值外，外圈尚有图形显示条。发动机转速或车速变化时，图形显示条随同变动，图形显示与指针同步变化。其工作原理简述如下：发动机点火脉冲信号和车速脉冲信号输入至中央处理单元，经加工处理后的脉冲信号分别输出给液晶显示驱动器、转速表步进电动机控制器及发动机步进电动机控制器。在液晶显示驱动器的驱动电压作用下，液晶图形显示条显示转速与车速。180°的半圆上共有 60 条图形条，每条占 3°，正好与转速表或车速表驱动器输给指针的步进分辨角度 3°相同，实现图形显示与指针读数的同步。

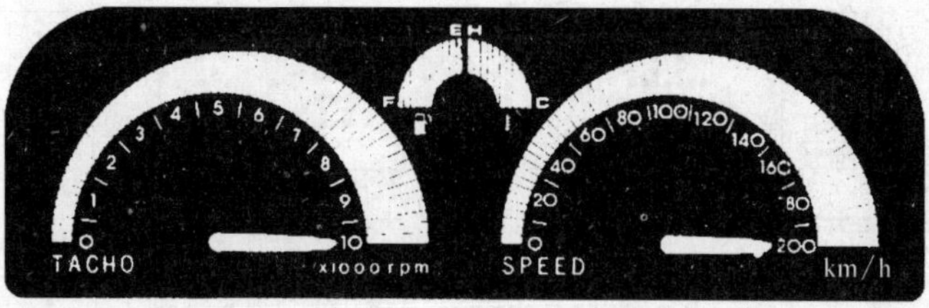

图5-5 液晶显示仪表外貌

液晶图形显示有良好的对比度，易于辨识，富有形象感。这种显示方式对水温指示器、燃油储存量指示器十分适用。因为它们无需更多的中间刻度，在燃油的“空”、“满”或水温的“高”、“低”两极值范围内作图形显示便可。

电子显示仪表设计则需要注意以下要点：

（1）每个符号的高度与辨认精确度之间有图5-6所示关系。

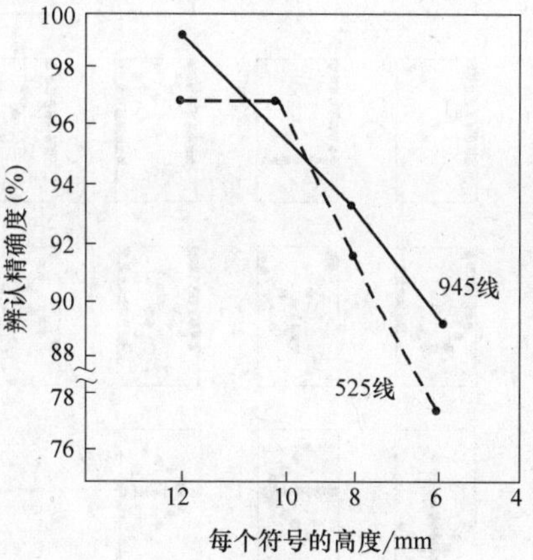

图5-6 每个符号的高度与辨认精确度关系

（2）显示仪表的数字显示方式有点阵和分段两种格式，其分别推荐的点、段数量（来自美国军标MIL—STD—1472D）如表5-4所示；当点阵为7×9时，推荐的符号图案如图5-7所示。

表5-4 点、段字符设计参考

类 型	字 体	推荐用途
分段显示	7段	只用于数字信息
	14段	一般应用
	16段	
点阵显示	5×7矩阵	最低的配置
	7×9矩阵	优越的配置
	8×11矩阵	符号可旋转的最低配置
	15×21矩阵	符号可旋转的优越配置

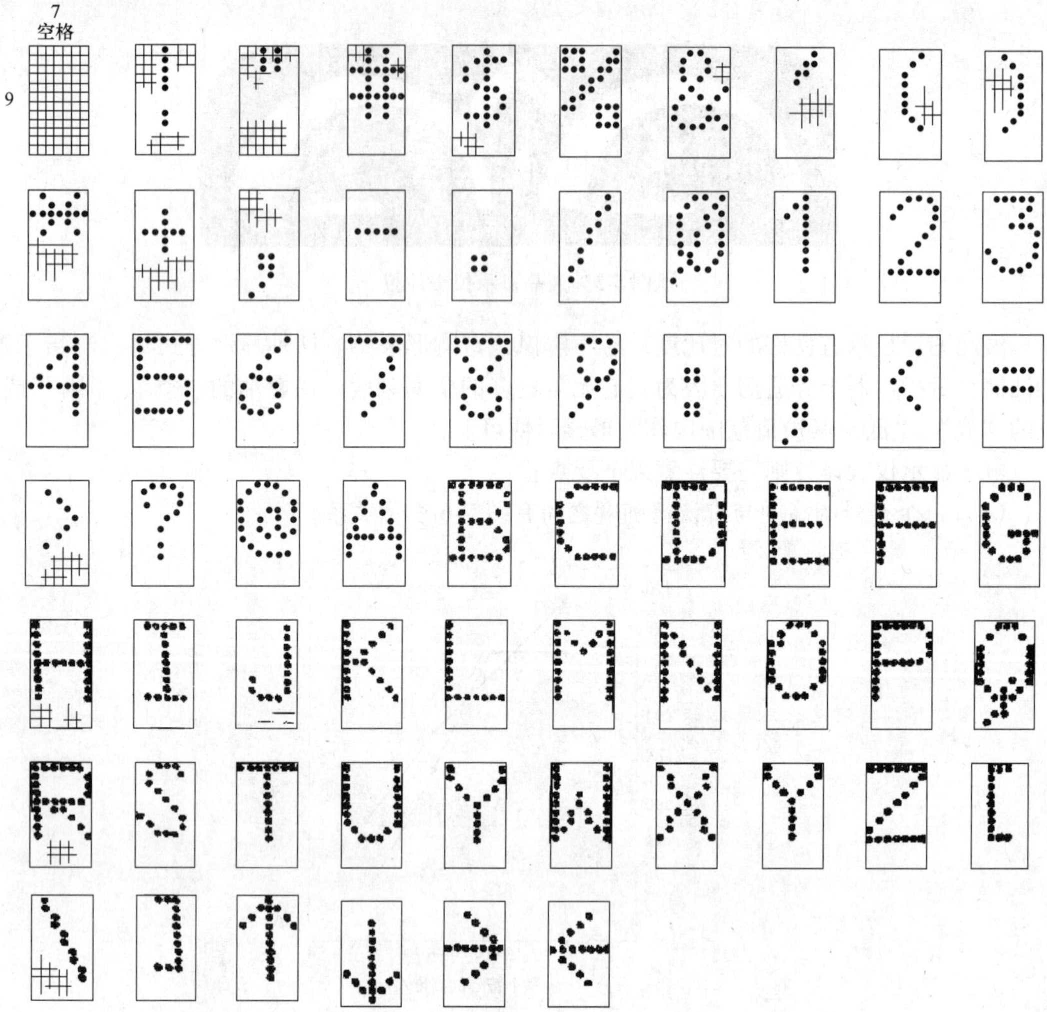

图 5-7　7×9 点阵的符号图案参考

5.2.3　风窗玻璃映像显示（HUD）

风窗玻璃映像显示 HUD（Heads-Up Display）是一种将信息（如车速等）显示在驾驶员前方的装置（见图 5-8）。它由放射显示光的投射器、反射显示光且产生显示映像的反射装置及控制显示内容和亮度的电子线路所组成。

投射器将信息光线投射到风窗玻璃上，风窗玻璃作为反射装置的组成部分将信息显示在驾驶员头部的前下方，在识别信息的时间上 HUD 比 HDD（Heads-Down Display）少20% ~40%。

在光学系统设计方面，这种风窗玻璃映像显示应避免双重成像的缺点，也就是要消除类似电视重影的现象。

双重成像是由左、右眼视差引起的，不妨仅从垂直方向来分析这个问题（见图 5-9）。由于驾驶室内布置的限制，信息投射仪一般情况下与风窗玻璃成一空间角。所以，投射到风窗玻璃上的光线对驾驶员左、右眼来说存在着一个高度差 h，即反射点 P_r和 P_l之间上下方向的距离差，从而导致驾驶员在风窗玻璃前方看到的成像点为两个。

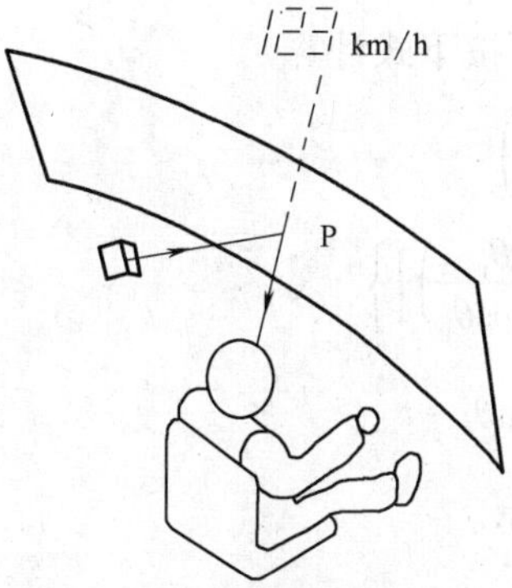

图 5-8 风窗玻璃映像显示

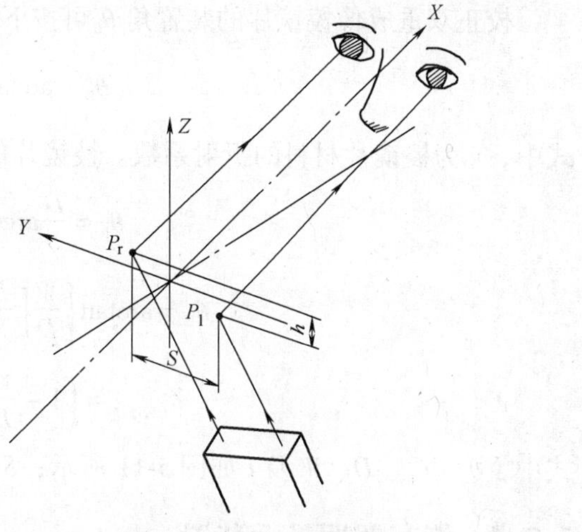

图 5-9 反射点高度差

设两反射点 P_r、P_l 之间的中点离驾驶员眼睛的距离为 c，它们之间的高度差 h，则左、右眼视差角 θ_p（见图 5-10）为

$$\theta_p = \arctan(h/c)$$

如果左、右眼视差角 θ_p 为零，两条光线合二而一，便无双重成像出现。

采用图 5-11 所示的校正棱镜片，上述现象可以消除。例如，在图 5-12 所示的原光线 K_l 变成了现在的 K_l'，K_r 经棱镜折射后，其投射点 P_l' 与 P_r 点相重合，便无高度差出现。

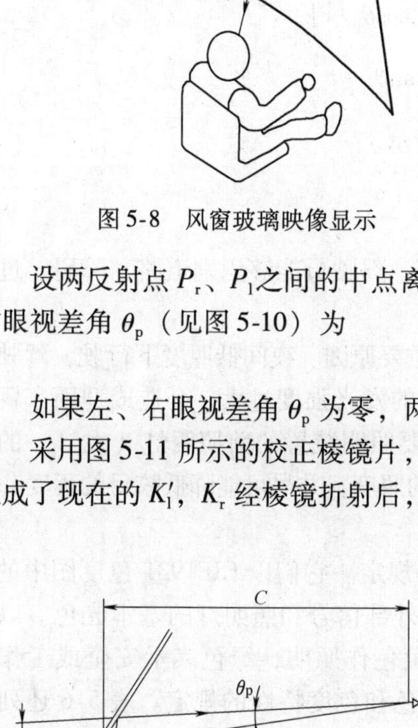

图 5-10 垂直方向双眼视差

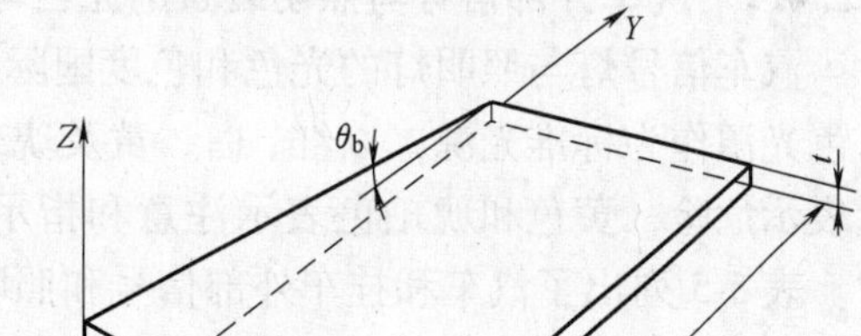

图 5-11 校正棱镜片

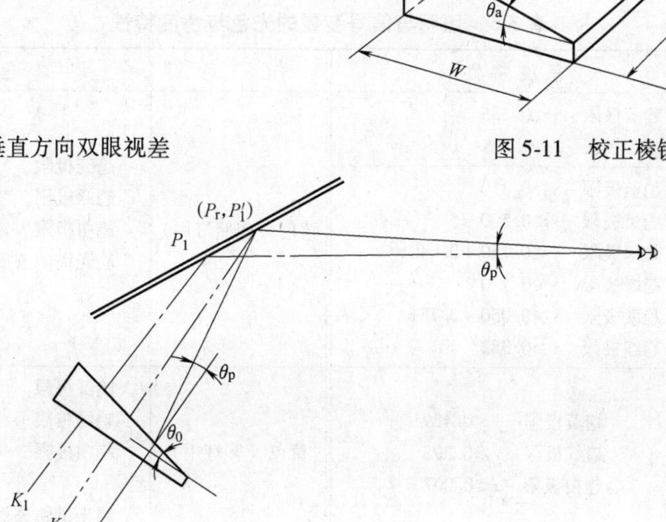

图 5-12 校正原理

校正双重成像棱镜片的装置角 θ_0 可按下式计算

$$\theta_0 = \arctan\left(\frac{\sin\theta_p}{n - \cos\theta_p}\right)$$

式中，n 为棱镜片材料的折射系数。棱镜片的结构参数可按下式计算

$$\theta_a = \frac{D}{S}\arctan\left(\frac{\sin\theta_p}{n - \cos\theta_p}\right)$$

$$\theta_b = \arctan\left\{\frac{W}{D}\left[\frac{D}{S}\arctan\left(\frac{\sin\theta_p}{n - \cos\theta_p}\right)\right]\right\}$$

$$Z_{(x_i, y_i)} = \left(1 - \frac{y_i}{D}\right)(W - x_i)\tan\theta_a + t$$

式中，θ_a、θ_b、D、W 及 t 如图 5-11 所示；S 如图 5-9 所示。

5.2.4 汽车照明显示装置

汽车照明装置的任务是保证夜间和昏暗道路条件下，驾驶员能够识别道路、障碍、过往行人与车辆，提高夜间行车安全。

夜间汽车事故分析表明，照明不良及眩目是其中的重要原因。夜间低照度下行驶，驾驶员的视力与白天相比约降低 50%。但是，如果汽车前照灯的发光强度过大，会造成迎面车辆驾驶员的眩目，同样会诱发事故。因此，作为汽车车外主要照明装置的前照明灯（大灯）的远光与近光的发光强度与光分布应予以规定，以求有足够的照度，并尽可能降低眩目的程度。

5.2.4.1 汽车外部信号与照明装置的光色与色度

汽车信号灯与照明灯的光色和色度国际上已有统一规定。它们以 CIE1931 色度图中的 A 白色光源作为标准光源，以红、白、黄及琥珀色光作为外部信号和照明灯的基本光色。以红色表示危险，黄色和琥珀色表示注意和指示，白色或黄色作照明，绿色表示安全或工作正常。表 5-5 列出了汽车和挂车外部信号和照明装置的光色和色度特性的规定。表 5-6 还列出了各信号和照明装置应采用的光色、装置的数量及采用的性质。

表 5-5 照明与信号装置的光色与色度特性

光　色	色度特性	光　色	色度特性
红色	趋黄极限 $y \leqslant 0.335$ 趋紫极限 $z \leqslant 0.008$	黄色（前照灯用）	趋红极限 $y \geqslant 0.138 + 0.580x$ 趋绿极限 $y \leqslant 1.29x - 0.100$ 趋白极限 $y \geqslant -x + 0.966$ 趋光谱轨迹极限 $y \leqslant -x + 0.992$
白色	趋蓝极限 $x \geqslant 0.310$ 趋黄极限 $x \leqslant 0.500$ 趋绿极限 $y \leqslant 0.150 + 0.640x$ 趋绿极限 $y \leqslant 0.440$ 趋紫极限 $y \geqslant 0.050 + 0.75x$ 趋红极限 $y \geqslant 0.382$		
琥珀色	趋黄极限 $y \leqslant 0.429$ 趋红极限 $y \geqslant 0.398$ 趋白极限 $z \leqslant 0.007$	黄色（雾灯用）	趋红极限 $y \geqslant 0.138 + 0.580x$ 趋绿极限 $y \leqslant 1.29x - 0.100$ 趋白极限 $y \geqslant -x + 0.940$ $y \geqslant 0.440$ 趋光谱轨迹极限 $y \leqslant -x + 0.992$

表 5-6　照明与信号装置光色、数量和采用性质

序　号	照明与信号装置名称	光　色	数　量	采用性质
1	近光灯	白或黄	2	强制
2	远光灯	白或黄	2 或 4	强制
3	前雾灯	白或黄	2	雾区强制
4	前位灯	白或黄	2 或 4	强制
5	侧位灯（前侧、后侧）	琥珀色	前 2 后 2	选用
6	侧位灯（中侧）	琥珀色	≥1	选用
7	后位灯	红色	2 或 4	强制
8	驻车灯	前白后红	2	选用
9	前转向信号灯	琥珀色	2	强制
10	后转向信号灯	琥珀色	2 或 4	强制
11	侧转向信号灯	琥珀色	2 或 4	强制
12	制动灯	红色	2 或 4	强制
13	后雾灯	红色	1 或 2	选用
14	倒车灯	白色	1 或 2	强制
15	牌照灯	白色	≥1	强制
16	示廓灯（前和后）（除轿车外）	前白后红	前 2 后 2	强制
17	前反射灯	为接受光的颜色	2	选用
18	侧反射灯（前和后）	琥珀色	前 2 后 2	选用
19	侧反射器（中部）	琥珀色	≥1	选用
20	后反射器	红色	2 或 4	强制
21	三角形反射器（挂车）	红色	2	强制

5.2.4.2　照明装置的配光性能

配光性能是指根据车辆行驶状况而设计的光分布。汽车照明灯的配光性能在四周无漏光的暗室中测定。测定用的配光屏幕为蓝色或白色，屏幕离被测灯具的基准中心为 25m。在配光屏上的照度应符合规定。现以前照灯为代表加以说明。

汽车前照灯是汽车外部主要照明灯具。目前常用的是白炽前照灯和卤钨前照灯。白炽前照灯或卤钨前照灯均有封闭式和半封闭式之分。前照灯的近光和远光光束可由单根灯丝或两根灯丝分别产生。远光应有良好照明能力，近光不会眩目。

配光试验时，将被测灯具按规定放置在配光试验暗室中，在规定试验电压及功率下将光投射到配光屏幕上。对于前照灯，配光屏幕上的各测试区如图 5-13 所示。图中中心点 H 是灯具基准中心向配光屏幕作垂直线的交点，即落在屏幕上的垂足。V—V 线是配光屏幕上过 H 点的垂直线，h—h 为过 H 点的水平线。灯具的基准中心是指灯具透光表面的中心。

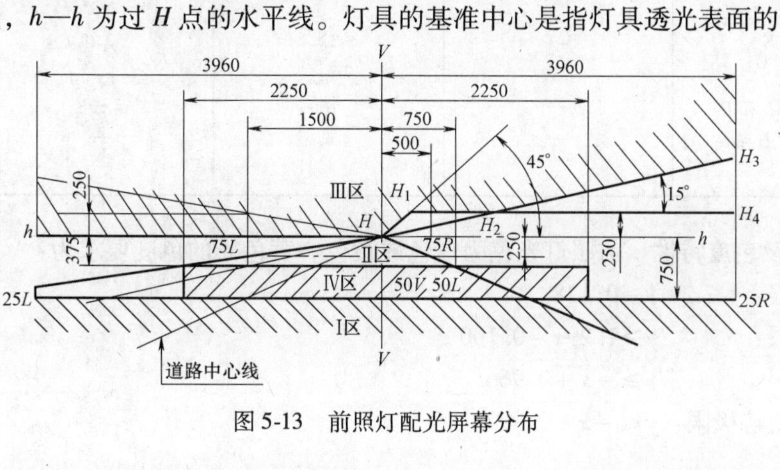

图 5-13　前照灯配光屏幕分布

1. 近光的配光要求 在配光屏幕上，近光应产生明显的明暗截止线，即视觉上感到明暗陡变的分界线。其水平部分在 *V—V* 线的左半边。右半边为与水平线成15°的斜线，或向上成45°的斜线至垂直距离250mm后再转向水平的折线。

（1）在配光屏幕上近光照度应符合表5-7所示的规定。

（2）在 *I*、*E*、*E*、*N* 区域内，在水平方向相邻区的照度应无陡变，不致影响良好的能见度。

2. 远光的配光要求 卤钨双光束前照灯远光的最大照度应不大于在75*R* 点的实测照度的16倍。

在配光屏幕上的照度应符合表5-8所示。

表5-7 近光照度要求 （单位：lx）

测试点或测试区域	白炽前照灯		卤钨前照灯	
	最大值	最小值	最大值	最小值
B50L	0.3	—	0.3，0.4①	—
75*R*	—	6	—	12
75*L*	—	—	12	—
50*R*	—	6	—	12
50*L*	—	—	15	—
50*V*	—	—	—	6
25*L*	—	1.5	—	2
25*R*	—	1.5	—	2
Ⅲ区任何点	0.7	—	7	—
Ⅱ区任何点	—	2	—	3
Ⅰ区任何点	20	—	$2E_{50R}$②	—

① 单位光束为0.3，双光束为0.4。

② E_{50R} 为50*R* 实验照度。

表5-8 远光照度要求 （单位：lx）

最大照度测试点或测试区域	白炽前照灯		卤钨前照灯	
	最大值	最小值	最大值	最小值
最大照度 E_{max}	—	32	240	48
H 点	—	$9E_{max}$	—	0.80，$9E_{max}$
H 点至1125*L* 和 *R*	—	16	—	24
H 点至2250 *L* 和 *R*	—	4	—	6

3. 光色及色度特性 前照灯光色为白色或黄色。黄色光的色度要求为：

趋红极限：　　$y \geqslant 0.138$

趋绿极限：　　$y \geqslant 1.29x - 0.100$

趋白极限：　　$y \geqslant -x + 0.966$

趋光谱轨迹极限：$y \leqslant -x + 0.992$

5.3　操作装置设计

汽车操作装置可分为两类：手操作和脚操作类。它们的特点和选择原则如表 5-9 所示。

表 5-9　操作装置的特点

手 控 装 置	脚 控 装 置
准确输入	操作精度要求不高
操作力不大	操作力大
驾驶员可视性好，位置离眼要近	离眼睛位置远，汽车行驶中驾驶员不易看到
占空间尺寸小	占空间尺寸大
操作方式多：推、拉、旋转、压、挤	操作方式少：一般是用腿的推力和脚踝、趾的压力
可实现两手操作动作分离	两脚的动作相似：或压或收
坐姿状态下易操作	重复动作困难且速度慢
手指可以交换使用或并用	用脚趾操作困难，两脚动作连续、交替、协调差

从表可以看出，操作装置的选择和位置设计与人机工程的关系。

在操作装置设计时，应注意和驾驶员人体尺寸的适应性，主要包括：

（1）操作装置上，驾驶员握持、触压和抓捏部位尺寸应与人的手脚尺寸相适应，需参照 GB/T 10000—1988《中国成人人体尺寸》、GB/T 16252—1996《成年人手部号型》以及国外 SAE 等标准进行设计。

（2）操作装置的布置位置、行程、活动范围以及操作角度应与驾驶员的人体条件相适应，需参照 GB/T 10000—1988《中国成人人体尺寸》、GB/T 13547—1992《工作空间人体尺寸》、GB/T 14775—1993《操纵器一般人类工效学要求》以及国外有关汽车标准法规进行设计。

5.3.1　足蹬力及手操作力

5.3.1.1　足蹬力

坐姿下用足蹬踏板，足蹬力的大小与坐姿、足位及踏板与座椅间的距离等因素有关。一般情形下，右腿可提供的最大平均足蹬力为 2620N，左腿为 2420N。足蹬力达 2250N 的持续时间约为 49s。膝部屈曲 160°时，足蹬力能发挥最佳。腿部不同屈折角时的最大足蹬力如图 5-14 所示。

为防止踏板的误操作，踏板的起动压力应大于足休息时对踏板的静压力。静压力的值可取 18 ~ 32N。

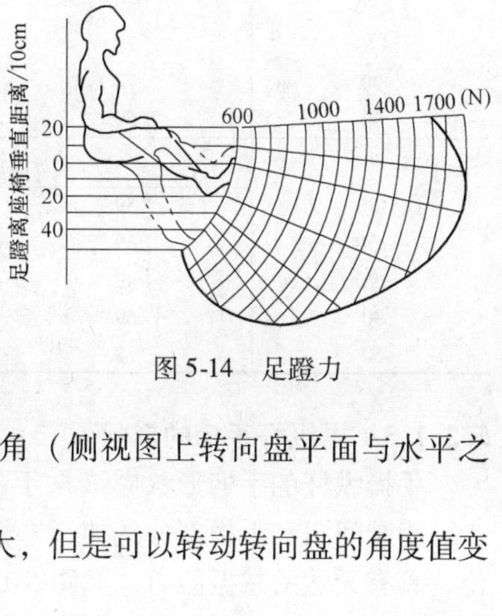

图 5-14　足蹬力

5.3.1.2　手操作力

坐姿下驾驶员双手对转向盘的手操作力与转向盘倾角（侧视图上转向盘平面与水平之间的夹角）有密切的关系。

转向盘平面越接近水平，即倾角越小，手操舵力越大，但是可以转动转向盘的角度值变小，如图 5-15 所示。此时对应的座椅靠背也比较垂直，驾驶员坐姿相应地也比较平直。大客车、重型载货汽车由于前轴负荷较大，要求有较大的操舵力施加于转向盘上，因此这两类车型中转向盘的倾角均不大。对于轿车而言，由于要施加在转向盘上的操舵力并不大，从而有可能加大转向盘的倾角。这样驾驶员上躯干可以适当后倾，背部受到靠背的支持，坐姿舒适性得以提高。另外，转向盘倾角的加大对安全气囊的装设提供了有利条件。

对于中等体力的男子，坐姿下手臂在不同角度、不同指向上的操纵力，可以参见图 5-16 和表 5-10。

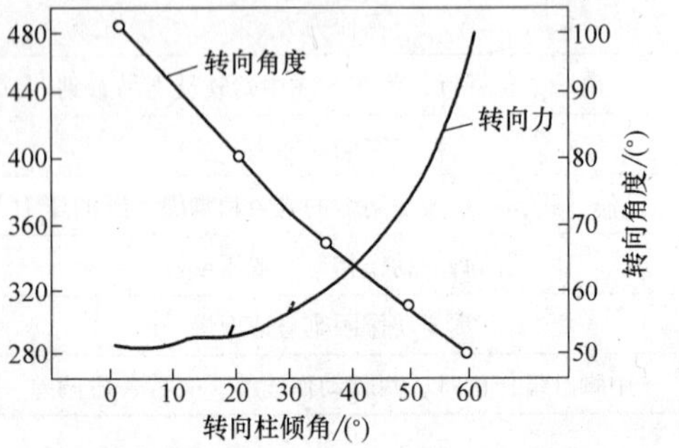

图 5-15　转向盘倾角与操舵力转向角的关系

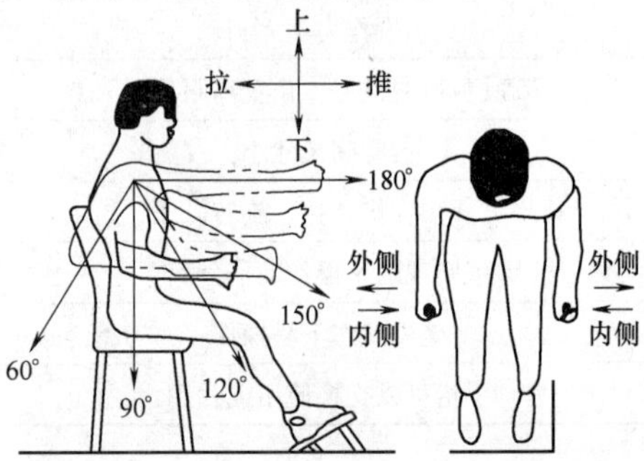

图 5-16　坐姿手臂操纵力的测试方位和指向

表 5-10　坐姿的手臂操纵力（中等体力的男子）

手臂的角度/(°)	拉力/N		推力/N	
	左　手	右　手	左　手	右　手
	向　后		向　前	
180	225	235	186	225
150	186	245	137	186
120	157	186	118	157
90	147	167	98	157
60	108	118	98	157
	向　上		向　下	
180	39	59	59	78
150	69	78	78	88
120	78	108	98	118
90	78	88	98	118
60	69	88	78	88
	向内侧		向外侧	
180	59	88	39	59
150	69	88	39	69
120	88	98	49	69
90	69	78	59	69
60	78	88	59	78

5.3.1.3　操纵杆手柄的形状

手操纵杆的手柄形状应该与手的生理特点相适应。就手掌结构而言，掌心部位肌肉最少。指骨间肌和手指部分是神经末梢区域，而指球肌、大鱼际肌、小鱼际肌是肌肉丰满的部位，具有天然的减振能力，如图 5-17 所示。因此，手柄设计时应避免手柄丝毫不差地贴合于手掌的握持空间，更不能紧贴掌心。振动方向或传力方向不宜集中于掌心和指骨肌。因为掌心如果长期受压、受振，可能会引起难以治愈的痉挛；短期亦会加速手的疲劳和导致操作不准。图5-17中所示的几种手柄形状用做右置转向盘汽车变速杆手柄时，以图5-17a、b、c为好，图5-17d、e、f较差。

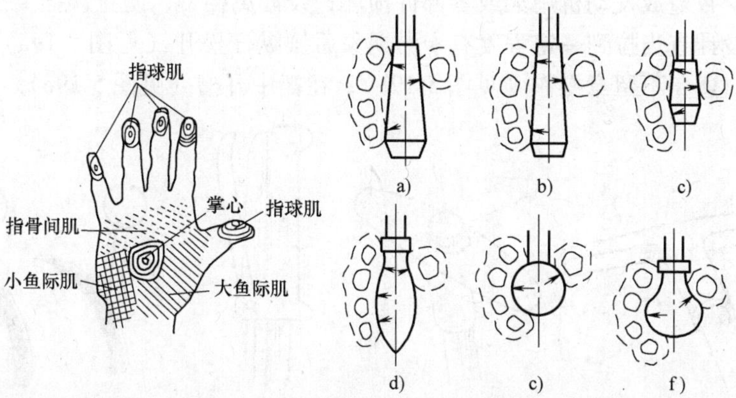

图5-17 手掌生理结构与手柄形状设计

5.3.2 主要操纵装置设计

5.3.2.1 变速器操作杆

尽管变速器操纵杆的运动方向和公认的人机工程学原则有内在的冲突，但是汽车变速器的操作使用铰接运动这种相对标准的方式已经相当长时间了，常见的机械和自动变速系统如图5-18所示。

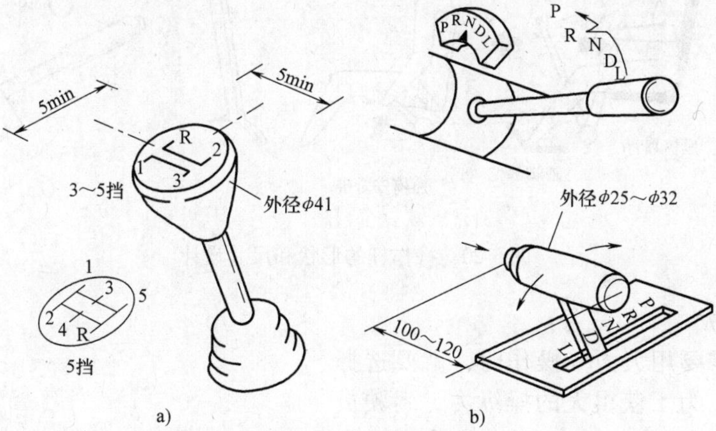

图5-18 机械和自动变速系统

a）机械变速 b）自动变速

图5-18中所示的参数并非强制要求，它们只是指导性的数据。如果不考虑手的尺寸大小，它们将适合绝大部分驾驶员。

设计时应该给变速杆足够的换挡空间，让驾驶员能感觉到挡位的变化，尤其是同一个方向的挡位变化。

变速器操作杆人机工程设计的关键原则是：

1）应该使杆的运动符合人的自然期望，如向前推或向前上方推或向后上方拉，以提高工效。

2）为防止一些无意识的操作，保证变速器能准确、安全、可靠地进行换挡操作，变速器操纵机构还应：设计自锁装置，防止变速器自动脱挡；设计互锁装置，防止变速器同时挂入两个挡位，以致造成发动机熄火或零部件损坏；设计倒挡锁，防止误挂倒挡，造成安全事故。另外还应设计有当拉到一定程度有卡滞现象后操纵杆松开（见图5-19a）或当挤压到一定程度后松开，避免不留意操作（见图5-19b）；在挡中开槽（见图5-19c）。

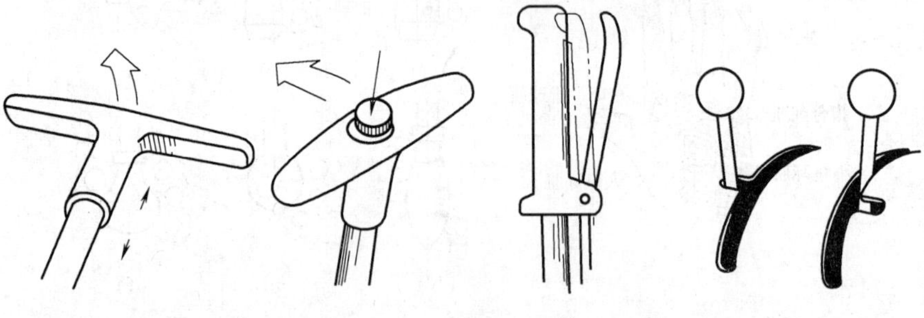

图5-19　变速器操纵机构的优化措施

3）设计操作杆的形状和尺寸应该考虑到驾驶员的手及手指握的形式与尺寸和相应力的发挥关系（见图5-20）。

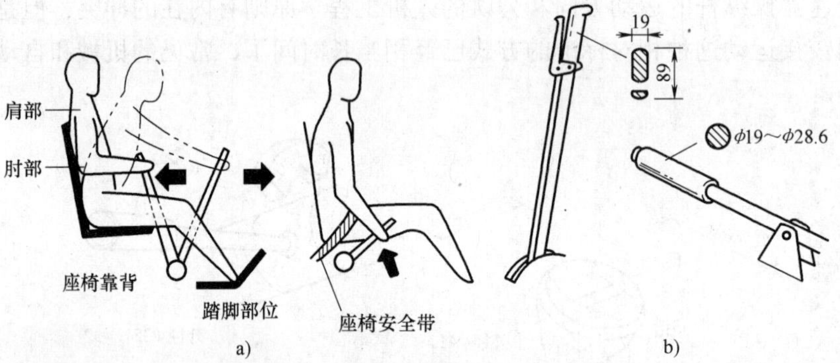

图5-20　操作杆的形状和尺寸设计

5.3.2.2　脚踏板

当驾驶员需要用大力气操作时，就要选择用脚踏板控制。为了获得大的操纵力，驾驶员需要采用坐姿，背靠座椅，如图5-21所示。当座椅调至80°倾角位置，脚的踏板着力点与H点大约在同一高度时，驾驶员施加给踏板的力最大。

为了踏板力的输出考虑，座椅应设计成前后可调的，以使不同尺寸的驾驶员能保持坐姿下最佳的135°～160°腿部夹角。

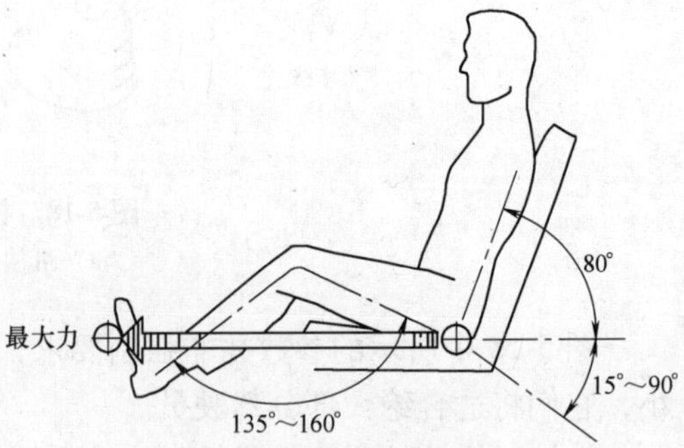

图5-21　踏板的最大力

同时，必须指出，驾驶员不可能也不应该承担连续性的或重复性的最大脚部操作力输出动作。这样，将造成驾驶疲劳，降低行车安全。

（1）踏板之间的关系问题　未工作时，离合器踏板、制动踏板和加速踏板似乎应该有相同的高度和状态。但是，因为离合器踏板和制动踏板与腿的运动关系较大，而加速踏板只和脚踝的运动有关，因此，前两者高于后者。离合器踏板和制动踏板的中心线距离应至少在 200～290mm 以上，并对称置于驾驶员中心线前部两侧，如图 5-22 所示。

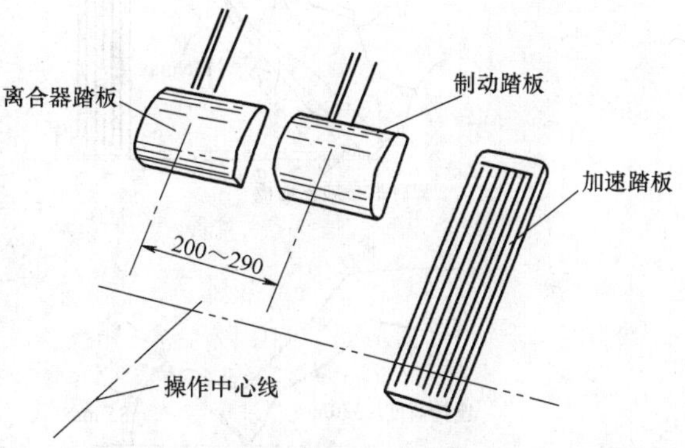

图 5-22　踏板之间的关系

如果汽车安装的是自动变速器（无离合器），则制动踏板应在驾驶员中心线上，且踏板宽度应大约为 150～200mm，以保证两个脚都能操纵。

（2）制动踏板问题　因为制动踏板需要施以一定量的力，因此要认真分析驾驶员腿和脚、踏板位置与角度之间的关系。例如，在给定座椅高度后，不仅脚踏板应该满足脚的伸及要求，而且脚施加踏板上的力应保持与踏板运动方向一致。图 5-23 分别给出了三种座椅高度下的踏板力大小与方向的关系。

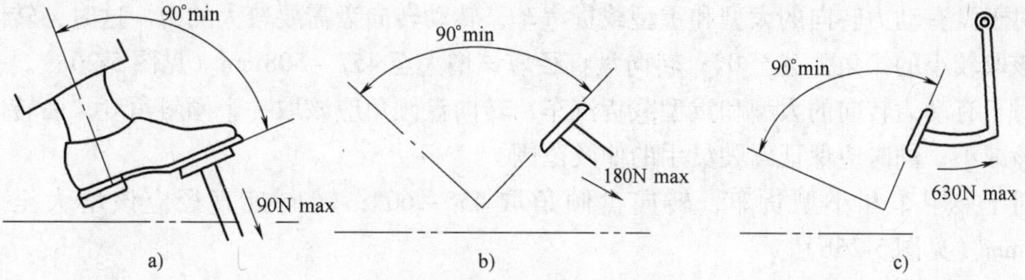

图 5-23　踏板力的大小与方向

a）座椅高度≥432mm　b）座椅高度 330mm 左右　c）座椅高度≤152mm

（3）加速踏板　有经验的驾驶员，只要加速踏板置于座椅的右前方，他们就能发现和操纵各种尺寸的踏板。然而，如果位置与角度不符合图 5-24 和图 5-25 所示的基本要求，驾驶员就不得不扭曲身体，并且腿和脚踝并用去适应这种不良的踏板安排。基本要求包括：

1）在未踩加速踏板时，驾驶员脚的踵点应该能够靠在地板上或脚蹬上。

2）踏板应足够大，以适应各种尺寸的脚的踏踩要求。

3）自由状态时，踏板角度不能太陡，否则容易引起脚踝疲劳。

4）释放踏板时的力不应大于 45N。

5）踏板距驾驶员中心线的距离和踏板横向偏斜角度不能太大。

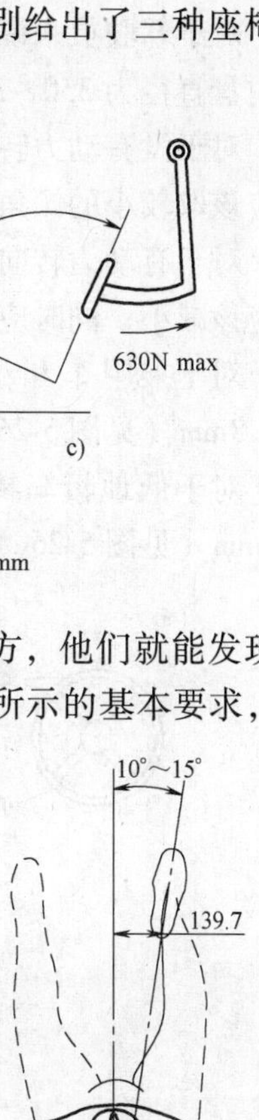

图 5-24　加速踏板位置

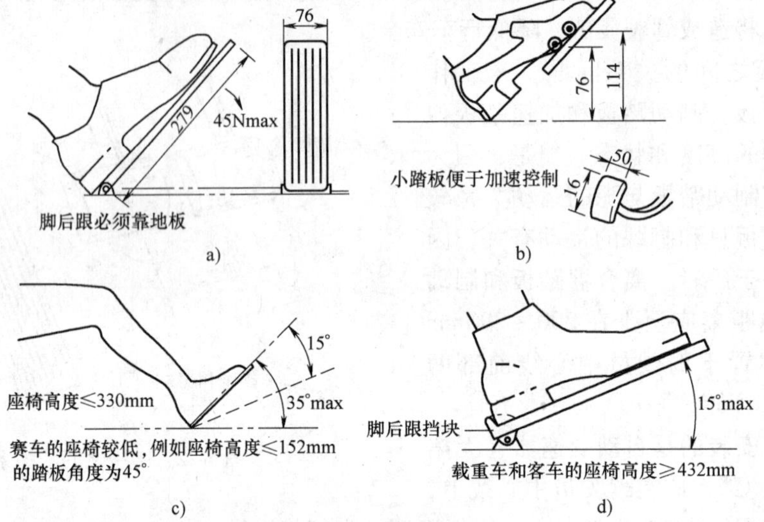

图 5-25　加速踏板设计参考尺寸

5.3.2.3　转向盘

对于驾驶员来说，最舒适的状态应该是：转向盘平面相对水平方向的倾角为 60°左右，转向盘直径为 350 ~ 380mm。

对于没有动力转向的大型和重型载货汽车，转动转向盘需要较大的力。这时，转向盘平面应该取较小的倾角，甚至 0°；转向盘直径应该增大至 457 ~ 508mm（见图 5-26a）。

对于有动力转向的大型和重型载货汽车，转向盘倾角应该取一个倾斜角度，而转向盘直径应该减小，同时应保证驾驶员手的伸及范围。

对于乘用车和小型货车，转向盘倾角取 45° ~ 60°；转向盘直径应该增大至 356 ~ 406.8mm（见图 5-26b）。

对于低地板车特种车辆，如赛车，转向盘倾角取 60° ~ 80°；转向盘直径增大至 356 ~ 380mm（见图 5-26c）。

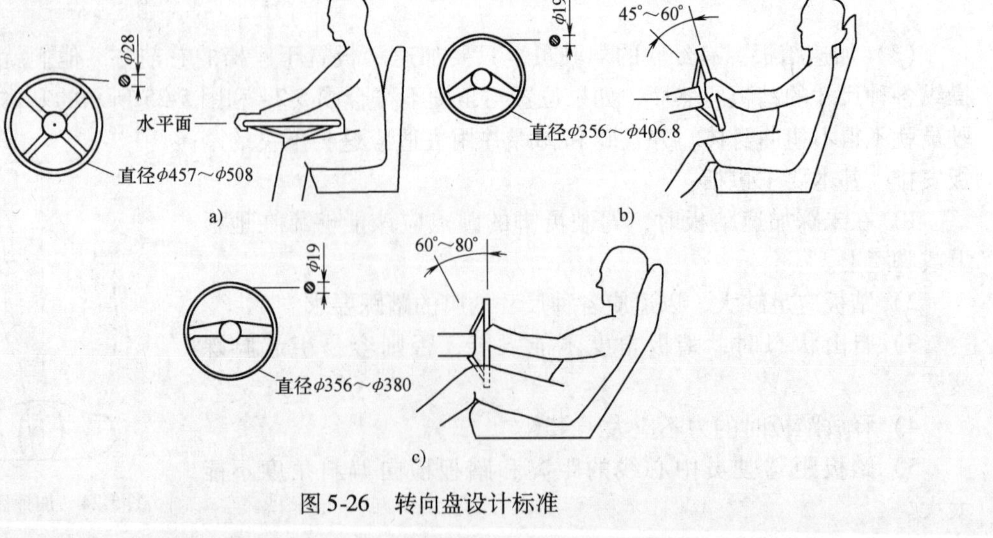

图 5-26　转向盘设计标准

转向盘与操纵器的综合设计如图 5-27 所示，轮辐形状设计如图 5-28 所示。

转向盘的直径，主要是与转向力有关，另一方面又是衡量驾驶员上下车方便性的指标之一。转向盘的直径缩小，就使得转向盘下缘至坐位的距离增大，便于驾驶员进出汽车。由于转向系统的日益完善，就有可能减小汽车转向盘的直径。某些汽车曾计划在不减小转向盘的前提下改善进出汽车的方便性，甚至将转向盘下部削平（见图 5-28h）；为了同样的目的，有些汽车甚至装上了椭圆形的转向盘（见图 5-28i）。图 5-28j 所示是近年来转向盘的造型形式，转向盘毂已脱开圆形的造型格局并与辐条连贯成整体，有的喇叭按钮还布置在辐条上（见图 5-28k）。

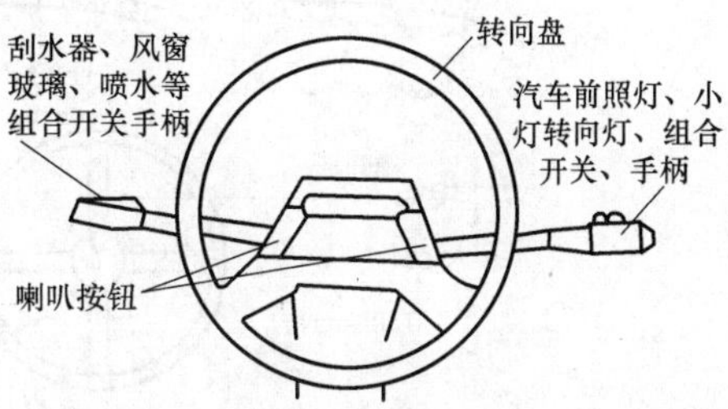

图 5-27　转向盘与操纵器的综合设计

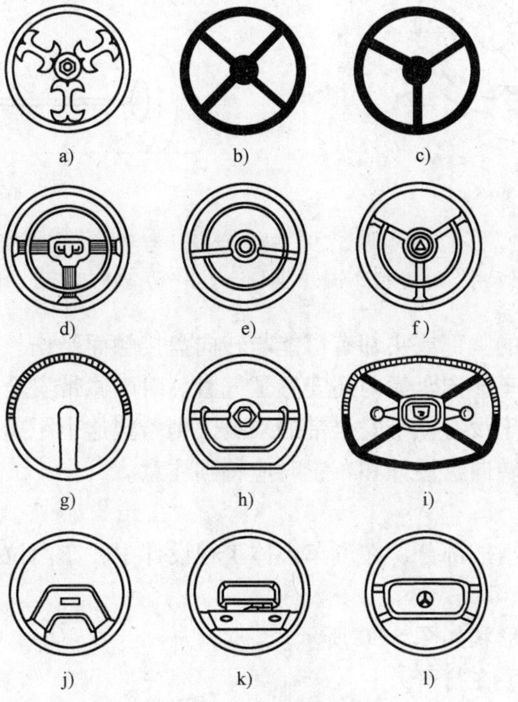

图 5-28　轮辐形状

转向盘的轮圈的截面应为圆或椭圆形，要避免轮圈缠绕装饰物。

可以在转向盘轮圈的下侧提供抓紧辅助装置，以减小汽车突然转向或驾驶员快速转动转向盘造成打滑的可能性。

轮辐应采用椭圆横截面并按照图 5-29a、b 给出的参数设计，以确保驾驶员选择用轮辐转动转向盘时的舒适度和抓紧程度。

另外，实际转向时，应保证 120° 的转动范围内两手都能保持在转向盘上；转向盘和转向轮的极限传动比应该在 1.5∶1 和 3.0∶1 之内，如图 5-29c、d 所示。

尽管强壮的驾驶员可以施加更大的力，但也可能不能及时加力避免事故发生。如果增加转向助力机构，就可以提供足够的阶跃力输入，这种力的贡献量一般在 230N 以下。

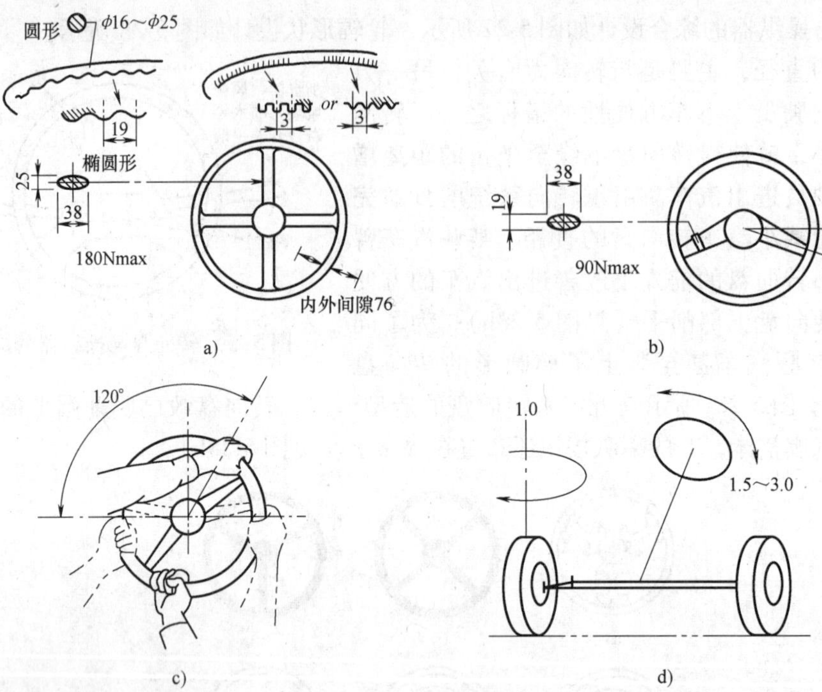

图 5-29　转向盘设计参考

a）大型汽车转向盘设计尺寸　b）小型汽车转向盘设计尺寸　c）转向盘行程　d）转向盘与车轮的传动比

在汽车碰撞时，人的胸部或头部有可能与转向盘接触而受伤。因此转向盘及其轴管还应具有缓冲能力，某些汽车转向盘毂内还安置了气囊。对于佩带安全带的乘员，希望转向盘与人体的距离大一些；对于没有佩带安全带的乘员，则希望这个距离小些——这是两种截然相反的安全设计需求，在转向盘设计和布置时应特别注意。

5.3.2.4　车门拉手

车门是车身的重要组成部分，在汽车人体工程设计中，车门拉手的形状与相关尺寸是要重点考虑的因素。

常见车门外部拉手形状如图 5-30 所示。

图 5-30a 中环形拉手在打开车门时需要用拇指压按钮。这种形式的拉手的外形要考虑人与门的运动、门闩释放之间的协调。因此右手拉门和左手拉门形状完全不同，同时拉开车门时要防止出现门撞人的情况。

尽管手掀式车门拉手（见图 5-30b、c）从人机工程角度看较糟糕，但是它们还是被接受了。难用和不合理之处在于手抓的角度致使有顶手感，另外就是

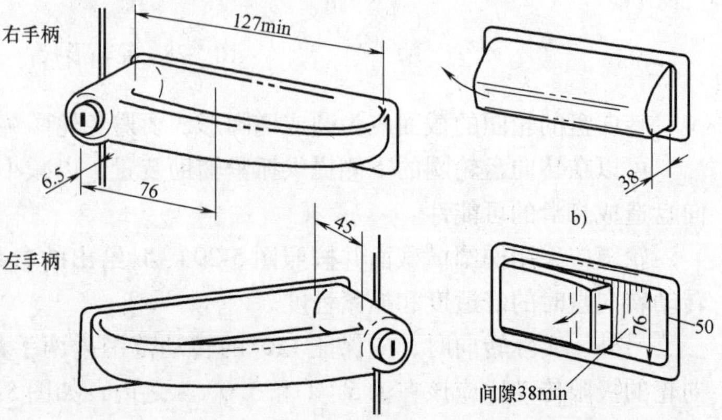

图 5-30　车门外拉手设计参考

在拉的时候，人的站立位置受其制约。如 5-30b 所示拉手，人要站在它的对面，拉起来才合理；而图 5-30c 所示拉手，当门是右门时，人则需要站在它的后面。

对于车门内拉手，则应置于人开关车门方便的位置，但是外形要少棱角，以免乘员万一被甩出座位时被其所伤。

图 5-31 所示是常见内拉手形式。要注意它需要内置安装，同时开口端要在前端，以使开关省力，同时不致伤人。

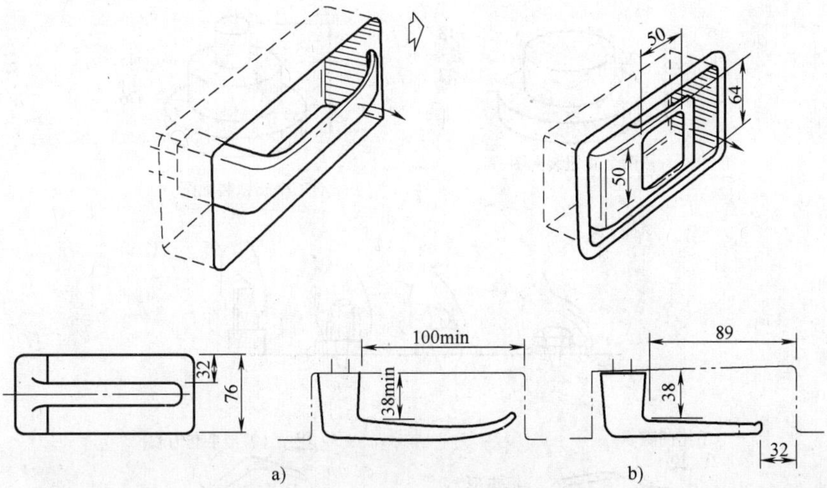

图 5-31　车门内拉手设计参考

手和手指的操作空间应该足够大（图 5-31 中已给参考尺寸）。同时也要考虑乘员手指能够自由滑出，避免卡滞伤手。

环形拉手是常见形式，尽管其外形可取，但是制造者却往往为了美观而倾向于将其做小。作为最低尺寸要求，其伸手空间要至少满足上下两侧都有两个手指空间的要求。

5.3.2.5　有关按扣和按钮推荐尺寸（见图 5-32 ~ 图 5-35 以及表 5-11）

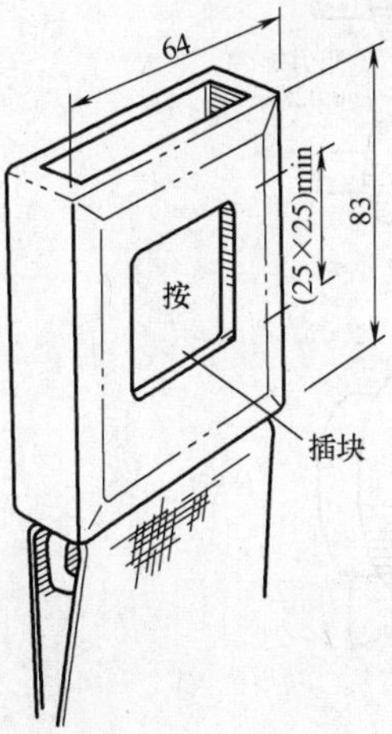

图 5-32　安全带按扣

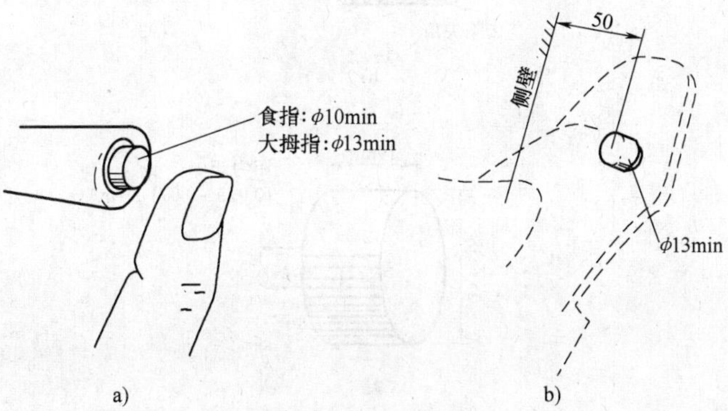

图 5-33　按钮开关

a）手控按钮　b）脚控按钮

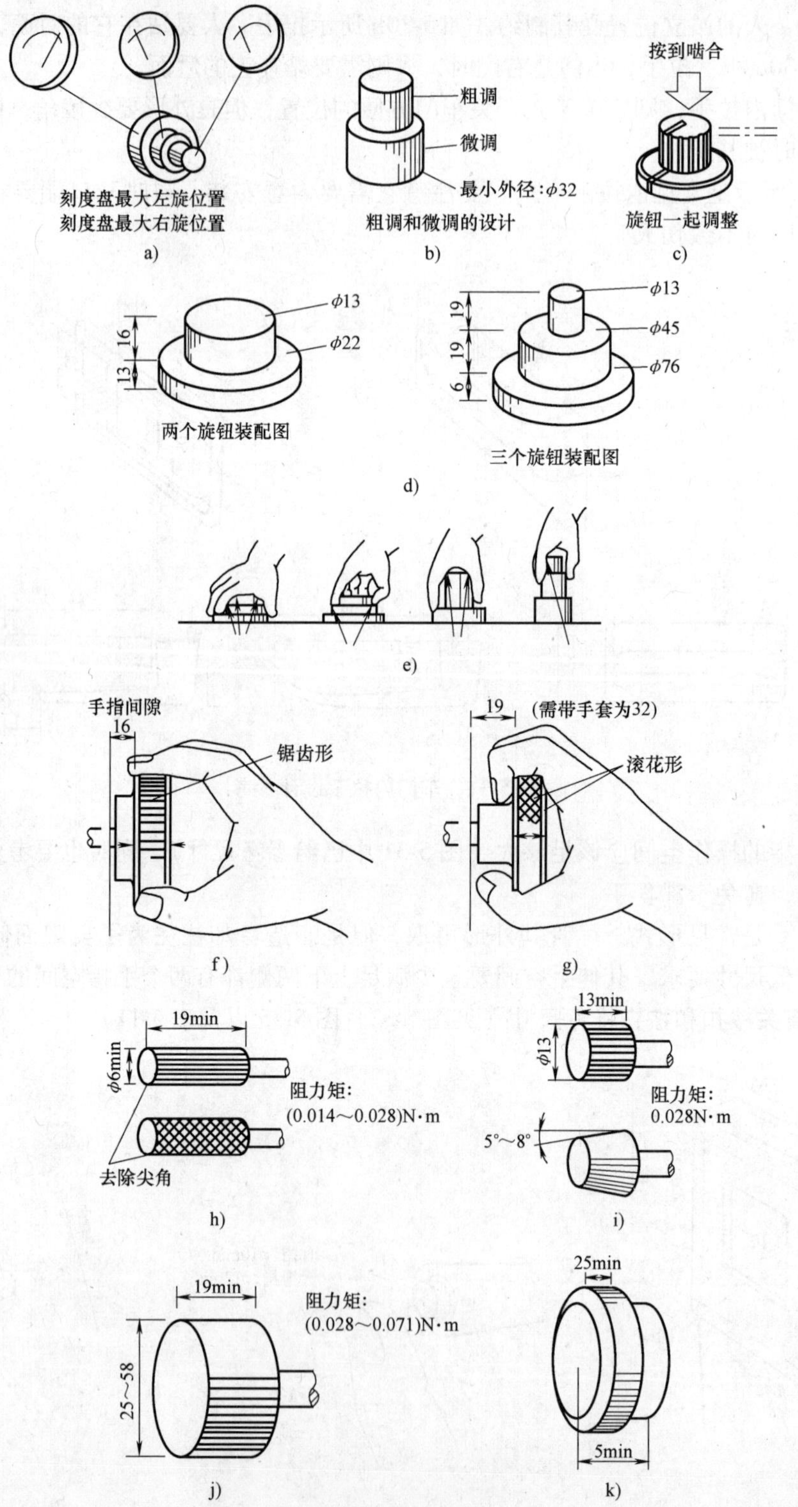

图 5-34　旋钮开关

a）最大旋转位置　b）粗、微调　c）一起调整　d）旋钮参考尺寸设计　e）不小心接触的可能性
f）精确位移控制　g）高转矩控制　h）小旋钮　i）最小优化尺寸　j）一般应用参考　k）备用旋钮

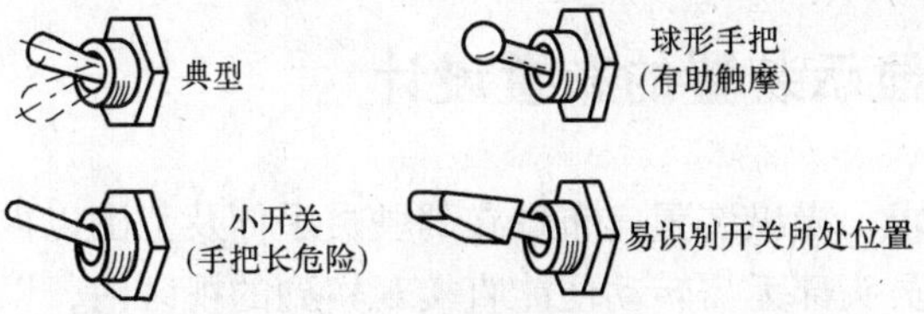

图 5-35　拨动开关手把形状

表 5-11　拨动开关设计参考尺寸

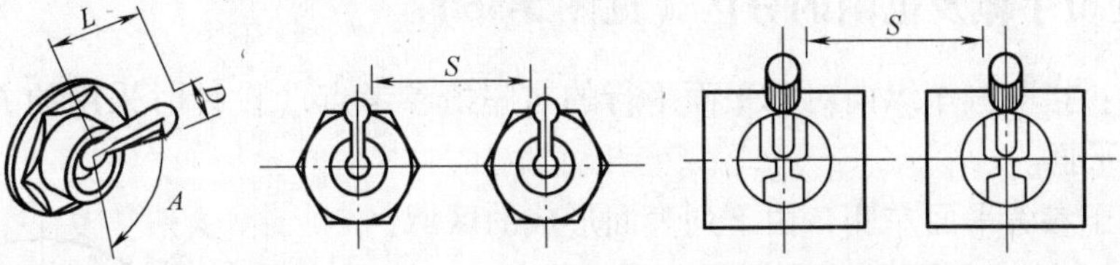

	尺寸			阻力	
	臂长 L/mm		控制手把端口直径 D/mm	小开关/N	大开关/N
	*	* *			
最小值	13	38	3	2.8	2.8
最大值	50	50	25	4.5	11

	把手拨动位置	
	两个点	三个点把手
最小值	30°	17°
最大值	80°	40°
期望值	……	25°

	把手间的距离 S/mm			
	一个手指操作		一个手指连续操作	几个手指同时操作
		↑		
最小值	19	25	13	16
最佳值	50	50	25	19

* 表示手指直接接触　　* * 表示戴有较厚的手套　　↑ 表示把手锁拨动开关

5.3.2.6　对组合操作开关的设计要求

（1）下列配对功能应由同一操作件完成：

1）电动风窗玻璃刮水器开关和洗涤器开关。

2）前照灯警告开关及其变光开关。

（2）灯光总开关不可与下述任一操作件混同操作，除非设有避免功能混同的装置。

1）声响警告（喇叭）。

2）风窗玻璃刮水器及洗涤器。

3）转向指示器。

5.4 操纵装置和显示装置的布置设计

根据人机工程的要求，操纵装置应布置在驾驶员手伸及范围以内。重要的指示器、信号显示装置应布置在驾驶员头部无需转动便能直接观察到的视区内，以确保操作方便和辨认迅速，这也是设计的基本准则。国际标准化组织（ISO）对操纵装置、显示装置的合理布置也作了一些规定。

5.4.1 驾驶员手伸及范围的分区（见图 5-36）

基准平面：指与汽车纵向对称平面平行的与座椅参考点（设计时采用的 H 点）左右相距 50mm 的两平面。

Ⅰ区：位于参考平面左侧，由下列表面形成的区域：

1）平行于转向盘平面且向上相距 20mm 的平面。

2）平行于转向盘平面且向下相距 170mm 的平面。

3）沿转向盘轮圈外缘点向外扩展 100mm 的圆柱面。该圆柱面的中心线与转向盘轴线共线。

4）通过转向盘轴线的两垂直相交平面。两垂直相交平面与参考平面之间的夹角分别为 40°、130°。

Ⅱ区：由下列表面所形成的区域：

1）平行于转向盘平面且由上相距 20mm 的平面。

2）平行于转向盘平面且向下相距 170mm 的平面。

3）以转向盘轴线为中心，以 50mm 为半径的圆柱面。

Ⅲ区：与Ⅰ区关于参考平面相对称的右侧区域。

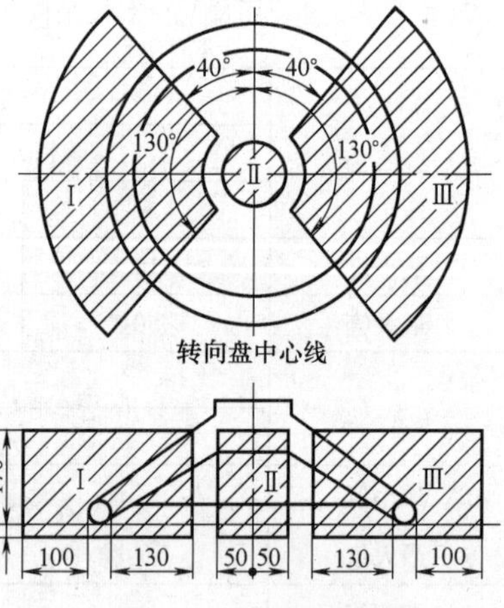

图 5-36 区域划分

5.4.2 手操纵装置的合理位置

（1）下列手操作件应布置在Ⅰ区

1）前照灯（大灯）变光开关。

2）前照灯警告开关。

3）转向灯开关。

（2）下列手操作件应布置在参考平面左侧

1）灯光总开关。

2）紧急制动手操纵装置（左侧行驶）。

（3）音响喇叭手操纵装置可布置在Ⅰ区，亦可布置在Ⅱ区；左侧行驶的汽车的紧急制动操作件应布置在参考平面的右侧。

如果Ⅲ区内，除变速杆外仅设置一个操作杆，则该杆应能操纵风窗玻璃洗涤器及刮水器；如果Ⅲ区内除变速杆外还设置两个或两个以上的操纵杆，则风窗玻璃洗涤器和刮水器由离转向盘轮缘最近的操纵杆控制。

5.4.3　对信号显示装置的观察要求

（1）车速表及里程表应在驾驶员不转动头部的情形下可直接看到。

（2）燃油表最大量程的1/4及以上的刻度区应在驾驶员头部不转动时能直接看到的视区；其他刻度区例外。

在驾驶员头部不转动情况下可以直接看到的还应包括：

1）发动机机油压力显示信号。

2）发动机冷却液显示信号。

3）蓄电池充电状况的显示信号。

4）安装在仪表板上或转向柱上的自动变速器的挡位的显示装置。

以上显示信号显示区的其余部分，在头部转动时应是可见的。

（3）以下信号指示器的照明区应在至少为18mm²的一个单独区域内，且在头部不转动情况下能看得到：

1）制动器。

2）前照灯远光开关。

3）转向指示器。

4）紧急报警器。

5）驻车制动器。

6）安全带指示器。

7）安全气囊故障预警器。

8）发动机机油压力指示灯。

9）发动机冷却液温度指示灯。

10）阻风阀。

11）燃油液面高度指示灯指示器。

12）蓄电池充电指示灯。

13）自动变速器挡位选择键。

5.4.4　驾驶员对显示装置的观察

汽车行驶过程中，驾驶员需要经常观察仪表板上的各种仪表及显示装置，从而获得汽车和发动机工作状况的信息。由于仪表板直接影响驾驶员的工作和行车安全性，所以仪表板设计应以驾驶员位置对仪表的可见性和对各种操纵装置的操作可及性与方便性为依据。在进行汽车驾驶室室内布置时，必须检查并作图校核，看转向盘是否影响驾驶员观察仪表（见图5-37中的直线a与b）。

在布置仪表板时，应根据国际标准规定来确定所有仪表、显示器和主要的操纵装置的位置。例如，国际标准ISO—3958—1996（E）《乘用车——驾驶员手控作业区》。此外还要从结构空间进行验定所有尺寸与视线可见性。为保证白天日光下行车安全，需要研究仪表板面的反光效果，以防止反光干扰仪表可见程度，还要防止仪表板映照在前风窗玻璃的内表面的反射，如果发生这种反光，驾驶员对前方的视野将受到严重威胁。

仪表板的形状，除了与汽车前风窗及前门支柱形状有关以外，主要是考虑对驾驶员视觉的影响。在设计时，可由设计师绘彩色效果图和雕塑仪表板的 1∶1 立体模型。仪表板常常是非对称式的（亦即仪表板的形状及仪表的排列左右不对称），但也有些汽车制成对称的，一方面以示稳重，另一方面有些汽车要考虑进出方便性。

对仪表板的作图校核内容如下（见图 5-37）：

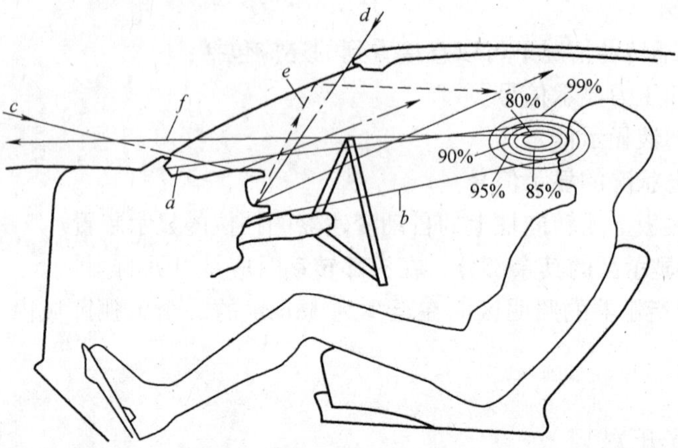

图 5-37　用眼椭圆校核仪表板和转向盘的位置

（1）驾驶员对仪表板的视野　图 5-37 所示的 a 和 b 是两条与 95% 眼椭圆相切的直线，它们所组成的扇形表示有 90% 的驾驶员（每边除去 5%）可通过转向盘环与自动变速标牌之间的空隙去观察仪表。

（2）仪表板对外来光线的反射是否直接影响驾驶员的视觉　图 5-37 所示的 c 和 d 是两条外来的光线，反射后并不与眼椭圆区域相交，因而符合要求。

（3）仪表板上各种零部件映照在风窗玻璃上的影像是否影响驾驶员视觉　图 5-37 中所示的 e 线表示仪表映照在风窗玻璃上的影像，经风窗玻璃反射后并不与眼椭圆区域相交，满足要求。

通过上述校核，如果发现仪表板的形状或仪表的布置不合理，就要采取措施对仪表板的形状加以修改。

5.4.5　转向盘在仪表板上形成的盲区检验问题

在观察时，驾驶员的视线要受到转向盘的阻挡，转向盘的轮缘、轮辐和轮毂都会在仪表板上形成相应的盲区，如图 5-38 所示。这些盲区影响了驾驶员对仪表或显示装置的读识，降低了人机之间信息传递的效率，对安全行驶是不利的。因此有必要利用眼椭圆确定由转向盘形成在仪表板上的盲区情况。对此，请参考本书的 4.8 节讲述的盲区作图方法。

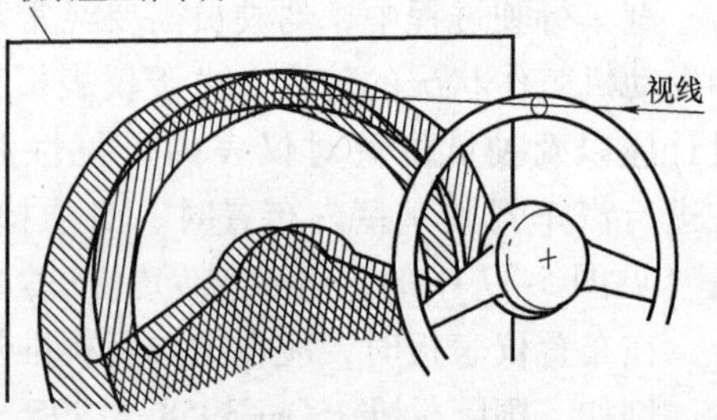

图 5-38　仪表板盲区的形成

5.4.6　驾驶员手伸及界面及操纵钮件的布置设计

驾驶室内的一切手操纵钮件、杆件、开关等的位置均应在驾驶员手伸及界面之内，这是汽车车身设计的一条重要原则。

关于汽车驾驶员手伸及界面及其应用，国际标准组织已经制定了有关标准。利用国际标准 ISO—3958—1996（E）来检验驾驶室内操纵杆件、控制钮件设计布置的合理性，是汽车人体工程设计的重要内容。

5.4.6.1 汽车驾驶员的手伸及界面

汽车驾驶员手伸及界面是指驾驶员以正常姿势坐在座椅中、身系安全带、右脚支撑于加速踏板踵点上、一手握住转向盘时另一手所能伸及的最大的空间曲面，该曲面的形状及在汽车中的位置如图 5-39 所示。

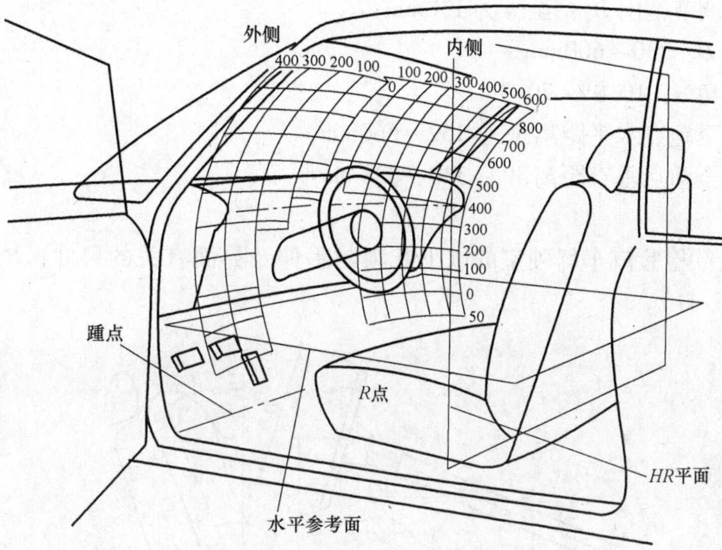

图 5-39 汽车驾驶员的手伸及界面

驾驶员的手伸及界面是在实验室内手伸及界面测量台上测得的（见图 5-40）。测量台上带有三点式安全带的座椅、转向盘、脚踏板等。在座椅前设有测量架，架上有滑动杆。测量架和滑动杆一起可作前后、上下及左右移动。其上的刻度用来表示被试人员的手伸及范围。为统一试验条件，测量杆的手接触的一端有一 25mm 的三指抓捏式操纵钮件。将测量杆推入到最远的位置，根据三个方向的刻度可整理出如图 5-39 所示的驾驶员手伸及界面。

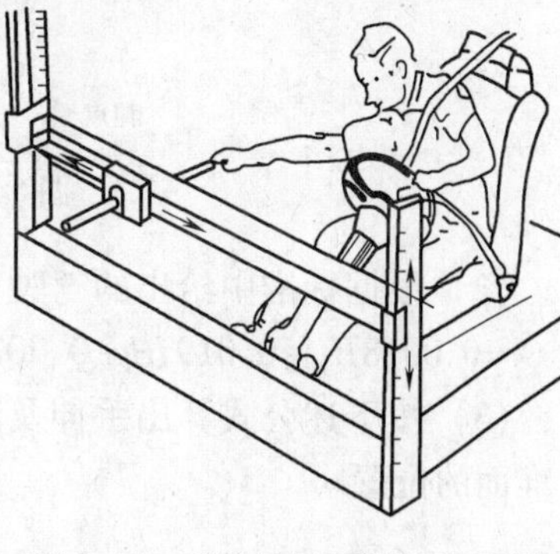

图 5-40 手伸及界面测量台示意图

在高度方向上，手伸及界面的 0 线位于通过 H 点的水平面上，向上为正，向下为负。在左右方向上，其 0 线位于通过 H 点的纵向垂直平面上，驾驶员左侧为正，右侧为负。在汽车的前后方向上，离加速踏板踵点后方水平距离为 d 处，有一表示手伸及距离的 *HR* 基准面。*HR* 基准面至手伸及界面之间各点的水平距离表示了驾驶员在不同高度及左右方向上的最大可伸及距离。

为便于使用，驾驶员手伸及界面的数据已列成表格。根据驾驶室尺寸综合因子 G 值的大小和使用车辆的男女驾驶员的比例不同，ISO—3958—1996（E）《乘用车——驾驶员手控作业区》共列出了42张表格。因为G值分成七档，男女驾驶员的比例分三种，所以每张表格对应着一定范围的G值和确定的男女驾驶员的比例。七档G值是：$G<-1.25$，$-1.25\leqslant G<-0.75$，$-0.75\leqslant G<-0.25$，$-0.25\leqslant G<+0.25$，$+0.25\leqslant G<+0.75$，$+0.75\leqslant G<+1.25$，$G\geqslant+1.25$。三种男女驾驶员的比例分别是50/50，75/25，90/10。

5.4.6.2 驾驶室内操作钮件布置合理性的检验方法

国际标准ISO3958适用于以下尺寸范围的小轿车（参见图5-40）：

坐椅靠背角β：9.0°～33.0°

最后H点至踵点的垂直距离H_z：30～520mm

H点的水平调节范围H_x：至少为130mm

转向盘直径D：330～600mm

转向盘倾斜角α：10.0°～70.0°

转向盘中心至踵点水平距离W_x：152～660mm

转向盘中心至踵点垂直距离W_z：530～838mm

检验步骤如下：

（1）测量出欲检验汽车驾驶室的以下几项与手伸及界面有关的尺寸：H_z，D，W_x，W_z，α，β，γ（见图5-41）。

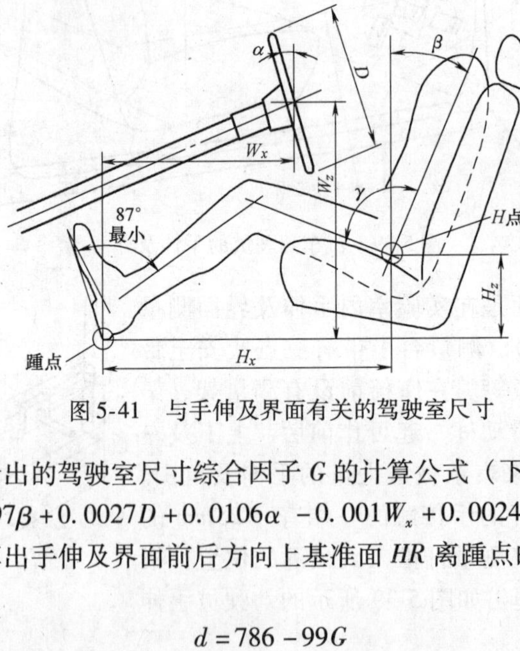

图5-41 与手伸及界面有关的驾驶室尺寸

（2）根据标准中给出的驾驶室尺寸综合因子G的计算公式（下式）算出G值。

$$G=0.0018H_z-0.0197\beta+0.0027D+0.0106\alpha-0.001W_x+0.0024W_z+0.0027\gamma-3.0853$$

（3）按下述公式算出手伸及界面前后方向上基准面HR离踵点的距离d（mm），确定该基准面的位置

$$d=786-99G$$

如果（$d-H_x$）<0，该基准面HR纵向地位于加速踏板踵点之后d处。

如果（$d-H_x$）>0，该基准面HR纵向地位于最后H点处。

（4）用以下三个正交平面组成坐标系。这三个正交平面是基准面HR、驾驶员坐椅对称平面以及通过最后H点的水平面（见图5-41）。

（5）测量出车辆上欲检验的操作钮件在上述坐标系中的坐标值。

（6）根据（2）中算出的G值及已确定的男女驾驶员比值，从标准中找到相应的值。

（7）将上述（5）中测得的手操作钮件离基准面HR的水平距离（测量值）与标准中的

给定值（极限值）相比较，若前者小于后者便认为该手操作钮件布置合理，即可伸及。否则认为不合理，应重新考虑其布置位置。

5.4.6.3 关于驾驶室尺寸综合因子 *G*

驾驶员在正常坐姿下，由于安全带的约束、踵点的支撑及转向盘的限制，其最大伸及空间曲面——手伸及界面，一方面与驾驶员自身的伸及能力有关，另一方面还必然与驾驶室的内部设计尺寸有关。驾驶员自身的伸及能力的影响可通过选择各种百分位身材和不同男女驾驶员比例的办法加以考虑。而驾驶室内部设计尺寸对手伸及界面的影响需要利用多元统计分析理论来反映。

对手伸及界面有显著影响的驾驶室内部尺寸可取以下的九项：

（1）H_x——H 点至加速踏板踵点的水平距离（mm）。

（2）H_z——H 点至加速踏板踵点的垂直距离（mm）。

（3）β（或 B_A）——靠背角（°）。

（4）H_T——H 点的水平行程，即座椅水平调节量（mm）。

（5）α（或 W_A）——转向盘倾角（°）。

（6）D——转向盘直径（mm）。

（7）W_x——转向盘中心至 H 点的水平距离（mm）。

（8）W_z——转向盘中心至 H 点的垂直距离（mm）。

（9）P_A——臀部角（°）。

以上尺寸因车而异，所以是多维变量。对于这类多变量数据统计问题，工程中常用因子分析法来寻找出反映上述尺寸影响的综合因子。这个综合因子便是驾驶室尺寸综合因子 G。

第6章 乘坐舒适性设计

6.1 人体对乘坐振动的反应

6.1.1 人体的振动特性

人体是由各类器官组成的有机体，可将它看做是一个多自由度的振动系统。由于人体的振动是非线性的，不同部位的弹性各不相同，对振动的吸收能力也不相同，从而使得将人体作为振动系统来研究时，情况十分复杂。

人机工程研究时，常以传递函数来描述人体的振动特性。一般情况下，人体对4～8Hz频率的振动能量传递率最大，其生理效应也最大，称为第一共振峰；在10～12Hz的频率时出现第二共振峰，其生理效应低于第一共振峰；在20～25Hz的频率时出现第三共振峰，其生理效应略低于第二共振峰。以后随着频率的增加，振动在人体内的传递逐步衰减，其效应也相应降低。

人体坐姿与立姿时垂直振动的传递率是不同的。乘坐振动通过人的臀部、腰背传给人体，激起人体的全身振动。图6-1所示曲线1、2、3为坐姿时头部、颈部及腰部的振动传递率曲线；曲线4为立姿时的振动传递率曲线。从图中可看出，5Hz以下坐姿时，人体对振动起放大作用。立姿状态下，人体对振动起衰减作用。这是因为人体大腿部分富有弹性，吸振性能较好。另外，人在承受垂直振动时，双膝会自然屈伸而吸收部分振动能量。

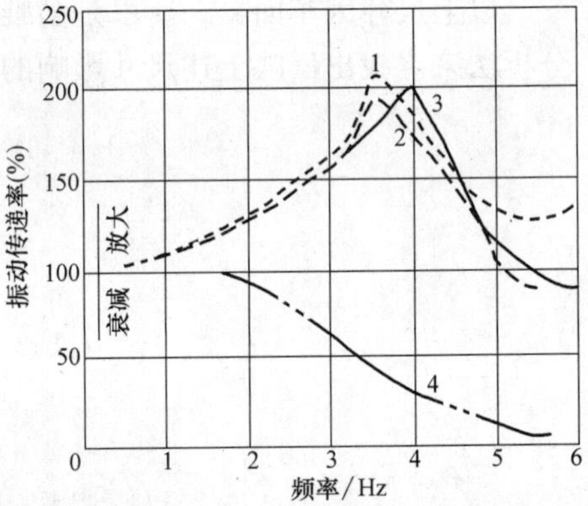

图6-1 立姿与坐姿时的人体振动传递率

1—头部（坐姿） 2—颈部（坐姿）

3—腰部（坐姿） 4—立姿

此外，同一姿势时，人体肌肉的松弛度不同，振动传递率也不同。从图6-2可看出人体肌肉紧张时，共振点的峰值变低；但高于共振点的频率时，振动传递率却变高。这说明肌肉紧张时，人体的阻尼系数比肌肉松弛状态时的高。

人体在承受前后方向的水平振动时，坐姿与立姿对振动的传递情况与承受垂直方向振动的情况类似。从图6-3可看出，坐姿左、右水平振动的传递率随频率的增高而降低。综合上述情况，对于人体的振动特性可以得出以下的一些初步结论：

（1）振动向人体的传递特性，取决于振动的频率构成，其变化规律随加振方向和人体姿势的不同而不同，垂直振动在4Hz左右有明显的共振点，立姿前、后水平振动频率低于1Hz时，随频率的增加，振动传递率呈线性下降，超过1Hz后基本不变且无共振点。随频率的增加，坐姿左、右水平振动的传递率降低，这说明人体左、右方向对振动的衰减能力强。

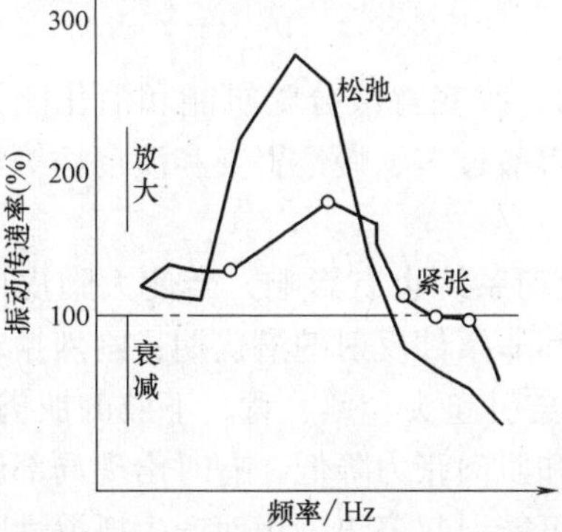

图6-2 相同坐姿下肌肉松弛与紧张时的振动传递率

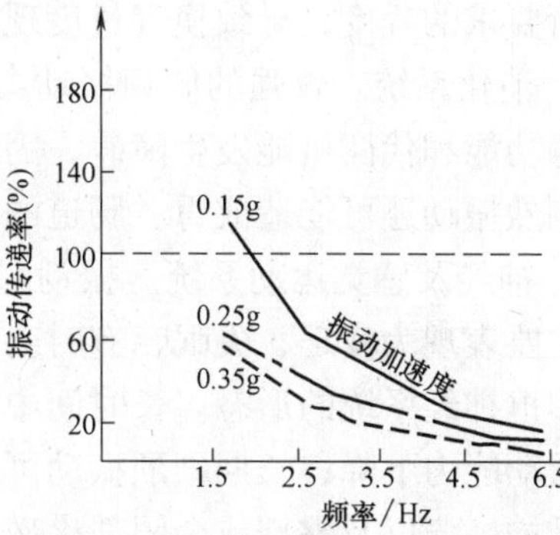

图6-3 人体承受左右振动（坐姿）时的振动特性

（2）立姿时的垂直振动和前、后水平振动的传递率明显低于坐姿。这说明人的腿部具有很强的吸振作用。

（3）人体的骨和肌肉之间的连接具有非线性刚度和阻尼特性，且在振动过程中这种特性是变化的。即人体作为一种生物机械系统在一定限度内有着自动调节的功能，不是一个恒定的振动系统。

（4）人坐姿时的抗振性能要比立姿时差，特别是脊柱这样的“硬弹簧”更易受到损伤。胸腹系统中体积和质量比较大的胃也较容易受到振动的危害。因此，从纯机械观点看，车辆驾驶员最容易产生脊柱损伤和胃病这两种职业病。

6.1.2 乘坐振动的生理效应

全身振动引起的生理反应与振动频率、强度以及暴露时间有密切关系。1Hz以下的低频振动往往会引起头痛、头晕、恶心、呕吐或食欲不振之类的运动症状。这种症状多数在振动消除后会自然减轻或消失。高于10Hz的振动，引起的头部症状较强。低强度、短时间的暴露一般不会引起不舒适的感觉，但较高强度和长时间的暴露，受试者会有不同的症状发生。一般说来，弱的振动会引起组织和器官的移位、挤压，而影响其功能；强的振动则会引起组织和器官的机械损伤，如撞伤、压伤、撕伤等。振动主要对以下几个系统有较大影响：

（1）心血管系统。振动会引起心率加快、血压升高、脉压增高以及外围血管收缩等多重效应。长时间承受高的振动加速度，有可能使血液沿该振动方向汇集到人体的端部。若血液过量涌向头部会引起眼球充血，眼前出现赭红和视觉模糊，产生红雾视症；相反，如血液过量流向下身，会引起头部严重缺血，眼和脑供血不足，导致视觉的暂时性黑蒙。

（2）呼吸系统。振动会引起换气过度。频率低于4Hz、振幅2.5mm左右的全身性垂直振动，可导致在呼吸频率变化不大的情况下使（潮气量）每次呼吸的气量增加，从而导致通气量增加。频率高于4Hz时，则由于氧耗量的增多而迫使呼吸频率加快。剧烈振动可能引起肺组织损伤。4~5Hz的垂向振动能引起内脏共振，迫使膈膜以同样的频率振动，会在胸腔形成“机械泵”似的作用，使得肺呼吸量过大。结果使维持血浆酸碱平衡的二氧化碳自血液里大量涌出，造成呼吸性碱中毒。这时，中毒者会因组织缺氧而表现出精神紧张、四肢麻木、胸闷、头晕，并可能发生肌肉震颤、手足抽搐等症状。人体受振时，肌肉需要做功，需氧量增加，即需要增加每分钟通气量。但每分钟通气量的变化通常不是由于通气速率的变化，而是由于潮气量的变化引起的。研究指出，通气量的过度增大通常会超过满足需氧量增加所要求的程度，导致换气过度现象的发生。

（3）消化系统。较强的低频振动会增加胃肠蠕动、改变胃液分泌机能和消化能力、使肝脏解毒功能和代谢机能发生障碍，因此，容易导致胃酸过多、慢性胃炎和溃疡病等疾病的发生。剧烈振动还可能造成胃、肠道的损伤。

（4）神经及感觉运动系统。振动对神经及感觉运动系统也有影响，会使大脑皮层功能下降，主要表现为疲乏、失眠，有时会改变条件反射和非条件反射的潜伏期；剧烈振动可能会改变中枢神经系统的形态。长时间中等强度的振动会引起头、颈、背、下肢的肌肉紧张、疲劳和活动能力下降；长期剧烈振动可能导致肌萎缩和肌肉张力降低，有时出现局部肌肉痉挛、坐骨神经痛以及臀部或会阴部疼痛。大幅度振动可能引起姿势不稳而产生抓握性防御反射，特别强烈的振动还会引起振动伤。0.1～1Hz 的低频振动会引发显著的前庭—植物性神经反射和运动病，即我们通常所说的“晕车”和“晕船”。以 120～250Hz 的低频声为主的振动能引起耳蜗顶部的听力损伤。

6.1.3 乘坐振动的病理效应

振动引起的病理效应以长期承受急剧的乘坐振动的矿山汽车、越野汽车、拖拉机、工程机械驾驶员为最严重。德国的 Rosegger 等人全面调查了 322 名拖拉机驾驶员，记录下他们的职业、年龄和病史等，对他们进行各项体检并用 X 射线进行内科检查，结果发现都患有胃病和脊柱损伤两种职业病。图 6-4a 给出了主诉胃病（虚线）和 X 射线确诊（实线）的对比数据。图 6-4b 中还给出了其他 37 名男性工人的调查数据，其中约一半主要是坐着工作的工人，其他人则主要从事手工劳动。调查表明，由于急剧的乘坐振动会对胃的消化功能产生有害的影响，对于低年龄组的胃病患病率，拖拉机驾驶员要比从事手工劳动的工人高得多。图 6-5 给出了 Rosegger 对 310 名拖拉机驾驶员调查得出的脊柱病理畸形与年龄关系的曲线。表 6-1 列出了九种不同职业的人的脊柱畸形发病率的平均值及发病的平均年龄的调查。由

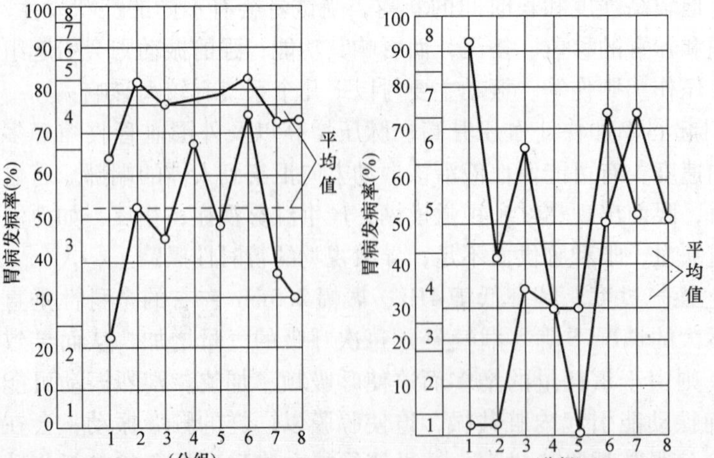

图 6-4　拖拉机驾驶员与其他坐着工作的人的胃病患病率

a）拖拉机驾驶员　b）其他坐着工作的人

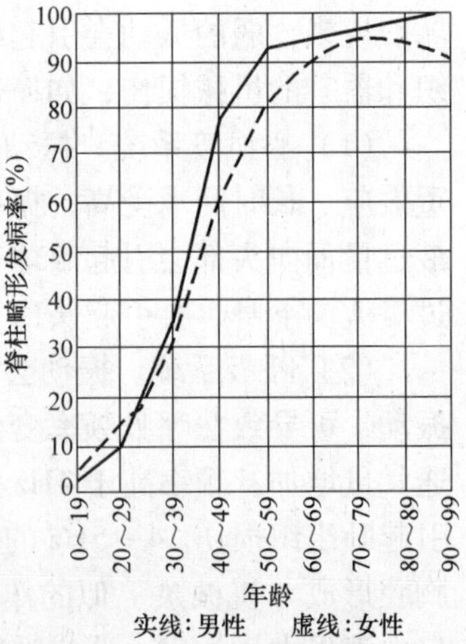

图 6-5　脊柱畸形患病率与年龄的关系

表 6-1可知，载货汽车和拖拉机驾驶员脊柱畸形的发病率最高，这是因为他们长期承受剧烈振动，且坐姿难以保持稳定。

表 6-1　各类人员的脊椎畸形患病率

职业	农民	矿工	工厂工人	手工业工人	建筑工人	搬运工人	公交车驾驶员	拖拉机驾驶员	载货汽车驾驶员
脊椎畸形患病率（%）	55	70	43	29	37	98	43.6	71.3	80
平均患病年龄	40	51	45	41	51	56	40	26	—
调查人数	31	116	100	51	113	97	213	310	62

6.1.4　乘坐振动的心理效应

全身振动引起的心理效应主要表现为受振者操作能力的变化。让试验者坐在座椅上用振动台进行各种典型情况的激振试验，测得振动对人的操作能力的影响如图 6-6 ~ 图 6-11 所示，并得到以下一些初步结论：

1. 对视力的影响　受垂直振动的人的视力降低程度随激振频率变化的情况如图 6-6 所示。由图可见，频率低于 10Hz 时，加振期间视力降低，且加振结束时不能马上完全恢复；高于 10Hz 时，加振期间视力明显降低，但加振结束时几乎完全恢复。

2. 对平衡能力的影响　受垂直振动的人的平衡能力随激振频率变化的情形如图 6-7 所示。试验时，用专门的平衡椅来测定人的平衡能力。平衡椅由液压装置控制，可任意倾斜像摇篮一样，其倾角与被检测者操纵校正手柄的信号和外部的信号之差成比例。将被检测者蒙住眼睛，让其坐在椅子上承受振动，同时根据平衡感觉操作校正手柄以使椅子保持平衡。平衡能力以离平衡位置的偏差值与激振加速度的比值（图 6-7 中纵坐标）来表示，该比值越大

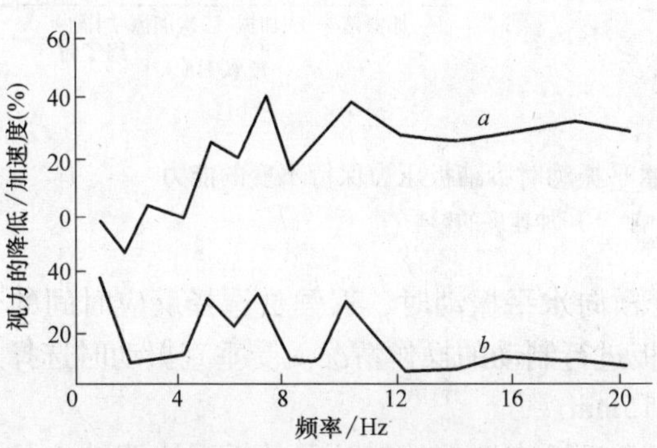

图 6-6　人坐在座椅中受垂直振动时的视力降低情况

a—加振期间　*b*—加振终了

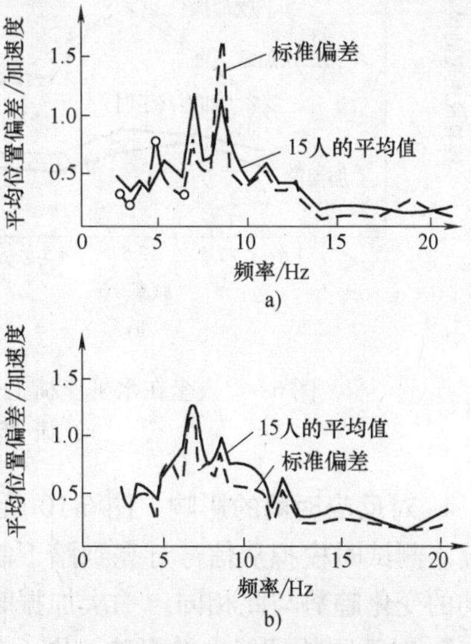

图 6-7　蒙住眼睛坐在平衡座椅中承受垂直振动时平衡能力变化情况

a）加振期间　b）加振终了

平衡能力越差。由图6-7a 可知，受垂直振动时，人的平衡能力降低的程度取决于激振频率。标准偏差相当大，各人之间的情况也大不相同，由图6-7b 可知，激振结束时平衡能力不能很快恢复。

3. 对跟踪能力的影响 受横向水平振动时人的跟踪误差的测定结果如图6-8所示。所谓“跟踪”就是模拟驾驶员追随时刻变化的目标来操纵转向盘以驾驶汽车的情况。图6-9所示是受纵向水平振动时驾驶员脚踩加速踏板并保持压力不变的能力的降低情况，图中纵坐标用换算成汽车行驶速度的误差来间接表示踏板力的变化误差。由于振动频率和振动加速度的不同，其误差也不同。激振终了时，保持压力不变的能力基本完全恢复。受垂直振动和横向水平振动时的情况大体相同。试验时，一次加振时间为15min。

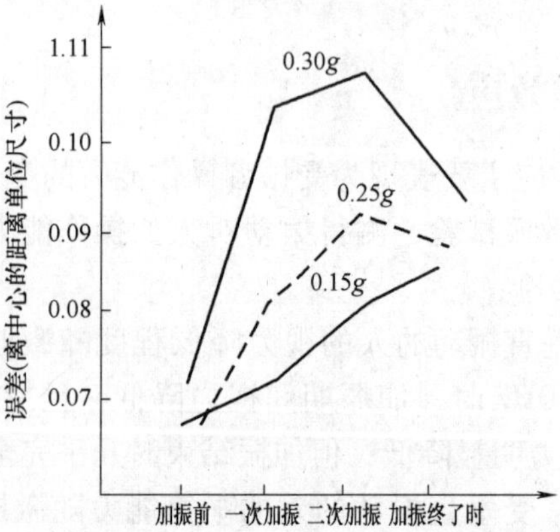

图6-8　人坐在座椅上受横向水平振动时的跟踪误差

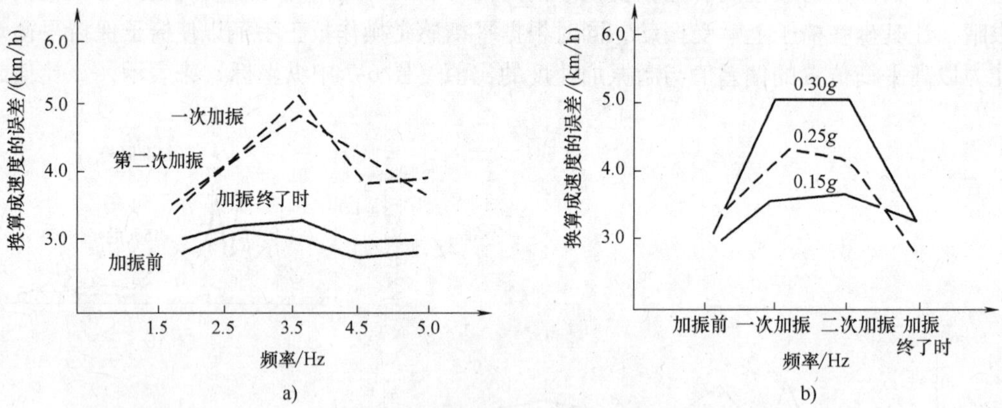

图6-9　人坐在水平座椅上受纵向水平振动时脚踏板压力保持不变的能力

a）振动频率的影响　b）加速度的影响

4. 对反应时间的影响 图6-10所示是受横向水平振动时，驾驶员选择反应时间的变化情况。测试时模拟从信号灯亮到踏下制动踏板进行制动的操作情况。受垂直振动时选择反应时间的变化趋势与此相同。一次加振时间为15min。

5. 对手眼协调能力的影响 图6-11所示是受垂直振动的驾驶员的手眼协调动作的平均时间随加振频率变化时的情况。可以看出，加振频率较低时手眼协调动作的平均时间较长；频率较高时手眼协调动作的平均时间比静止时略长；频率为9.5Hz时，协调动作的平均时间已接近静止时。

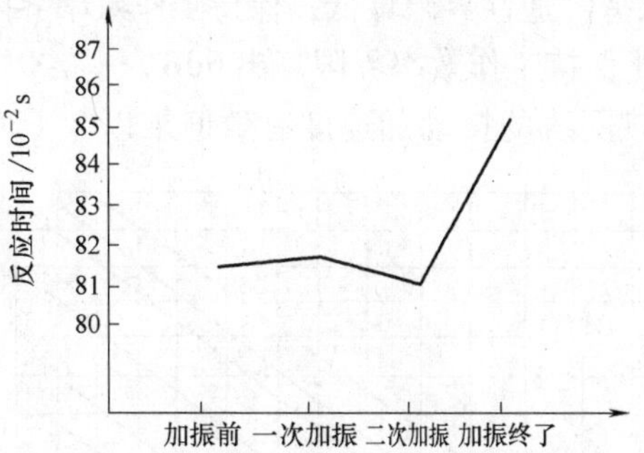

图6-10　人坐在座椅上受横向水平振动时的反应时间

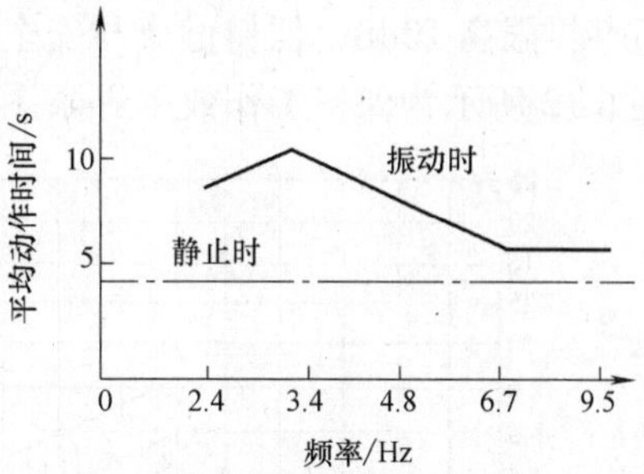

图6-11　受垂直振动时驾驶员手眼协调动作的平均时间

6.2　人体承受全身振动的评价

6.2.1　人体承受全身振动的评价标准

人体承受全身振动而引起的舒适性问题，人们称之为振动舒适性。乘坐振动主要是通过人体臀部与坐垫的接触界面传递给驾驶员的。目前，国际上使用最广泛的振动舒适性评价标准是ISO2631—1—1997（E）《人体承受全身振动的评价》。该标准适用于评价长时间作用的随机振动和多点输入多轴向振动对人体的影响。许多国家都参照此标准制定了相关的振动评价标准。

国际标准ISO2631提出以振动方向、振动加速度有效值、振动频率和受振持续时间（暴露时间）这四个最基本的振动参数之间的关系来评价全身振动对人体产生的影响。根据受振者的感觉，ISO2631把振动人为地划分为三个不同的界限：

（1）保持舒适性界限，也称降低舒适性界限。在此振动界限内，人的基本动作如读、写、吃等基本不受影响，没有不舒适的感觉。从涉及交通运输业的各种研究中导出的舒适性降低界限，在国际标准ISO2631该部分中假定为：保持工作效率界限降低相应级的大约三分之一，而且还假定遵循相同的时间和频率关系。

（2）保持工作效率界限，也称疲劳-降低工效界限。在此振动界限内，受振者能在规定的时间保持正常的工作效率。如果超过此界限，在多种工作中就被认为明显地具有损害工作效率的危险，受振者的工作效率就会因疲劳而降低。特别是那些众所周知受时间影响的作用（疲劳）会使操作能力恶化的工作，例如：对载运工具的驾驶。

在任何情况下，干扰工作的实际程度依赖于众多因素，包括个人特性、工作性质和工作难度。尽管这样，标准推荐的界限表示出：这种干扰开始发生的普遍级，以及通常观察到的相关频率和相关时间。

（3）保持健康与安全界限，也称为受振极限。这是身体所能承受振动的上限。受振者承受的振动强度在极限以内时，人体健康将不受损害；如若超过受振极限，受振者的健康就会受到损害。所以超过此暴露界限，如果没有特别的正当理由和预防措施，即便承受者不在工作也是不能接受的。

上述三种界限之间存在一定的定量关系：保持舒适性界限最低；保持工作效率界限比保持舒适性界限高 10dB，保持健康与安全界限又比保持工作效率界限高出 6dB。

图 6-12 所示为保持工作效率界限图线。将该图线的振动加速度有效值乘以 2（20lg2≈

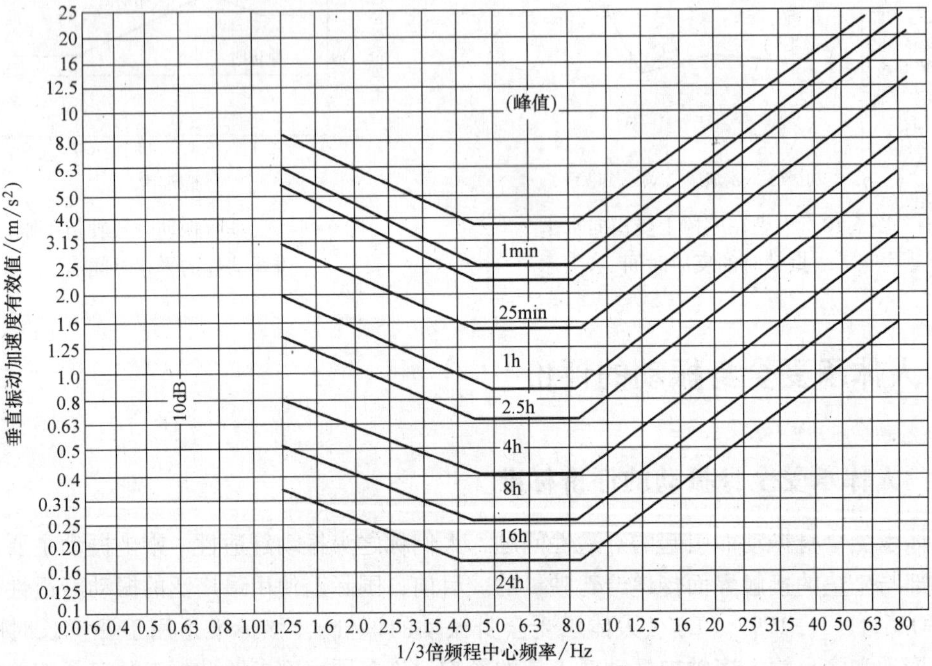

a)

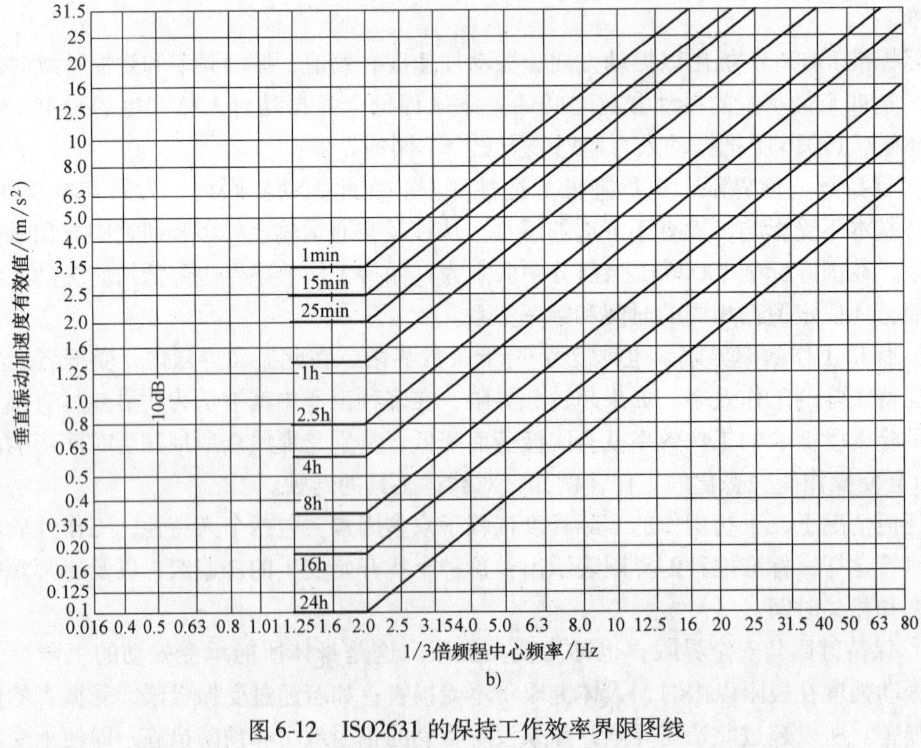

b)

图 6-12　ISO2631 的保持工作效率界限图线

a）垂直振动　b）水平振动

6）就可得到保持健康与安全界限，除以 3.15（20lg3.15≈10）就可得到保持舒适性降低界限。

由图 6-12 可得出以下几点结论：

（1）垂直和水平方向振动的三种界限图线所容许的振动加速度有效值随频率变化的规律相同。

（2）水平方向的振动频率 1～2Hz、垂直方向的振动频率 4～8Hz 是人体对全身振动最敏感的频率范围。在上述频率范围内所对应的振动加速度限值比其他频率范围所对应的振动加速度限值都要小。

（3）人体在振动环境中的受振时间越长，各感觉界限容许的振动加速度有效值就越小。

（4）频率低于 2.8Hz 时，同样的受振时间下，水平方向的振动加速度限值低于垂直方向的振动加速度限值。高于 2.8Hz 的频率范围内，则是水平方向的振动加速度限值高于垂直方向的振动加速度限值。

6.2.2　人体承受全身振动的评价方法

不同的工作环境应选取不同的感觉界限作为评价振动的基本标准。例如，对于拖拉机、工程机械和载货汽车，宜取保持工作效率界限作为评价标准；而对于轿车、小客车和旅游车的乘客和驾驶员则应该取保持舒适性界限作为评价标准。

国际标准 ISO2631 中的评价标准是在实验室中对振动台上站着或坐着的受试者施加单频率的简谐振动，根据受试者的感觉统计得出的一组相互平行的等感觉线，其界限值可直接有效地用于单频率简谐振动的评价。振动测量设备一般由以下部分组成：传感器或拾振器，放大器（电的、机械的或者光学的）和振幅或者振级指示器或记录仪。在适当、可行（如电子仪器）之处，可包含滤波网络来限制设备的频率范围，并对输入信号采用推荐的频率加权。对于许多应用，在并非必定依赖现场测定的场合，可以适当的磁带记录系统获得样本记录，随后进行分析。为了方便，还可包含有方均根值检波装置，这样可直接读出和记录方根值。

从等效的观点考虑，也可直接用于集中在 1/3 倍频程或更小频带中的窄带随机振动的评价，此时，应以 1/3 倍频程中心频率处的振动加速度有效值的容许界限值，去同相应的 1/3 频程通带内的实测振动加速度有效值相对比。对于宽带随机振动或多个离散频率的振动，若假设不同频率的振动对人体产生的影响效果之间没有明显的相互干扰，则可根据具体情况和要求而采用 1/3 倍频程分析对比法或频率计权评价法之一进行振动舒适性的评价。

6.2.2.1　1/3 倍频程分析对比法

这种评价方法将 1～80Hz 频率范围分解为 20 个 1/3 倍频程。所谓 1/3 倍频程，就是按下述规律划分的频带。各频带的上限频率 f_u 与下限频率 f_L 之比为：$f_u/f_L=2^{\frac{1}{3}}$，且频带中心频率 f_c 为：$f_c=\sqrt{f_L f_u}$；相邻两个频带的中心频率之比也是 $2^{\frac{1}{3}}$。

用 1/3 倍频程分析对比法进行评价时，通常利用专用的频谱分析仪或分析系统将实测的振动加速度信号进行分析处理，求得每个 1/3 倍频程的振动加速度有效值，即 1/3 倍频程振动加速度频谱，然后分别同该频带中心频率处的相应界限值进行对比；若实测的 1/3 倍频程振动加速度频谱中的所有点均低于对应频带的容许界限值（如4h界限线），则认为振动舒适性完全符合标准；若有一个或两个在人体最敏感频率范围之外的点超过所要求的界限线，但仍低于另一稍放宽的容许界限线（如2h界限线），则可认为“基本符合标准”；否则，就认为不符合标准。此法比较适合于窄带随机振动的评价。

如果有几个1/3倍频程的振动同时作用于人体，则认为主要是人体感觉最突出的那个频带的振动影响人体，其余频带的振动对人体的感觉效果不产生明显干扰。

6.2.2.2 频率计权评价法

频率计权评价法采用总加权加速度有效值作为评价指标。

1. 计算总加权加速度有效值 用频率计权评价法进行评价时，先用频率加权函数将人体最敏感频率范围之外的各频带振动加速度有效值，折算为人体最敏感频率范围内的加速度有效值，然后求取各折算加速度有效值 a_{Wi} 的平方和的方根值，称为总加权加速度有效值，记作 a_W。

按此算法，折算频带加速度有效值 a_{Wi} 为

$$a_{Wi} = W_{fi} a_{fi} \tag{6-1}$$

总加权加速度有效值 a_W 为

$$a_W = \sqrt{\sum_{i=1}^{20} a_{Wi}^2} \tag{6-2}$$

式中，a_{Wi}为等效于人体最敏感频率范围内（垂直方向为4～8Hz，水平方向为1～2Hz）的第 i 频带的折算加速度有效值，$i=1$，2，3，…，20，对应于1～80Hz频率范围内的20个1/3倍频程的不同频带（实质上，频率计权法就是将1～80Hz频率范围内的全部振动能量换算为人体最敏感频率范围内等效振动加速度有效值）；a_{fi}为1～80Hz频率范围内，1/3倍频程第 i 个频带中心频率处的实测振动加速度方均根值，

$$a_{fi} = \sqrt{\frac{1}{T}\int_0^T a_{fi}^2(t)\,\mathrm{d}t}$$

其中，T 为振动信号的分析时间；W_i 为频带的加权因子。

不同频率的加权因子 W_i 可按式（6-3）和式（6-4）计算。

垂直方向

$$W_{fi} = \begin{cases} 0.5f_c & 1 < f_c \leqslant 4 \\ 1 & 4 < f_c \leqslant 8 \\ 8/f_c & 8 < f_c \leqslant 80 \end{cases} \tag{6-3}$$

水平方向

$$W_{fi} = \begin{cases} 1 & 1 < f_c \leqslant 2 \\ 2/f_c & 2 < f_c \leqslant 80 \end{cases} \tag{6-4}$$

式中，f_c 为各频带的中心频率。

2. 计算总加权加速度有效值的允许界限 按国际标准ISO2631的规定，与总加权加速度有效值相对应的允许界限值按下式计算求得

$$[a_W] = \sqrt{20} a_{fm} \tag{6-5}$$

式中，$[a_W]$ 为总加权加速度有效值的允许界限；a_{fm}为按ISO2631标准选取的评价标准，与

人体最敏感频率范围的振动加速度的适当界限值相对应。

3. *x*、*y*、*z* 三个方向复合振动评价　如果人体承受 x、y、z 三个方向的复合振动，x、y、z 三个方向振动的坐标系如图6-13所示。评价时，先对每个振动方向的加速度谱进行频率加权计算，然后按式（6-6）计算总加权加速度有效值 a_W

$$a_W = \sqrt{(1.4a_{xW})^2 + (1.4a_{yW})^2 + a_{zW}^2} \tag{6-6}$$

式中，前后和左右两个水平方向的加权系数取为1.4，表示在人体最敏感频率范围内，人体对水平方向的振动更为敏感和更难以忍受。计算得到的总加权加速度有效值 a_w，应同ISO2631标准的垂直振动（Z 向）的某一总加权加速度有效值的允许界限 a_{zw} 进行比较，来评价振动舒适性。

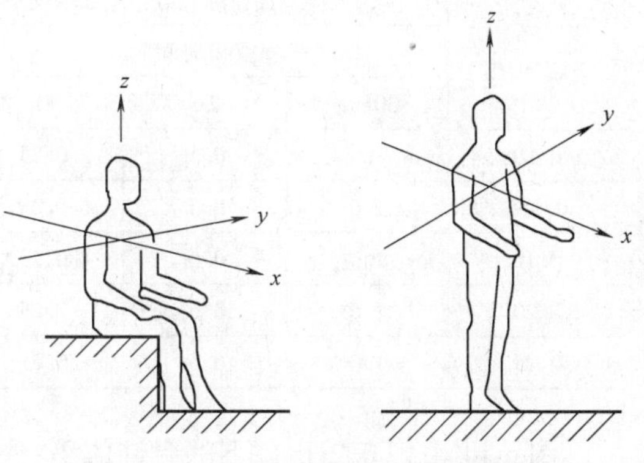

图6-13　人体振动基本坐标系方向

6.2.2.3　1Hz以下振动的评价

以上讨论的振动频率范围是1～80Hz。对低于1Hz的振动，不同的人由于个体方面的差异（如视觉、嗅觉、年龄、性别等），对该频域振动的反应也变化多样，有些人会出现运动病症状。基于严格的观察及实验室和现场研究分析的结果，国际标准ISO2631提出了关于人体承受0.1～0.63Hz垂直振动的评价标准，它尤其适合用于离散频率和窄频带振动，并且也暂时适用于特定频率范围的随机振动和非周期振动。

1. 严重不舒适界限　规定以“严重不舒适界限”（见表6-2和图6-14）作为人体承受该频率范围垂直振动的允许受振界限。在该频率范围内，许多运输工具都存在不容忽视的振动，它会引起某些有害影响。此标准认为在0.63～1Hz范围内很少发生运动病，所以可忽略。“严重不舒适”是指出现了运动病症状。这些症状按其严重程度，从脸色苍白、头昏眼花开始，经过恶心、呕吐，到完全失去工作能力，病态症状连续发生并逐渐加剧。而病态症状的严重程度和持续时间因人而异。对同一个人，病态症状的变化取决于周围环境和本人习惯。如果加速度或者持续时间已超过图上的量值范围，那么，无经验的（即无依靠地站着或者坐着的正常健康）人，都会极度不舒适和暂时性丧失活动能力（约有10%的人能承受超过界值水平的加速度，因此界值有90%的覆盖率）。本界值适用于不经常（无经验）的普通公共乘客。许多人已经适应经常承受振动，对这些人中的90%，则界值可以提高。或者界值不变，能合乎界值要求的人数覆盖率可加大约95%左右。但是对于一般乘客，有大约5%的少数人对于低于0.63Hz的振动一点也不适应。

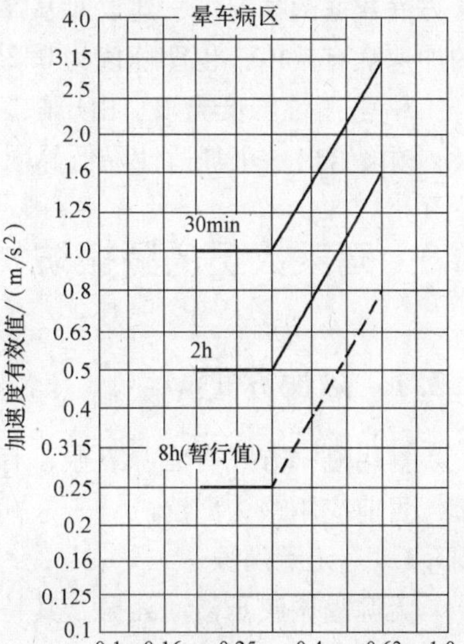

图6-14　垂直振动0.1～0.63Hz范围的“严重不舒适界限”图线

表 6-2　垂直振动加速度有效值表示的"严重不舒适界限"

1/3 倍频程中心频率/Hz	垂直振动加速度有效值/(m/s²) 受振时间 30min	2h	8h	1/3 倍频程中心频率/Hz	垂直振动加速度有效值/(m/s²) 受振时间 30min	2h	8h
0.10	0	0.5	0.25	0.315	1.0	0.5	0.25
0.125	1.0	0.5	0.25	0.40	1.5	0.75	0.375
0.16	1.0	0.5	0.25	0.50	2.15	1.08	0.54
0.20	1.0	0.5	0.25	0.63	3.15	1.60	0.80
0.25	1.0	0.5	0.25				

图 6-14 中把 0.2Hz 以下的允许值稍有提高的现象掩饰了，而且图中所画的水平线一定不能再延伸到 0.1Hz 以下。

由于女性比男性更易得运动病，对于她们，允许受振界限只有 85% 的覆盖率，而有 15% 左右的女性在承受所推荐的量级或略高一点的量级时，就会得运动病。似乎加速度值降低 20% 左右才能使女性保持 90% 的覆盖率。故对女性的"严重不舒适界限"的振动加速度限值应降低。在其他形式的非垂直振动叠加于垂直振动上的场合，为了维持相同程度的保护性，应将"严重不舒适界限"的振动加速度限值相应降低 25%。同时允许值随年龄也有很大的变化，例如儿童对振动特别敏感，而年纪大的就不敏感（但 18 个月以内的婴儿对运动病有很大的免疫力）。目前尚未提出包括年龄影响的现实的调整方法。

2. 降低灵活性　严重不舒适界限包括运动病引起的丧失能量病症。在 1Hz 以下，全身与肢体的惯性反作用非常大，而且在某些振动量级下几乎使双手丧失灵活性。可忍受损伤的等级和相应的加速度水平随着工作性质的不同而变化很大。标准 ISO2631 提出，在几乎没有这方面数据的情况下，建议对从事书写和精细手控操作的人，可取界限值近似为 $1.75m/s^2$ 的加速度有效值，也即峰值为 0.25g 的加速度值，它与频率基本无关。

3. 舒适性降低界限　由于缺乏数据和各种舒适性降低症状的多种多样，不可能对 0.1～1Hz 频段给出一个舒适性降低界限与 1～80Hz 频段相协调或延续。

6.3　驾乘人员的隔振防护

6.3.1　隔振方式

常用隔振方式有无源隔振、有源隔振和半有源隔振三类形式。无源隔振方式由于结构简单，目前应用最为广泛。

6.3.1.1　无源隔振

无源隔振属于被动隔振，其特点是隔振系统无需输入外部能量。一个弹性元件（常用弹簧）、一个阻尼元件（常用减振器）及相应的振动质量即可组成最简单的无源隔振系统。利用弹性元件和阻尼元件进行多种形式组合，可以改善隔振性能。下面分别进行介绍。

1. 常规的无源隔振系统　常规的无源隔振系统，结构最为简单，可简化为单自由度的质量-弹簧-阻尼器系统，其简化模型如图 6-15 所示。图中 z_t 为振动激励位移，在汽车上可以是座椅安装点处的振动位移；z_s 为等效簧载质量的振动位移；k_s 为隔振系统中弹性元件的等效刚度（主要是弹簧刚度）；C_s 为隔振系统中阻尼元件的等效粘性阻尼系数（主要是减振器的阻尼系数）；m_s 为等效簧载质量，等于座椅的簧载部分的结构质量 m_0 与驾驶员体重 m_p 中由座椅支撑部分 γm_p 之和，即

$$m_s = m_0 + \gamma m_p \tag{6-7}$$

式中，γ 为考虑驾驶员体重有一小部分要经手臂和腿直接支撑在汽车机体上而不加在座椅上面的折算系数，通常取为0.75或5/7。

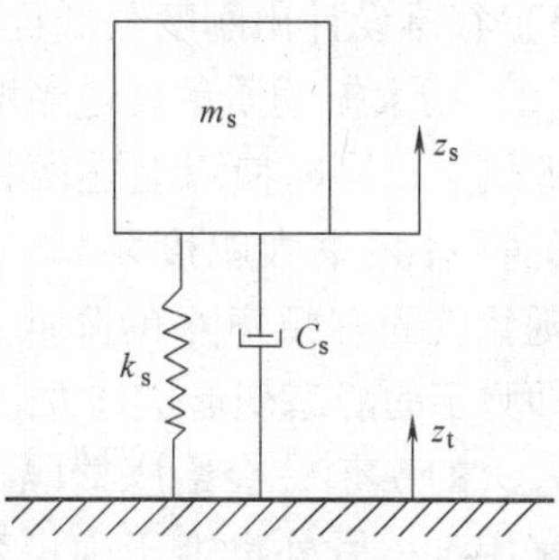

图6-15 常规无源隔振系统简化模型

根据牛顿第二定律可列出该系统振动方程为

$$m_s\ddot{z}_s + C_s(\dot{z}_s \dot{z}_t) + k_s(z_s - z_t) = 0 \tag{6-8}$$

则该隔振系统的基本振动特性为

固有频率
$$f_s = \frac{1}{2\pi}\sqrt{\frac{k_s}{m_s}} \tag{6-9}$$

固有圆频率
$$\omega_s = \sqrt{k_s/m_s} \tag{6-10}$$

临界阻尼系数
$$C_0 = 2m_s\omega_s = 2\sqrt{k_s m_s} \tag{6-11}$$

阻尼比
$$\xi = C_s/C_0 \tag{6-12}$$

振动传递率
$$T = \left|\frac{z_s}{z_t}\right| = \sqrt{\frac{1+4\xi^2(\omega_t/\omega_s)^2}{[1-(\omega_t/\omega_s)^2]+4\xi^2(\omega_t/\omega_s)^2}} \tag{6-13}$$

式中，ω_t 为汽车上座椅安装点处的振动圆频率，对应的振动频率为 f_t。

振动传递率 T 随频率比（ω_t/ω_s）或（f_t/f_s）的变化规律如图6-16所示。

从图6-16中看出，频率比$(\omega_t/\omega_s)=\sqrt{2}$为临界点。以临界点分，全部激励频率范围分成两个区域：$(\omega_t/\omega_s)<\sqrt{2}$区域为放大区；$(\omega_t/\omega_s)>\sqrt{2}$区域为隔振区。为了尽可能改善隔振系统的隔振性能，可通过降低隔振系统的固有频率 f_s 来扩大隔振区而缩小放大区。

为了降低座椅系统的固有频率，根据固有频率的表达式，可采取两种措施：降低弹簧刚度和增大振动质量。

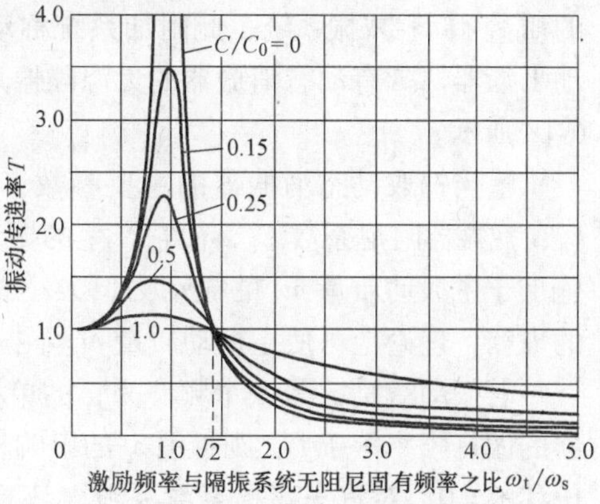

图6-16 常规无源隔振系统的振动传递特性

（1）降低车辆座椅弹簧的刚度。虽然降低弹簧刚度可以减小整个隔振系统的固有频率，但是却不能使弹簧刚度太低。究其原因主要有：

1）在实际情况下，由于座椅悬置系统内存在摩擦，若弹簧刚度太低，则系统偏离平衡位置后，可能不再回到初始位置，从而可能导致整个座椅悬置系统起不到隔振作用。

2）若弹簧刚度过低，则座椅对驾乘人员姿势的改变以及由此引起的载荷变化反应过于敏感，从而可能引起人心理上的不安定感。

3）很难设计出刚度很低且能满足一定强度要求的弹簧。

（2）增大振动质量。适当增加弹簧支撑部分的结构或附加质量块可增大振动质量。

原则上，同时使用上述两种措施可使座椅悬置系统的固有频率大幅度降低。但是，如图 6-17 所示，随系统固有频率 f_s 的降低，座椅的静态位移量 δ_{st}，即弹簧的静态变形量增大。

过大的 δ_{st} 值，会给座椅隔振系统的空间合理布置带来困难；另外也难于确定弹性元件的尺寸。因此，只靠降低座椅悬置系统固有频率来改善隔振性能并不可行。此外，针对隔离全身振动负荷，当固有频率低于 1Hz 时，驾乘人员可能会产生“晕车”症状，故选取无阻尼固有频率不宜低于 1Hz。

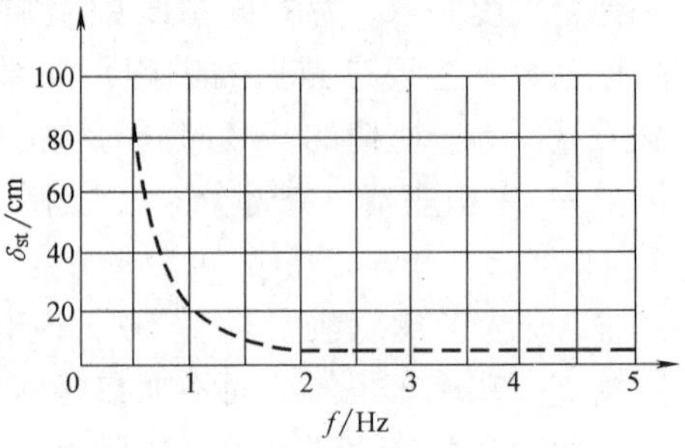

图 6-17　常规无源隔振系统弹簧静态位移量 δ_{st} 与系统固有频率的关系

阻尼比 ξ 对振动传递率曲线形状和大小也有很大影响。阻尼比 ξ 值过大，会使隔振区振动衰减降低，隔振性能变差；阻尼比 ξ 值过小，放大区振动传递率又要增大，共振更明显。通常阻尼比 ξ 值取 0.25 ~ 0.50。

振动传递率 T 确定后，可根据汽车上座椅安装点处的垂直振动加速度有效值 α_t，计算座椅上的垂直振动加速度有效值 α_s

$$\alpha_s = T\alpha_t \tag{6-14}$$

通常，将振动传递率控制到 0.5 ~ 0.65。

由于常规无源隔振系统的缺点：降低隔振系统固有频率会使静态弹簧变形量增大；阻尼比的变化对隔振区和放大区的振动传递率产生的影响相反。因此，有必要采取其他有效措施改进无源隔振系统的隔振性能。

2. 动态消振器（动态振动平衡器）　在常规无源隔振系统的簧载质量上再加一套附加的质量-弹簧-减振系统，此附加系统称动态消振器，也称动态振动平衡器。带有动态消振器的无源隔振系统的振动简化模型如图 6-18 所示。

适当选取动态消振器的主要参数：振动质量 m_d、弹簧刚度 k_d、减振器阻尼系数 C_d，使它产生的振动力，与系统的振动激励施加于主振动质量 m_s 的振动力，大小相等方向相反，达到动态的平衡，理论上可使主振动质量 m_s 不振动。

若振动激励 z_t 是一个频率为 f_t 的单频正弦波，调整动态消振器的固有频率等于 f_t，则抵消 z_t 的影响，可使主振动质量的振动位移 $z_s=0$。对汽车座椅悬置系统，座椅安装点处的振动位移 z_t 在其固有频率 f_t^N 时达到峰值，故宜将动态消振器的固有频率调整到等于 f_t^N，即

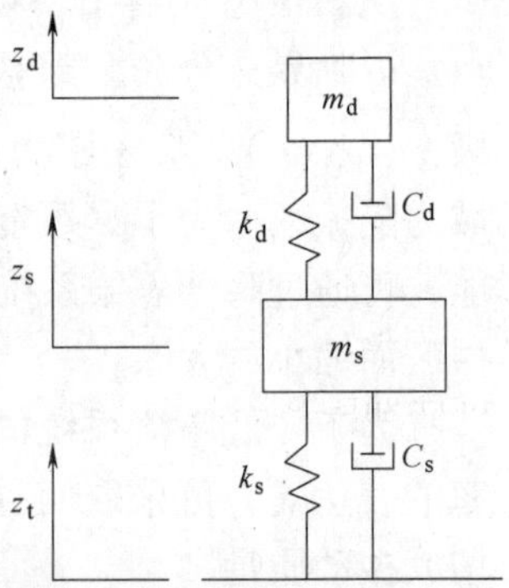

图 6-18　具有动态消振器的无源隔振系统

$$\sqrt{k_d/m_d} = 2\pi f_t^N \tag{6-15}$$

实际上，机体激励频率不是单一频率，多半是窄带随机波形，故需在动态消振器中加入适当阻尼，避免出现大的共振峰。合理的具有动态消振器的无源隔振系统，其振动传递特性

曲线如图 6-19 所示。

3. 动态耦合系统　动态耦合系统是将一套附加的质量-弹簧-减振系统，通过机械的联系与常规无源隔振系统建立起耦合与反馈关系，静态时附加的质量-弹簧-减振系统不影响座椅悬置系统的静态特性；动态时通过附加质量-弹簧-减振系统的不同形式的耦合，使座椅悬置系统的振动传递特性趋近于如图 6-20 所示的情况。

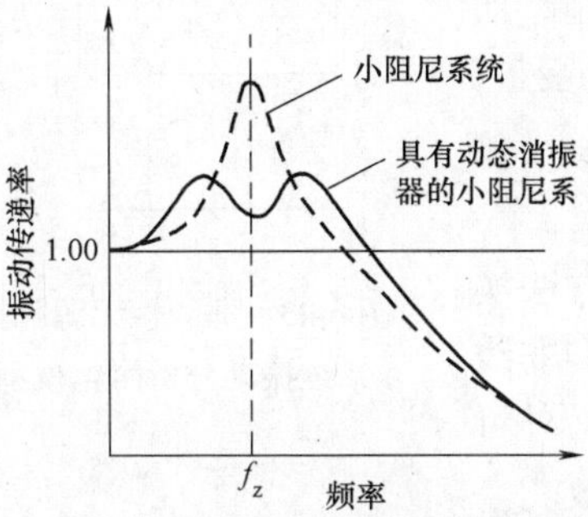

图 6-19　具有动态消振器的无源隔振系统的理想传递特性

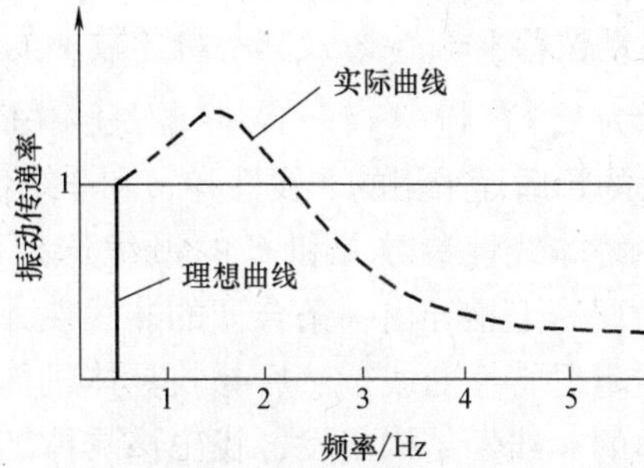

图 6-20　无源隔振系统的理想传递特性

动态耦合系统的振动简化模型如图 6-21 所示。适当选择附加质量块 m_1、弹簧刚度 k_1、阻尼系数 C_1 以及附加质量 m_1 与主质量 m_s 之间的运动位移折算关系，能使座椅悬置系统的振动传递率 $|z_s/z_t|$ 曲线向理想传递特性曲线逼近，从而改善座椅悬置系统的隔振性能。

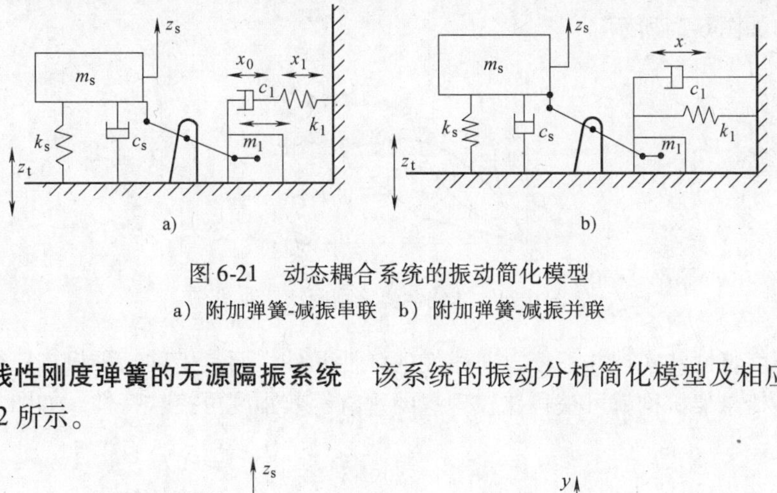

图 6-21　动态耦合系统的振动简化模型

a）附加弹簧-减振串联　b）附加弹簧-减振并联

4. 分段线性刚度弹簧的无源隔振系统　该系统的振动分析简化模型及相应的弹簧刚度特性如图 6-22 所示。

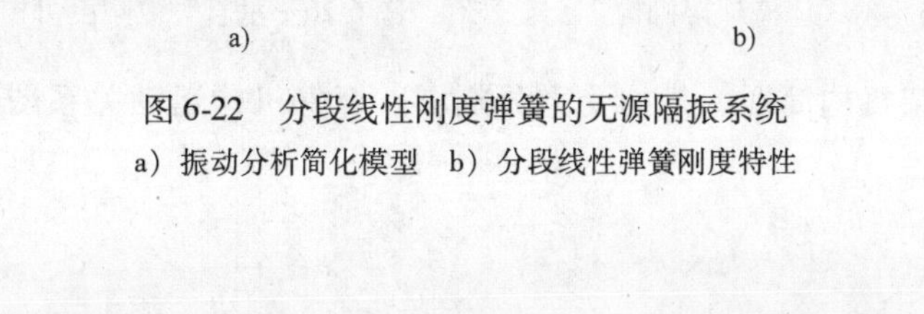

图 6-22　分段线性刚度弹簧的无源隔振系统

a）振动分析简化模型　b）分段线性弹簧刚度特性

当振动主质量 m_s 的动位移 z_s 小于间隙 d 时，取低弹簧刚度 k_s 而获得较低的固有频率；而当动位移 z_s 等于或大于间隙 d 时，附加弹簧与座椅悬置系统中的弹簧并联，使总刚度增大到 k_s+k_1，从而使动位移 z_s 不超过某一允许界限值。一般，座椅的最大动位移 z_s 不应超过 ±75mm。

5. 非线性无源隔振系统 该系统的振动分析简化模型如图 6-23 所示。系统中弹簧刚度 k 和阻尼系数 C 都不是定值，而是随相对动位移 $y=z_s-z_t$ 及其一阶导数 $\dot{y}$ 的变化而变化的变量，分别表示为 $k(y)$ 和 $C(y, \dot{y})$。目的是解决低固有频率与动、静位移过大的矛盾而采用的非线性弹簧和非线性减振结构。

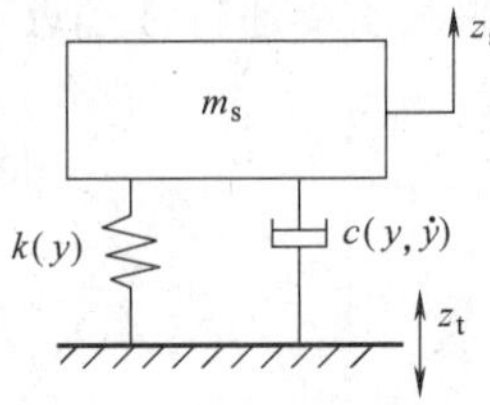

图 6-23 非线性无源隔振系统振动分析简化模型

该系统非线性参数 k 和 C 的最优选择可通过两种方法实现。一是理论上推导出一条合理的非线性弹簧刚度曲线和非线性减振器阻尼特性曲线，然后寻找具体机构去趋近它；另外可以从具体的非线性结构出发，找出该具体结构的最优参数。

6. 具有垂直等效刚度可控软特性的驾乘座椅隔振系统 车辆驾乘座椅基本都采用线性无源隔振。对于线性无源隔振系统，如果线性弹簧的刚度值太大，整个座椅悬置系统固有频率过大，低频隔振效果差，不能满足驾乘人员舒适性要求。若弹簧刚度值太小，座椅的静位移和振动行程较大，大的静位移会给总体布置空间带来困难，而大的振动行程也会影响车辆驾驶人员操作。研究表明，若把座椅悬置系统的弹簧刚度设计成非线性特性，则可弥补线性弹簧特性不足，获得较理想的隔振性能。一般，非线性弹簧刚度特性有硬特性、软特性和分段线性三种，如图 6-24所示。

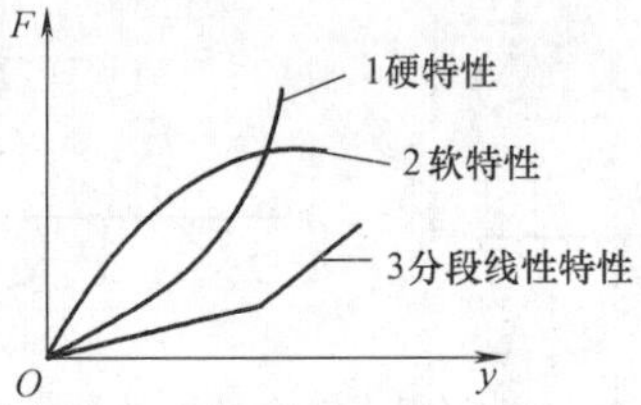

图 6-24 非线性弹簧刚度特性曲线

非线性刚度特性的实现并不依靠非线性的弹性元件，而是借助某种机构获得的。图 6-25 所示的剪式座椅悬架机构就可获得比较理想的垂直等效刚度可控软特性，如图 6-26 所示。

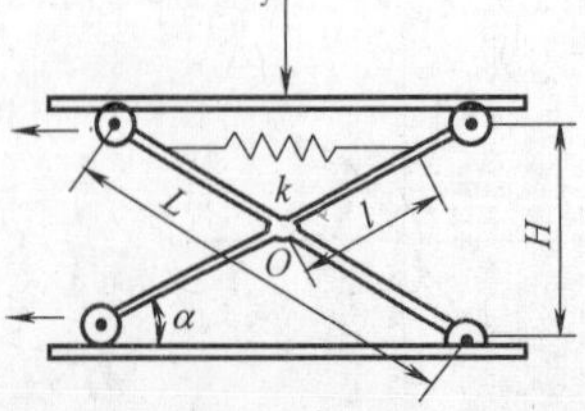

图 6-25 剪式座椅悬架机构

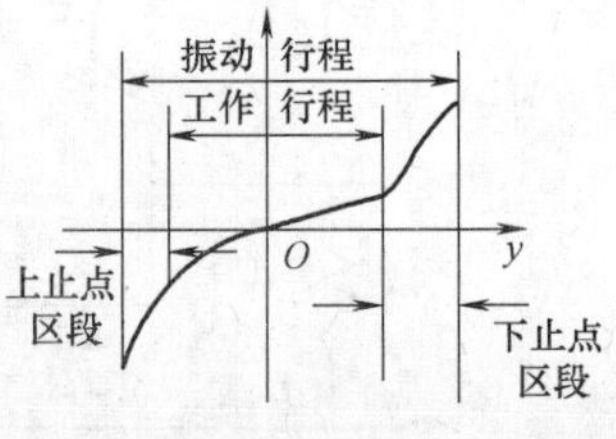

图 6-26 垂直等效刚度可控软特性曲线

该剪式座椅悬架机构简图、机构受力分析图、杆件机构运动关系图分别如图 6-27、图 6-28 和图 6-29 所示。

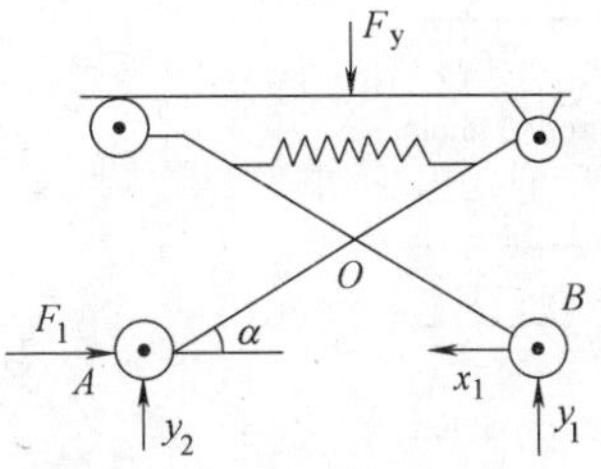

图6-27　剪式座椅悬架机构简图

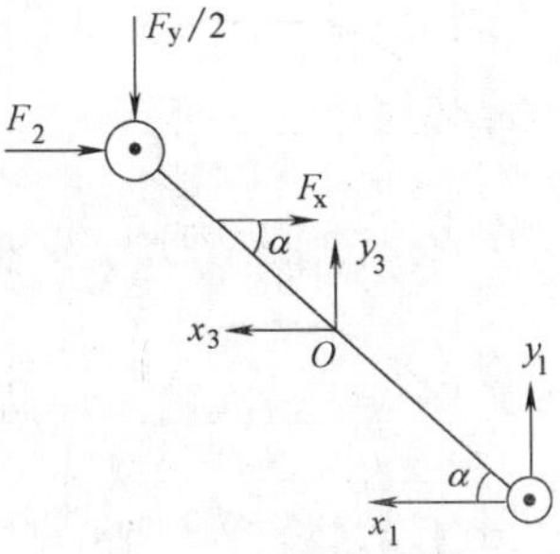

图6-28　剪式悬架机构受力分析图

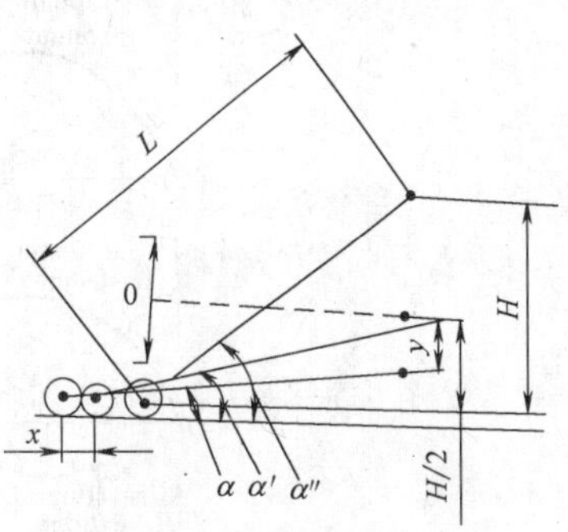

图6-29　剪式座椅悬架机构杆件运动关系图

该悬架的垂直等效刚度表达式如下

$$k(y)=4l^2\frac{\left[C_3-\sqrt{L^2-\left(\dfrac{H}{2}-y\right)^2}L^2+\left(\dfrac{H}{2}-y\right)^2\right]\left[\sqrt{L^2-\left(\dfrac{H}{2}-y\right)^2}\mp u\left(\dfrac{H}{2}-y\right)\right]}{\sqrt{L^2-\left(\dfrac{H}{2}-y\right)^2}\left[\sqrt{L^2-\left(\dfrac{H}{2}-y\right)^2}\mp u\left(\dfrac{H}{2}-y\right)\right]^2L^2}k \tag{6-16}$$

式中，L 为剪式杆件长度；l 为弹簧连接点离杆件中点 O 的距离；H 为剪式悬架机构垂直振动行程，在弹簧预紧力等于零的情况下，H 就是悬架自由高度；u 为滚轮的滚动阻力系数；k 为水平线性弹簧刚度；y 为剪式悬架机构垂直动位移；$C_3=\sqrt{L^2-\dfrac{H^2}{4}}$。

式（6-16）中的正负号这样来取：当滚轮从静平衡位置向内滚动时取“+”号，向外滚动时取“-”号。

剪式座椅悬架机构中，滚轮的水平动位移 x，悬架机构的垂直动位移 y，水平线性弹簧的动位移 x_s，水平线性弹簧刚度 k，弹簧的预紧变形量 x_{s0}，悬架压缩角 α 等参数并非完全独立，它们之间具有一定的关系。

由式（6-16）可知，剪式座椅悬架机构的垂直等效刚度由水平线性弹簧刚度 k，滚轮的滚动阻力系数 u，悬架机构的几何参数 H、L、l 及垂直动位移 y（或悬架压缩角 α）等参数确定。

为了方便分析起见，假设水平线性弹簧安装在悬架机构的上、下底面上，即 $2l=L$，由此可得垂直载荷力 F_y 与水平线性弹簧刚度 k 之间的关系式如下

$$F_y=\Phi(y)k \tag{6-17}$$

$$\Phi(y)=\tan\frac{\sqrt{L^2-(H/2-y)^2}-C_3}{1\mp u\tan\alpha+C} \tag{6-18}$$

$$C=F_{y\cdot H/2}/k \tag{6-19}$$

式中，$F_{y\cdot H/2}$ 为当悬架运动到自由高度的一半（$H/2$）位置时的垂直载荷力。

显然，函数 $\Phi(y)$ 的特性决定了垂直载荷力 $F_y(y)$ 的变化特性。图6-30所示为 H、L、u 取不同数值时的一组 $\Phi(y)$ 随 y 变化的特性曲线（图中，均取 $u\tan\alpha$ 前面的符号为“-”号）。

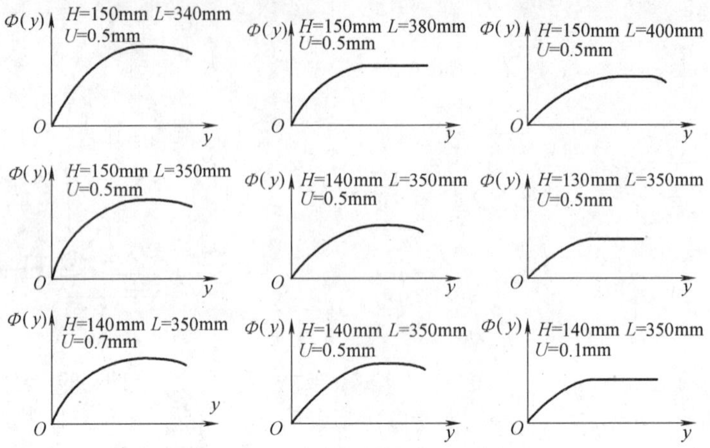

图 6-30　$\Phi(y)$ 随 y 变化的特性曲线

可见，这种明显的软特性是通过剪式悬架机构来实现的，而不是通过非线性刚度的弹性元件获得的，因此把这种特性称为剪式悬架机构软特性。

剪式座椅悬架机构的垂直等效刚度软特性，应当合理利用，才能获得比较理想的隔振性能。原则是：在座椅经常运动的工作区段内（如图 6-26），应充分利用悬架机构的软特性，使驾乘人员在车辆正常行驶时乘坐舒适；而当座椅承受冲击和较大振幅的振动时（进入上、下止点区段），对软特性加以控制，避免驾乘人员受到过大的冲击而有损健康。尤其是驾驶员座椅过大的动位移，会使驾驶员操纵紊乱而不利于安全。因此，进行座椅悬架系统设计时，一般都控制高度值，使实际振动行程不超过 150mm。可利用下述三种设计方案实现这一目的。

（1）悬架机构的软特性完全由悬架上、下止点的刚性接触进行控制，其垂直等效刚度特性曲线如图 6-31 所示。这使得振动行程的下止点区段实际上不存在，那么系统刚度将趋于无穷大。当座椅承受较大的突发冲击时，驾乘人员可能被振离座位，显然这个设计方案不合理。

（2）在悬架的下止点区段设置一个缓冲橡胶弹簧或简易缓冲橡胶块，改变下止点区段的刚度（见图 6-32），但是该设计仍不理想。

图 6-31　具有刚性下止点的座椅悬架的垂直等效刚度特性曲线

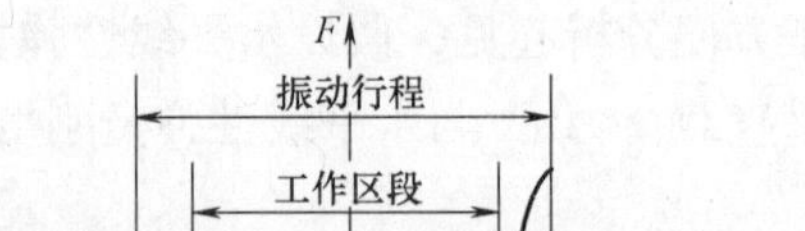

图 6-32　具有缓冲橡胶块的座椅悬架的垂直等效刚度特性曲线

（3）悬架机构振动行程三个区段的垂直等效刚度特性均为如图 6-26 所示的软特性。在座椅振动行程的起始阶段（上止点区段），利用悬架起始刚度大且变化较慢的特点，限制座椅的静位移，并且缓和驾乘人员承受的冲击；在座椅经常工作的振动行程范围（工作区段），利用软特性十分柔软的优点，以获得舒适的乘坐性能；在座椅振动行程的结束阶段（下止点区段），利用增大水平线性弹簧的总刚度值，来控制悬架垂直等效刚度的变化，使其整体刚度接近上止点区段的整体刚度，从而获得比较好的缓冲效果。这种垂直等效刚度可控软特性的设计合理，在机构上也很容易实现。座椅悬架垂直等效刚度软特性与悬架机构几何参数、滚轮的滚动阻力系数以及水平线性弹簧的总刚度有关。H、L 值的变化对起始刚度有重大影响，且决定垂直等效刚度的变化平缓程度；u 值不仅决定起始压缩角 α_0 的范围，而且影响垂直等效刚度的变化平缓程度和起始刚度的大小；k 值的改变，改变垂直等效刚度值的大小。

6.3.1.2　有源隔振

有源隔振是隔振系统具有外部能量输入和反馈控制环节，通过某种形式的振动传感器采集振动部件上的振动信号，经反馈回路加到电液伺服阀上去控制执行液压缸，使振动部件的运动达到瞬时的动态平衡，理论上达到不振。图6-33所示为具有位移反馈环节的有源隔振系统的振动分析简图。

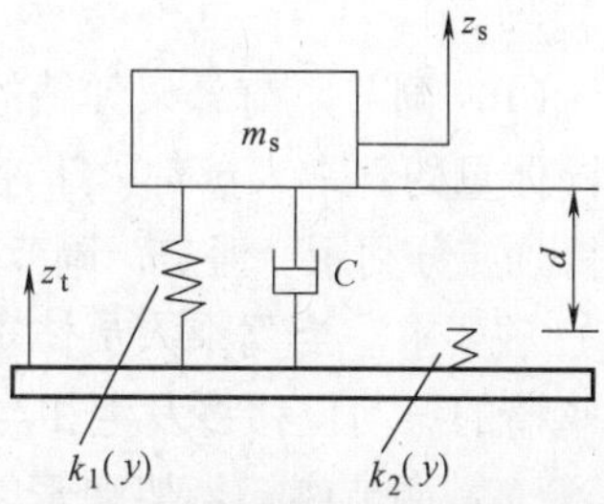

图6-33　具有位移反馈环节的有源隔振系统的振动分析模型

该系统能够隔离70%的输入振动能量，其隔振性能不随驾乘人员体重的不同而改变，也不存在座椅与车辆车体之间相对位移过大的问题，但结构复杂，价格较贵。

6.3.1.3　半有源隔振

半有源隔振将有源隔振和无源隔振结合起来，兼容了有源隔振的良好隔振性能和无源隔振的结构简单、价格低廉的优点。两者结合的不同形式可组成不同的具体结构。图6-34所示为一种具有控制阻尼的半有源隔振系统分析模型，其中旁通节流孔 C_L 用于保证调节回路的稳定性，并在反馈控制环节不起作用时充当简单的振动减振器。半有源隔振系统的隔振性能介于有源隔振与无源隔振之间。图中的 F_c 为阻尼力。

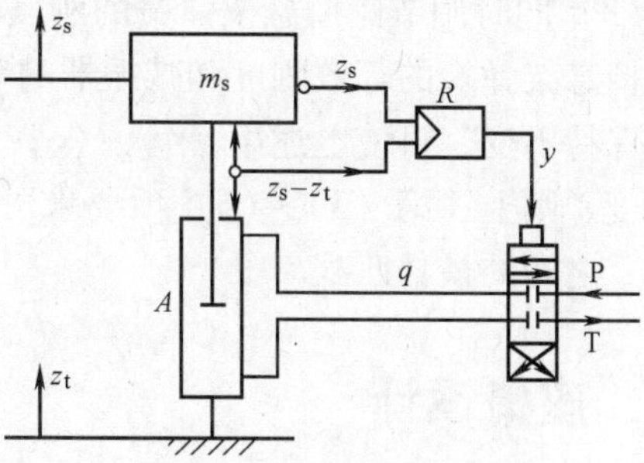

图6-34　控制阻尼的半有源隔振系统的振动分析模型

6.3.2　座椅的隔振性能

针对驾乘人员的隔振防护，需要对驾乘人员座椅的隔振性能提出要求：

（1）座椅应尽可能只作垂直方向的振动。

（2）座椅悬置系统（包括驾乘人员）的固有频率以1.5~2.0Hz为宜；阻尼比宜取为0.25~0.3。

（3）座椅悬置系统弹簧的静态工作点（相当于驾乘人员坐上去后的静态平衡位置）应一直处在设计规定的悬架工作行程的中点位置，以便充分利用悬架整个行程而不至于过早碰撞悬架行程限制块而造成冲击。

(4) 座椅悬置系统的固有频率应不随驾乘人员体重的改变而变化，能够始终保持最佳的振动传递特性。

(5) 驾乘人员承受的振动负荷应尽可能小。在同等条件下，不同体重驾乘人员所承受的振动负荷最好大致相同。

(6) 驾驶人员和座椅相对于转向盘、操纵杆件和脚踏板的振动位移应不随驾驶人员体重不同而变化。弹性振动位移不应超过 ±75mm。

6.3.3 座椅悬置系统的调节

座椅悬置系统的特性参数要能对于所有驾乘人员都满足最佳匹配，则必须能根据驾乘人员的不同体重进行调节。下列三种基本调节方式可在不同程度上满足上述要求中的第 (3) ~ (6) 项。

(1) 调节座椅悬架弹簧的预紧度。调节座椅悬架弹簧的预紧度可使其静态工作点对于不同体重的驾乘人员都处于座椅悬架工作行程的中点位置，能使悬架工作行程在任何情况下都得到充分利用。但是，调节弹簧预紧度仅能满足上述第 (3) 项要求，却不能满足第 (4) ~ (6) 项要求。当驾乘人员体重不同时，座椅悬置系统的固有频率，驾乘人员所受振动负荷及座椅的振动位移将发生相当大的变化。

(2) 调节座椅悬架弹簧的刚度。根据驾乘人员的不同体重调节座椅悬架弹簧的等效刚度，可使座椅悬置系统的固有频率保持不变，以满足上述第 (4) 项要求，使座椅悬置系统的动态性能大大改善。若同时调节悬架弹簧的刚度和预紧度，则可同时满足上述第 (3)、(4) 两项要求，但第 (5)、(6) 两项要求仍然不能满足。

(3) 同时调节座椅悬架弹簧的刚度和减振器的阻尼系数。根据驾乘人员的不同体重调节座椅悬架弹簧的等效刚度和减振器的等效阻尼系数，可使座椅悬置系统的固有频率和阻尼比都保持不变，可使上述第 (4) ~ (6) 项要求同时得到满足。若再辅之以调节悬架弹簧的预紧度，则上述第 (3) ~ (6) 项要求可全部满足，以实现座椅悬置系统特性参数与驾乘人员体重之间的最佳匹配。

6.4 座椅设计

6.4.1 座椅设计原则

根据使用目的可将座椅分为三类：工作座椅、休息座椅和多功能座椅。无论哪种类型的座椅，设计均应符合人的生理特性，使就座者体重得到合理分布，大腿近似呈水平状态，两脚自然着地，上臂不负担身体的重量，肌肉放松，使人感到舒适。

座椅设计应掌握的原则是：座椅尺寸与就座者人体测量尺寸相适宜，并且可以调节；座椅能使就座者有舒适的坐姿，靠背结构和尺寸能给予就座者腰部充分的支撑，使脊柱接近于正常自然弯曲的状态；座椅能支持就座者的正确体位且使就座者保持稳定；座椅能使就座者灵活平稳地变换坐姿，进行体态自动调节。

具体设计时，需要注意下列要点：

(1) 座椅结构形式应尽可能适应坐姿的各种活动要求，使就座者保持身体舒适稳定并且能进行准确的控制和操作。

（2）工作座椅的座高和腰靠高可以调节，可调节部分的结构必须易于调节，且保证在使用过程中已调节好的位置不会改变并不得松动。

（3）座椅各零部件的外露部分不能有易伤人的尖角锐边，各部分结构不存在可能造成挤压、剪钳伤人的部位。

（4）无论就座者坐在座椅前部、中部还是往后靠，座面和腰靠结构均应使其感到安全舒适。腰靠结构应具有一定的弹性和足够的刚性，其形状和角度利于保持良好的坐姿，使脊柱接近于正常自然状态，减少疲劳。

（5）工作座椅一般不设扶手，需要设扶手时须保证操作人员作业活动的安全性和方便性。

（6）座椅的结构材料和装饰材料应耐用、阻燃、无毒。坐垫、腰靠、座面材料透气性好、不打滑，以增加臀部舒适感。扶手的覆盖层应使用柔软、防滑、透气性好、吸汗的不导电材料。

（7）为减少坐姿时小腿的疲劳，应保证小腿有足够的活动空间。

6.4.2　驾驶员的舒适坐姿

6.4.2.1　坐姿与脊柱形态

坐姿对车辆驾驶员的操作具有直接影响。舒适的坐姿使人体重量分布合理，大腿近似成水平状态，两足自然着地，上臂不负担身体重量，肌肉放松，操作时躯干稳定，变换坐姿轻松方便。

人体的舒适坐姿与人体躯干骨的组织结构密切相关。人体躯干骨包括脊椎、肋骨和胸骨。人坐着时，身体主要由脊柱、骨盆、腿和脚支撑。脊柱位于人体的背部中央，是人体的主要支柱。成人的脊柱长约700mm，一般由26块椎骨组成，其中颈椎7块、胸椎12块、腰椎5块、骶骨由5块愈合为一块、尾骨由4~5块愈合为一块，如图6-35所示。其上端承托颅骨，胸段借肋骨与胸骨连结构成胸廓，骶、尾骨与髋骨共同连成骨盆。脊柱每两节椎骨之间有软骨椎间盘和韧带相连接，以保证人体可作屈伸、侧屈和回旋等运动。坐姿时，腰椎将受力传给骨盆，由髋骨下部的坐骨结节传至座面。从人体的侧面观察，脊柱呈“S”形弯曲状态。

脊柱的这种弯曲形状使椎间盘之间具有最佳的压力分布以及最佳椎骨间肌肉静态负荷水平。正常姿势下，脊柱的腰椎部分前凸，至骶骨时后凹。良好的坐姿状态，可以使压力适当地分布于各椎间盘上，肌肉组织承受均匀的静负荷。当处于非自然姿势时，椎间盘内压力分布不正常，会导致腰部酸痛、疲劳等不适感。

从图6-35可以看到脊柱侧面有四个生理弯曲，即颈曲、胸曲、腰曲及骶曲。其中与坐姿舒适性直接相关的是腰曲。人处于不同坐姿时，脊柱形态不同，所产生的腰曲弧线也不同。图6-36所示为各种不同坐姿下所产生的腰曲弧线。人体正常腰曲弧线是松弛状态下侧卧的曲线形状，如图中曲线 *A* 所示，各椎骨之间的间距正常，椎间盘上的压力轻微而均匀，椎间盘对韧带几乎没有推力作用，人最感舒适。图中曲线 *E*、*F*、*K* 所示的躯干挺直坐姿和前弯时的腰弧曲线，会使腰椎严重变形。当腰部有所支撑，躯干与大腿呈115°角时，腰椎弯曲形状接近于正常腰曲弧线，如图中曲线 *B*，这是最舒适的坐姿。可见，保证腰曲弧线的正常形状，尽量使腰椎弧线接近正常的生理弧线是坐姿舒适的前提。另外舒适的坐姿应在腰部适当支撑，以使腰曲弧线自然弯曲，腰背肌肉处于松弛状态。

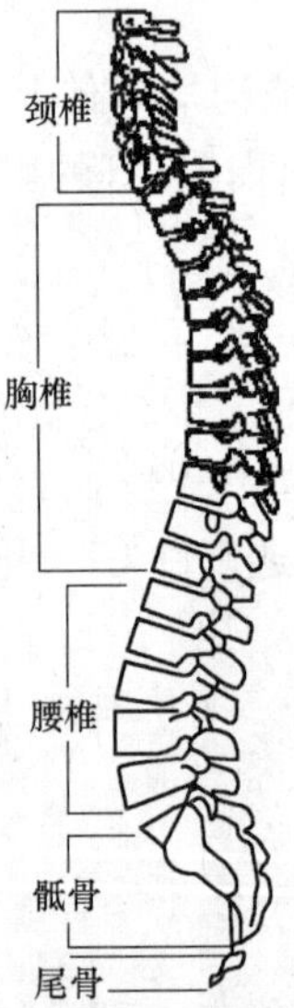

图 6-35　脊柱的形状及组成

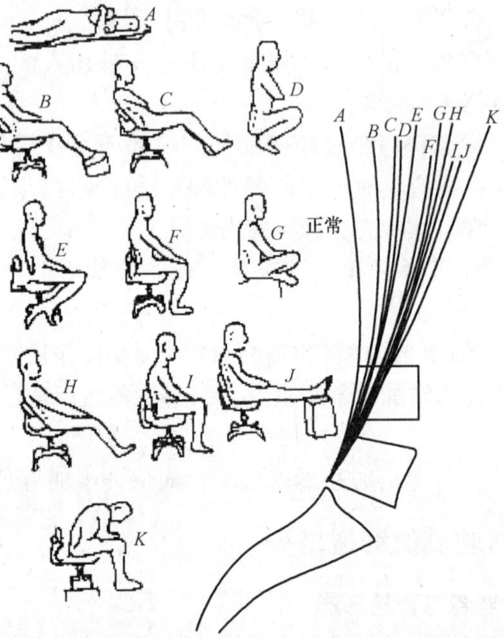

图 6-36　各种不同坐姿下所产生的腰曲弧线

6.4.2.2　坐姿的体压分布

根据人体组织的解剖学，人的骨盆下面有两块面积为 $25\mathrm{cm}^2$ 的圆骨，称坐骨结节。坐骨结节处是人体最能耐受压力的部位，能承受较大压力。而大腿下侧靠近表面处因有下肢主动脉分布和大量神经系统，故不宜承受重压。压力过大会影响血液循环和神经传导而产生肿胀麻木的不舒适感。人坐姿时，臀部的合理压力分布应为人体 1/2 以上的重量由坐骨结节承受，由此向外，压力逐渐减小，直至座面前缘与大腿接触处，压力降至最低值。图 6-37 所示是较为理想的体压分布曲线，图中各条曲线为等压力线，所标数字的压力单位为 $10^2\mathrm{Pa}$。研究结果指出，坐骨处的压力值以 8 ~ 15kPa 为宜，在接触边界处压力降至 2 ~ 8kPa 为宜。

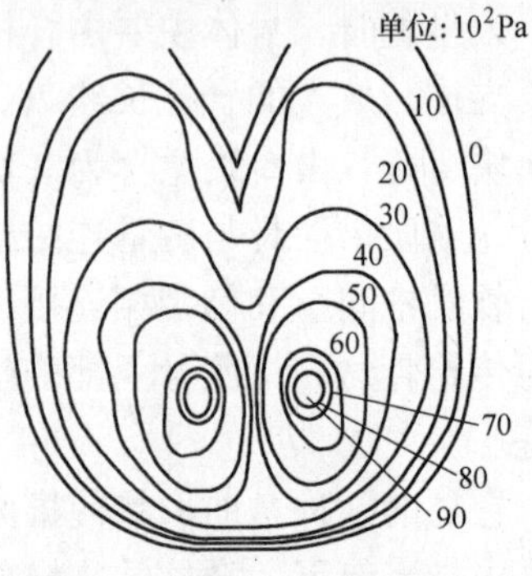

图 6-37　理想的体压分布曲线

坐骨下面的座面应近似水平且应坚实平坦，还要有合适的高度，以保证臀部压力合理分布。座面的柔软程度，以能使坐骨处支撑人体 60% 左右的重量，其余重量分布在更大的面积上为最好。研究表明，过于松软的座面，使臀部与大腿的肌肉受压面积增大，不仅增加了躯干的不稳定性，而且不易改变坐姿，容易产生疲劳。另外，不同坐姿也会影响驾驶员体压分布。图 6-38 所示为不同坐姿时的体压分布。

再则，驾驶员座椅靠背上的压力分布也应该分布合理，应是肩胛骨和腰椎骨两个部位的压力最高（亦称肩靠和腰靠两点支撑）。坐姿时，座椅各部位的受力合理分布如图 6-39 所示。

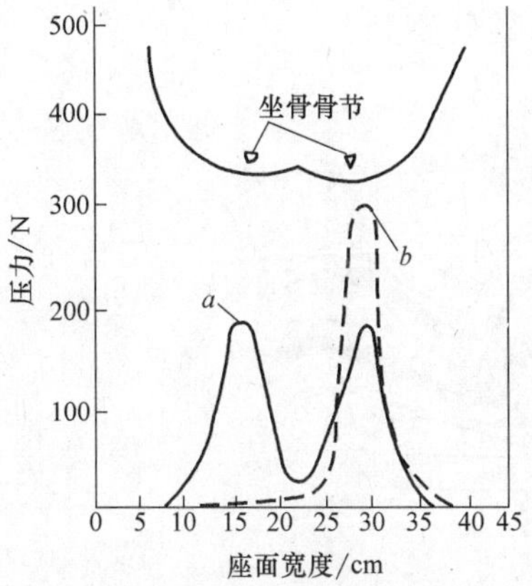

图6-38 座面上的体压分布
a—正常坐姿 b—交叉腿坐姿

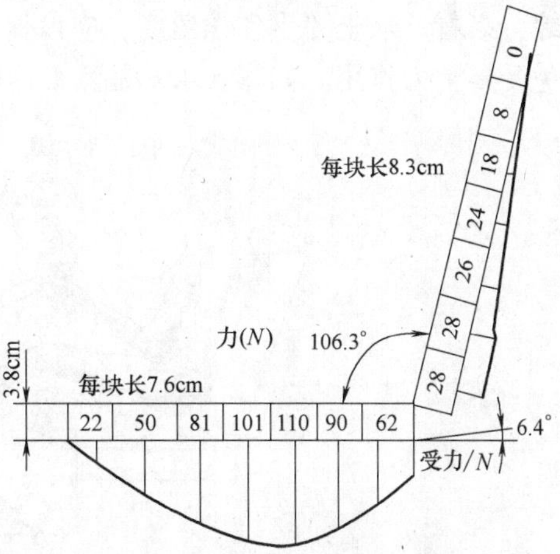

图6-39 座椅各部位的受力分布

6.4.2.3 坐姿状态下股骨与脊柱的受力情况

坐姿状态下股骨受力分析如图6-40所示，坐姿时两块面积很小的坐骨结节支撑上身的大部分重量。坐骨结节下面的座面呈近似水平时，可使两坐骨结节外侧的股骨处于正常的位置而不受过分的压迫，人体感到舒适。

如图6-41所示，斗形的座面会使股骨趋于向上转动而受力，见图中箭头指向，造成髋部肌肉承受反常的压迫，并使肘部和肩部受力，从而引起不舒适感。所以驾驶员座椅座面应该避免斗形座面。

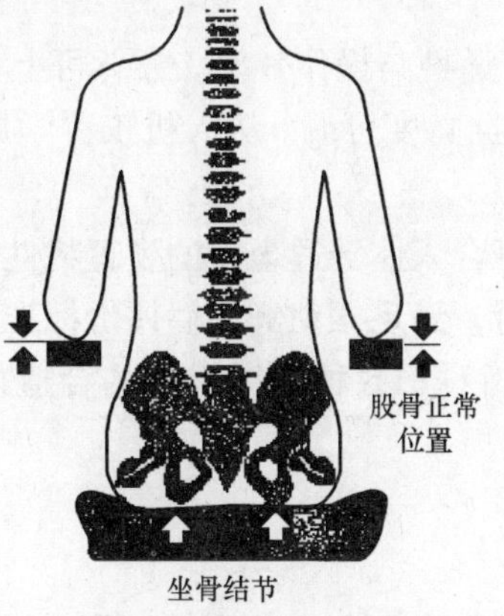

图6-40 使股骨处于正常位置的平坦座面

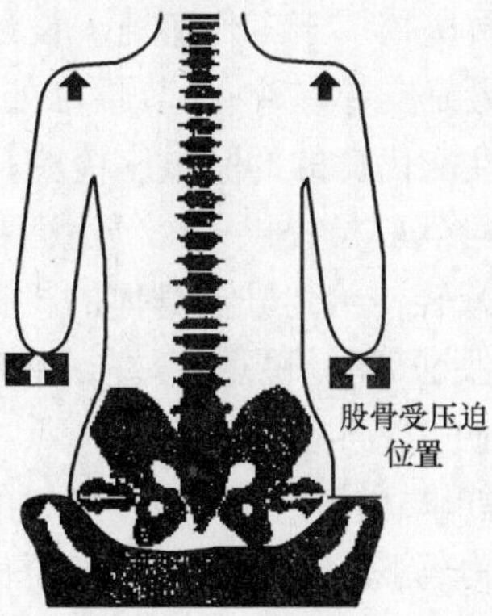

图6-41 使股骨处于受力的斗形座面

下面进行脊柱受力分析。

当坐姿腰曲弧线正常时，脊柱椎间盘所受的压力均匀而轻微，几乎无推力作用于韧带，韧带不拉伸，腰部无不舒适感（见图6-42a）。但是，当人体处于前弯坐姿时，椎骨之间的间距发生改变，相邻两椎骨前端间隙缩小，后端间隙增大（见图6-42b）。椎间盘在间隙缩小的前端受推挤和摩擦，迫使它向韧带作用一推力，从而引起腰部不适感，长期累积作用，可造成椎间盘病变。

综合来看，从坐姿生理学角度，应该保证腰曲弧线正常；从坐姿生物力学角度，应保证肢体免受异常力作用。如图6-42c是汽车驾驶员的舒适驾驶姿势。

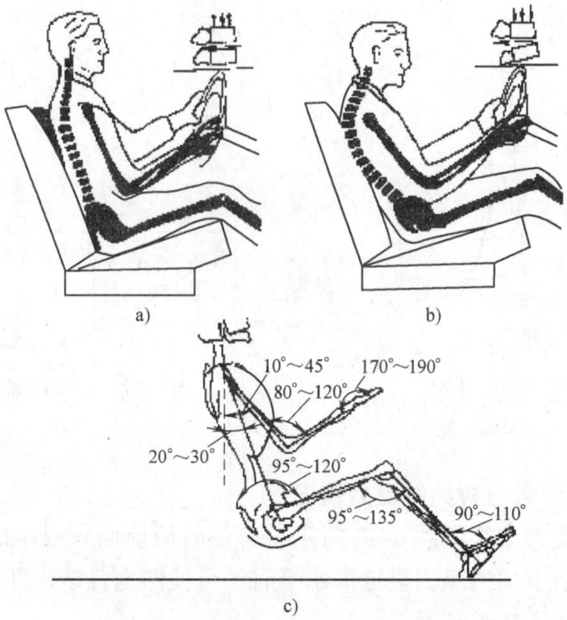

图6-42　不同坐姿时椎间盘受力分析

6.4.3　驾驶员座椅设计

6.4.3.1　驾驶员座椅设计原则

驾驶员座椅属于工作座椅。设计时应同时考虑舒适性与操作效率。靠背可上下调节或前后调节，最好支撑在4~5节腰椎处。座面近似水平且高度可调。从人机工程学原理出发考虑，一个性能优良的驾驶员座椅应符合以下基本要求：

(1) 给驾驶员提供一个舒适而稳定的坐姿，以符合人体舒适坐姿的生理特性。

(2) 减轻传给驾驶员身体的机械振动和冲击负荷，满足振动舒适性评价标准的要求。

(3) 保证驾驶员视野良好，给驾驶员提供一个相对于各种操纵机构的合适位置，能安全而有效地完成各项操纵动作。

(4) 能够适应不同体型和身材的驾驶员的需要。

(5) 为驾驶员提供一定的安全保障。

驾驶员座椅通过杆件机构安装到车辆车体上，形成一定的运动规律。所以，杆件机构的设计应当着重注意下列几点：

(1) 确保连接牢固，以免座椅杆件机构在车辆行驶过程中脱开危及驾驶员安全。

(2) 尽可能保证驾驶座椅只在车辆纵向垂直平面内作垂向运动，不产生水平面内的横向或纵向运动，还应尽量限制座椅在横向垂直平面和水平平面内的相对转动。

(3) 通常采用橡胶阻尼挡块限制座椅最高位置和最低位置，避免造成过大冲击。

(4) 尽量使座椅具有在水平平面内有限回转的可能性，减轻车辆倒驶时驾驶员侧身后视操作的不舒适程度。

6.4.3.2　驾驶员座椅的尺寸设计

驾驶员座椅的尺寸设计包括三个方面：椅面高度、宽度、深度，椅面倾角和靠背尺寸。座椅尺寸是否合适，直接影响到驾驶员坐姿的舒适稳定和操纵位置的合适。选择座椅主要尺寸的要点如下：

（1）椅面高度。椅面高度是指地板至座面的垂直距离。一般取人体腓骨头的高度，或略低于小腿高度10mm左右。目的是使下肢着力于整个脚掌，并且有利于两脚前后移动。依据我国人体尺寸，一般取为380～400mm。

（2）椅面深度。椅面深度是指椅面的前后距离。应能保证臀部得到全部的支持。其深度一般相当于臀部和大腿全长的3/4，以座椅前沿与小腿之间有50mm左右的间隙为宜，且座面前缘不得有棱角。一般取为380～430mm。

（3）椅面宽度。椅面宽度是指椅面的左右距离。应稍大于人体臀部宽度，使驾驶员能自如地调整坐姿。一般取为400～450mm。

（4）椅面倾角。椅面倾角是指椅面与水平面的夹角。椅面应前高后低略微倾斜，与水平面的夹角一般取为5°±2°，以防止驾驶员受到颠簸时，臀部被向前抛而坐不稳。

（5）靠背尺寸。靠背应略向后倾斜5°～15°，相当于靠背与座面间的夹角为95°～105°。靠背的底部不宜与人体臀部相接触，避免座椅振动时人体臀部向前滑动，靠背下沿离座面的最小空隙可取为100～120mm。腰靠的高度位置最好能够调整，调整范围可取为100～150mm；靠背上沿也不宜过高，以免妨碍驾驶员转身环顾，一般限制在肩胛高度的60%左右。

6.4.3.3　坐垫和靠垫设计

坐垫和靠垫填料应当柔软适度。太硬容易造成人体接触部分压力集中，使某些部位的肌肉长期处于紧张状态或因血液循环受到阻碍而产生发麻的不适感；太软会使驾驶员起身不便，或使驾驶员在抬腿操纵脚踏板时感到费力。坐垫的柔软程度应当可以适度变化，在坐骨结节部分，坐垫大约要承受加在座面上的载荷的60%，形状应平坦。其余部分要更柔软些，以便把载荷分布在更大的面积上。坐垫边缘应稍微向上倾斜，可以阻止臀部向边缘滑动，使驾驶员坐姿稳定。另外要求坐垫能有效地衰减20Hz以上的振动对驾驶员的作用。蒙皮材料不仅要耐磨、耐脏、耐潮湿，而且要有良好的透气性。考虑到蒙皮与驾驶员衣服布料之间的摩擦因数，蒙皮材料不能太光滑，否则驾驶员就坐不稳；摩擦因数也不能太大，以避免驾驶员工作时如同粘在座垫上一样，阻碍驾驶员动作。

6.4.3.4　驾驶员座椅设计的安全考虑

为适应法律法规的相关规定，驾驶员座椅设计时要充分考虑安全性，给安装座椅安全带留有合适的空间和位置。座椅安全带在车辆发生碰撞或翻车事故时，可将驾驶员束缚在驾驶座椅上，对驾驶员的生命安全起到有效的保护作用。

6.4.4　乘员座椅设计

6.4.4.1　乘员座椅的设计要求

乘员座椅属于休息用椅，设计时要符合座椅总的设计原则，但应以舒适性作为设计重点。从人机工程学原理考虑，乘员座椅应当符合的基本要求如下：

（1）保证乘员坐姿舒适稳定，符合人体舒适坐姿的生理特性。

（2）能减轻乘员身体所受机械振动和冲击负荷，满足振动舒适性评价标准。

（3）保证乘员有合适的视野空间。

（4）应能适应不同体型和身材的乘员。

（5）能为乘员提供一定的安全保障。

乘员座椅与车体的连接机构设计与驾驶员座椅的要求基本一致。

6.4.4.2　乘员座椅的尺寸设计

乘员座椅的尺寸设计包括三个方面：椅面的高度、宽度、深度和椅面倾角；靠背的高度、宽度和倾角；扶手的高度和面积。

（1）椅面高度。椅面高度应保证就座者大腿近似水平，小腿自然垂直，脚掌平放在地面上，既保证不因椅面过高而使大腿肌肉受压，又保证不因椅面过低而增加背部肌肉负荷。因此，椅面高度应以小腿加足高的第5百分位数进行设计，可取380~450mm。

（2）椅面宽度。在空间允许的条件下，以宽一些为好，以方便就座者变换姿势。通常以女性臀宽尺寸的第95百分位数进行设计，以满足最宽人体的需要。一般可取400~450mm。对于扶手椅应不小于500mm。

（3）椅面深度。其尺寸应满足三个条件：使臀部得到充分支持；腰部得到靠背的支持；椅面前缘与小腿之间留有适当距离，以保证大腿肌肉不受挤压，小腿可以自由活动。因此椅面深度不宜过深，应以坐深的第5百分位数进行设计，可取400~430mm。

（4）椅面倾角。座椅面应稍向后倾，能够防止乘员长时间坐着时臀部向前滑动，并方便背部靠向靠背。乘员座椅的椅面后倾角大些，有利于肌肉的放松，可取14°~24°。

（5）靠背的高和宽。靠背的高和宽与坐姿肩高和肩宽有关。乘员座椅应采用高靠背，并且加靠枕，宽度可取350~480mm。

（6）靠背倾角。靠背倾角是指靠背与椅面之间的夹角。从保持脊柱的正常自然形态、增加舒适感考虑，最适宜的角度约为115°。通常休息用椅可取105°~110°。

（7）扶手高度。乘员座椅一般都设有扶手，扶手用于支撑手臂重量，以减轻肩部负担，增加舒适感。另外，在就座和起座或坐姿变换时，手臂可利用扶手支撑身体。车辆摇摆、颠簸时，扶手可以帮助身体保持稳定。扶手还可作为人身空间的标志。扶手高度不宜过高，以免引起肩部疼痛。扶手高度可取200~230mm。两扶手之间的间距可取500~600mm。对于车辆中的连排座椅，为节省空间，两扶手间距可取400~500mm。扶手可以设计成活动的，遇有过胖者就座困难或移动身体时，可将扶手转上去靠到靠背侧面。

图6-43所示为各类座椅的大概尺度，表6-3所示为驾驶员座椅和乘员座椅的尺寸，可供设计时参考。

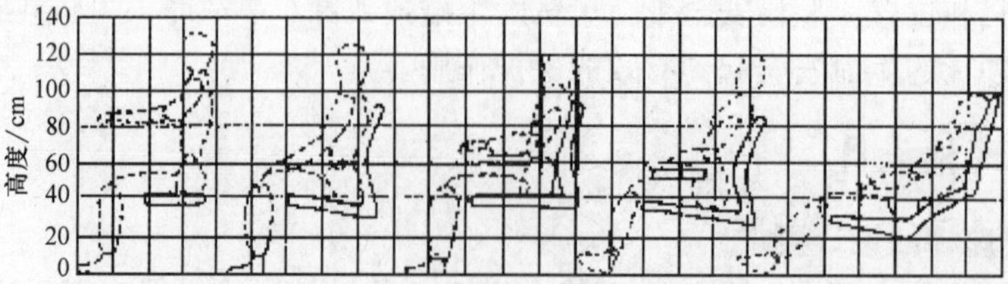

图6-43　各类座椅的大概尺度

表6-3 驾驶员座椅和乘员座椅的尺寸 （单位：cm）

名　　称	驾驶员座椅类别				乘员座椅类别	
	轿车	轻型货车	中型货车（长头）	重型货车（平头）	汽车①	高速运输机械
椅面高	30～34	34～38	40～47	43～50	48/45/44	38.1
椅面宽	48～52	48～52	48～52	48～52	(44～45)/(47～48)/(49～55)	50.8
椅面深	40～42	40～42	40～42	40～42	40～45	43.2
椅面后倾角	12°	10°	9°	7°	6°～7°	7°②
靠背高	45～50	45～50	45～50	45～50	53～56	96.5
靠背宽	一般同椅面宽				(44～45)/(47～48)/(49～55)	55.4
靠背倾角	100°	98°	96°	92°	105°/110°/115°	115°②
扶手高					23～24	20.3②

① 有三个数字的，分别为用于短途、中途、长途汽车的座椅。

② 适用一般情况，不同乘客、不同使用情况以及不同条件应作必要调整。

6.4.5 电动座椅简介

6.4.5.1 电动座椅的性能概述

过去的轿车以交通为唯一目的，今天的轿车设计思想则倡导人与车的融合，座椅就是这个设计思想中极其重要的环节。现代轿车座椅涉及电子学、人机工程学、工业设计学等方面的领域，随着汽车技术的发展，轿车座椅已从一个简单的部件发展到一个比较复杂、精确程度要求比较高的部件。

现代轿车的驾驶者座椅和前部乘员座椅多是电动可调的，又称电动座椅。电动座椅是指以电动机为动力，通过传动装置和执行机构来调节座椅的各种位置，使驾驶员或乘员乘坐舒适的座椅。

作为人和汽车之间联系部件的座椅，对其性能的要求越来越高，由过去的固定式不可调的座椅发展到能够上、下、前、后和靠背倾斜度机械调节的座椅，目前又进一步发展到带记忆性的电子控制自动调节的座椅。从而提高了驾驶员和乘员乘坐舒适性，减少了驾驶员和乘员长时间乘车的疲劳。座椅是与人接触最密切的部件，人们对轿车平顺性的评价多是通过座椅的感受作出的。因此，电动座椅是直接影响轿车质量的关键部件之一。

轿车电动座椅以驾驶者的座椅为主。从服务对象出发，电动座椅必须要满足便利性和舒适性两大要求。也就是说驾驶者通过键钮操纵，既可以将座椅调整到最佳的位置，使驾驶者获得最好视野，得到易于操纵转向盘、踏板、变速杆等操纵件的便利，还可以获得最舒适和最习惯的乘坐角度。为了满足这些要求，世界汽车生产大国的有关厂家都竞相采用机械和电子技术手段，制造出可调整的电动座椅。

现代轿车的电动座椅是由坐垫、靠背、靠枕、骨架、悬架和调节机构等组成。其中调节机构由控制器、可逆性直流电动机和传动部件组成，是电动座椅中最复杂和最关键的部分，可逆性直流电动机必须体积小，负荷能力大；而机械传动部件在运行时要求有十分良好的平稳性，噪声要低。控制器的控制键钮设置在驾驶者方便操纵的地方，一般在门内侧的扶手上面。一些中高档轿车的电动座椅还具有记忆功能，除了能改变座椅的前后和高低、靠背斜度及头枕的位置外，还能存储座椅位置的若干个数据（或信息），只要乘员一按按钮，就能调出座椅的各个位置，如果此时不符合存储数据（或信息）的乘员乘坐，汽车便发出蜂鸣声响信号，以示警告。

在电动座椅中，可逆性直流电动机一般有三个以上，它们受控制器控制并分别驱动某个调整方向的传动部件。传动部件有蜗杆轴、蜗轮、齿轴和齿条等。调整时，蜗杆轴在电动机的驱动下，带动蜗轮转动，从而将齿轴旋入或旋出，即座椅下降或上升。如果蜗轮又与齿条啮合，蜗轮转动将齿条移动，即令座椅前移或后移。目前先进的调节机构可以调节座椅的水平移动和垂直移动，靠背的角度移动和靠枕的高度移动，即所谓“六向可调式”（见图6-44）。乘员可以根据自己的身材将座椅调整到最舒适的位置。

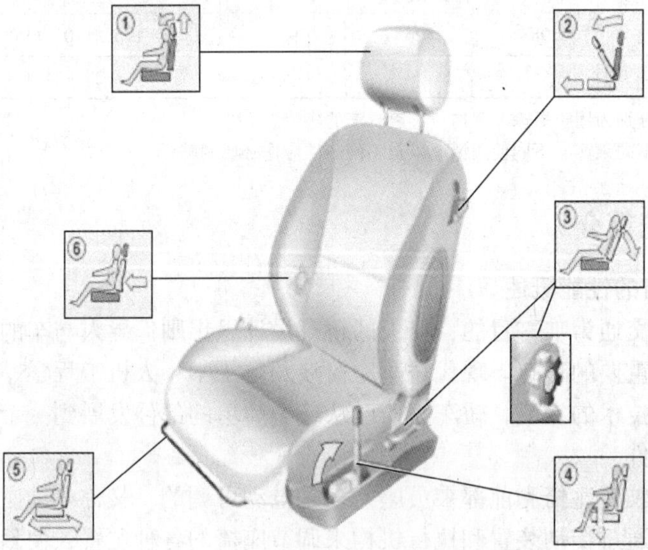

图6-44　六向可调式轿车座椅

由于座椅是衡量轿车档次的重要依据之一，因此轿车设计师十分重视电动座椅的设计，从材料到形状，尽量做得完美无缺。在造型方面，充分考虑人体尺寸、人体重量、乘坐姿势和体压分布等因素，应用人机工程学的研究成果和先进技术，制造出乘坐舒适、久坐不乏的座椅。例如，奔驰E级轿车的六向可调式电动座椅均按人体轮廓要求设计，能为人体的腰部和臀部提供最佳的横向支持。在材料方面，由于座椅还起到车厢装饰的作用，因此座椅面料的颜色要与车厢的总色调配合一致，除了质地优良，还要有良好的手感，使人们一坐上去就有一种舒适的感觉。

6.4.5.2　电动座椅的结构、控制电路及调整

电动座椅利用电动机的动力来调整座椅的前后位置和靠背的倾斜度，自动适应不同体型的驾驶员与乘员的乘坐舒适性要求。驾驶员可以通过按键操纵，将座椅调整到最佳的位置上，以获得最佳的视野，得到易于操纵转向盘、脚踏板、变速杆等操纵件的便利位置，还可以获得最舒适和方便的乘坐角度。

1. 电动座椅的结构　电动座椅主要由电动机、位置传感器、电子控制器ECU及开关等组成。电动座椅的驱动机构包括前后垂直、前后水平、靠背倾斜以及头枕位置调节等装置，

最主要的驱动装置是微型电动机。传感器与其驱动机构相对应，也分别设置了前后垂直、前后水平、靠背倾斜、头枕位置调节等传感器。还有一些连接件和导轨或蜗轮、蜗杆等。图 6-45 所示是一六向电动座椅的调节机构。

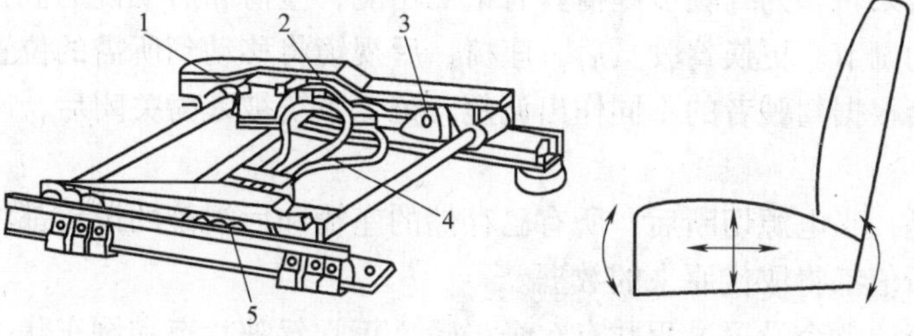

图 6-45 电动座椅的调节机构

1—前变速器 2—水平变速器 3—后变速器 4—软轴 5—电动机

（1）电动机。电动机的作用是为电动座椅的调节机构提供动力，它将电能转换为机械能最终产生转矩，通过传动装置驱动调整机构对座椅进行调整。此类电动机多采用双向电动机，即电枢的旋转方向随电流的方向改变而改变，使电动机按不同的电流方向进行正转或反转，以达到调节座椅的目的。电动机时机的数量取决于电动座椅的类型，高级轿车座椅包括 3 个位置调整电动机和 1 个头枕、1 个腰垫电动机。

（2）位置传感器。电动座椅位置传感器主要由永久磁铁、霍尔集成电路等组成。永久磁铁安装在由电动机驱动的转轴上，转轴的旋转引起通过霍尔元件磁通量的变化，使霍尔元件产生感应电压（信号），再经霍尔集成电路进行放大并处理，然后取出旋转的脉冲信号送往电动座椅的电子控制器（ECU）。

2. 电动座椅的控制电路 普通电动座椅都具有前后、上下（垂直）调整，前、后水平调整功能。这种座椅的基本控制电路如图 6-46 所示，其控制系统主要由控制开关、继电器、驱动电动机以及断路器组成。

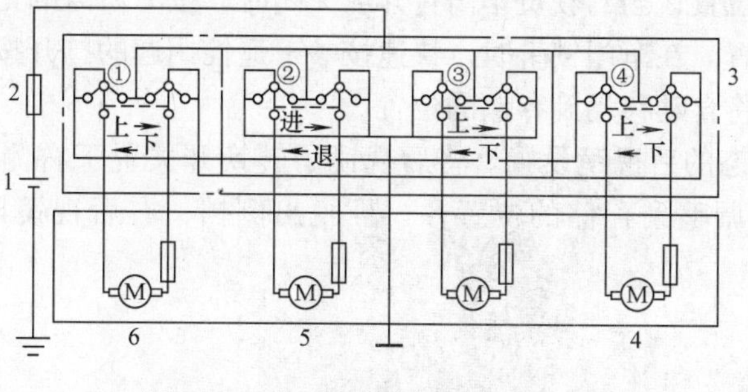

图 6-46 电动座椅的基本控制电路

1—蓄电池 2—熔丝 3—组合控制开关 4—后高度电动机 5—前进/后退电动机 6—前后高度电动机

3. 电动座椅的调整 组合控制开关内部有①、②、③、④四套开关触点，分别控制座椅的前部上下、前进后退、整体上下和后部上下。驾驶员或乘员可以通过控制开关上相应的按钮来调节座椅的位置。电动座椅前倾的调节实际上就是座椅前部垂直的上下调节，后倾的调节就是座椅后部垂直的上下调节。当需要调节座椅的高度时，驾驶员接通座椅的上升

（或下降）的开关③，电动机4和6同时通电同向转动，实现座椅的上、下调节（参见图6-46）。需要调节座椅的前后位置时，驾驶员可接通座椅的前进（或后退）的开关②，使电动机5通电转动。

必须说明，不同类型的电动座椅其调整方法不尽相同，下面是国产大众宝来轿车的电动座椅调整方法。宝来轿车的驾驶员座椅具有记忆功能，座椅和后视镜的位置、状态被存储在存储器中，可电动调节。更换驾驶员后，座椅、后视镜将移动到所需的位置；倒车时，右侧后视镜的角度也会根据驾驶者的不同作出调整。记忆系统被人为关闭后，座椅和后视镜还可以手动调整。

需要说明的是，当电源切断后，所有已存储的座椅和后视镜的设置都将丢失；每一个记忆按钮上设置的新值都将取代原来的数据。

宝来电动座椅的整个设置过程共有6个步骤。正常驾驶状态和倒车状态的座椅位置、后视镜角度需要分别进行设置，每个状态的设置都要执行初始化、设置和激活3个步骤。

（1）存储系统初始化。按下红色开关按钮，打开驾驶员侧车门，打开点火开关向前移动座椅直到停止。

（2）存储正常驾驶状态的座椅和后视镜位置。打开点火开关调节座椅，先左后右调节两侧后视镜，全部调节完成后，按下记忆按钮并保持3s，直到听见确认信号。

（3）存储倒车状态的后视镜设置。这项功能要在座椅/后视镜的调节存储完成后才能进行。打开点火开关将后视镜开关调到右后视镜，挂入倒挡，按倒车需要调节右侧后视镜位置，设置完成后按下记忆按钮，并保持3s，直到听见确认信号。

（4）重新分配遥控钥匙对应的记忆按钮。存储座椅和后视镜设置完成后，只有10s用于遥控钥匙按钮的分配。将遥控点火钥匙从点火开关中拔出，按下遥控钥匙的开门按钮并保持至少1s，直到听见确认信号。

（5）激活用于正常驾驶的座椅和后视镜设置。出于安全检查原因，座椅和后视镜设置的激活仅能在点火开关关闭的情况下进行。记忆按钮和遥控器都可用来激活存储的设置。激活存储设置有3种方法。在驾驶员车门打开时，快速按一下所需的记忆按钮，座椅和后视镜将自动移动到存储的位置；当驾驶员车门打开或关闭时，按下所需的记忆按钮直到座椅和后视镜移动到存储的位置。在车门锁上时，快速按一下遥控钥匙的打开按钮，然后打开驾驶员车门，座椅和后视镜将自动移动到存储的位置。

（6）激活倒车状态的后视镜设置。将后视镜子转换开关置于右侧后视镜位置，挂入倒挡，右后视镜将自动调整到存储的位置；一旦脱出倒挡，右后视镜回到正常行驶的状态位置。

第7章　汽车车室环境评价与分析

在经济社会高度发展的今天，汽车尤其是轿车的车室已经成为人们的生活空间之一。汽车室内环境设计质量如何，指标就是使人体（驾驶员和乘员）感到“舒适”的性能——汽车舒适性。

汽车舒适性包括的范围很广，包括为乘员提供舒适的乘坐环境与条件、良好的平顺性、低的车内噪声环境、适宜的空气环境、良好的居住性能以及良好的驾驶操作性能。本章主要讲述的是汽车车室应该有一个宜人的小气候环境和使人平静的声音环境。内容主要放在使“人体”感到舒适与否的汽车车室环境的评价与分析上。

7.1　汽车车室热环境

7.1.1　汽车车室热舒适性

1. 人体生理热特点　人体的特点与其他脊椎（热血）动物一样，体温是恒定的，正常情况下人的肌体温度保持在37℃ ±0.5℃的水平上。热扰动产生时，人体通过相应的温度调节系统维持体温不变。人的温度调节系统远比工业控制过程复杂，其简单的原理如图7-1所示。控制变量是肌体温度（中枢神经附近及更深处的肌肉）及皮肤温度，受控系统有内部热扰动（由于运动产生热）及外部热扰动（由环境引起的得热或散热）。皮下感受器感受外部扰动而使调节系统动作，以免使扰动传到体内，皮下感受器不仅对体温本身作出反应，同时也对体温变化作出反应，后者实际上反映了通过皮肤的热流变化。

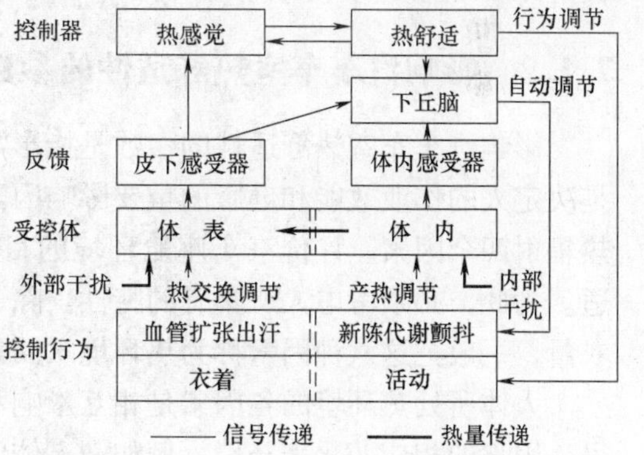

图7-1　人的自动温度调节行为框图

自动热调节系统由位于第三脑髓下部的下丘脑控制，产生不同的自动调节行为，如通过肌肉颤抖产热，通过血管扩张调节血液循环，通过出汗及水分泌来调节外部热阻和热损失。这些自动调节行为并不依赖于环境温度。除了内在自动热调节行为以外，还有表现为外在活动形式的热调节行为，如着衣量等。

人体热舒适性与皮下感受器的状态有关。皮下感受器不仅感受人体皮肤表面温度，而且感受通过皮肤的热流密度，因此，人体热舒适性与皮肤表面温度和通过皮肤表面的热流密度有关，环境参数的影响通过改变这两项值而产生作用。

2. 汽车车室热舒适性　汽车是通过空调将经过处理的空气以一定的方式送入车室内，从而使车室内空气的温度、湿度、气流速度及洁净度保持在一定范围内。汽车空调是以车室内乘员的舒适性为目的。人的身体不断产生和散发热量，以此维持体温恒定不变。人体所散发的热量大部分是由人的皮肤散发的，而人的皮肤在一年四季中的不同时期温度不尽相同，人的皮肤表面温度在冬季和夏季是有区别的。在各季节中，如果能获得体温恒定不变的热平衡，便可以认为人是处于热舒适状态。图7-2所示是日本成年男子在各个季节的皮肤温度，中国人和日本人属于同一种族的人，地理位置也相同，因此，图7-2所示的数据可以作为中国成年男子在各个季节的皮肤温度的参考。

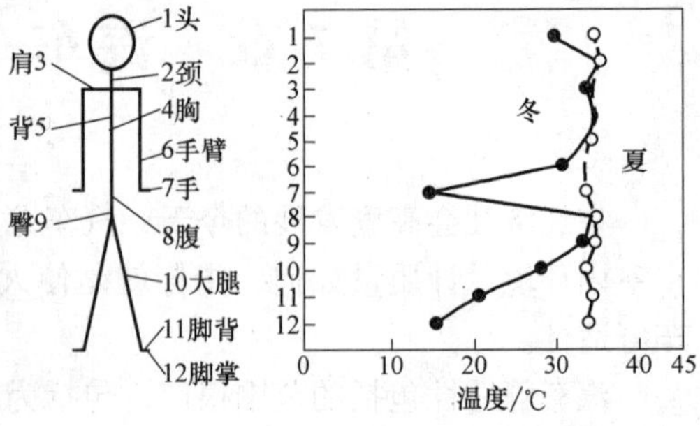

图7-2　日本成年男子在各个季节的皮肤温度

汽车车室热舒适性是指汽车车室内气候环境对乘员的适宜性。汽车车室热舒适性是一个模糊量，以往一直被人们作为精确量来处理，实际上是不太科学的，如人体感觉的冷与热、干与湿、风速的大与小、舒适程度的高与低等，都是一种模糊量，很难以一条明确的界限来判断“是”与“否”。影响热舒适性的因素是很多的，不同年龄、性别、衣着、种族、习惯、健康状况、心理及情绪等的人，对热舒适的感觉都是不一样的。此外，由于受季节、昼夜等自然环境变化的影响，脉搏、血压和皮肤温度等也将发生变化。因此，对于汽车车室热舒适性的评价也是一个复杂的问题，需要对热舒适性参数进行综合分析和综合评价。

7.1.2　影响汽车车室热舒适性的参数

影响汽车车室热舒适性的参数是指影响舒适性的热环境的状态参数。人体所处的热环境是决定人的作业效能和健康的重要影响因素。热环境主要包括空气温度、相对湿度、风速和热辐射四个因素。评价汽车座舱环境的目的是为了使该热环境适应人的要求，使人感到舒适。为此，必须考虑人所具有的特性。除了上述四种物理因素外，还要加入人体代谢量和着衣量，一般把这六种因素称为热环境六因素。

人体所处热环境的各因素是相互影响和抵消的。某一因素的变化对人体的影响通常可由另一因素的相应变化来补偿。例如，人体经太阳辐射所得到的热量可以改为由气温升高来获得；温度、湿度的增高所带来的影响在一定范围内可由风速的增大来抵消。此外，因人体本身所具有的热调节功能及对环境的适应能力不同，所以人体对热环境的认可范围不是一个孤立的状态点，而是一个范围。因此，本节对热舒适性的讨论将会给出统计学上的人体感到舒适的热环境指标。

1. 空气温度对人体热舒适性的影响　空气温度是影响人体热舒适性的主要参数。根据有关测定资料，气温在15.6~21℃时，是热环境的舒适区段，最适宜于人体的工作和学习。在此温度环境下，人体的体力消耗最小而工作效率最高。然而，空气对人体的影响还与空气相对湿度、风速等条件有关。因此，常用一些综合反映空气温度、相对湿度和风速对人体生理效应影响的“生理热指标”来评价温度环境对人体的实际影响。通常采用有效温度这一指标。它根据人体的主观感觉来划分度数，将空气温度、相对湿度和风速等因素结合在一起考虑，成为统一的具有同等温度感觉的最低风速和饱和相对湿度下的等效温度，称为有效温度。

（1）热舒适的温度范围。为了确定车室内空气的热舒适条件，科研人员做了大量试验研究工作。图7-3所示为人体感觉热舒适的温度范围。从试验分析可知，夏季人体感到舒适的温度是24～26℃，由舒适转为不舒适的分界线是28℃左右。

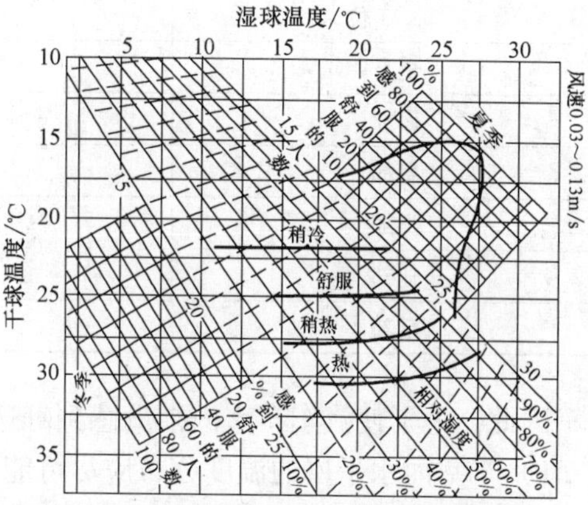

图7-3　人体感觉舒适的温度范围

美国供暖、制冷和空调工程师协会（ASHRAE）经过多年研究后得出结论，大部分人在有效温度为23.9～26.7℃范围内感到舒适，夏季车室内温度为22～25℃、冬季20～25℃比较理想，或夏季22.6～26.6℃、相对湿度（45～50）%，人体感觉最舒适；从人的出汗实验可知，环境温度从较低温度逐渐上升到28℃时，人体出汗是在身体的局部范围且汗量很少；当环境温度从28℃往上升时，人体出汗的范围和量都将急剧上升。对习惯于空调环境下工作的人员的测试表明，最佳有效温度是27.6℃。当有效温度为30℃（空气温度约为35℃）时，工作效率将显著下降。

（2）车内外温差。在考虑汽车空调的热舒适性时，车室内、外温差也是一个比较重要的因素。尽管外界环境温度的变化是经常性的，但在空调车室内人体总是保持恒温，如果从很热的外界环境中直接进入温度很低的汽车车室内，过大的温差将会形成较大的热冲击，人的体温调节机能在短时间内无法作出适当的反应，很可能使人感到不舒适，甚至使人患病，从而影响人的身体健康。因此，在确定汽车车室内的温度参数时，应当考虑汽车车室内、外的温差，把汽车车室内、外的温差控制在一定的范围内，夏季一般控制在5～7℃范围内，当车外温度过高时，可增至8～10℃。

汽车车室内外的温差也可按下列公式计算

$$t = 0.5(t_H - 20)$$

式中，t_H为大气（车外）温度（℃）。

（3）温度分布。人体的放热约有80%是通过皮肤进行的，皮肤以及与其相关联的血管对温度变化非常敏感。大量试验表明，人的腿、足、肩、脸及喉部对温度变化最敏感，当外界气温下降时，这些部位的血管和皮肤便迅速收缩，使其向外散发的热量显著减少，所以这些部位很容易感到冷。因此，离心脏较远的手、脚较头部和胸部等要求有更高的温度，之所以说“头寒足热”的温度分布是热舒适的温度条件，就是这个道理。所以，冬季采暖时，首先要提高大腿部及足部的温度；夏季制冷时，则首先要降低脸部的温度。

汽车车室热舒适性有效温度的要求如表7-1所示。从表中数据可以看出，人体对温度的要求是“头凉足热”，即头部与脚部要有一定的温差，一般头与脚的温差为1.5～2.0℃时，就能够满足人体对温度的垂直分布的要求。

表 7-1 车内乘客对舒适性有效温度的要求

部　位	夏季/℃	冬季/℃
全身	22.3	22.7
面部	22.0	22.0
肩部	22.5	22.5
胸部	23.0	23.0
腿部	23.0	23.5
足部	23.5	24.0

因此，为了使汽车车室内乘员感到舒适，车室内的温度分布必须符合下列要求：

1）车室内水平层的温度分布应尽可能的均匀，乘员的左、右脚温差尽可能的小。

2）车室内温度分布应符合“头凉足热”的热舒适性要求，头部的空气温度应比足部的温度稍低。

3）车室内前、后排座位处的温差要小，不要出现“前排凉如秋，后排汗水流”的情况。

由于车内空间狭小，座位之间的间距小，每个乘客所占空间的比率小，这会影响车室内温度的合理分布，因此，对空调系统的布置设计需进行合理的优化，以满足车室内乘员的热舒适性要求。

2. 空气相对湿度对人体热舒适性的影响 汽车车室内的相对湿度也是影响乘员热舒适性的一个因素。当温度一定时，如果降低湿度，会使皮肤表面的汗液加快蒸发，人便感觉凉快。在夏季，当车室内的温度低于26.7℃时，湿度对人的热舒适性的影响不明显；但当车内温度超过28℃后，空气的相对湿度对人的热舒适性的影响就明显了。相对湿度小于30%或大于70%，都将使人感到不舒服，而在（45~60)%人会感到比较舒适。

3. 汽车车室内的气流组织 汽车是利用空调系统把冷风或暖风送进车室内来调节车室内的热环境的。空气在车室内流动，风速不同，即使车室内温度相同，人体的热舒适感觉也会不一样。试验表明，与无风相比，在1m/s的风速下，人体感觉的温度会低1℃；而在2m/s的风速下，人体感觉的温度会低2℃。虽然车室内空气的流速增加可以增加人的舒适感，但并不是空气的流速越大越好，因为过大的空气流速会使人体局部过度散热而感到难受。最理想的情况是用大流量的空气低速流过乘员身体的各个部位。一般情况下，车室内空气的流动速度在离地面1.2m处，夏季的空气流速为0.3m/s比较合适，冬季的空气流速为0.5m/s比较合适。

与气流速度相关的热环境中的另一个重要的感觉特征就是空气的新鲜感。在舒适温度范围内，一般当气流速度达到0.15m/s时，就可感到空气清新而产生新鲜感。反之，即使室内气温适宜，但气流速度很小，也会使人感到沉闷。

4. 热辐射 热辐射包括太阳辐射及人体对车室内环境的辐射。任何两种不同温度的物体之间都存在热辐射。热辐射不受空气影响，热量总是从温度较高的物体向温度较低的物体辐射，直至两物体的温度相平衡为止。当外界物体的温度高于人体皮肤温度时，热量从物体向人体辐射，使人体吸热，这种辐射称为正辐射。当外界物体的温度低于人体皮肤温度时，热量从人体向物体辐射，使人体散热，这种辐射称为负辐射。在车室热环境设计中所面临的边界条件是太阳对车室的热环境和人体对内部环境的热辐射共存。

5. 着衣量对人体热舒适性的影响 衣服的绝热性可用热阻（单位是：clo）来表示。1941年美国耶鲁大学的Gagge博士通过测试，在室温21℃、相对湿度为50%、风速为0.1m/s、人静坐在椅子上（人体皮肤平均温度33℃，显热损失44W/m^2）时，给出从皮肤表面到衣服外面的热阻值为1clo=0.1555m^2·℃/W。1clo热阻值的衣服相当于冬天人穿了一件毛衣。严格的衣服热阻值测试应在特定的空调房间，让发热人体模型穿上衣服后测试其热阻值。

6. 代谢量对人体热舒适性的影响 人体的代谢量反映了人体做功所消耗的能量。1代谢量（单位：met）的定义是一般人坐在椅子上安静地看书时的代谢量。表7-2所示为主要作业活动与代谢量的关系。目前已有很多经验值来反映人体在各种活动状况下的代谢量，但是要严格测试人体的代谢量是一件技术性很强的工作。

表7-2 主要作业活动与代谢量的关系

类 别	作业活动	代谢量/met
休息	睡眠	0.7
	在椅子上静坐	1.0
	站着睡	1.2
办公室	读书	1.0
	写字	1.0
	打字	1.1
家务事	洗碗	1.6
	炒菜	1.6~2.0
	打扫卫生	2.0~3.4
其他	步行（0.9m/s）	2.0
	步行（1.34m/s）	2.6
	开车	1.0~2.0
	打网球	3.6~4.0

7.1.3 汽车车室热舒适性的特点

汽车车室的热环境与其他热环境相比有不同的特点。首先，汽车车室的热舒适环境对于驾驶员非常重要，驾驶员在热舒适的环境中驾驶可以增加安全性。第二，汽车设计的趋势，比如增加玻璃的使用、降低燃料消耗和使用更加环保的制冷剂，使得控制乘客的热舒适变得非常困难。当然，可以增加空调系统的能力来抵消这些趋势，但这就会相应地增加费用和增加燃料的消耗。出于节约能源的目的，我们需要优化空调系统的设计。第三，汽车驾驶条件的复杂性，比如冬季和夏季，汽车所使用的地理位置，都会接受不同的太阳辐射热负荷，这就增加了分析的难度。最后，人体本身散热量和个人对于热舒适性的不同感觉，需要采用统计学的方法来获取大多数人感觉舒适的参数，作为汽车空调系统设计的目标。

7.1.4 汽车车室热舒适性评价

1. 热舒适性评价标准 关于人体热舒适性和环境之间关系的研究起始于20世纪初，人们提出了各种评价标准。目前，ASHRAE（美国供暖、制冷、空调工程师学会推出的热舒适性评价标准）和 ISO7730（国际标准化组织提出的室内热环境评价与测量标准化方法）是世界上普遍采用的评价和预测室内热舒适性的标准。ASHRAE 标准给出了至少满足 80% 居住者的舒适区（详见图 7-4）。

ISO7730 标准以丹麦工业大学 Fanger 教授提出的预测人体热感觉的 PWV—PPD 指标来描述和评价热舒适性（详见图 7-5）。其中，PMV 是 Predicted Mean Vote 的缩写，意为预期平均评价，它不是代表个别人对环境的热舒适的表决预测数，而是表示大量的人对环境热舒适感觉的表决平均预测数；PPD 是 Predicted Percentage of Dissatisfied 的缩写，意为预期不满意百分率，它表示不满意百分比的预测数，是为了说明有多少人对热舒适性表示不满意。PMV—PPD 指标综合考虑了人体活动程度、衣服热阻（衣着情况）、空气温度、平均辐射温度、空气流动速度和空气湿度等六个因素，利用人体热平衡的原理，确定了 PMV 的数学表达式，并利用概率分析的方法，确定了 PMV 和 PPD 指标之间的数学关系式。与 PMV—PPD 指标体系相似的还有 Gagge 教授提出的有效温度指标（ET*）和标准有效温度指标（SET）。这些标准从不同程度上反映了影响热舒适性的 4 个因素的共同作用结果，它们共同的特点是认为环境参数不随时间改变，而且把人体看做是外界热刺激的被动接受者；一定的热环境参数对人体的作用是通过两者之间的热交换来影响人体的生理参数，进而产生不同的热感觉。所以，这些指标可以被认为是稳态的和以热平衡方程为基础的。

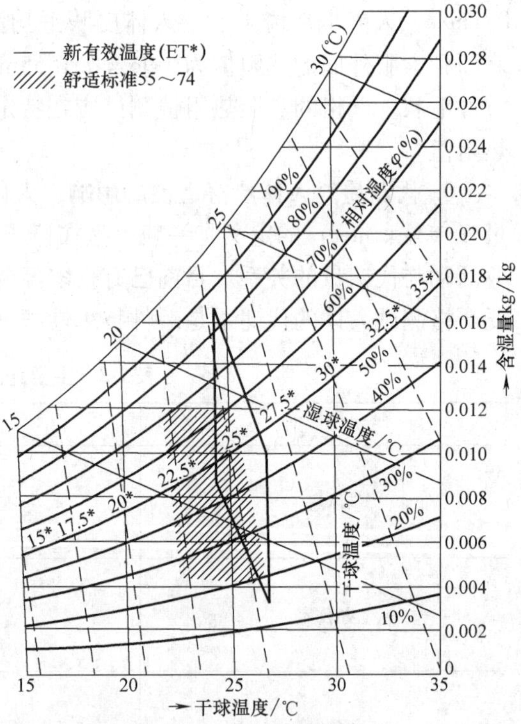

图 7-4　ASHRAE 舒适图

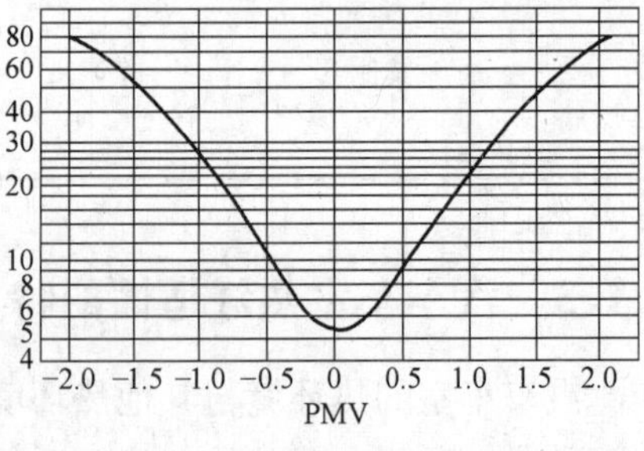

图 7-5　PPD 与 PMV 的关系

汽车车室内的热环境和建筑室内热环境既有联系又有区别，它们都是通过人体的热舒适性来评价。目前，国内外均借用建筑室内热舒适性的评价方法来评价汽车车室内的热舒适性，但是汽车车室内的空间狭小、结构复杂，因此汽车车室内的温度场分布和气流组织应该有它自己的特点。为了评价汽车车室内的热舒适性，国内外做了大量的研究工作。美国学者认为夏季车室内的温度应控制在 22 ~ 25℃，冬季车室内的温度应控制在 20 ~ 25℃ 比较理想。而夏季车室内温度控制在 22.6 ~ 26.6℃，相对湿度在 45% ~ 50% 时，人体感觉最舒适。法国 Diavia 公司研究结果认为：最舒适的车室内环境应是相对湿度 35% ~ 65%、室内温度 23 ~ 27℃，车室内的空气流速不大于 0.2 ~ 0.25m/s，此时能保证人体和周围环境的最佳热平衡。日本前山守通过大量试验证明，冬季上半身气温为24～28℃，下半身气温为28～32℃时人体感到舒适；而夏季上半身气流速度为0.6～0.9m/s，下半身气流速度为0.2～0.3m/s，温度为24～26℃时人体感到舒适。从人体生理卫生要求出发，日本有人提出舒适性允许值与推荐值如表7-3所示。

表7-3 人体生理要求舒适性允许极限及推荐值

项目	季节	允许极限	推荐值	目标值
温度/℃	夏季	28	21～28	22～24
	冬季		20～24	24
上下温差/℃	夏季			2
	冬季			3
湿度（%）	夏季	70	55～70	<55
	冬季	35	55～70	
综合温度/℃	夏季	24	20～24	21
	冬季	17	17～22	19

大量试验证明：人的腿、足、肩、脸及喉部对温度变化最敏感，而且有无太阳照射，对舒适温度的要求是不同的。可见，评价车室内的热舒适性是一个复杂的、带有主观因素的课题。研究表明，增大车室内的风速，也会使人感到凉快些。在夏季，下吹气流使人感到舒适。但是，虽然吹向人的气流会增加人的舒适感，但我们并不能将空气流速确定得过大，因为过大的空气流速会使人体的局部散热过度，从而使人感到难受。最好是使大量的冷风低速流遍人的全身，并且不要让冷风直接吹向人的头部和喉部以及面部。舒适的温度分布，应是“头凉足热”，脚下左右部位的温差应尽量小。

2. 国内热舒适环境评价方法介绍 对于汽车车室内的热舒适性，我国的研究人员结合中国人的体质情况和我国的国情，确定了符合我国实际情况的热舒适性环境参数，表7-4列出了国内一些资料推荐的汽车车室内的热舒适性环境参数。

表7-4 汽车车室热舒适环境参数

内容 / 范围	温度/℃		相对湿度（%）	换气/(m^3/min)	风速/(m/s)	噪声/dB
	冬	夏				
舒适带	15～18	22～27	30～70	0.6	0.075～0.2	45
不舒适带	0～14	27～43	30<及>70	0.35	0.4	65
有害带	<0	>43	<15	0.14	>0.4	120

铁路空调列车比汽车空调发展得早，通过加权法积累了一套比较精确的热舒适环境参数，表7-5所示是我国铁路列车推荐的热舒适环境参数，这些参数也可以作为评价汽车车室内热舒适性的参考标准。

表 7-5　铁路列车室热舒适环境参数

项　目	夏　季	冬　季
列车室外气温/℃	34.9 ± 0.21	
列车室外相对湿度（%）	64 ± 4.8	
列车室内温度/℃	24 ~ 29	18 ~ 22
列车室内相对湿度（%）	≤70%	≤30%
列车室内空气流速/(m/s)	0.25 ~ 0.5	0.05 ~ 0.25
列车室内新风量/(m^3/h · 人$^{-1}$)	20 ~ 25	< 20 ~ 25
列车室内含尘量/(mm^3/m^3)	≤1	

3. 模糊综合评价方法　作者结合长安某微型客车的车室热舒适性评价实践，探索出一套模糊综合评价方法供读者参考。该方法主要基于温度和气流速度两大参数，特点在于它是对整个车室环境是否适宜所有乘员的全局性评价。经试验和人体客观检验等，证明有一定使用价值，已在长安三种微型客车的热环境优化设计和空调系统优化上得到成功应用。关于模糊综合评价方法实施步骤简述如下。

（1）给出备选的对象集，$X = \{x_1, x_2, \cdots, x_i\}$。

在本书中评价对象集为车室内的所有传感器测点的温度值和速度值。

（2）找出因素集（或称判据集，亦即指标集），$U = \{u_1, u_2, \cdots, u_n\}$。

在本书中取指标集为：U = {测点温度，测点速度}。

（3）确定评价集。

在本书中给出的对车室内温度场的评价集为 V = {冷，凉，舒适，微热，热}，并对冷，凉，舒适，微热，热 5 个评价的温度值范围作以下限定：

$t < 19℃$　　冷

$19℃ \leqslant t < 22℃$　　凉

$22℃ \leqslant t < 26℃$　　舒适

$26℃ \leqslant t \leqslant 29℃$　　微热

$t > 29℃$　　热

速度值范围限定如下：

$v > 0.4\text{m/s}$　　冷

$0.3\text{m/s} \leqslant v \leqslant 0.4\text{m/s}$　　凉

$0.15\text{m/s} \leqslant v < 0.3\text{m/s}$　　舒适

$0.075\text{m/s} \leqslant v < 0.15\text{m/s}$　　微热

$v < 0.075\text{m/s}$　　热

（4）统计落在上述各个温度、速度范围内的测点数，并计算出落在各个温度、速度范围内的测点数与总测点数的比值：a_1，a_2，a_3，a_4，a_5（温度比值）；b_1，b_2，b_3，b_4，b_5（速度比值）。

（5）写出模糊变换矩阵 $\boldsymbol{R}$。

$$\boldsymbol{R} = \begin{pmatrix} a_1 & a_2 & a_3 & a_4 & a_5 \\ b_1 & b_2 & b_3 & b_4 & b_5 \end{pmatrix}$$

（6）确定权重分配向量 $\boldsymbol{A}$。

在本书中确定权重分配向量 $\boldsymbol{A}=(0.7,\ 0.3)$。

（7）计算出综合评价向量 $\boldsymbol{B}$。

$$\boldsymbol{B}=\boldsymbol{A}\times\boldsymbol{R}$$

（8）根据综合评价向量 $\boldsymbol{B}$ 对车室内的热环境做出综合评价。

必须指出，这里的测点可以是实验室实测，也可以是利用 CFD 软件进行热环境模拟下的“测点”。由于测点的数量很多，整个计算过程比较繁杂，为了解决这个问题，特编制程序对模糊综合评价的计算进行自动化处理。计算程序的流程图如图 7-6 所示。

该方法既可结合车室热环境室内外试验进行，也可结合室内温度场的 CFD 分析进行，不同之处在于测点的数据是来自试验还是 CFD 分析。

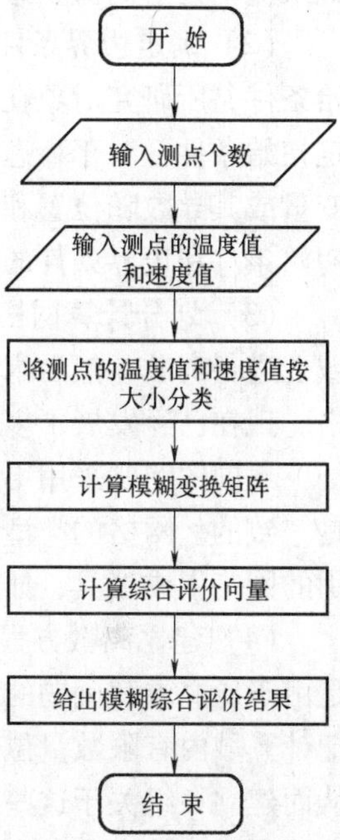

图 7-6　模糊综合评价数值计算流程图

7.1.5　汽车车室热环境计算机流体力学仿真技术简介

计算流体力学（Computational Fluid Dynamics，CFD）是建立在经典流体动力学与数值计算方法基础之上的一门独立学科。它是通过计算机数值计算和图像显示的方法，在时间和空间上定量描述流场的数值解，从而达到对物理问题研究的目的。它兼有理论性和实践性的双重特点，建立了许多理论和方法，为现代科学中许多复杂流动与传热问题提供了有效的计算技术。CFD 软件现已成为解决各种流体流动与传热问题的强有力的工具，成功应用于水利、环境、流体机械与流体工程等各种技术科学领域。过去只能靠实验手段才能获得的某些结果，现在已完全可以借助 CFD 软件仿真技术来准确获得。

现代计算流体动力学的发展，使得其不仅作为一个研究工具，而且还作为设计工具在水利工程、环境工程、工业制造等领域发挥了越来越重要的作用。在汽车座舱热舒适性问题中，利用 CFD 方法可以在汽车研发的前期进行各种形式的空调系统性能的预测，以获得满足乘员舒适性要求的最佳设计参数。

1. 模拟的一般原理和步骤（以 STAR-CD 为例）　为了进行 CFD 数值仿真计算，用户可以借助于商用通用流体软件来完成所需要的任务，也可以直接编写计算程序来完成。两种方法的基本工作过程是相同的。图 7-7 所示为 CFD 的工作流程图。

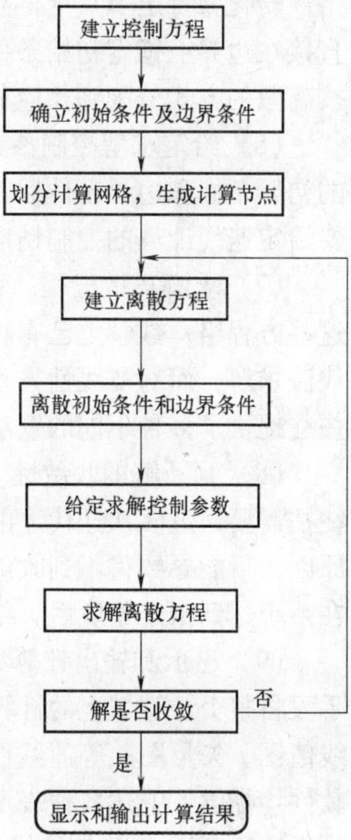

图 7-7　CFD 工作流程图

（1）建立控制方程。建立控制方程是利用 CFD 方法求解任何问题都必需的，可以根据流体动力学的基本守恒方程：质量守恒方程、动量守恒方程和能量守恒方程来得到。如果流动包含有不同成分的混合或相互作用，系统还要遵守组分守恒定律。

如果流动处于湍流状态，系统还要遵守附加的湍流运输方程。

（2）确定边界条件与初始条件。初始条件与边界条件是控制方程有确定解的前提。初始条件是所研究对象在过程开始时刻各个求解变量的空间分布情况。对于瞬态问题，必须给定初始条件；对于稳态问题，则不需要初始条件。边界条件是在求解区域的边界上所求解的变量或其导数随位置和时间的变化规律。对于任何问题的求解，都需要给定边界条件。对于初始条件和边界条件的处理，直接影响计算结果的精度。

（3）划分计算网格。采用数值方法求解控制方程时，首先需要将控制方程在空间计算域上进行离散，然后求解得到的离散方程组。要想在空间域上离散控制方程，必须使用网格。现在已经发展了多种对各种区域进行离散以生成网格的方法，统称为网格生成技术。

不同的问题采用不同数值解法时，所需要的网格形式是不同的，但生成网格的方法基本是一致的。网格的类型分为结构化网格和非结构化网格。目前各种商用 CFD 软件都配有专用的网格生成工具，如 STAR-CD 的自动化网格生成子模块 Pro-AM。

（4）建立离散方程。对于在求解域内所建立的偏微分方程，理论上是有解析解的。但是由于所要求解问题的复杂性，一般很难获得方程的解析解。因此，需要通过数值计算方法把计算域内有限数量位置（网格节点或网格中心点）上的因变量值当做基本未知量来处理，从而建立一组关于这些未知量的代数方程组，然后通过求解代数方程组来得到这些节点值。由于所引入的应变量在节点之间的分布建设及推导离散化方程的方法不同，就形成了有限差分法、有限元法、有限体积法等不同类型的离散化方法。

（5）离散初始条件和边界条件。需要针对所生成的网格，将连续型的初始条件和边界条件转化为特定节点上的值。在商用 CFD 软件中，往往在前处理阶段完成了网格划分后，直接在边界上指定初始条件和边界条件，然后由前处理软件自动将这些初始条件和边界条件按离散的方式分配到相应的节点上去。

（6）给定求解控制参数。在离散空间上建立了离散化的代数方程组，并施加了离散化的初始条件和边界条件后，还需要给定流体的物理参数和湍流模型的经验系数等。此外，还要给定迭代计算的控制精度、瞬态问题的时间步长和输出频率等。

（7）求解离散方程。在进行了上述设置后，生成了具有定解条件的代数方程组。对于这些方程组，数学上已有相应的解法，如线性方程组可采用 Gauss 消去法或 Gauss-Seidel 迭代法求解，而对非线性方程组，可采用 Newton-Raphson 方法进行求解。在商用 CFD 软件中，往往提供了多种不同的解法，以适应不同类型的问题。

（8）判断解的收敛性。对于稳态问题的求解，或是瞬态问题在某个特定时间步上的解，往往需要通过多次迭代才能得到。有时，因网格形式或网格太小、对流项的离散插值格式等原因，可能导致得不到收敛的解。因此，在迭代过程中，要对解的收敛性随时进行监视，并在系统达到指定精度后，结束迭代过程。

（9）显示和输出计算结果。通过求解过程得到各计算节点上的解后，需要通过适当的手段将整个计算域上的计算结果显示出来，以供用户清晰、灵活地分析计算结果。可以采用线值图、矢量图、等值线图、流线图、云图等方式对计算结果进行表示。现在的商用 CFD 软件均提供了上述各种表示方式。

通用商用 CFD 软件提供了一个集成的用户界面，用户可以方便地完成从前处理到后处理的全过程。对于其中所涉及的一些参数的设置可以采用软件默认值，用户可以方便、快捷地来完成一个CFD仿真计算。现在以STAR-CD为例，简要介绍使用商用软件进行汽车座舱流场、温度场仿真的一般步骤。STAR-CD是由英国帝国学院提出的通用流体分析软件，该软件基于有限体积法，适用于不可压流和可压流（包括跨音速流和超音速流的计算）、热力学的计算及非牛顿流的计算、化学反应（包括气体、液体与固体燃料燃烧）、多空介质等多种物理模型。它具有前处理器、求解器和后处理器三大模块，以良好的可视化用户界面把建模、求解及后处理与全部的物理模型和算法结合在一个软件包中。

（1）座舱CAD模型的建立（见图7-8）。这个工作通常由汽车外形设计人员来提供，STAR-CD提供了丰富的接口来接受输入的CAD模型，包括CATIA、PRO/E、UniGraphics等。CAD建模完成后保存为STAR-CD可以接收的格式，如igs、stl格式等。

（2）计算域网格的生成。座舱CAD模型完成后，就需要对计算域进行离散，生成计算网格（见图7-9）。可以把CAD模型导入STAR-CD的自动网格生成子模块Pro-AM中进行网格生成（如果CAD模型的表面网格质量较差，也可以利用STAR-CD中集成的专门表面处理工具Pro-SURF进行表面网格的修整和生成，然后将处理后的优质表面网格输出给Pro-AM再进行体网格生成），也可以在ICEM CFD软件中完成网格的生成工作。Pro-AM可以快速生成四面体、六面体、混合网格、多面体网格，利用该子模块，用户可以在最短的时间内灵活生成最佳网格，并用它获得可靠而又精确的结果。

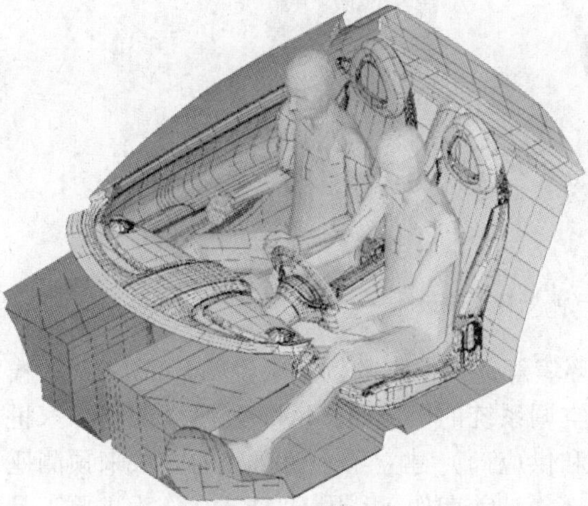

图7-8　汽车座舱CAD模型

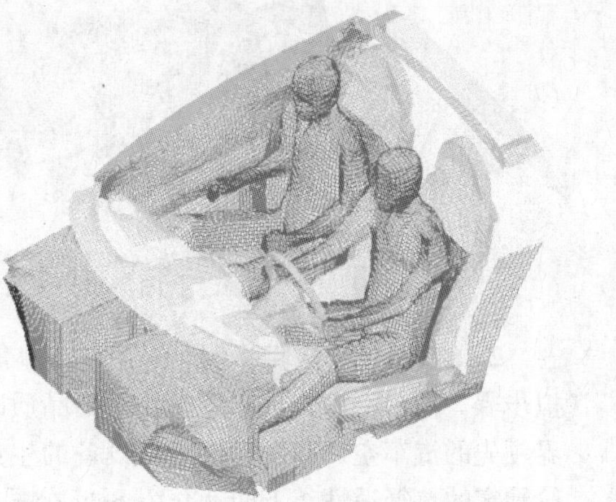

图7-9　汽车座舱网格模型

（3）物性和边界条件的设定。在STAR-CD的前处理Pro-STAR中进行计算域内工质物性的设置和边界条件的确定，其中最重要的是太阳热辐射模型和人体模型的确定。

太阳热辐射模型包含两步：首先，基于汽车模型所在的地区和时间，程序自动计算最大的太阳辐射。接着，对于给定的座舱和玻璃形状，程序计算太阳辐射负荷对于乘客座舱的影响。程序会记录太阳辐射通过玻璃时的穿透率、吸收率、反射率和光线的入射角。辐射热负荷是基于平均辐射温度利用线性模型计算得到的，或者是采用Stefan Boltamann法则得到的详细模型。

人体模型包括六个部分：头部、躯体、胳膊、手、腿和脚。目前，这个模型能够模仿这六个部分中的任意几个。每部分都包含四层人体组织（核心、肌肉、脂肪、皮肤组织）和衣物。动脉和静脉用一系列的点来表示，可以用来计算六个部分和组织节点之间的热传递，动脉和静脉之间的逆向热传递。

(4) 给定控制参数。这部分工作主要包括监控点数据的输出、迭代计算的控制精度、时间步长、输出频率和迭代计算收敛的标准等。

(5) 求解器求解计算。按上述步骤设置完成并且检查无误后，可以保存全部的模型信息为一个模型文件（扩展名为 mdl），以供将来使用和察看。接下来要将全部模型信息输出为求解器 STAR 可以识别的文件进行求解，这样的文件有两个：一个称为几何文件（扩展名为 geom），它包含了全部网格信息和边界位置信息，另一个称为问题文件（扩展名为 prob），它包含了全部物性信息，边界值信息以及控制参数等。在迭代过程收敛后，计算结果被保存到结果文件（对于稳态问题扩展名为 pst，对于非稳态问题扩展名为 pstt）。

(6) 显示和输出结果。计算结果文件导入到 STAR-CD 的后处理模块 Pro-STAR 中进行结果的显示和输出。STAR-CD 提供了多种方便的计算结果的显示方式，包括线值图、矢量图、等值线图、流线图、云图等（见图 7-10）。

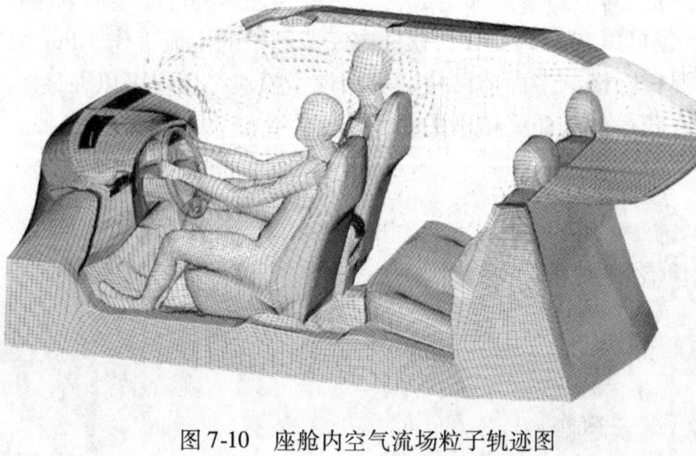

图 7-10　座舱内空气流场粒子轨迹图

2. STAR-CD 应用举例　采用一个座舱热环境舒适性模拟的例子来说明 STAR-CD 的模拟步骤。作为一家为汽车厂商提供高品质暖通空调系统的供应商，Behr 公司（德国一家世界领先的汽车空调和发动机冷却设备的生产商和供应商）建立了一套精确的方法来预测座舱乘客的热舒适性。下面就介绍 Behr 公司在汽车设计前期如何利用 STAR-CD 作为主要工具进行热舒适性预测的。

(1) 参数化座舱模型。基于 CAD 的乘客座舱的网格的生成是一项非常费时的工作。许多座舱 CAD 模型在进行网格划分之前需要进行集合、清除和组合等工作。这项工作通常需要花费 3 ~ 8 周的时间，具体取决于采用的是结构化网格还是非结构化网格。然而，对于大多数情况来说，在汽车研发的早期阶段，并不知道汽车的 CAD 模型。

为了避免这些问题和缩短研发时间，Behr 公司利用 ICEM CFD 软件开发了一套参数化的座舱模型。这个模型是建立在 200 多个参数的基础上的，这些参数涵盖了从新车型设计到与已有车型相似设计的各个方面。参数化几何模型和真实的 CAD 几何模型的结合同样也是可能的，这就可以保证能够获得汽车的关键几何细节（见图 7-11）。参数化模型最大的好处之一就是能够在车体表面的任何位置开通风口，以快速评价不同的通风方案。ICEM CFD 可以自动生成四面体网格，壁面包覆棱柱形网格。为了降低计算的费用，使用网格工具把大多数的四面体网格转化为六面体网格。在通风口区域采用所谓的“Density Volumes”进行局部网格的细化以为仿真计算提供高质量的网格。网格的质量和计算模型对于计算的准确性至关重要。

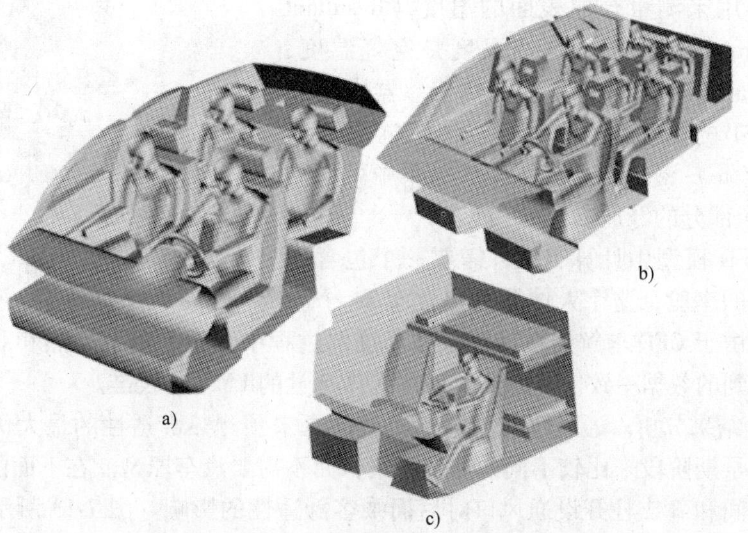

图 7-11　利用参数化座舱模型所建立的不同类型的汽车
a）轿车　b）货车　c）掀背车

使用这个参数化模型，建立一个典型的汽车座舱模型需要不到 3 天的时间即可完成。

（2）太阳辐射和热辐射模型。为了评价一个汽车座舱内部的热舒适性，需要利用 STAR-CD 的离散光线（Discrete Beam）方法来预测太阳辐射和热辐射对座舱内壁的影响。

图 7-12 所示为一个真实例子的数值计算中太阳入射辐射的分布情况。在这个例子中假定太阳的入射角度是高度角 45°和方位角 -45°，辐射强度是 $500W/m^2$。

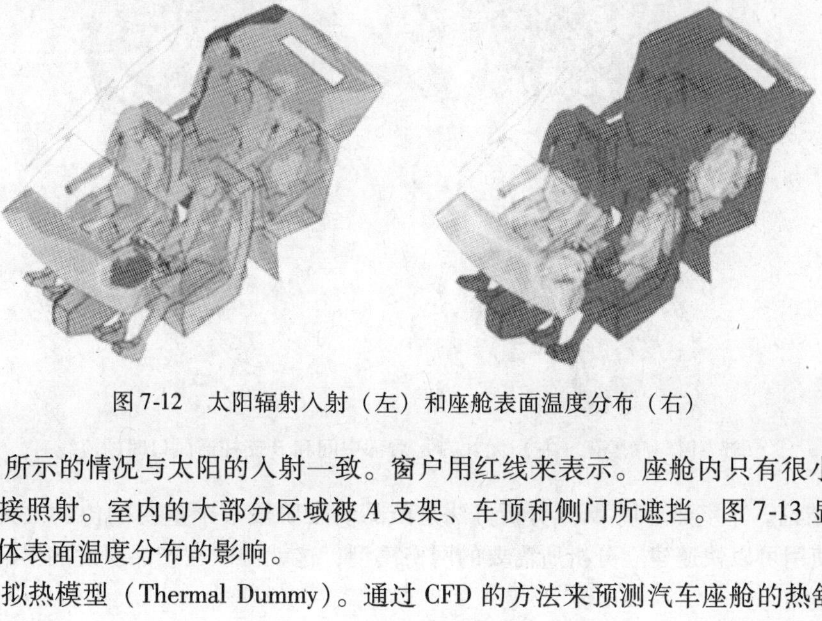

图 7-12　太阳辐射入射（左）和座舱表面温度分布（右）

图 7-12 所示的情况与太阳的入射一致。窗户用红线来表示。座舱内只有很小的区域受到太阳的直接照射。室内的大部分区域被 *A* 支架、车顶和侧门所遮挡。图 7-13 显示了太阳辐射对于车体表面温度分布的影响。

（3）虚拟热模型（Thermal Dummy）。通过 CFD 的方法来预测汽车座舱的热舒适性是建立在名为 MARCO（Method to Assess the Rmal Comfort）室内试验的基础上的。

MARCO 是一个装有 21 个热传感器的热模型，这些热传感器用来测量合成表面的温度（Resultant Surface Temperature，RST），这个温度是空气温度、流速和辐射的函数。人员的活动在热传感器中用热源来表示。RST 的试验数据与体现人体感觉的 LMV（Local Mean Vote）密切相关。从这些结果中可以得到人体的 21 个部分的舒适参数。

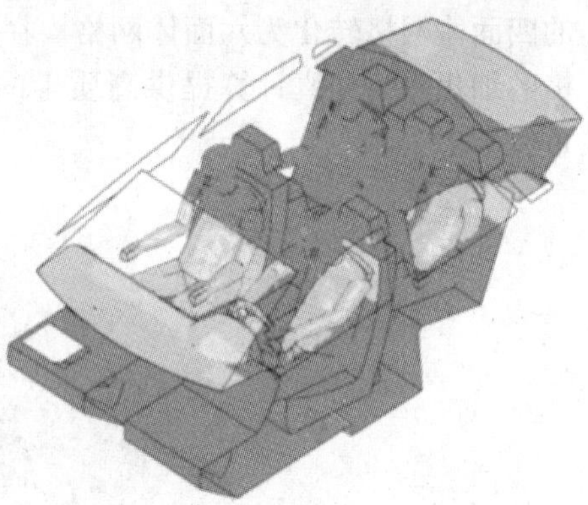

图 7-13　例子中太阳入射辐射分布图

为了从 CFD 模型中计算 RST，需要一个包含数值人体热模型的座舱，这个人体模型包含有 21 个温度测量装置。由于 CFD 求解器在计算表面温度的过程中考虑了辐射换热和对流换热，数值 RST 与试验得到的数据一致，并因此可以用人体感觉的 LMV 来校准。

（4）计算结果分析。通过座舱内空气流动仿真来预测热舒适性的最大优点，就是可以在汽车设计的早期阶段来比较不同的通风方案，而不需要汽车原型。在下面的例子中，评价了汽车后面中间和 *B* 支柱开设通风口对后面乘客舒适性的影响。图 7-13 所示为太阳辐射的入射角。

图 7-14 所示为两种通风方案中座舱内的空气流动的流线。尾部中间和 *B* 支柱通风口处的流线用红色线条来表示。有了尾部中间和 *B* 支柱的通风口，后座的乘客可以得到更多的冷却空气。在没有尾部中间和 *B* 支柱通风口的通风方案中，乘客身体的上部，特别是胸部和腹部的温度较高（见图 7-15）。在有尾部通风口的方案中，乘客右边的 LMV 很低是由于此处直接与尾部的通风口出口相接触。

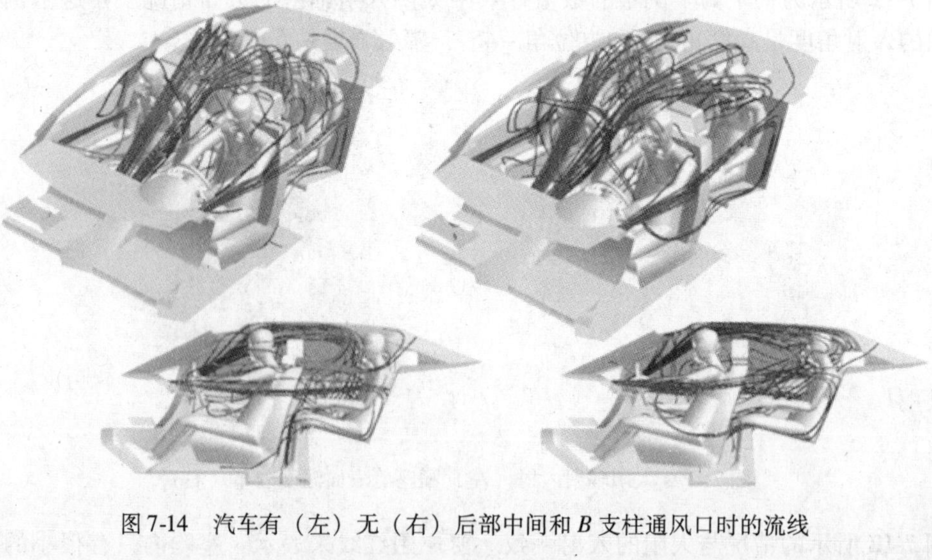

图 7-14　汽车有（左）无（右）后部中间和 *B* 支柱通风口时的流线

（5）结论。车室热环境 CFD 分析方法是产品研发阶段一个重要的仿真工具。参数化座舱模型的使用可以快速建立分析所需要的网格模型，这就可以在产品研发的早期阶段进行快速的 CFD 分析。

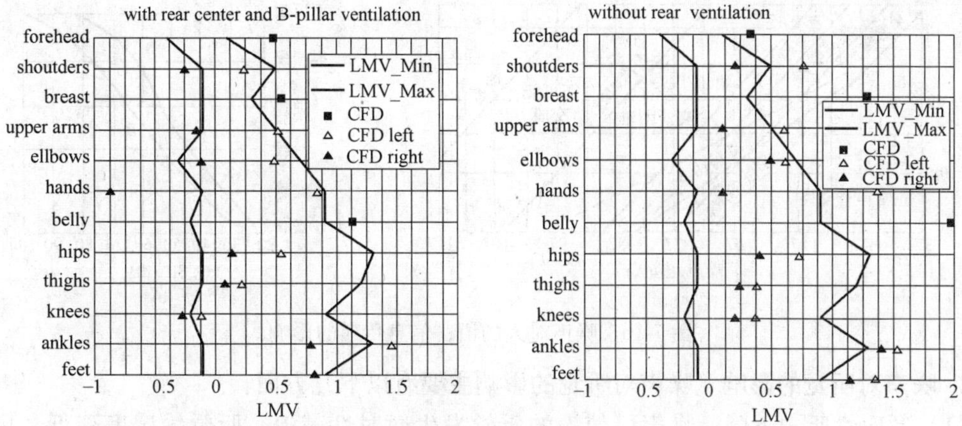

图 7-15　汽车后座左边乘客在有无两个通风口时的舒适参数曲线

7.2　汽车车室声环境评价

汽车噪声的存在决定了汽车车室声环境的存在，车室内的噪声直接影响驾乘人员的交谈，分散驾驶员的注意力，降低工作效率，对汽车安全性带来影响。长期暴露在强噪声环境中，会诱发多种疾病。对于乘用车和客车而言，噪声环境质量是汽车舒适性的一个重要方面。汽车车室声环境评价的目的就是通过对车室内噪声的分析和测量，利用相关评价方法和标准，评价汽车车室声环境的设计质量。

7.2.1　噪声对人的影响

7.2.1.1　噪声的危害

环境噪声可能妨碍工作者对语音信息的感知，也可能造成心理或生理方面的危害，因而会影响操作者的工作效能、舒适性或听觉器官的健康。但适度大小的和谐的生产性音乐，对某些工种的工作效率却是有益的。噪声对人的影响主要体现在以下几个方面：

1. 噪声对工作的影响　关于噪声对不同性质工作的影响，有人做过大量的研究。研究表明，噪声不但影响工作效率，也影响工作质量。如果声压级达到 70dB（A），将会对各种工作产生以下几个方面的影响：① 将会干扰工作者的注意力；② 对于需要高度集中精力的工种，将会增加差错率；③ 对于需要高度技巧的体力、脑力劳动等工种，将会降低工作效率；④ 对于技术性较强的工种，将会降低工作质量；⑤ 如果已对噪声产生一定的适应性，为了保持正常的生产能力，将要消耗较多的精力，从而会加速疲劳；⑥ 能够遮蔽交通运行信号和危险报警信号的强噪声环境，还容易引发事故；⑦ 但是对于非常单调的工作，处在中等噪声级的环境中，噪声可能产生有益的效果。

研究还指出，噪声对人的语言信息传递影响最大。在 50dB（A）的噪声环境中，交谈双方相距 1m 可用正常声音交谈，但在 90dB（A）的噪声环境中，就要大声叫喊才能交谈（见图 7-16a）。噪声还会影响交谈者的情绪，图 7-16b 所示内容表明，大声叫喊会使交谈者的情绪由正常变为不可忍耐。因此，许多国家的标准在规定作业场所的最大允许噪声级时，均以 50dB（A）的稳态噪声级作为需要高度集中精力的工作场所的噪声上限。

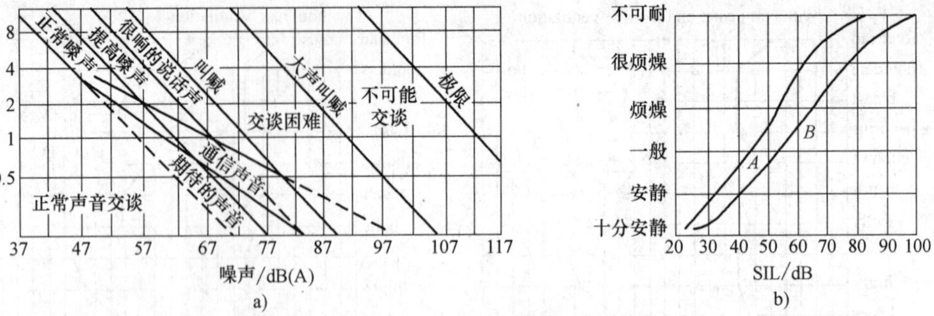

图 7-16　噪声对人的语言信息传递的影响

2. 噪声对听觉的影响　噪声对听觉的影响主要有以下几方面：

（1）暂时性听力下降。噪声可使人的听觉发生暂时性减退、听觉敏感度降低、可听阈提高。当人离开强噪声环境而回至安静环境时，听觉敏感度不久就会恢复，这种听觉敏感度的改变称为暂时性听力下降，是一种生理上对噪声的“适应”。暂时性听力下降具有明显的特征，即受到噪声作用后，听觉敏感度有一定程度的降低，回到安静环境中，听觉敏感度能迅速恢复。通常高频噪声影响比较显著，而低频噪声的影响较小。

（2）听力疲劳。在长时间的强噪声作用下，人的听力减退较大，恢复至原来听觉敏感度所需的时间也较长，通常需数小时以上，这种现象称为听力疲劳。噪声引起的听力疲劳不仅取决于噪声的声级，还取决于噪声的频率成分。频率愈高，引起的疲劳程度愈重。

（3）持久性听力损失。如果强噪声持续作用于人体，使听觉敏感度在休息时间内来不及完全恢复，时间长了就可能导致持久性听力损失。如果长期接触过量的噪声，听力阈值将不能完全恢复到原来的数值，便会造成耳感受器发生器质性病变，进而发展成为噪声性耳聋，它是不可逆的永久性听力损失，是一种进行性感音系统的损害。噪声性耳聋的特点是，在听力曲线图上的听力损失以4000Hz处为中心，呈所谓“V”字形病变曲线。噪声性耳聋的另一特点是，先有高音调缺损，然后是低音调缺损。噪声性耳聋听力损失的一般发展形式如图7-17所示。

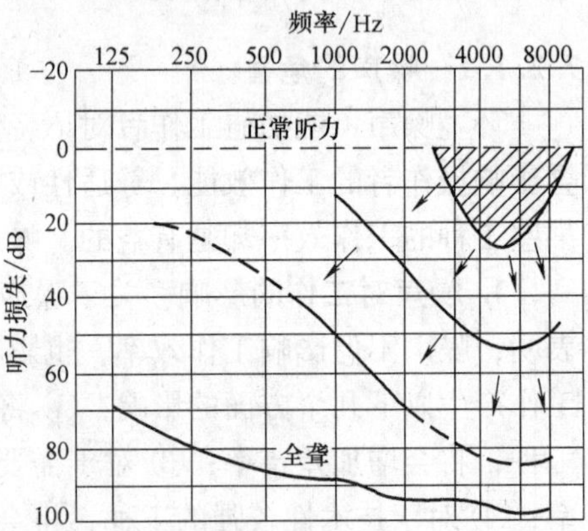

图 7-17　噪声性耳聋的进展形式

（4）爆震性耳聋。如果极其强烈的噪声突然作用于人体（如噪声高达140～150dB（A）时），会导致人耳鼓膜破裂出血，内耳迷路出血，螺旋器（感觉细胞和支持结构）从基底膜急性剥离，这样的一次刺激就可能使人双耳完全失去听力，这种损伤称为爆震性耳聋，是一种急性声外伤。

3. 噪声对人体健康的影响　噪声对人体健康的影响并不局限于听觉器官。噪声对人的心血管系统、中枢神经系统、消化系统等都有不同程度的危害。噪声对心血管系统的危害主要表现是使交感神经紧张，出现心律不齐、心率加快、血管痉挛、血压变化、传导阻滞以及心电图T波升高等症状。在长时间噪声刺激下，人的血压会出现异常，有的人血压升高，有的人血压降低，情况不尽相同，这与个体差异和噪声强度等因素有关。脉冲噪声比稳态噪声引起的血压变化要大得多，对人体的影响也更为明显。噪声对神经系统的影响比较明显，会引起头痛、脑涨、头晕、耳鸣、失眠、多梦、心悸、记忆力减退、恶心和全身疲乏无力等。在长时间的噪声刺激下，还会引起自主神经紊乱而导致血管性功能不良、人消瘦、肌无力等症。噪声对消化系统的危害的主要表现是食欲不振、胃功能紊乱、恶心、肌无力、人消瘦和体质减弱等。对胃功能的损伤程度随噪声强度和接触噪声时间的增加而加重。噪声对内分泌系统也有一定程度的危害，可能会出现影响体内物质的代谢、升高血液中的油脂及胆固醇含量、增强甲状腺活动并有较轻度肿大等病症。更有甚者，如果孕妇长时间暴露在一定强度的低频噪声下，还会影响到胎儿的生长发育，有可能引起胎儿畸形或某些先天性疾病。

7.2.1.2 影响噪声对机体作用的因素

1. 噪声的强度 噪声强度的大小是影响听力的主要因素。语言听力损伤的阳性率随噪声强度的增加而增加，强度越大越容易引起听力损伤，损伤出现得越快、越严重。

2. 接触时间 接触噪声的时间越长，听力损伤的阳性率越高，损伤越严重。在一定强度的噪声环境下，从开始接触噪声到出现听力损伤，这段时间称为听力损伤的临界暴露时间。在同样强度的噪声作用下，不同频率噪声的听力损伤的临界暴露时间是各不相同的。4000~6000Hz 出现听力损伤的时间最早，即该频段听力损伤的临界暴露时间最短。一般情况下接触强噪声的最初 10 年听力损伤进展快，以后逐渐减慢。

3. 噪声的频率成分 在强度相同的条件下，以高频为主的噪声对听力危害较大，以低频为主的噪声对听力危害较小；窄频带噪声比宽频带噪声危害大。噪声的频谱特性还会影响听力损伤的程度，但不会影响听力损失的高频段凹陷这一特征。

4. 噪声类型和接触方式 脉冲噪声比稳态噪声危害大，持续接触比间断接触危害大。

5. 个体差异 人体的健康状况和对噪声的敏感性会影响噪声引起的危害和严重程度。健康状况较差和对噪声比较敏感的人容易受到噪声的伤害。有少数人（约占 1%~10%）对噪声特别敏感和特别不敏感。

7.2.2 噪声的物理量度

7.2.2.1 声压级、声强级和声功率级

描述声音强弱的物理量常用声压、声强和声功率。这些物理量在数值上不大，但变化范围很大。对于频率为 1000Hz 的纯音，人耳能听到的最小声压为 2×10^{-5}Pa，声强为10^{-12}W/m^2，而使人耳产生痛觉的声音的声压为 20Pa，声强为 1W/m^2。可见人耳可闻声音的幅值范围高达10^{12}。又如人们通常谈话的声功率约为10^{-5}W，而喷气式飞机起飞时的声功率约为10^5W，可见变化范围也高达10^{10}的数量级。为了方便地描述如此大范围变化的物理量，通常使用对数标度。另一方面，人耳对声音的感受并不正比于声音的实际强弱，而是与其对数值大致成正比。因此，声学上普遍采用对数标度来度量声压、声强和声功率等物理量，称为声压级、声强级和声功率级等，单位用 dB（分贝）来表示。

声压级（dB）定义为

$$L_p = 20\lg\frac{p_e}{p_0} \tag{7-1}$$

式中，p_e 为声压有效值；$p_0 = 2\times10^{-5}$Pa，是人耳对 1000Hz 空气声所能感觉到的最低声音的声压，称为听阈声压，对应的声压级为 0dB。使人耳感到疼痛的声压是 20Pa，称为痛阈声压，对应的声压级为 120dB。

声强级定义为

$$L_I = 10\lg \frac{I}{I_0} \tag{7-2}$$

式中，I 为声强值；$I_0 = 10^{-12}\mathrm{W/m^2}$，为听阈声强，用做基准值。

声功率级（dB）的定义为

$$L_W = 10\lg \frac{W}{W_0} \tag{7-3}$$

式中，W 是声音的声功率值；$W_0 = 10^{-12}\mathrm{W}$，是基准值。

值得注意的是，声级的单位 dB（分贝）是对数单位，声级的求和与求差不能按一般的自然数直接进行，而应按照能量叠加的关系进行运算。

声功率和声强都直接代表声能量，其叠加关系为

$$W = \sum_{i=1}^{n} W_i \qquad I = \sum_{i=1}^{n} I_i \tag{7-4}$$

声压本身不代表能量，但其平方代表了声能量，故其能量叠加关系为

$$p_e^2 = \sum_{i=1}^{n} p_{ei}^2 \tag{7-5}$$

声级的相加或相减公式可据上述叠加关系推导出来。例如，已分别测得第 $i=1, 2, \cdots, n$ 个声源单独作用时，在某点的声压级分别是 L_{p1}，L_{p2}，…，L_{pn}，则这 n 个声源共同作用时，在该点的总声压级为

$$L_p = 10\lg \sum_{i=1}^{n} 10^{0.1L_{pi}} \tag{7-6}$$

声级相减的公式可按类似方法导出，此处不再赘述。

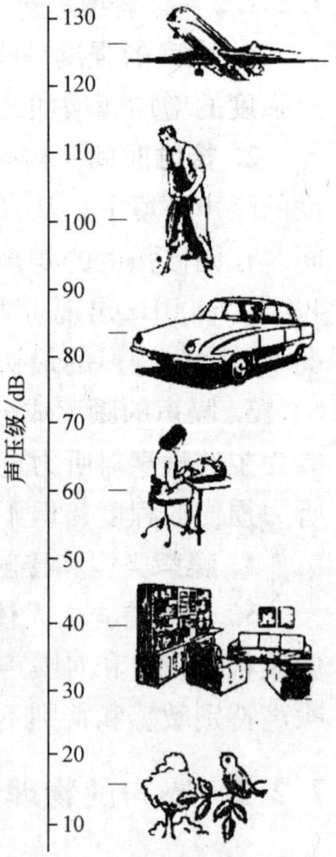

图 7-18　各种环境的声压级

图 7-18 所示为各种环境的声压级大小。为了实际计算的方便，图 7-19 给出了声压、声强、声功率及对应级值的换算图表。

由于压强的测量比较容易实现，目前均采用声压级作为噪声的客观物理量度。

7.2.2.2　倍频程

人耳的可听声频率范围一般为 20～20000Hz，变化范围很大。在噪声频谱分析中，对于这样宽阔范围的频率，一个频率一个频率地逐一分析是难以实现的，为便于分析和研究噪声在各种频率下的能量或声级分布，通常把频率范围划分为若干个频率段，每一个频段称为频带或频程，以该频带的中心频率的声压级表示该区段的噪声强弱。频带的上、下限频率分别称为上、下截止频率，最常用的带宽为倍频程带宽。如果要更仔细地分析噪声频谱，可

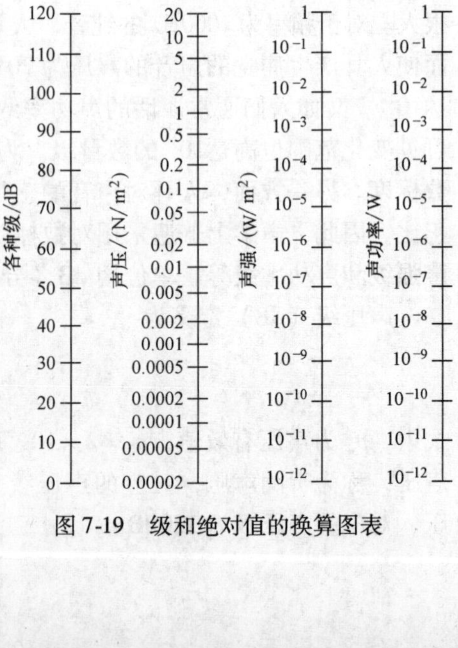

图 7-19　级和绝对值的换算图表

采用较窄的 1/2 倍频程或 1/3 倍频程带宽。各种倍频程带宽的上下截止频率有如下的关系

$$f_u = 2^n f_l \tag{7-7}$$

式中，f_u 为上截止频率（Hz）；f_l 为下截止频率（Hz）。

$$n = \begin{cases} 1 & \text{倍频程} \\ 1/2 & 1/2\ \text{倍频程} \\ 1/3 & 1/3\ \text{倍频程} \end{cases}$$

各种倍频程带宽的中心频度 f_0 为上下截止频率的几何平均值，即

$$f_0 = (f_u f_l)^{1/2} \tag{7-8}$$

由式（7-7）和式（7-8）可得

$$f_u = 2^{n/2} f_0$$

$$f_l = 2^{-n/2} f_0$$

于是带宽 B 为

$$B = f_u - f_l = f_0(2^{n/2} - 2^{-n/2}) = \beta f_0 \tag{7-9}$$

可知带宽 B 与中心频率 f_0 成正比。另外带宽系数 β 为常数，即

$$\beta = \begin{cases} 0.707 & \text{倍频程} \\ 0.349 & 1/2\ \text{倍频程} \\ 0.231 & 1/3\ \text{倍频程} \end{cases}$$

这类带宽称为恒定百分比带宽，其中倍频程带宽约为 1/2 倍频程带宽的 2 倍，是 1/3 倍频程带宽的 3 倍。这样，对同一噪声源，如用倍频程和 1/3 倍频程分别分析其频谱时，两种频谱的趋势大致相同，但后者具有更多的峰谷。表 7-6 和表 7-7 所示为国际电气与电子工程师协会（IEEE）规定的倍频程和 1/3 倍频程的中心频率及其对应的上下截止频率。

表 7-6　倍频程中心频率与上下截止频率

中心频率/Hz	上下截止频率/Hz	中心频率/Hz	上下截止频率/Hz	中心频率/Hz	上下截止频率/Hz
31.5	22.5 ~ 45	250	180 ~ 355	2000	1400 ~ 2800
63	45 ~ 90	500	355 ~ 710	4000	2800 ~ 5600
125	90 ~ 180	1000	710 ~ 1400	8000	5600 ~ 11200

表 7-7　1/3 倍频程中心频率与上下截止频率

中心频率/Hz	上下截止频率/Hz	中心频率/Hz	上下截止频率/Hz	中心频率/Hz	上下截止频率/Hz
20	18 ~ 2286	200	180 ~ 224	2000	1800 ~ 2240
25	22 ~ 28	250	224 ~ 280	2500	2240 ~ 2800
31.5	28 ~ 36	315	280 ~ 355	3150	2800 ~ 3550
40	36 ~ 45	400	355 ~ 450	4000	3550 ~ 4500
50	45 ~ 56	500	450 ~ 560	5000	4500 ~ 5600
63	56 ~ 71	630	560 ~ 710	6300	5600 ~ 7100
80	71 ~ 90	800	710 ~ 900	8000	7100 ~ 9000
100	90 ~ 112	1000	900 ~ 1120	10000	9000 ~ 11200
125	112 ~ 140	1250	1120 ~ 1400		
160	140 ~ 180	1600	1400 ~ 1800		

7.2.3 噪声的主观评价

声压是噪声的基本物理量，可以用仪器作客观量度。但是，噪声对人产生的心理和生理影响是多方面的，人耳对声音的感觉不仅与声压有关，也和频率有关。声压级相同而频率不同的声音，人耳的感觉并不一样。因此，噪声的客观物理量并不能正确反映人对噪声的各种感受程度。为了对噪声环境进行合理的评价，必须考虑人对噪声的感受程度，建立噪声的主观评价方法，并把主观评价量与客观物理量联系起来。

噪声的主观评价方法常用的有下面几种：

1. 响度级与响度 响度级就是同时考虑声音的声压级和人耳对不同频率声音的感觉的一个表示响度的主观评价量。响度级的单位是 Phon（方）。若某一频率的声音被正常人耳判断为同 1000Hz 纯音等响，则该频率声音的响度级 Phon 值就是 1000Hz 纯音的声压级值。具体地说，就是以 1000Hz 纯音作为比较的基准，如果某声音听起来与该纯音一样响，那么该声音的响度级就是这个 1000Hz 纯音的声压级 dB 值。响度级与声压级相似，是个相对量。在减噪处理时，有时需要把它用绝对量来表示。

响度的单位为 Sone（宋），频率为 1000Hz、声压级为 40dB 的纯音产生的响度为 1Sone（宋）。响度使人耳对声音的感觉更为数量化。例如，60Sone 与 120Sone 的两个声音，人耳主观感觉为这两个声音的响度相差 1 倍。

响度级与响度之间的关系为

$$N = 2^{(L_N - 40)/10} \tag{7-10}$$

或

$$\lg N = 0.03L_N - 1.2 \tag{7-11}$$

式中，L_N 为响度级（Phon）；N 为响度（Sone）。

利用式（7-10）作响度级与响度的换算并不方便。实际上只要记住：40Phon 为 1Sone，50Phon 为 2Sone，60Phon 为 4Sone，70Phon 为 8Sone ……，即响度级每增 10Phon，响度就增大 1 倍的规律，即可完成估算，或按图 7-20 来换算。

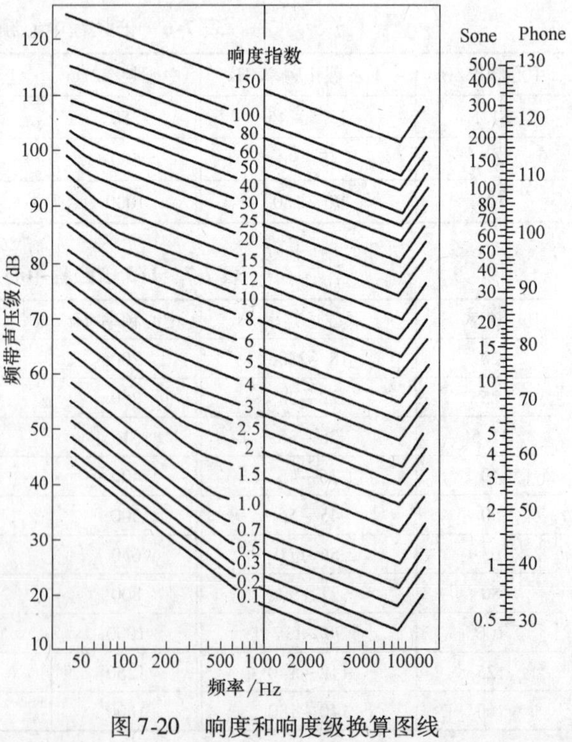

图 7-20 响度和响度级换算图线

以 1000Hz 纯音作为基准声音，以它的声压级作为响度级。将其他各种频率的声音与该基准音进行比较，找出同响度的声压级，可以得到整个可听声范围的纯音的响度级，并绘制成等响曲线。图 7-21 所示是国际标准化组织所采用的等响曲线，所以又称 ISO 等响曲线。从等响曲线可以看出：

（1）每一条曲线具有同样的响度级，但在不同频率处的声压级不同。图中最下面的曲线是听阈曲线，最上面的曲线是痛阈曲线，听阈和痛阈之间是正常人耳可以听到的全部声音。

（2）人耳对2000～5000Hz的高频声最敏感。如声压60dB的1000Hz的声音的响度级为60Phon，而与该声音同响的100Hz的声音的声压级为68dB。

（3）欲将1000Hz的声音响度级从90Phon降至60Phon，其声压级应从90dB降至60dB，降低30dB；而20Hz的声音从90Phon降至60Phon，其声压级应从120dB降至100dB，仅需降低20dB。所以减噪量相同时，低频区的效果要优于高频区。

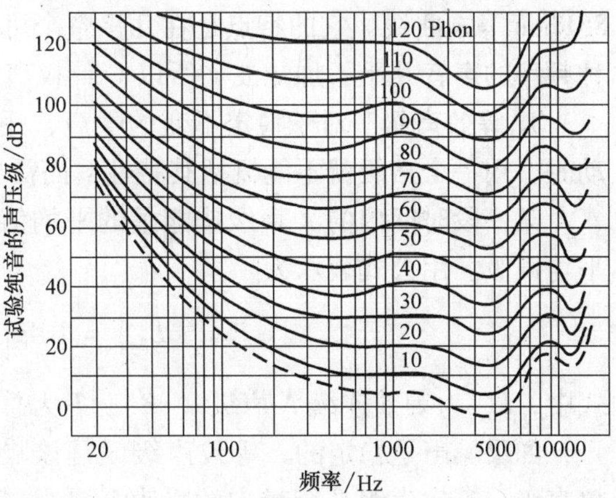

图7-21　等响曲线

关于多频率复合声的响度计算方法，即史蒂文斯（Stevens）响度计算法介绍如下：

（1）用实验方法先测得该噪声（多频率复合声）的频谱，找出各中心频率对应的频带声压级。

（2）根据图7-20，找出对应的响度指数。

（3）按下式求出总响度

$$N_T = N_m + F(\sum N_i - N_m) \tag{7-12}$$

式中，N_T为总响度；N_m为各频带的最大响度指数；$\sum N_i$为各频带响度指数之和；F为系数，倍频程时$F=0.3$，1/3倍频程时$F=0.15$。

2. 计权声级　由等响曲线可知，人对声音的主观感觉不仅与声压大小有关，还受频率影响。为了使声音的量度与人耳听觉感受一致，在测量仪器，如声级计上常备有A、B、C三种计权网络。当声级计的档位处于A、B、C不同位置时，测量得到的声级值分别记为dB（A），dB（B），dB（C）。有的声级计上还配有专门测量脉冲噪声用的D计权网络。各种计权网络的功能是将声音按不同频率滤波，这种滤波器模拟人耳的听觉特性，对接收到的声音按频带给以一定的衰减，这样得到的声级称为计权声级。计权网络的设计是以等响曲线为依据。图7-22所示为四种计权网络的特性。

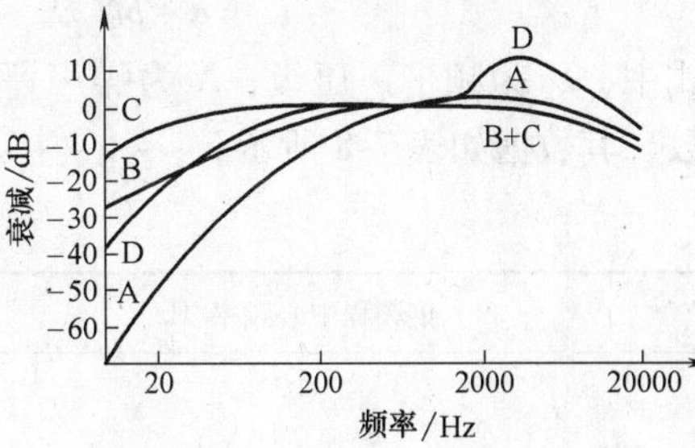

图7-22　A、B、C、D计权网络特性

计权网络分A、B、C和D四种，对应所测得的声压级分别称为A、B、C、D声级。A计权网络特性模仿40Phon等响曲线，其特点是低频段有较大的衰减，从而使声级计对低频声不敏感，而对高频声比较敏感，与人耳的听觉特性相仿。经分析噪声暴露时间和听力损失的关系，发现用A声级来估计噪声引起的听力损失与噪声评价曲线（NR）同样可靠。所以，国际标准化组织和绝大多数国家都采用A声级作为对噪声进行主观评价的主要指标。B计权网络模仿70Phon等响曲线。对低频（尤其100Hz以下）有衰减。C计权网络模仿

85Phon 等响曲线。它的特点是在几乎整个可听频率范围内（50～10000Hz）特性平直，对各种频率的声音几乎不加滤波。所以 C 计权声级可用来代表噪声的客观测定值，称为总声级。

3. 等效声级 对于稳定不变的噪声，用声级来评价是非常方便的。但当噪声随时间变动时，用一个声级就不能概括其特性，而需要用等效声级进行评价。

某一段时间内的 A 声级按能量的平均值计量，称为等效连续 A 声级，简称等效声级或平均声级。用公式表示为

$$L_{\mathrm{Aeq}} = 10\lg\left[\frac{1}{T}\int_0^T 10^{0.1L_{\mathrm{A}}}\mathrm{d}t\right] \tag{7-13}$$

式中，L_{Aeq}为等效连续 A 声级（dB）；T 为总测量时间；L_{A} 为瞬时 A 声级。

如果噪声是稳定的，等效声级就是该噪声的 A 计权声级。等效声级是衡量人的噪声暴露的一个重要物理量。国际标准化组织已采用等效声级的评价方法，许多国家的环境噪声标准也以等效声级作为评价指标。

4. 噪声评价数 噪声评价数 NR 是国际标准化组织推荐用来评价室内活动场所稳态噪声的评价指标，它也被用于工业噪声控制的评价。噪声评价数 NR 是从噪声造成的听力损害、会话妨碍和烦躁程度三个方面综合考虑而制定的，同时也考虑到了高、低频噪声对人的影响差异。图 7-23 所示为国际标准化组织公布的噪声评价曲线（NR 线），它的噪声级范围是0～120dB，频率范围是 31.5～8000Hz 的九个倍频带。在噪声评价数 NR 曲线上，中心频率 1000Hz 的倍频带声压级值等于噪声评价数 NR。其他 8 个中心频率的声压级 L_p 与噪声评价数 NR 的关系为

$$L_p = a + bN \tag{7-14}$$

式中，L_p 为频带声压级；N 为噪声评价数；a，b 为常数，其数据如表 7-8 所示。

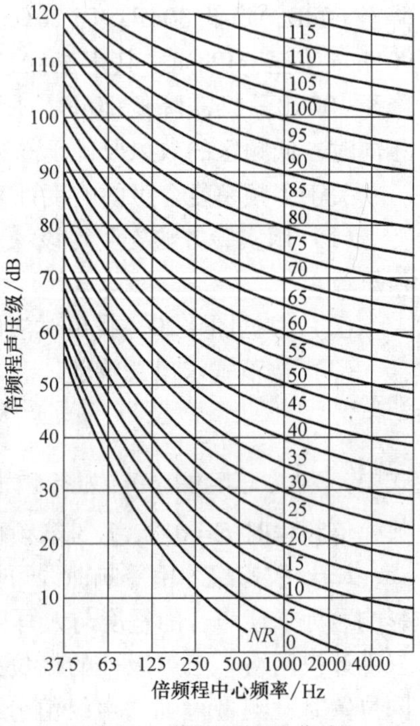

图 7-23 倍频程评价曲线

表 7-8 a，b 数值表

倍频程中心频率/Hz	a/dB	b/dB
63	35.5	0.790
125	22	0.870
250	12	0.930
500	4.8	0.974
1000	0	1.000
2000	-3.5	1.015
4000	-6.1	1.025
8000	-8	1.030

对噪声妨碍交谈，用*NR*曲线评价时，取倍频程带宽中心频率500Hz，1000Hz，2000Hz的各频带的最大*NR*值。若*NR*值在85dB以下，认为不妨碍听力，在85dB以上时，必须限制暴露时间。对于机械噪声，声级计A计权网络的读数减去5dB便可得NR的近似值。表7-9所示为噪声和会话可能性的关系，由国际标准组织提出。

表7-9 噪声与谈话可能性的关系

*NR*值/dB	噪声级/dB	日常交谈听清距离/m	大声交谈听清距离/m	电话交谈
40	45	7	14	—
45	50	4	8	—
50	55	2.2	4.5	良好
55	60	1.3	2.5	—
60	65	0.7	1.4	勉强
65	70	0.4	0.8	—
70	75	0.22	0.45	困难
75	80	0.13	0.25	—
80	85	0.07	0.14	听不清
85	90	—	0.08	—

7.2.4 车内噪声的测量和评价

7.2.4.1 汽车车内噪声测量

车内噪声的测量方法和允许限值，各国都有明确的规定。中华人民共和国国家标准GB/T 18697—2002《声学汽车车内噪声测量方法》等效采用了ISO 5128：1980《声学汽车车内噪声测量方法》，以下简要地介绍该标准的主要内容。

1. 范围 标准适用于M类和N类汽车（M类：载客车辆，包括轿车；N类：载货车辆，包括牵引车、起重吊车等）。

2. 引用标准

GB/T 3241—2010《电声学 倍频程和分数倍频程滤波器》（等效于IEC 61260：1995）

GB/T 3730.2—1996《道路车辆质量词汇和代码》（等效于ISO 1176：1990）

GB/T 3785—1983《声级计的电、声性能及测试方法》

GB/T 12534—1990《汽车道路试验方法通则》

GB/T 15089—2001《机动车辆分及挂车分类》

3. 测试量 测试所用声级计读数应使用“*F*”时间计权特性。

试验中所有测量点的测量值应是A声级L_{pq}，单位为dB。在附加的专项测量中，为了在所选择的测量点上进行频谱分析，测量值应该用倍频程或1/3倍频程声压级表示；频率范围至少要覆盖45～11200Hz的频率范围。应优先采用1/3倍频程声压级。如果要考虑有较强的低频成分，则频谱分析应适当地延伸到45Hz以下。

4. 声学环境、气象条件、背景噪声

（1）测量地点必须具备如下条件，即从汽车辐射的声音只能通过道路表面的反射成为车内噪声的一部分，而不能通过建筑物、墙壁或汽车外的类似大型物体的反射成为车内噪声。在进行测量的过程中，汽车与这类大型物体之间的距离应该大于20m。

（2）汽车外面的气温必须在 $-5℃ \sim +35℃$ 范围内，沿着测量路线在约1.2m高度的风速不得超过5m/s。其他的气象条件不得影响测量结果。风速和风向对于汽车行驶方向应该在试验报告中加以说明。

（3）对于所有A声级测量，由背景噪声和仪器内部电噪声而确定的测量动态范围下限应该至少低于所测声级 to dB。在进行频率分析修正时，应该按下列公式引入修正值 K（dB）

$$K = 10\lg(1 - 10 - 0.1\Delta L \quad) \text{当} \Delta L < to \text{ dB 时}$$

式中，ΔL（dB）是车内噪声与测量装置本身噪声加上背景噪声频带声压级的差。

如果 $K < -3$dB，即相当于 $\Delta L < 3$dB，则以上结果修正无效。

5. 试验道路的条件 汽车车内噪声一般受道路表面结构的粗糙度影响很大，平滑路面可以产生平稳的车内噪声。因此试验的路段应该是硬路面，必须尽可能平滑，不得有接缝、凸凹不平或类似的表面结构，否则将会增加汽车内部的声压级。道路表面必须干燥，不得有雪、污物、石块、树叶等杂物。

6. 车辆条件

（1）发动机和轮胎条件。在测量过程中，发动机的所有运行条件，如燃料、润滑油、点火正时或喷油时间等都应该符合制造厂家的规定。在测量开始前，发动机应该稳定在正常的工作温度范围内，或以中等速度行驶一段路程。所采用的轮胎应该与制造厂家规定的型号一致，而且应该是普遍采用的型号。轮胎的压力必须符合制造厂家的规定要求。如果车辆备有可选择非公路用特殊轮胎，则应该使用公路用轮胎。轮胎应较新，花纹无明显磨损（特别是不应有偏磨）。轮胎型号和充气压力应该在报告中加以说明。如果认为车轮不平衡可能影响汽车车内噪声，则需对汽车车轮进行静态和动态平衡调校。如果发动机散热器装有挡风门，测量应在两种条件下进行（即挡风门打开和关闭），每一组测量的挡风门位置应在试验报告中加以说明，发动机散热风扇应正常运转。

（2）车辆的载荷。车辆载荷的基本条件应该符合GB/T 3730.2—1996中的4.4或4.6的规定，这些规定与汽车制造厂家所做的规定是相同的。汽车在测试噪声时必须是空载（除驾驶员、测量人员和测试装备外，不得有其他载荷）。

只有汽车的标准装备、测试装备和必不可少的人员方可留在车内。在轿车、货车、牵引车和类似汽车的驾驶室内，人员不得超过2人（驾驶员和测量人员）。在公共交通用车且座位在8个以上的汽车中，在车内的人员也不得超过3人。

上述测试条件是基于简化测试而规定的，并不代表正常使用条件，特别是对于货车、公共汽车和其他商用汽车，这可能导致所测得的内部噪声数值偏大

（3）开口、窗户、辅助装置、可调节的座椅。开口，如天窗、所有的车窗、进风口及出风口，如有可能都必须关上，只有需要研究它们对汽车内部噪声的影响时才打开。

辅助装置，如刮水器、暖风装置、风扇以及空调等，在测量试验过程中不得工作。如果研究通风系统或任意辅助装置的噪声对总噪声的影响时，则必须在辅助装置工作时重复测试噪声。如果某一辅助装置自动工作，则必须将工作条件在试验报告中加以说明。

可调节的座椅应该调节到水平和垂直的中间位置。如果座椅的靠背也是可调的，则应尽可能使其处于垂直位置。

可调节的头枕应该处于中间位置。

（4）车辆运行条件。

1）匀速行驶。从60km/h或最高车速的40%（取两者较小值）到120km/h或最高车速的80%（取两者较小值）范围内，至少以等间隔的5种车速进行A声级测量。测量按以下两种方法之一进行。

第一种：汽车在上述规定的车速范围内作慢加速行驶（比如0.1m/s^2加速度）。加速度应足够小，以测得与稳定车速行驶时的相同声级，在所选择的车速上读取A声级数值。

第二种：汽车以所选择的车速匀速行驶，读取相应的声级数值，对于每一车速行驶时，测量时间至少5s，变速器挡位应处于最高的挡位，使得不必换挡即可覆盖规定的速度范围。

2）全节气门加速行驶。全节气门加速试验步骤如下：

将车速或发动机转速调整到所规定的初始工作状况。

当汽车达到稳定的初始工作状况时，须尽可能快的使节气门全开，同时起动记录装置开始记录，直到发动机转速达到（汽车制造厂）规定额定转速的90%或达到120km/h车速所对应的发动机转速（取两者较小值），记录停止。应该防止车轮打滑，它会影响声级的最大值。

初始工作状况需符合下列规定：

变速器应该处于最高的挡位，使得噪声测试尽可能在不超过120km/h的车速下来完成。

变速器挡位在噪声测试过程中不得改动。

如果当发动机转速为额定转速的90%时，最高挡的车速超过120km/h，则变速器应该降低一挡。但是对于4挡或5挡变速器来说不得低于第3挡，而对于3挡变速器来说，不得低于第2挡。如果在这种降低挡位情况下，车速仍然超过120km/h，则必须采用此挡位在60~120km/h的车速范围内来测试汽车车内噪声。

对于使用自动变速器的汽车，如果可能的话，应该使自动换低挡的装置停止工作。

发动机应有一个最低的初始转速，这样可使发动机转速在测试噪声的过程中连续增加，但初始转速不应低于额定转速的45%。除非在最低允许挡位下，在额定转速的90%时，车速仍超过120km/h，在这种情况下，开始时发动机的转速应对应于60km/h的车速。对于带有自动变速器的汽车来说，发动机初始转速应该尽可能接近额定转速的45%，所对应的车速不超过60km/h。

对于带有自动变速器的汽车来说，如果在加速终了之前发生换挡（加速终了速度是指发动机额定转速的90%对应的车速或120km/h车速），则初始速度应是换挡时速度的50%。

但是对于带有扭矩变换器的汽车来说，由于发动机转速难于控制，则试验条件应尽可能接近实际，以便于操作。

3）车辆定置试验。对于定置汽车，变速器置于空挡测试噪声。此方法按如下步骤进行：使发动机在低速空转，将节气门尽可能快地完全打开，使发动机加速到高速空转，并在此位置上保持至少5s。

7. 传声器位置　由于汽车车内噪声级明显与测量位置有关，因此应该选择能够代表驾驶员和乘客耳旁车内噪声分布的足够的测点。

一个测量点必须选在驾驶员座位。

对于轿车来说，也可以在后排座位上追加一个测量点。

对于公共汽车来说，应该考虑沿着汽车的纵向轴线附近在中间和后部追加测量点。

合适的座位和站立位置都应作为测量点。测量点的确切位置应该表示在简图中。在测试过程中，除驾驶员位置外，所选的测量位置上不得有人。

传声器离车厢壁或座椅垫的距离必须大于0.15m。

传声器应以最大灵敏度的方向（具体方向按照制造厂规定）水平指向测量位置坐着或站立的乘客视线方向。如果不能定义这个方向，则应指向行驶方向。

所采用的传声器在测试噪声过程中必须按一定形式安装，以使其不会受到汽车振动的影响。（传声器）安装应该能够防止其与汽车之间产生过大（约振幅为20mm）的相对运动。

只要声级计的制造厂家未做说明，则（传声器）最大灵敏度的方向应与其中心方向一致。

（1）座位处的传声器位置（见图7-24）。传声器的垂直坐标是（无人）座椅的表面与靠背表面的交线以上（0.7±0.05）m处。水平坐标应在座椅的中心面（或对称面）上。

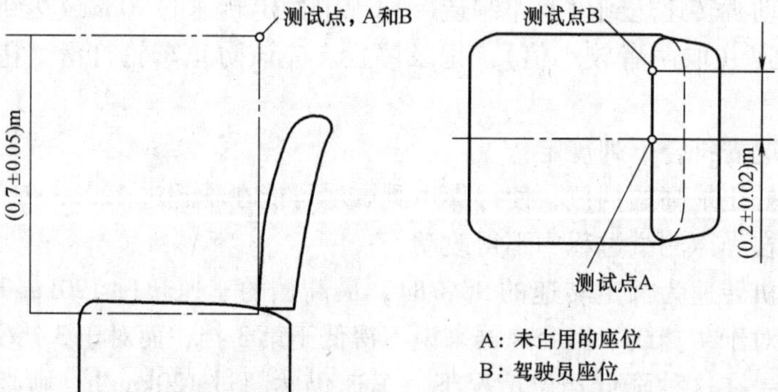

图7-24 传声器相对于座椅的位置

在驾驶员座位上，水平横坐标向右（右置转向盘的汽车则向左）到座位中心面的距离为（0.2±0.02）m。可调节的座位应按前面的规定进行调节。

（2）站立处的传声器位置。垂直坐标应在地板以上（1.6±0.1）m处。水平坐标应在所选测点站立的位置上。

（3）卧姿的传声器位置。卧姿指处于汽车或货车的卧铺和救护车的担架等处的状态。传声器须放在（无人）枕头的中部以上（0.15±0.02）m处。

8. 测量步骤

（1）对于匀速行驶试验，至少要在前面车速条款所规定的五个车速下记录A计权声级的数值。

（2）对于节气门全开加速试验，应记录在所规定的加速范围内出现的A计权声级最大值，并应在测试报告中加以说明。

（3）对于定置噪声试验，应记录怠速时A计权声级读数和节气门全开过程中最大声级读数，并要在测试报告中加以说明。在稳定的高速空转转速时的声级值可作为附加读数。

（4）对于验证性试验，必须在每一个测点上，对每一种运转工况，至少测量2次。如果A计权声级在任何一种运转工况下，两次测量值之差超过3dB，则必须继续测试，一直到两次连续的测量读数差值在3dB范围内为止，这两次测量的平均值便可作为测试结果。对符合匀速行驶的噪声测试来说，这样的平均值将被用来计算回归曲线。

试验报告中给出的数值，应该修约到最接近的整数（dB）。对于检查性试验，在所选择的测点上，在每一个规定的测试条件下，各进行一次测试便可。不符合一般声级特性的异常读数应忽略。

（5）如果所显示的声级计读数有波动，则应该确定读数的平均值。个别很高的峰值可不予考虑。

（6）匀速行驶时噪声测试的评定方法，如以下所述：

声级是汽车速度的函数，此函数可用线性回归曲线来说明。将此回归曲线绘入同一图中，此图是借助线性刻度表示的 L_{pA} 和车速的关系（回归）曲线，建议采用最小二乘法。从这个回归曲线中，可以得出当速度为120km/h或最大车速的80%时（取二者较小值）的声级 L_{pA} 的数值。如果在此速度或小于此速度下测得的声压级超过上述数值3dB以上，则必须对这些测量数值中的最大值加以说明。

在尽可能接近选择的速度上测量倍频程或1/3倍频程谱，使得由频谱的A计权值在上述规定的回归曲线的2dB之内。对应这些频谱的车速，必须在试验报告中加以说明。

此方法的目的是，避免在规定的速度下由于车内共鸣导致的对车内噪声的过高的估计。

为了对汽车车内的A计权噪声级进行更加概括地描述，可以对回归曲线中得出的车速为60km/h或为最大车速的40%时（取两者中较小值）的A声级，给予附加说明。

7.2.4.2 车室内噪声推荐值

美国汽车工程师协会（SAE）从保护载货车驾驶员听力角度，推荐载货车驾驶室内噪声不应超过88dB（A），并对各倍频程带宽的声压级作了如表7-10的规定。

表7-10 SAE载货车驾驶室噪声推荐值

中心频率/Hz	声压级/dB
63	103
125	97.5
250	92
500	86.5
1000	81
2000	75.5
4000	70
8000	70

7.2.5 汽车噪声的控制

汽车噪声的控制，不仅关系到乘坐舒适性，而且还关系到环境保护。然而一切噪声又源于振动。振动能够引起某些部件的早期疲劳损坏，从而降低汽车的使用寿命；过高的噪声既会损害驾驶员的听力，还会使驾驶员迅速疲劳，从而对汽车行驶安全性构成了极大的威胁。因此振动、噪声和舒适性三者密切相关，既要减小振动，降低噪声，又要提高乘坐舒适性，保证产品的经济性，使汽车噪声控制在标准范围之内。

1. 汽车噪声的种类 产生汽车噪声的主要因素是空气动力、机械传动、电磁三部分。从结构上可分为发动机噪声（即燃烧噪声），底盘噪声（即传动系统噪声、各部件的连接配合引起的噪声），电器设备噪声（散热风扇噪声、汽车发电机噪声），车身噪声（如车身结构、造型及附件的安装不合理引起的噪声）。其中，发动机噪声占汽车噪声的二分之一以上，包括进气噪声和本体噪声（如发动机振动，配气轴的转动，进、排气门开关等引起的噪声）。因此，发动机的减振、降噪成为汽车噪声控制的关键。

此外，汽车轮胎在高速行驶时，也会引起较大的噪声。这是由于轮胎在地面滚动时，位于花纹槽中的空气被地面挤出与重新吸入过程所引起的泵气声，以及轮胎花纹与路面的撞击声。

2. 汽车噪声的控制 汽车上各噪声源发出的噪声，经过不同的途径传播到驾驶员、乘员耳旁形成耳旁噪声，危害驾驶员和乘员。根据噪声产生和传播的机理，可以把噪声控制技术分为以下三类：一是对噪声源的控制；二是对噪声传播途径的控制；三是对噪声接受者的保护。其中，对噪声源的控制是最根本、最直接的措施，包括降低噪声源的激振力及降低发动机部位对激振力的响应等，即改造振源和声源。但是对噪声源难以进行控制时，就需要在噪声的传播途径中采取措施，例如吸声、隔声、消声、减振及隔振等措施。汽车的减振降噪水平与整车的动力性、经济性、可靠性及强度、刚度、质量、制造成本和使用性能密切相关。

（1）发动机的噪声。降低发动机噪声是汽车噪声控制的重点。发动机是产生振动和噪声的根源。发动机的噪声是由燃料燃烧、配气机构、正时齿轮及活塞的敲击噪声等合成的。

1）发动机本体噪声。降低发动机本体噪声就要改造振源和声源，包括用有限元法等方法分析设计发动机，选用柔和的燃烧工作过程，提高机体的结构刚度，采用严密的配合间隙，降低气缸盖噪声。例如，在油底壳上增设加强肋和横隔板，以提高油底壳的刚度，减少振动噪声。另外，给发动机涂阻尼材料也是一个有效的办法。阻尼材料能把动能转变成热能。进行阻尼处理的原理就是将一种阻尼材料与零件结合成一体来消耗振动能量。它有以下几种结构：自由阻尼层结构、间隔自由阻尼层结构、约束阻尼层结构和间隔约束阻尼层结构。它的采用明显地减少了共振的幅度，加快了自由振动的衰减，降低各个零件的传振能力，增加了零件在临界频率以上的隔振能力。

目前，已有一些国家的专家设计了一种发动机主动隔振系统，用于减少发动机振动，以达到降低噪声的目的。

2）进气噪声。进气噪声是发动机的主要噪声源之一。它是发动机的空气动力噪声，随发动机转速的提高而增强。非增压式发动机的进气噪声主要成分包括周期性压力脉动噪声、涡流噪声、气缸的共振噪声等。增压式柴油机的进气噪声主要来自增压器的压气机。二冲程发动机的噪声源于罗茨泵。对此，最有效的方法是采用进气消声器，其类型有阻性消声器（吸声型）、抗性消声器（膨胀型、共振型、干涉型和多孔分散型）和复合型消声器。将其与空气滤清器结合起来（即在空滤器上增设共振腔和吸声材料，例 R3238 型）就成为最有效的进气消声器，消声量可超过 20dB（A）。

3）排气系统噪声。排气噪声是发动机噪声中能量最大、所占比例最大的部分，主要由排气压力的脉动噪声、气流通过气门座时所发出的涡流噪声、由于边界层气流的扰动而产生的噪声以及排气口处的喷流噪声所组成。优化设计性能良好的消声器，是降低汽车噪声的重要手段之一。优化设计的方法有声学有限元法和声学边界元法，但目前还处于起步阶段。避免消声器的传递特性与振动特性耦合是消声器设计中要重点解决的一个问题。其次，降低排气噪声与提高动力性也是一对矛盾，因为降低排气噪声与降低排气背压对排气管直径的设计有着相矛盾的要求，前者要求有较小的直径，而后者却相反。对此，采用并联流路的双功能消声器，在减小背压和降低气流噪声方面颇为有效。另外，对于发动机排气歧管到消声器入口的一段管路，采用柔性管的减振、降噪效果明显，可降低7dB（A）左右。

（2）底盘噪声。传动系噪声是底盘噪声的主要部分，传动系噪声来源于变速齿轮啮合引起的振动、摩擦和传动轴旋转振动。一般采取的措施是：一是选用低噪变速器，二是发动机与变速器及后桥主减速器等部件与底盘用橡胶垫进行柔性连接，从而达到隔振的目的；三是控制转动轴的平衡度，降低扭转振动。

（3）电器设备噪声。

1）散热风扇噪声。散热风扇是噪声的发生装置，受到护风圈、水泵、散热器及传动装置的影响，但其噪声的产生主要取决于底盘。

2）汽车发电机噪声。汽车发电机噪声取决于多种来源的效应，这些来源有磁体源、机械和空气动力源。噪声级取决于发电机的磁力和通风系统的结构，以及发电机的制造和装配精度。

（4）车身噪声。随着车速的提高，车身的噪声也越来越大，主要是空气动力噪声。因此，提出了如下方案来改善车身噪声：一是对车身进行流线型设计，实现光滑过渡；二是在车身与车架之间采用弹性元件连接；三是进行室内软化，如在顶棚及车身内蒙皮间使用吸声材料。

另外，汽车在高速行驶时，轮胎也是产生噪声的一个来源。实车惰行法已经测得：轮胎的轮距越大，则噪声越大。此外，轮胎的花纹与噪声的产生也有很大的关系，选用有合理花纹的钢丝帘布子午线轮胎是降低轮胎噪声的有效方法。对于轮胎的材料而言，使用更富有弹性且柔软度高的橡胶，可制造出低噪的轮胎。

（5）其他控制措施。对汽车噪声的控制，除了在设计上使用优化方法和零件的优化选用以外，还可以对噪声进行主动控制。这就是以声消声技术，原理是：利用电子消声系统产生与噪声相位相反的声波，使两者的振动相互抵消，以降低噪声。这种消声装置采用极其先进的电子元件，具有优异的消声效果，可用于降低车内噪声、发动机噪声，还可以用于主动发动机支撑系统，以抵消发动机振动噪声。

第 8 章　计算机辅助汽车人机工程设计技术

8.1　计算机辅助汽车人机工程设计技术与发展

设计一个能够适应（国外称 Accommodation）和满足目标用户群体需要的车身内部空间是汽车设计的重要任务。如果设计不能满足用户群体的需要，就无法赢得市场。室内布置设计涉及为驾驶员（乘员）和内部构件确定相应车室内空间尺寸和位置，以提升驾驶员的工作能力。车室内部布置设计要符合人机工程原理和人体因素。利用人机工程技术和人体因素的目的是通过下面两项工作，来设计出适应人体特征（包括尺寸、能力和极限）的空间与环境。这两项工作是：

（1）确定车型目标用户群体，并通过对其身材尺寸特征、辨视能力和行为特性的理解，全面认识他们对协调、安全和乘坐空间的需要。

（2）通过车室布置和空间设计，最大程度上容纳目标用户群体，以满足其特征和需求。

在有限的车室内布置驾驶员（乘员）是一项困难的设计任务，因为存在着人体大小、男女比例和驾驶技能等方面的很多变化。利用合理的布置设计、人体因素知识和方法可以成功地满足用户需要。

然而，要达到这种目的，也受制造商经营目标的限制。为了在激烈的市场竞争中站稳脚跟，许多制造商采用了如下措施：① 缩短开发周期；② 降低开发成本，如减少样车制作次数和辆数；③ 提高产品质量。

因此，1998 年以来，伴随计算机辅助设计（CAD）技术的应用，世界知名汽车厂商陆续开发和利用数字化人体模型进行汽车人机工程设计，本书将其称之为计算机辅助汽车人机工程设计技术。

数字化人体模型技术的关键是建立人体模型。数字化人体模型技术在设计中的表现形式是人体模型软件在 CAD/CAE 软件上嫁接，并成为 CAD/CAE 软件的一个功能模块被调用。如数字化人体模型软件 RAMSIS 在 CAD 软件 CATIA 上的嫁接和一体化，就构成了计算机辅助汽车人机工程设计软件。在 CAE 分析中用的如 Madymo 人体模型和 CFD 用的车室气候感觉用人体模型等。

国外汽车人机工程设计中常采用的人体模型软件有美国 ESI 公司（Engineering Animation，Inc）的 JACK、英国的 SAMMIE、德国的 RAMSIS 和美国 FORD 公司开发的 RobCAD、加拿大的 SAFEWORK 等；国内有些厂家和高校或合作或单独开发了一些二维的人体模型软件。图 8-1、图 8-2 所示为长安汽车集团某新车型开发时的车室驾驶区计算机辅助人机工程设计分析图例。

计算机辅助汽车人机工程设计技术的应用，对于汽车车型开发来说，不仅加速了汽车总体布置等阶段的设计进程，而且可以较早地预测人机工程设计的合理性。在现代工业社会，时间是一种决定性的竞争因素，汽车开发过程中的总体设计阶段的进程必须更快、更迅速。

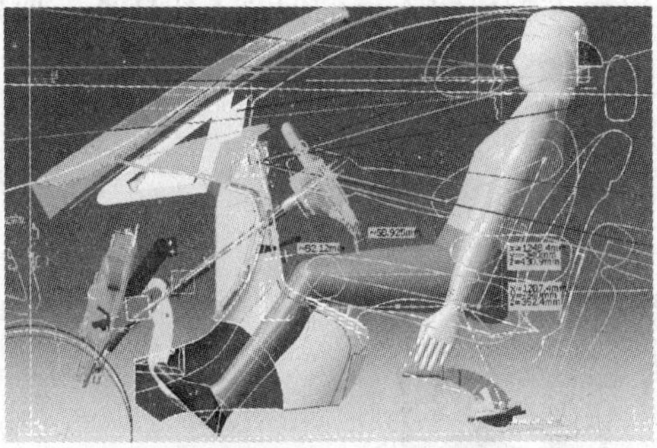

图8-1 车室驾驶区计算机辅助人机工程设计分析图例1

图8-2 车室驾驶区计算机辅助人机工程设计分析图例2

8.1.1 数字化人体模型技术

高性能计算机图形技术的发展为人们在进行计算机辅助设计时提升设计的直观视读性提供了可能。借此，我们可以对各种特性人群进行更好的静态描述，如对某一组指定的人的尺寸、形状、强度和运动范围的描述。因此，就有了用计算机产生的虚拟人来预测指定人群的工作能力及其表现的技术——数字化人体模型技术。有些公司已经开发出了专门的软件用于产品设计和有关分析。

多方面的原因可以用来说明人体模型软件的重要性。在某些场合，它会和设计初期所采用的数字样机（Digital MockUp，DMU）方法结合在一起使用。这时，人体模型技术的使用将可以减少产品的开发时间，提高设计方案的数量和设计的评价质量，亦即设计水平和设计质量，降低开发成本。在某些情况下，设计者非常重视产品的人体因素，需要用人的尺寸、形状、特征来检查和评价该人群使用和维护产品的表现。换句话说，设计者需要足够的人机工程学知识来判定他的设计是否考虑了人机工程问题，因为该问题不同程度地影响安全性、可操作性，甚至是产品是否能为消费者接受和认可。因此，在CAD中结合人体模型技术，对产品开发是非常有益的。

在特定的CAD环境中模拟一个工作状态的人，如行走、伸及、操作、施加力，不同于创建一个物体的3D图像，因为物体的3D图像仅供设计者观察，以及看其是否满足设计者的视觉设计目标。人体模型技术能用做设计者的工具，以确定不同年龄、性别、身材和强度特征的人群是否能够安全和有效地使用和操作被设计的产品或系统。可以说，虚拟样机（VR）技术提供的是一个新设计的全尺寸3D样机，而数字化人体模型技术（Digital Human Modelling，DHM）就是用来提供这种样机的潜在使用者以及检查和评价样机和使用者之间的相互作用与关系。

8.1.2 数字化人体模型技术的发展过程

最早开发人体模型技术以评价美国波音公司飞机伸及工作任务的是美国人Ryan和Springer。该项目是20世纪60年代末进行的，被称为“第一个男人”项目，又称“波音男人”。项目受美国航空开发中心（NADC）资助，20世纪70年代的公开性的NADC技术报告对此有很多报道。后来美国航空医学研究实验室的飞行员系统人机工程研究部门在此基础上，添加了大量不同男性和女性的模型，用以评价更大型机组人员的伸及工作任务，所构造的模型被称为 COMBIMAN（见图 8-3）。

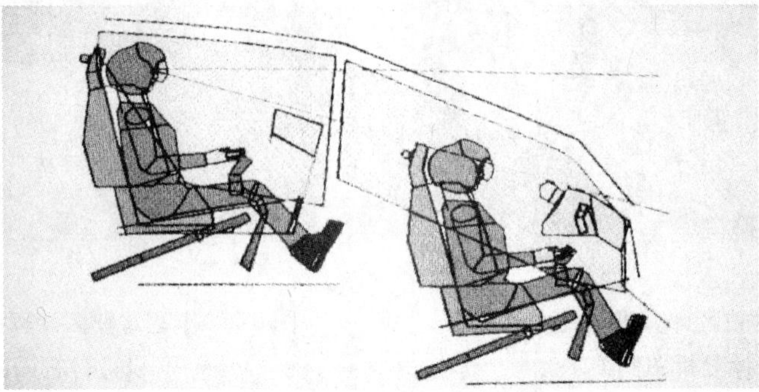

图 8-3　COMBIMAN 模型

在 COMBIMAN 的基础上，随着计算机技术的发展和更多人体因素知识的补充应用，1984 年后，美国密歇根大学 Chaffin 等开发了一种软件——三维静态强度预测程序，简称 3DSSPP^{TM}，它可以在个人计算机上使用。

在 3DSSPP^{TM}开发的同期，英国拉夫堡大学的 Porter 教授等人开发了 SAMMIE（System for Aiding Man-Machine Interaction Evaluation），该软件有一些通用的模型，用以评价设计者所关心的各种伸及、干涉和视野等任务。现在，该软件已经商品化，并在欧洲的汽车和飞机产品开发上得到应用（见图 8-4）。

1987 年，德国 TECMATH 软件公司和慕尼黑工业大学受德国汽车制造商的联合资助，开始开发基于德国人体的用于汽车车室内部布置设计的 RAMSIS 软件。在研究中，采用试验研究的方法来确定驾驶员选择的坐姿情况，以及坐在不同的汽车实物模型、不同的汽车上所表现出的生理和心理上的不舒适情况。这些实验数据和大量的人体计测模型相结合，就可以使设计者考察乘坐在具有不同大小车室和不同座椅状态的汽车上的不同尺寸和不同外形的驾驶员的表现。RAMSIS 有一套很复杂的方法，包括描述不同人群子组的特征的方法和利用经验数据评价合理坐姿的方法。最近，又将一些计算机图像技术引入其中，使人体模型的表现更为理想。图 8-5 所示为在一个数字样机上的 RAMSIS 图像。

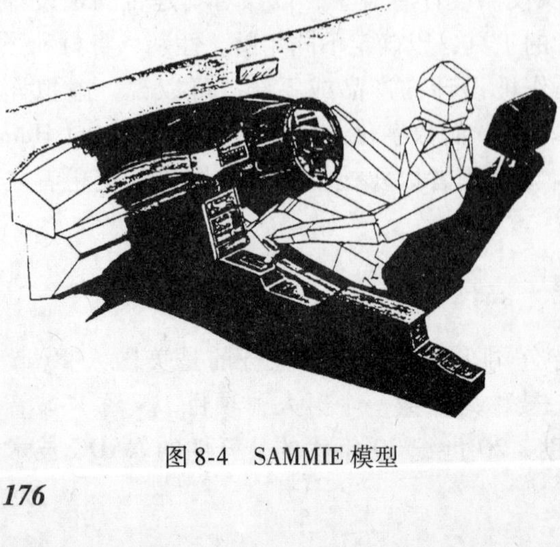

图 8-4　SAMMIE 模型

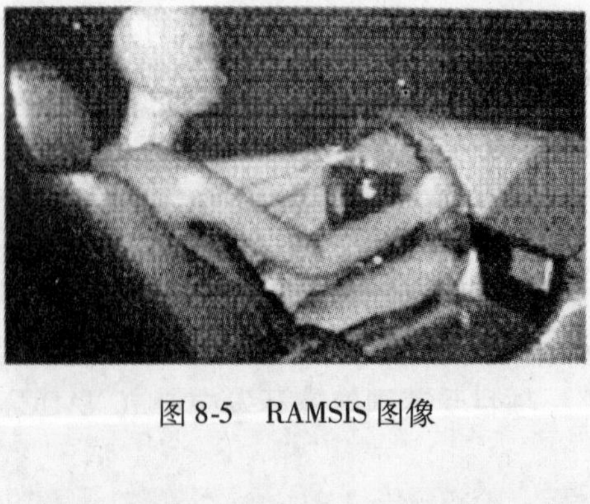

图 8-5　RAMSIS 图像

另一个较为通用的人体模型系统是20世纪80年代由加拿大Genicom Consultants公司开发的软件SAFEWORK。它所提供的模型考虑了人体尺寸和形状等的计测量数据间的多重相关性。另外，它还提供了帮助设计人员选择适意座椅位置和模拟简单运动的相对运动学方法。SAFEWORK还提供有视野和人机界面功能（见图8-6）。

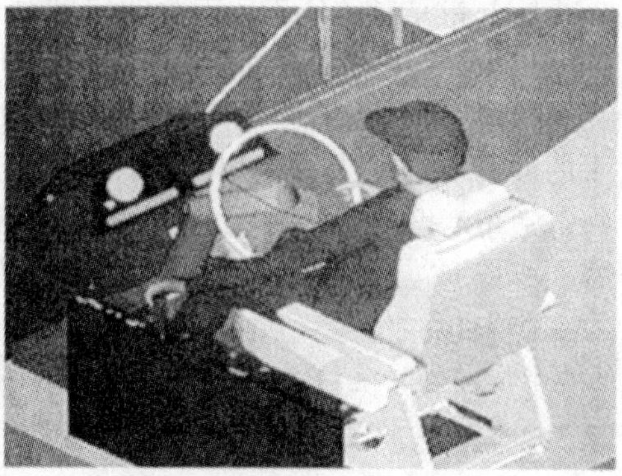

图8-6 SAFEWORK模型

还有为人所熟知的通用人体模型软件JACK。它起源于美国宾夕法尼亚大学信息与计算机系的一个NASA支持项目。它原来被看做模拟太空空间站宇航员的人体模型，用于研究宇航员在身着宇航服的情况下的伸及范围、固定物品和观察目标。JACK有三个特点：所创建的模型使用不同的已发布的计测量数据；关节铰链和多个单元体运动灵活，采用相对运动学原理使其定位方便；容易进行伸及和视觉界面分析；以工作负荷为目标的坐姿定位和运动预测算法。JACK既可以用于个人计算机也可以用于图形工作站。

8.1.3 数字化人体模型的特点

过去在汽车人机工程设计上一直采用的二维人体样板在使用中有三个明显缺欠：一是仅有侧向表达；二是和实际的人相比，没有体现人每年的身材平均尺寸的变化和增长；三是二维人体的定位并不能总是代表人处在舒适的位置上，而实际上人肯定是努力保持这一姿态。

而数字化人体模型技术的核心是三维数字人体模型的建立，其数据来源于人体计测量数据库，它们的尺寸都是基于欧洲和美国的人体计测数据。数字人体模型可以弥补二维样板的不足。数字人体模型有几何尺寸（百分位）、视力特征和活动关节，能较好地模拟实际人体。它考虑了消费者群体的尺寸、形状和性别及其比例等的差别和变化，因此也提供了消费群体的主要信息和数据。

和传统的画在图纸上的二维人体样板相比，人体模型系统还在人的模拟效果上有相当大的优势。显著的差别在于，前者是用推荐的百分位值去评价一个特定二维设计任务，后者则是用推荐的人的群体百分位来评价所有方面。

目前用于计算机辅助人机工程设计系统中的数字化人体模型都是人体运动学模型，与多刚体动力学软件中的人体模型有本质不同。后者因其动力学特征而赋予了人体上的质量、质心和惯量，前者则主要用于位置、人机界面、工作空间、姿态、操作范围和视野设计等内容。

数字化人体模型系统被用做评价人在设计环境中的能力。表现在以下几个方面：

（1）它们是具有性别、年龄、民族和性别比例的三维人体模型。它们利用了公开发表的人体计测量数据。目前的数据库没有考虑数字化人体模型的需要。例如，数据是外部尺寸，而模型系统需要补充铰链尺寸。数据中的有限测量尺寸留下很多制作模型的空白，使得3D模型难以制作。最近人体扫描技术给出数千身体表面数据点，使得建立人体模型相当精确。

（2）舒适和人体主要关节的角度有关。人体模型有多个关节点，它们在手和脊椎上的细节很少，如果将这些细节加上将超过 100 个关节点。大量的自由度会造成使用者不易定位人体模型。在人体模型系统中可以简化处理，只提供伸及检验、反向静力学、抓握特性，如手的伸及和抓握操作。这样就可以实现各种关节的角度不超过设计要决定的舒适角度。当进行舒适角度设计时，关节之间的关系和相关性不在考虑之内，如膝部和臀部之间。例如，在赛车座椅上，舒适的靠背角要受膝部角度的约束影响。

（3）以三维形式进行汽车布置设计的能力是和设计中的调节相联系的。这种产品的“工作”模型是人机模型人机工程设计系统的基本部分，因为人体模型需要和设计产生联系，以验证人机界面的物理特性。快速样机技术对人体模型的需要不同于其他的 CAD 系统，快速样机需要的是虚拟检查、接近性、界面检查，而 CAD 则重在工程设计中的几何信息。另外，人体模型系统应该用在概念设计阶段，帮助确定产品的定义，而不是只进行工程设计后期的验证评价。工程 CAD 模型很少有零部件检查功能，如座椅调节行程和后照镜的旋转范围。在许多情况下，创造一种人机工程评价模型要比仅进行工程设计细节分析的模型要容易些。

（4）验证人体模型和工作场所的静态接近性有几个方面：用户适应性（如头部空间和腿部空间）、伸及（如对转向盘、变速器操作杆、脚踏板）和视野（道路环境、前方和后部视野、仪表板视野）。图 8-7 所示是 FIAT PUNTO 车的 SAMMIE 模型，模拟一位身材高大的男性驾驶员倒车，同时验证一只脚伸向离合器踏板、一只手操作转向盘、另一只手操作变速器操作杆，扭动坐姿评价头部周围的视野，同时让后排乘员通过后窗观察道路环境。相同的分析也可以在数字样机上验证一位身材较小的女性驾驶员。

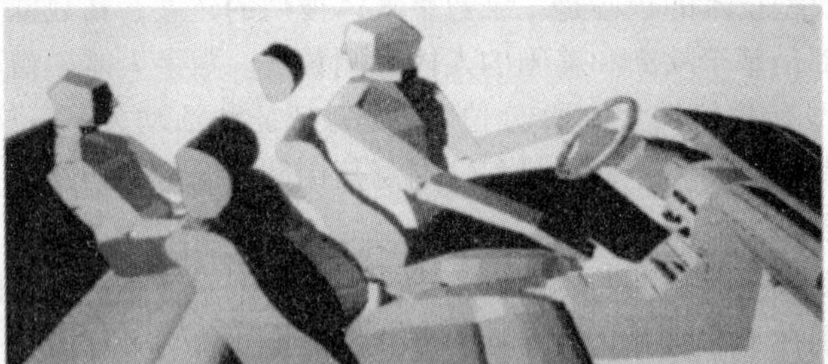

图 8-7　SAMMIE 模型

（5）有进行多次设计修改的能力。有些系统还提供了计算关节上静态力和扭矩的能力。人体模型系统在概念设计阶段的方案选择上作用很大。设计大都是关于有限制和约束下的工作问题，有时是如何面对这些限制，获得最佳解决方案。

人体模型系统不能代替全尺寸模型试验，除非设计和修改非常简单。全面的使用试验能够暴露一些问题，但项目很多，包括：长距离行驶的不舒适，疲劳作用，训练与教育的负面影响，性能和产品的认证。然而，人体模型系统的优点很明显就是设计改动快、产品开发周期短、减少样车制作和降低开发成本。

8.2 常见数字化人体模型应用举例

8.2.1 FMVSS 一致性检查

1966 年，美国国家交通和汽车安全法规（Federal Motor Vehicle Safety Standard）要求，汽车和零部件制造商必须检查每辆车的安全性。目前有两个产品开发与设计任务可以运用数字人体模型，包括汽车布置设计和汽车进出方便性设计（尤其是重型汽车）。

第一项任务的基本内容是和 FMVSS 的 101 款有关的显示装置和控制装置设计的检查。人体模型被用于可伸及检查和可视性检查。

第二项是关于汽车的进出方便性检查。这里，人体模型已经成为一种汽车工业工人受伤赔偿的印证工具。为了确保驾驶员和乘客的安全性，汽车制造商还对工具提出了在设计中分析滑倒和跌倒的可能性的需要。其需要是基于美国国家汽车安全条例（Federal Motor Carrier Safety Regulation，FMCSR）第 339 项的规定和美国货车协会维修条例第 403B 条的建议提出的。在设计和检查过程中，需要使用人体模型的伸及、关节运动范围、质心分析等功能，以检查设计初期阶段的概念是否符合设计规定。

上述提及的 FMVSS 有关汽车安全设计规范涉及的控制装置和显示装置，详见表 8-1 和表 8-2。

表 8-1 控制装置

控制类型	控制装置名称	控制类型	控制装置名称
手操作	转向盘	手操作	手动阻风门
	喇叭		驾驶员遮阳板
	点火开关		自动变速装置
	前照灯		远光
	尾灯		危险报警信号
	转向信号灯		车宽灯
	照明强度		手动节气门
	风窗刮水器		标志灯
	风窗洗涤器	脚操作	脚制动器
	手动变速杆		加速器
	风窗除霜雾装置		离合器
	后窗除霜雾装置		远光

表 8-2 显示装置

显示装置名称	显示装置名称
车速里程表	发动机冷却液温度表
转向信号灯	机油表
挡位灯	远光指示灯
制动失效报警灯	电荷量表
燃油表	

上面的两项检查都是在设计阶段利用人体模型模拟技术进行的。另外，还需要进行实际人体对样车的检验。人体模型的应用可以减少制造样车和实际人体反复检验等所耗费的时间和经济成本。

在美国福特国际货车和发动机公司，设计人员利用JACK软件来进行产品分析。

1. 伸及分析与检查 在分析中，软件并没有考虑人体肌肉运动特性及其对伸及路径的阻碍，因此，伸及是直线伸及，并没有考虑阻碍所造成的运动轨迹问题。检查分析时，首先要确定人体坐姿位置，脚放在加速踏板上，座椅则在最后 H 点上（见图8-8、图8-9、图8-10、图8-11）。

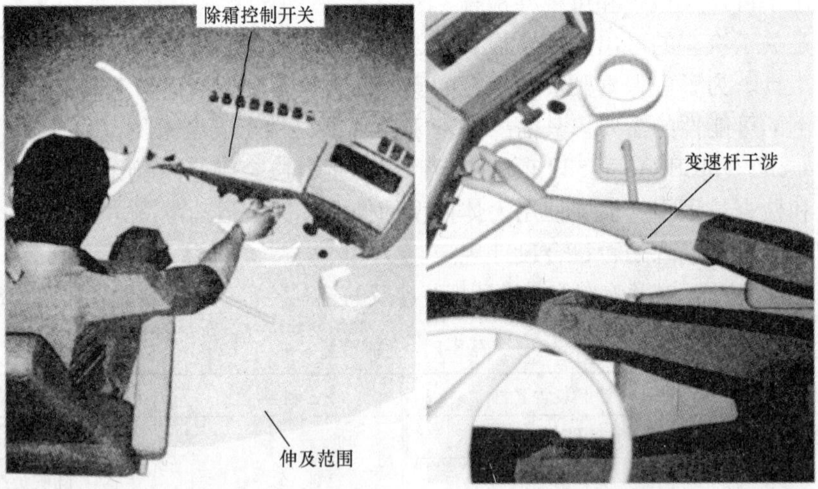

图8-8　对除霜、除雾系统开关的伸及检查

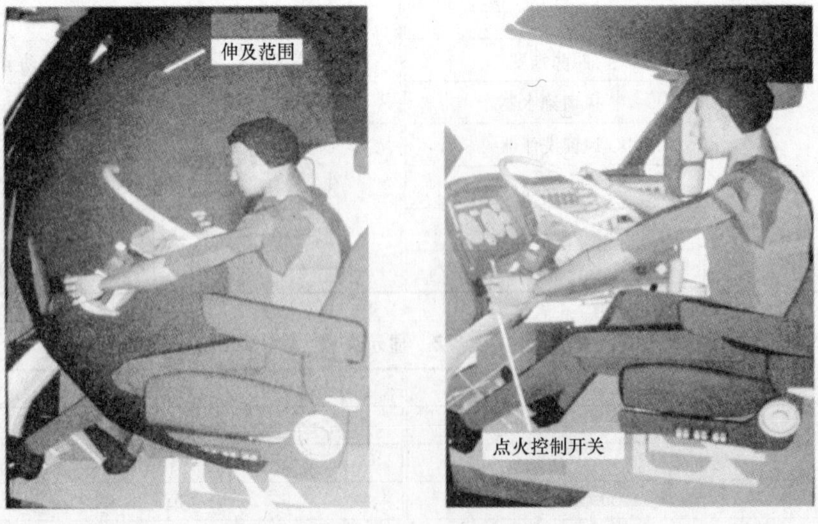

图8-9　对汽车点火开关的伸及检查

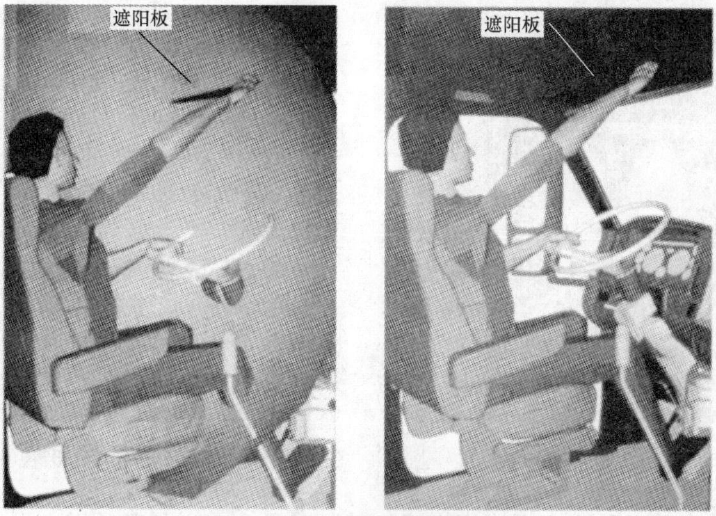

图 8-10　遮阳板的伸及检查

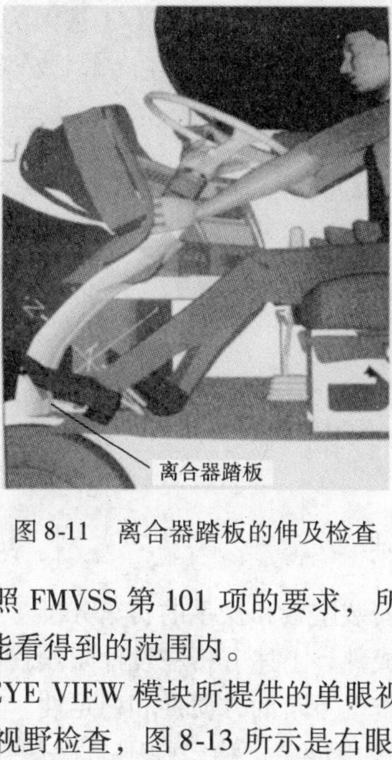

图 8-11　离合器踏板的伸及检查

2. 仪表台可视性检查　按照 FMVSS 第 101 项的要求，所有的显示器（见表 8-2）都应设置在系有安全带的驾驶员所能看得到的范围内。

检查是利用 JACK 软件的 EYE VIEW 模块所提供的单眼视野、双眼视野和锥体视野等功能进行的。图 8-12 所示是左眼视野检查，图 8-13 所示是右眼视野检查，图 8-14 所示是双目 30°视锥检查。

图 8-12　左眼视野检查

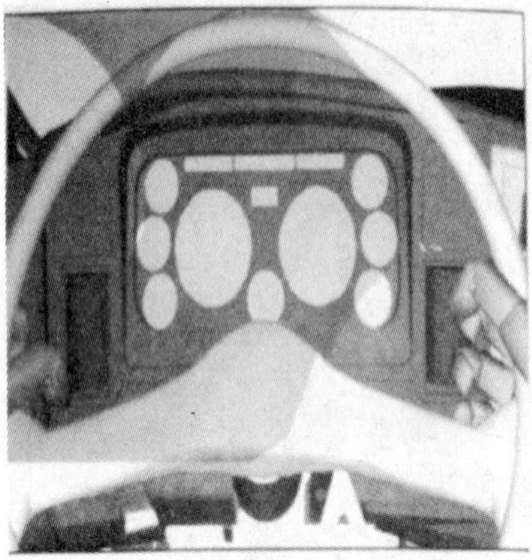

图 8-13　右眼视野检查

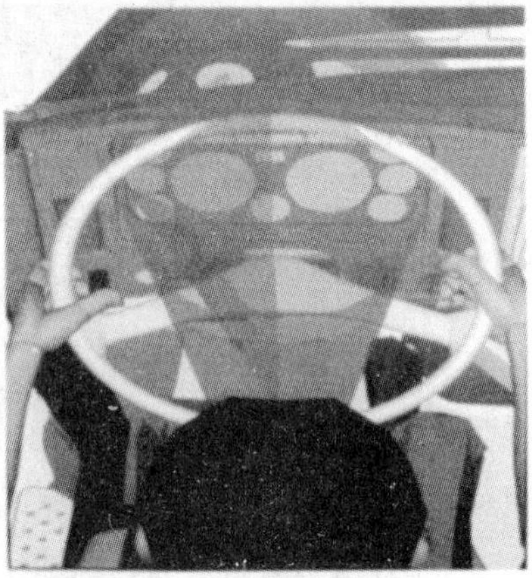

图 8-14　双目 30°视锥检查

3. 汽车进出方便性检查　人体模型可用于驾驶员和工人的事故赔偿分析和产品生产接近性检验分析。1997 年，美国有高达 34% 的车辆运行事故是由于重型商用汽车的滑倒、跌倒造成的（见图 8-15）。而引起滑倒和跌倒事故 1/3 是因为汽车的进出方便性有问题（见图 8-16）。因此制造商投入很大经费，在销售前在汽车上安装踏板和扶手。

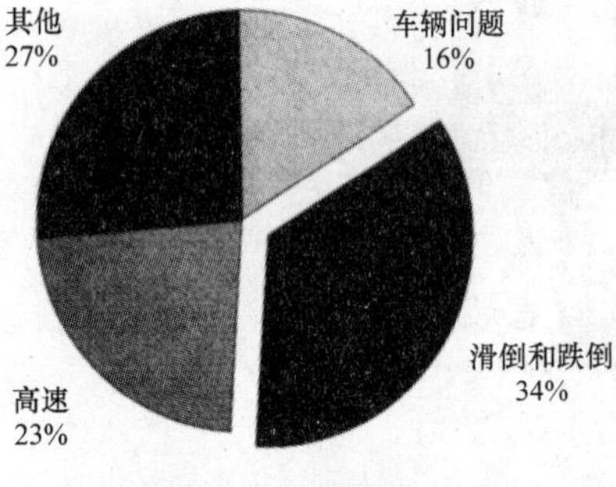

图 8-15　车辆运行事故

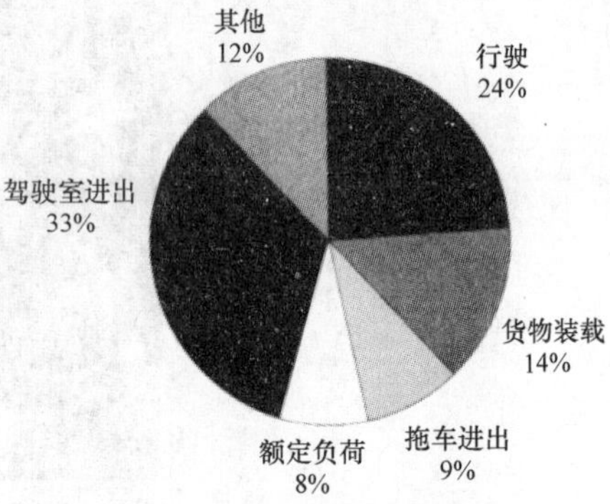

图 8-16　滑倒和跌倒事故

对进出结构的检查包括对安装踏板和扶手的实车分析。

随着数字人体模型技术的成熟，上述分析在设计阶段就可以进行了。为了降低潜在的身体伤害，数字人体模型用来检查上下车的方便性和稳定性。对踏板和扶手的伸及方便性，是看其是否超过人的肢体的运动极限能力；稳定性则是检查当人体模型上有三点与汽车接触时，应确保人体质量中心始终保持在三个接触点的范围内。

在进出设计的最初阶段，应该确定扶手位置。每个人体模型的伸及范围用于确定扶手的安装区域。身材较小的女性右手伸及范围用来定义 B 立柱的下部可伸及区（见图 8-17），身材较小的女性左手伸及范围用来定义车门外部拉手的安装区（见图 8-18）。

在上述区域固定后，可以先虚拟性地安装扶手到车门上，然后用人体模型进行检验和修正。而门的内部扶手则要求不能超过小身材女性模型的左肩关节和臀部关节的忍受极限范围。因此门的内部扶手应该布置的低一些，以减少肩部损伤。另外，踏板和门槛高度也要适应目标乘员群体的大部分人的需求，往往用小身材女性模型来加以检验。对于进出稳定性检

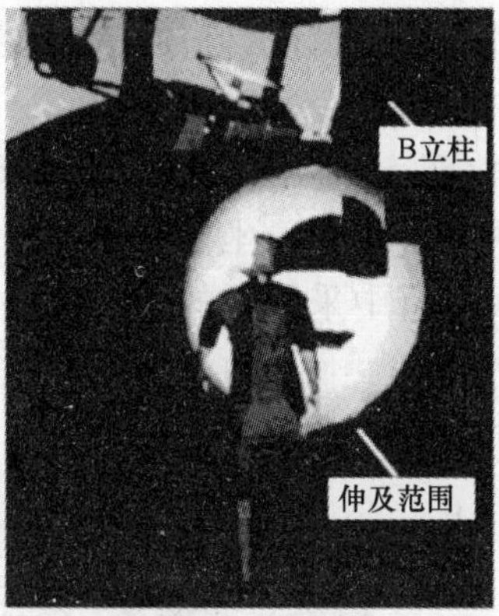

图8-17 身材较小的女性右手伸及范围

图8-18 身材较小的女性左手伸及范围

查则推荐每个人体模型都应以三个点和车保持接触，无论是两手一脚还是一手两脚和车保持接触。然后用这种动作策略来指导人体手和脚的布置，以可靠地预测手的抓握点和踏脚点。以上设计点如图8-19所示。

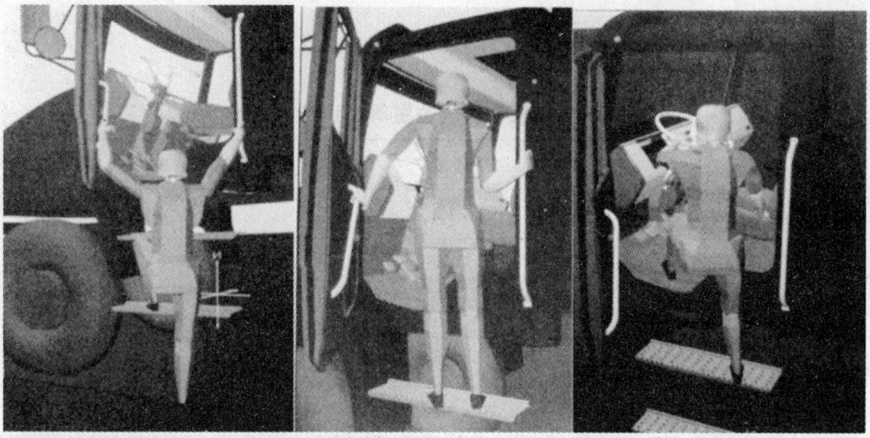

a)　　b)　　c)

图8-19 三个点和车保持接触
a）第一步 b）第二步 c）第三步

8.2.2 目标用户群体的车室适应性分析

在汽车产品开发的前期阶段，要确定目标用户。确定目标用户的有关研究的目的之一是了解用户对汽车的潜在需求、倾向性和愿望。具体包括用户的详细特征，如年龄、性别、受教育程度、收入状况、生活方式等。这些都可以用来描述用户对汽车产品设计的影响和要求。

一旦目标客户群体确定后，下一个目标就是进行围绕客户乘坐需要的设计。然而，经常会看到车室设计模式是能够容纳男性人体尤其是身材高大的男性，结果会导致很多人如青年人、老年人、残疾人和女性驾驶员感到不适应。例如，影响座椅位置设计的重要因素之一是舒适地伸及操作踏板的能力。由于这种工业惯例，小身材女性驾驶员为了能操作脚踏板，就必须向转向盘靠拢。汽车工业的男性统治文化伴随着随直觉设计的倾向，会忽视男女差别，导致女性乘坐不舒适。

为了解决这一问题，克莱斯勒公司 Dodge Viper 汽车上采用了加拿大 Genicom Consultants, Inc 的 SOFTWORK 人体模型模拟软件，进行了可调节踏板、坐椅位置等方面的设计与评价工作（见图 8-20）。有关分析数据如表 8-3 所示，分析中采用过的 5 百分位女性驾驶员如图 8-21 所示。

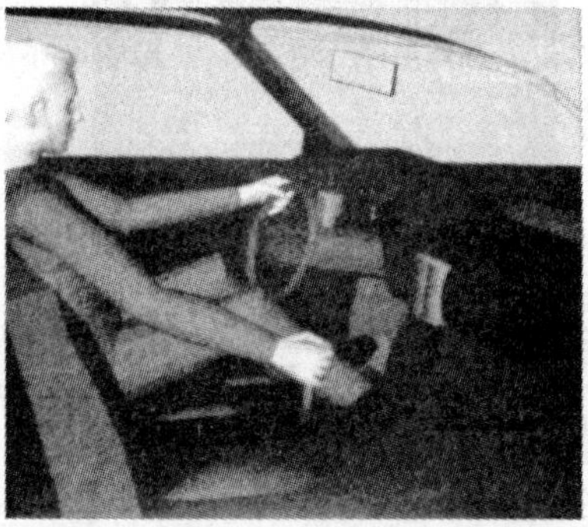

图 8-20　踏板和座椅位置等的设计模型

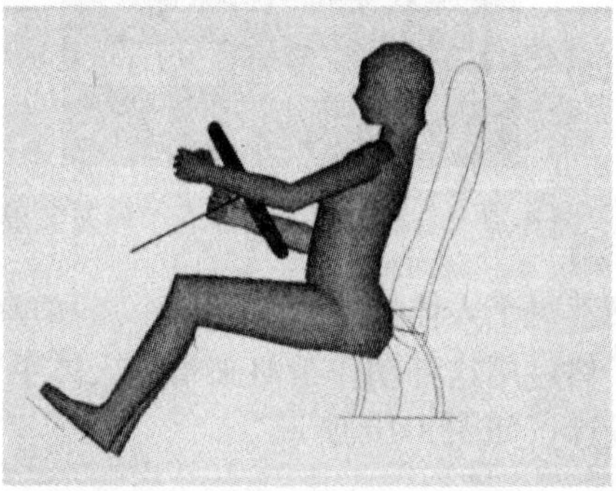

图 8-21　女性驾驶员设计模型

表 8-3　踏板和座椅位置等的设计与评价

身体部位	水平角度/°	设计标准
背	95 ~ 100	机敏
肘	80 ~ 165	舒适
上臂	0 ~ 35	舒适
膝	110 ~ 120	有力
踝	90 ~ 100	舒适

8.3　RAMSIS 软件简介

RAMSIS 是英文 "Realistic Anthropological Mathematical System for Interior Comfort Simulation" 的缩写，也是德语 "Rechnergestütztes Anthropologisch-Mathematisches System zur Insassen-Simulation" 的缩写，翻译成中文的意思是 "乘员舒适仿真的计算机辅助人机工程学计算系统"。该软件由德国 TECMATH 公司（现在的 Human Solutions 公司）在慕尼黑技术大学（Technical University of Munich）人机工程学系（Ergonomics Department）的协助下开发的。开发得到汽车业界的大力资助（包括奥迪、宝马、戴克、福特、欧宝、保时捷和大众公司 7 个汽车主机厂，Keiper 和 Johnson Controls 2 个座椅供应商）。其目的是克服人机工程设计工具的不足，如当时被广泛应用的二维人体样板的不足。

RAMSIS 是进行驾驶室人机工程设计的一个非常有效率的 CAD 工具。RAMSIS 从根本上是用全新的方法来放置人体模型，人体模型位置的调整是自动完成的，用户只需要为人体模型描述一组任务。Human Solutions 公司于 2002 年开发了集成在 CATIA V5 中的 RAMSIS，称之为 RAMSIS in CATIA V5。它是基于法国达索公司的 V5 平台开发的，实现与 CATIA V5 的完全集成，在使用上相当于 CATIA V5 的一个模块。下面对 RAMSIS 的介绍也是结合 RAMSIS in CATIA V5 来进行。

8.3.1　RAMSIS 的特点与优势

RAMSIS 具有以下特点与优势：

（1）自动计算势态（Automatic Posture Calculation）。传统的计算机人体模型工具是基于动画技术，而 RAMSIS 是基于仿真技术。因此，传统的计算机人体模型需要操作者手工输入人体模型各关节的角度，来主观地创建人体势态。这个过程非常不明确，因人而异，同时也非常耗时。

而 RAMSIS 系统可以根据操作者对人体模型定义的一组任务，自动将人体模型调整到该人体模型完成指定任务所需要的最佳姿态。由于 RAMSIS 所使用的姿态预测模型（RAMSIS Posture Prediction Model）是基于对大量真人完成驾驶与操作任务的测量而开发的，它确保了 RAMSIS 所计算出的人体姿态与真实情况相一致。

（2）分析结果与真实情况相一致，与操作者的经验和技术无关。传统的计算机人体模型基于动画技术，需要操作者手工定义人体尺寸与人体姿态。所以分析的结果在很大程度上取决于操作者的使用水平和经验。而 RAMSIS 不仅提供了一个人机工程学仿真的工具，它还集成了人机工程学的理论、原理、数据和方法。所以使用 RAMSIS 主要是由系统来定义人体尺寸和人体姿态，并保证分析的结果与真实情况相一致，无论操作者的知识及使用水平如何，其分析结果是一致的。

（3）提供了丰富的人体模型库，满足了对各种不同目标市场用户分析的要求。RAMSIS 系统提供了 8 组国家或地区的标准人体模型库，分别是德国、法国、美国/加拿大、日本/韩国、中国、美国 NHANESIII、南美洲、墨西哥。涵盖了欧洲、美洲、亚洲主要国家的人体模型。

（4）提供了丰富的人体姿态库，可以完成各种不同车辆和不同分析任务的要求。RAMSIS 系统提供了 8 个人体姿态库，分别是汽车（Car）、货车（Truck）、H30、摩托车（Motorcycle）、一级方程式（F1）、站立（Standing）、驾驶员（Pilot）及乘客（Passenger）人体姿态库。可以选择用来完成轿车、货车、摩托车或其他车辆（使用 H30 模型）的驾驶员及乘客的各种人机工程的分析任务。

8.3.2　RAMSIS 软件的系统构成

RAMSIS 有三个软件包，分别是汽车单机版（RAMSIS Automotive Stand-Alone）、RAMSIS 汽车集成 CATIA V4 版（RAMSIS Automotive in CATIA V4）和汽车集成 CATIA V5 版（RAMSIS Automotive in CATIA V5）

RAMSIS 主要有以下几个模块：

（1）人体模型创建模块（BodyBuilder）。BodyBuilder 用于创建并自由处理 RAMSIS 人体模型的身体尺寸。它所创建的人体模型被限制在预定的人体形态，即使用 RAMSIS 创建的人体模型是现实世界中真实存在的人体。设计者可以使用 BodyBuilder 根据其目标来编辑这些人体模型的身体尺寸。

另外 BodyBuilder 还提供了各种强大的分析功能，能够一次考虑几个人体尺寸。例如显示当前人体模型身体尺寸的数值及百分比，用确定的人体尺寸分析当前人体模型的变化范围等。

使用 BodyBuilder 可以自动创建一组用于评价和测试的人体模型样本。

（2）SAE 设计工具模块（Desing Tools）。SAE 设计工具包括如下：

1）SAE J826 人体模板。

2）SAE J1052 头包络位置。

3）SAE J941 驾驶员眼睛位置。

4）SAE J1517 驾驶员座椅位置。

5）SAE J1516 布置设计参考工具。

（3）安全带模块（eBTD Belt Simulation）。

eBTD 是英文“electronic Belt Fit Test Device”的缩写。在 *H* 点测量工具的基础上，加拿大运输当局组织开发了一个与安全性相关的分析座椅安全带布置的工具，而 eBTD 是该工具的电子版本。用它可以在设计阶段进行各种实验的仿真分析。

（4）驾驶室总布置设计模块（ASPECT Desing Tools）。ASPECT 是英文“Automotive Seat and Package Evaluation and Comparison Tools”的缩写。该模块用于：

1）将 *H* 点人体模型提升为评价座椅及车辆总体布置设计的物理工具。

2）根据汽车及座椅设计的主要参数，开发一个人体模型及姿态预测模型，应用于表示任何人体类型的 CAD 人体模型。

（5）驾驶员动态分析模块（RAMSIS DYNAMIC）。主要用于驾驶员上下车、操作力和动态作业的仿真分析。

8.3.3 RAMSIS 系统的主要功能

利用 RAMSIS，我们可以完成以下工作：

（1）定义分析用人体模型的样本，如图 8-22 所示。

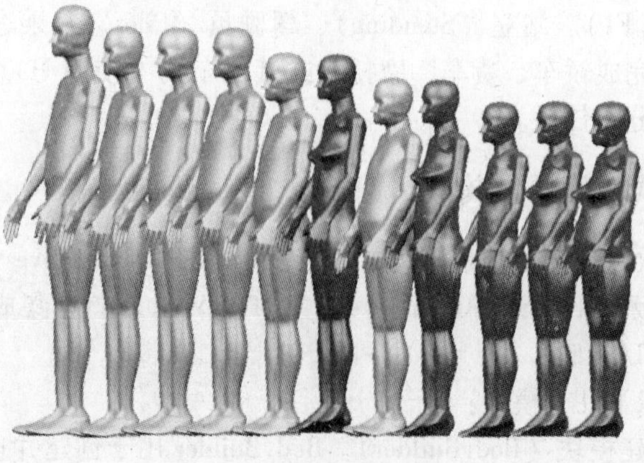

图 8-22 人体模型样板族

（2）布置设计（见图 8-23）。

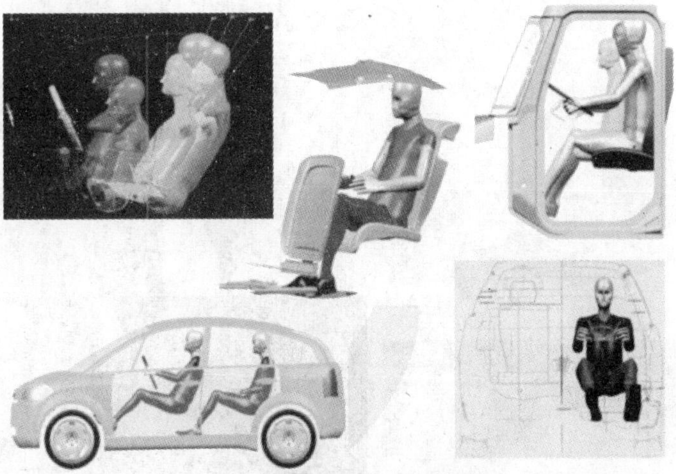

图 8-23　主要布置设计任务

（3）驾驶员操作伸及性分析（见图 8-24）。

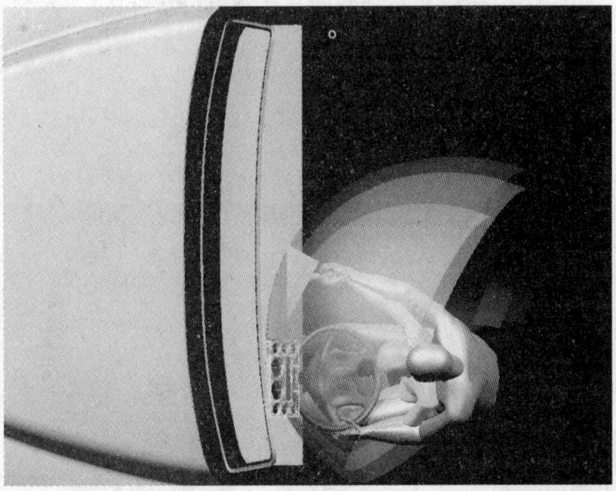

图 8-24　驾驶员对变速器操纵杆的伸及分析

（4）驾驶员前视野分析（见图 8-25）。

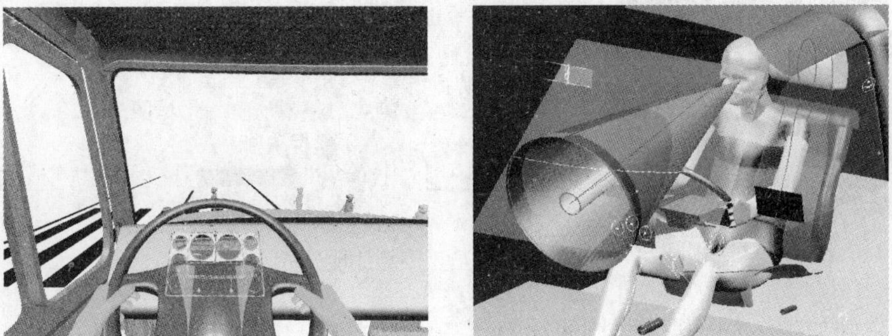

图 8-25　驾驶员前视野分析

（5）驾驶员后视野分析（见图8-26）。

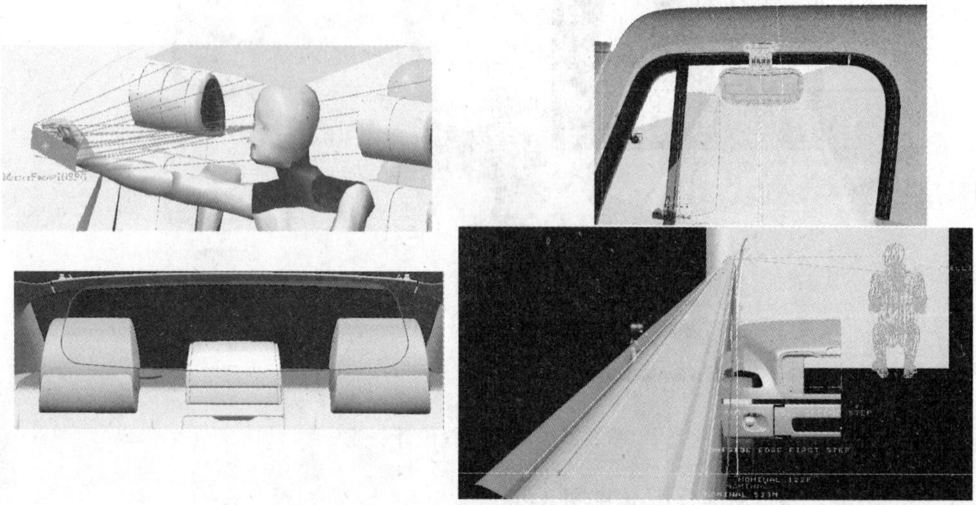

图8-26　驾驶员后视野分析

（6）驾驶员坐姿舒适性分析（见图8-27）。

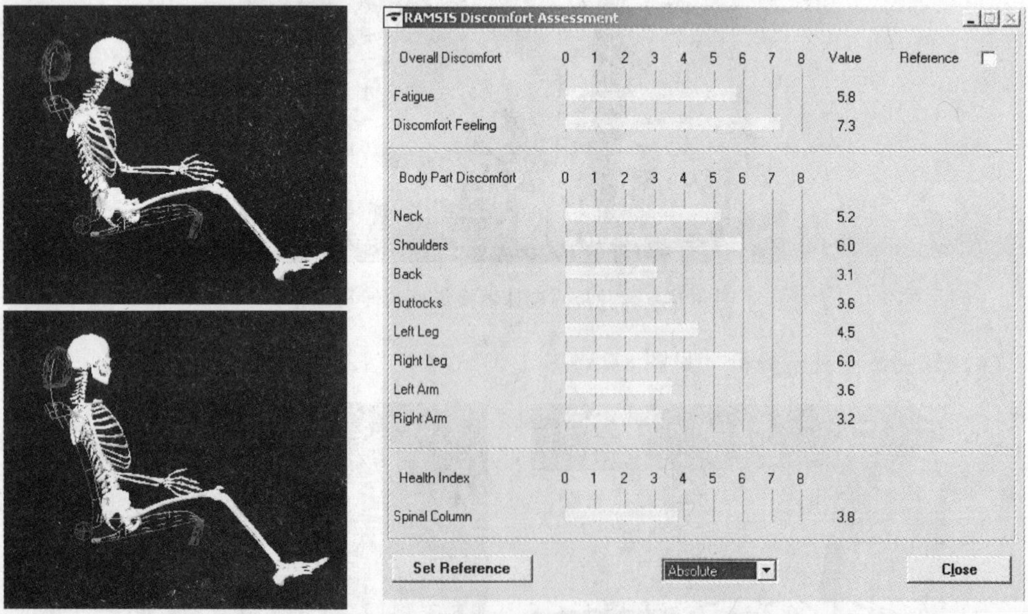

图8-27　驾驶员坐姿舒适性分析

（7）驾驶员操作力分析（见图8-28）。

（8）安全带适应性仿真（见图8-29）。

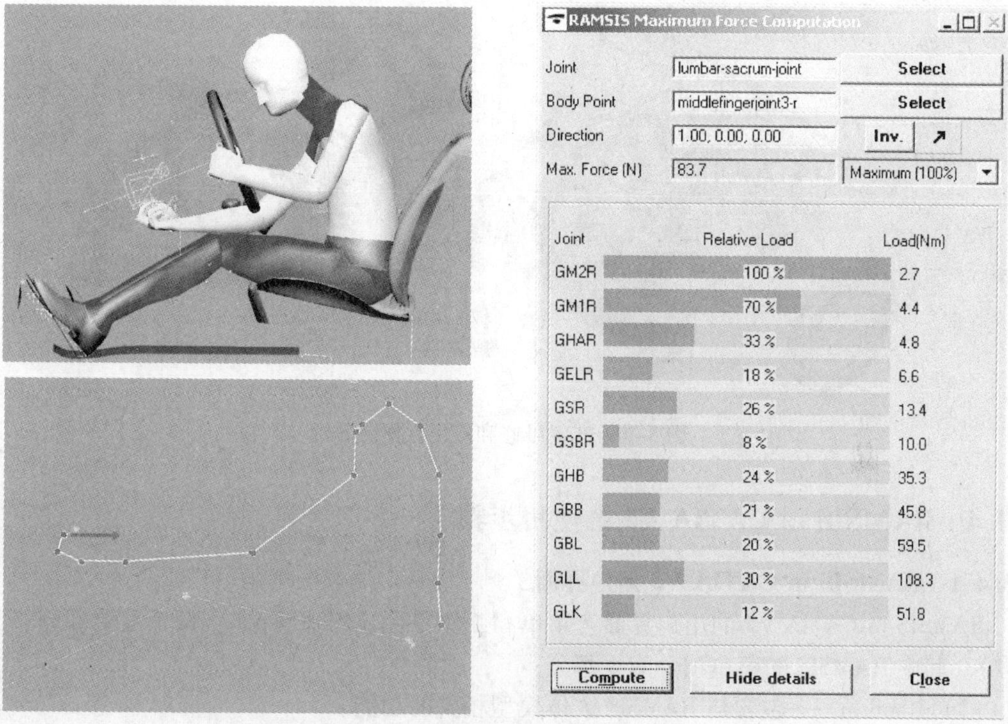

图 8-28　驾驶员肢体关节受力图

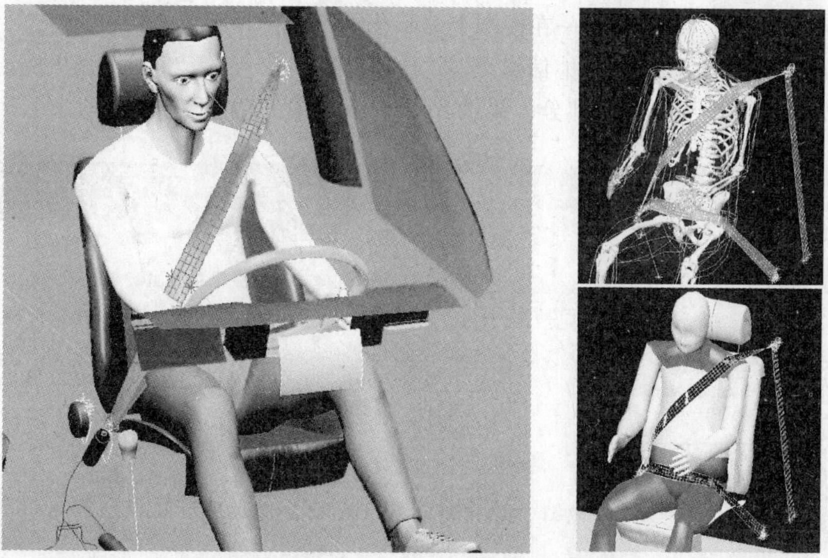

图 8-29　驾驶员安全带固定点位置设计

（9）车辆维修和使用方便性分析（包括发动机罩的开启分析、背门开启分析等，如图 8-30所示）。

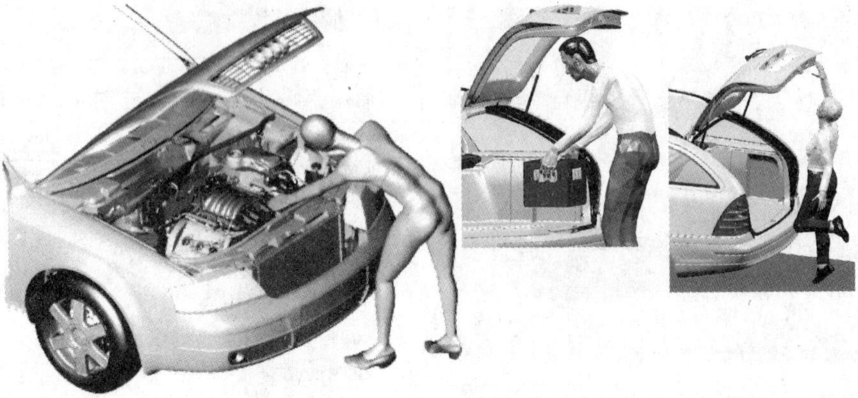

图 8-30　车辆维修和使用方便性分析

8.3.4　RAMSIS in CATIA V5 的使用步骤

8.3.4.1　RAMSIS in CATIA V5 用户界面

RAMSIS in CATIA V5 的用户界面有菜单和工作平台（Workbench）两个主要部分（见图 8-31）。其中 RAMSIS 的菜单项分为 6 部分：

（1）Manikin——包含与 RAMSIS 人体模型相关的功能。

（2）Analysis——包含了 RAMSIS 的分析功能。

（3）Motion——包含了 RAMSIS 的运动功能。

（4）Import——包含了 RAMSIS PCMAN 导入功能。

（5）Show Active Manikin——在视图上显示当前的人体模型。

（6）Info——显示版本及其他信息。

SAE Module 菜单项分成 5 部分，提供 SAE 模板相关的功能。

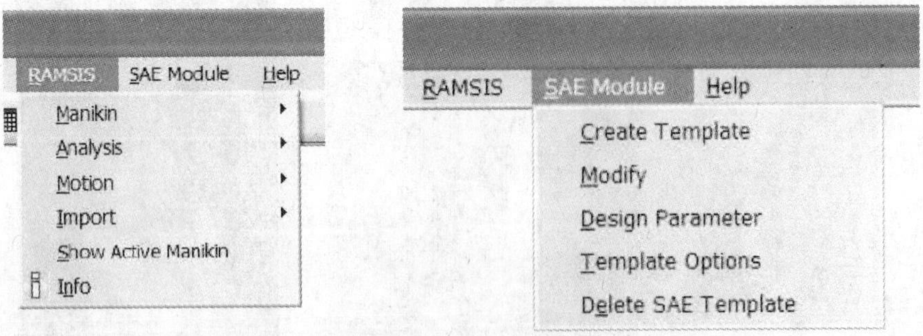

图 8-31　RAMSIS in CATIA V5 的菜单项

同时 RAMSIS in CATIA V5 也具有与 CATIA V5 本身所有模块一样的工作平台（见图 8-32），用户可以通过该工作平台直接使用 RAMSIS in CATIA V5 所提供的所有功能。当然用户可以像定制 CATIA V5 本身模块的工作平台一样，定制 RAMSIS in CATIA V5 工作平台（见图 8-33）。

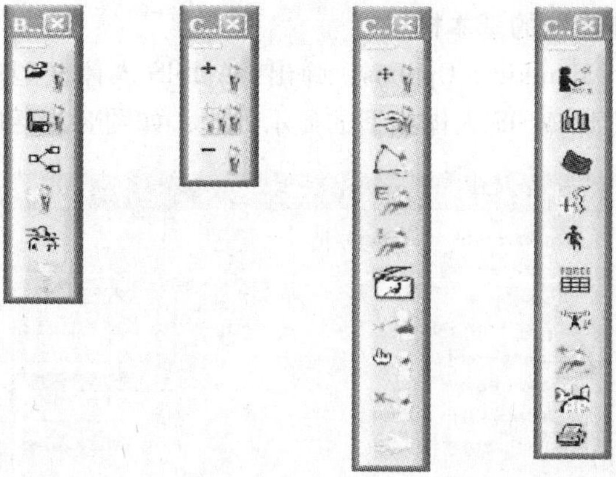

图 8-32　RAMSIS 的工作平台（File，Manikin，Move，Analysis）

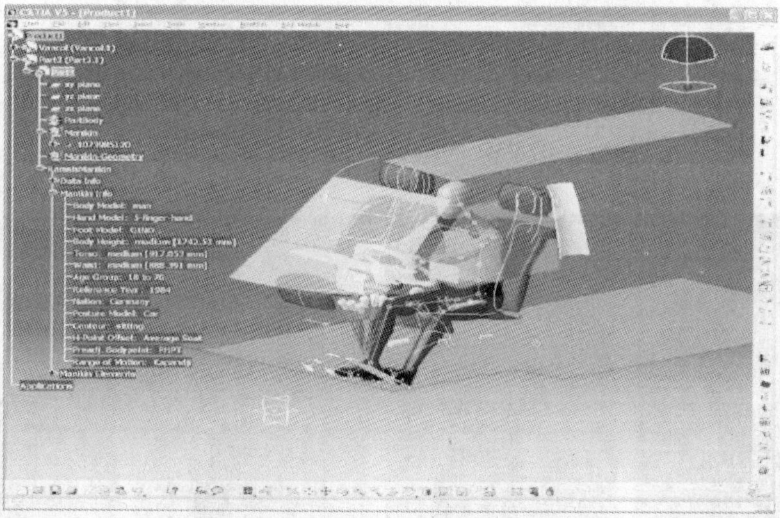

图 8-33　具有 RAMSIS 菜单的 CATIA V5 工作空间

8.3.4.2　创建及编辑 RAMSIS 人体模型

可以首先使用 BodyBuilder 创建 RAMSIS 人体模型，然后在 RAMSIS in CATIA V5 中直接导入该人体模型，也可以直接在 RAMSIS in CATIA V5 中创建人体模型。在 RAMSIS in CATIA V5 中创建人体模型的基本步骤如下所示：

（1）首先确定已创建一个 Product，且该 Product 处于当前被激活状态。

（2）选择 Start > Infrastructure > RAMSIS 菜单，进入 RAMSIS in CATIA V5 工作平台。

（3）在主菜单中选择RAMSIS > Manikin > Create 或者单击工具条 ，创建 RAMSIS 人体模型，如图 8-34所示。

（4）单击弹出窗口中的“OK”按钮，则在工作窗口中会创建一个站立的人体模型。

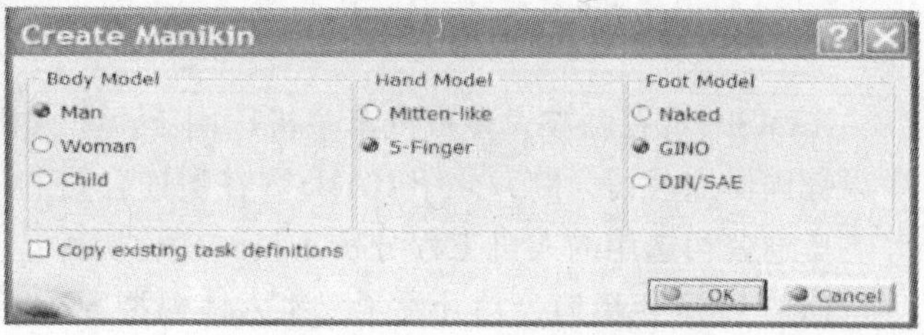

图 8-34　定义人体模型窗口

8.3.4.3 RAMSIS 人体模型的基本构成

通过菜单 RAMSIS > Manikin > Options，弹出 RAMSIS 人体模型选择项，然后选择 Manikin Preferences 可以定义 RAMSIS 人体模型的显示效果，如图 8-35 和图 8-36 所示。

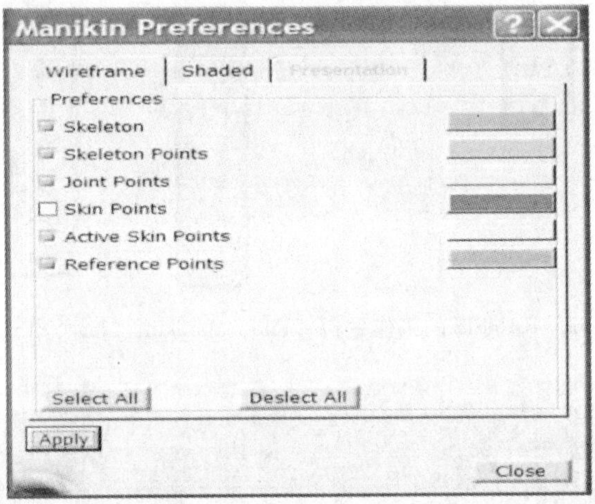

图 8-35 Manikin Preferences 窗口

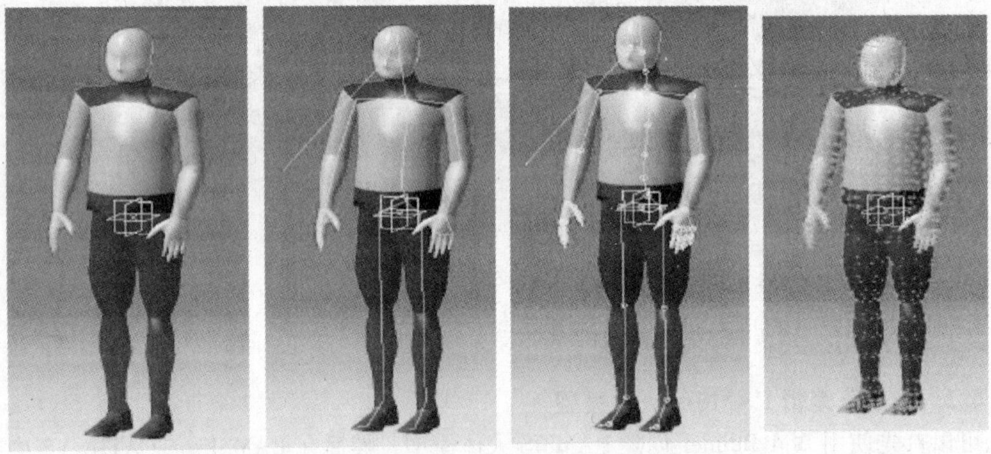

a) b) c) d)

图 8-36 RAMSIS 人体模型显示效果示例

a）去掉所有选项的显示结果 b）选择“Skeleton”选项后的结果

c）选择 Skeleton，Skeleton Points，Joints Points 选项后的结果 d）选择 Skin Points 选项后的结果

8.3.5 RAMSIS 的应用介绍

RAMSIS 现在已被大多数汽车主机厂用于汽车人机工程设计与分析的各个领域，在本章中以德国奥迪公司为例，介绍 RAMSIS 在奥迪公司的应用。

奥迪公司选用的人机工程分析工具的变化历程：

（1）1982 年奥迪公司开发了二维人体模型 SOFTIE。

（2）1985 年奥迪公司与 Tecmath 公司合作开发了三维人体模型 OFAPI。

（3）1986 年在 FAT 成立了“3D-softdummy”项目。

（4）1988 年选择德国 TECMATH 公司（现在的 Human Solutions 公司）和慕尼黑技术大学（Technical University of Munich）人机工程学系一起开发 RAMSIS。

（5）1992 年与 1993 年发布了 RAMSIS 版本 1.0 与 1.1。

（6）2005 年发布了 RAMSIS 版本 3.8。

现在奥迪公司唯一的人机工程分析工具就是 RAMSIS in CATIA V4。奥迪公司之所以作出这样的决定是基于以下考虑。

（1）不需要导入 CAD 几何模型。

（2）对几何模型的修改非常快捷。

（3）可以使用几个人体模型。

（4）所有使用的数据与信息（RAMSIS 和 CAD）可以保存为一个 CATIA 文件。

（5）所有的 RAMSIS 分析可以在所有大众集团的 CATIA 工作站上兼容，而不需要进行数据转换或数据导入操作。

在大众集团，所有的品牌及开发中心使用统一的标准化的人体模型集合，即 11 个 RAMSIS 人体模型（见图 8-37），它们分别是：

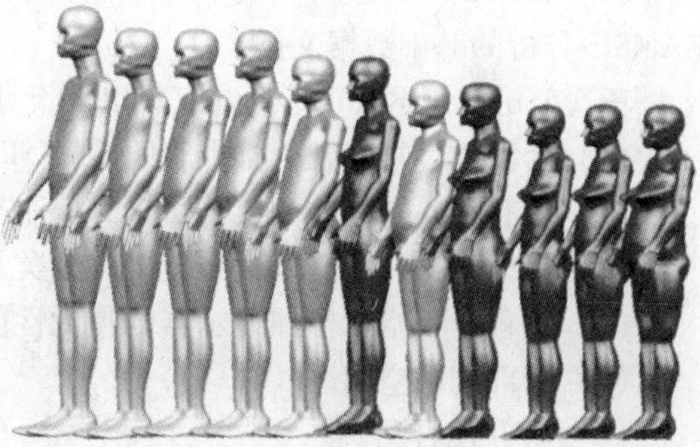

图 8-37　大众公司设计时常用的 11 个人体模型

（1）5% 女性、中等比例、中等胖瘦。

（2）5% 女性、长躯干、胖。

（3）5% 女性、短躯干、瘦。

（4）50% 女性、中等比例、中等胖瘦。

（5）5% 男性、中等比例、中等胖瘦。

（6）95% 女性、中等比例、中等胖瘦。

（7）50% 男性、中等比例、中等胖瘦。

（8）95% 男性、中等比例、中等胖瘦。

（9）95% 男性、长躯干、胖。

（10）95% 男性、短躯干、瘦。

（11）2m 高男性、中等比例、中等胖瘦。

在车型开发过程中，RAMSIS 的应用情况如图 8-38 所示。

图 8-38　RAMSIS 的应用类型

其中，关于 RAMSIS Masterpart（见图 8-39）的说明如下：

（1）在新车型开发过程中，创建 Masterpart 是 RAMSIS 使用的第一步。

（2）Masterpart 是带有所有 RAMSIS 数据的标准 CATIA 文件。

（3）Masterpart 包含在正常驾驶位置上的一组定义好的人体模型。

（4）车上每一个座椅一个 Masterpart。

（5）Masterpart 中的 CAD 几何体是基于简单的二维布置图（ECIE/SAE）。

（6）Masterpart 是该车型几乎所有后续 RAMSIS 分析的基础数据文件。

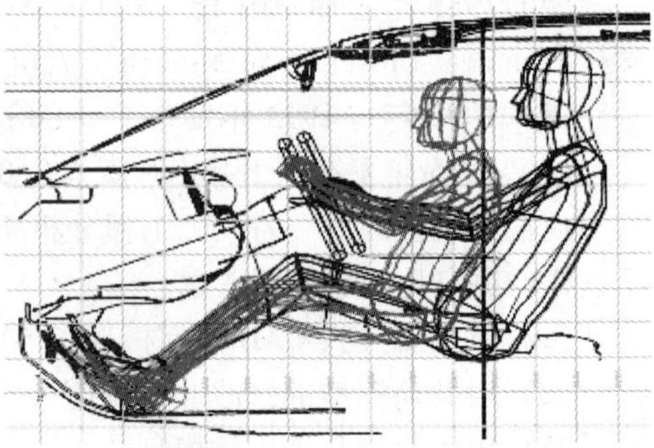

图 8-39　RAMSIS 的 Masterpart

奥迪公司使用 RAMSIS 经常完成以下设计分析工作：

（1）驾驶员、乘客及后排乘客的 RAMSIS-Masterparts。

（2）所有重要操作件如换挡手柄、控制按钮、门等的伸及分析。

（3）考虑可伸及范围及视野范围的分类及造型设计评价。

（4）里程计、指示器和显示器的视觉性能。

（5）头部间隙空间。

（6）后方视野。

（7）脚踏板的操纵。

（8）仪表板的腿部空间。

奥迪公司还使用 RAMSIS 完成以下车外任务的分析工作（见图 8-40）：

图 8-40　汽车车外人机工程分析

（1）发动机舱装配的仿真。

（2）打开行李箱盖。

（3）油箱加油。

（4）汽车周围的其他服务工作。

第 9 章 汽车人机工程中几个问题的讨论

9.1 关于对汽车人机工程设计的重要认识

（1）人机工程问题贯穿整个设计过程，但是最重要的应用是在概念设计和设计的初期阶段。人机工程设计的基本原则是，在设计初期，为用户提供满意的乘坐状态，如此达到在设计过程的后期，只进行有限的调整，不致发生大的资金投入，降低样车制作、调整成本。

（2）乘员空间的设计水平如何，说明了该车能够适应用户群体的百分比多少，而且人体还要有一定的活动空间。驾驶员应该能够较好地观察显示装置和道路环境，同时又能保证各种驾驶行为和维持好的坐姿。如果用户不能得到这些基本保证，就会另选其他车辆。一种汽车的成功与失败能够以很多方式评判，但是最重要的评判是市场份额。

如果车顶高和车顶轮廓线的设计已经排除了10%~20%的男性驾驶员，就将无法解释概念设计阶段的美学决策的合理性。但是，这种妥协又经常会被错误性地作出，因为设计队伍不知道预测这种问题的方法和工具。因此，要牢记：用并不很深奥的车身空间容纳设计来抓住这另外的10%~20%的市场，远比防止出现在设计过程中排除同一比例的潜在购买者花费的代价要小得多！

（3）一个新车型的设计程序应该是由内向外。该程序将焦点集中在汽车内的驾驶员（乘员）身上，如可能用户的数量和年龄，以及他们的意向坐姿、视野需要和伸及范围等。这些将决定他们需要的车室空间的大小，同时也要考虑到购物、运动器材和宠物的空间需要。应该按照手脚伸及范围、视野能力等人机工程知识来设计操作装置和人机界面。

（4）成功的设计在于要在有限制的条件下（如时间、成本和法规）作出大量工作和给出最佳的选择和妥协。如果在一开始不建立关于影响乘坐空间、环境和舒适性的人机工程认识，这种成功的设计是无法获得的。

9.2 错误认识和错误观点

目前，还有很多汽车制造公司还没有一个正式的部门来处理产品开发和设计上的人机工程问题，起因则是对汽车人机工程设计的使用和价值方面有错误认识，具体而言就是拉夫堡大学的 Mark. Porter 教授所指出的八个错误观点。它们是：

（1）满足我的设计也必然会满足其他人。一个典型的例子是，发现某公司的赛车座位太窄。理由很明显，因为公司的董事长对它的外形很感兴趣，而且座椅也是按他自己的意愿和需要来设计的。在用50百分位的人体臀部尺寸检查时，清楚表明50百分位的男性驾驶员使用时会存在问题，因为该50百分位的男性的臀部比董事长宽。

（2）设计满足平均人，因此也满足其他人。经典研究是1952年 Daniels 做的。4000个飞行员被测量，计算后得到了均值和一个0.5的标准差。然而研究同时发现在10种尺寸上，没有任何飞行员是在均值上，只有少于2%的飞行员只在4种尺寸上是在均值上。这个例子被称为“平均人谬误”，这个平均的男人和女人根本就不存在。

(3) 人类之间的差异很大，以至于无法和任何设计相适应——而且人有超常的适应能力，怎么做也无所谓。人们是有适应环境的能力，但是研究也清楚表明，这种能力是有限的，例如连续驾驶容易造成低靠背损害。但很少有研究会说，布置设计时让座椅设有调节设施或采用自动变速器时，会出现低靠背不适问题。

(4) 人机工程设计代价高，汽车造型对市场作用大，因此可以忽视人机工程问题。如果在设计后期去考虑人机工程或者是后期出现问题再进行人机工程设计补救，成本可能更高。但是正确的外形和正确的尺寸设计肯定比错误的代价低。人机工程设计应该在设计的第一阶段就进行。为降低成本，可引进人体模型CAD系统。

现在，公众越来越重视安全、舒适、适用和健康问题。在欧洲许多款车的拥有者出现背部问题，有关法律诉讼已经引起人们的注意。

(5) 人机工程设计理念很好，每逢设计都会考虑，但是在考虑人机工程设计时，是凭直觉和意识，不需要数据和表格。

要获得最佳的设计妥协，仅靠直观感觉是不可能持续成功的，特别是在设计师和工程师各有偏见和倾向，而且又不适应消费者的人体因素变化大时。女性驾驶员的经验问题是座椅可往前调节以方便操纵脚踏板。相似问题还有设计可能不考虑女驾驶员喜欢穿高跟鞋驾车；安全带调节量小，引起颈部和胸部的摩擦性疼痛；操作按钮设计未考虑长指甲。欧洲一项对家庭小轿车的研究表明，42%的女性驾驶员认为踏板不舒适，25%抱怨安全带位置。这些反馈意见还表明，为了让用户确认满意，有时需要反复修改设计。

(6) 设计不让我满意，因此也不会让其他人满意。

一个典型的长腿男性驾驶员的抱怨是坐垫没有提供足够的大腿支撑。对该车的检查表明坐垫并不短。足够的支撑也许能带来舒适，但是一个较长的坐垫可能对大多数的腿短的人却是灾难。或者操纵踏板困难，或者踩不到，或者他们向前滑因此而导致背伤。

(7) 百分位是一个清楚和简单的表达、使用人体尺寸信息的方法。

百分位值很容易理解，但是谬误出在它也很容易被误用。就是人机工程专家，尽管认识更深刻，但也可能掉入虚构的如第5百分位女性或第95百分位男性的陷阱里。计测量得到的尺寸相关性小，意味着相同姿态的人的腿长、臂长和背长可能差别很大。

百分位数是不变的，它使用一种量度，形如坐标。但是，如果没有获得年龄、民族、国家和地区、群体男女组成和时间等情况，就不能随意使用百分位值。数据统计的地域性也很重要，因为不同地区的人口增长率不同。根据设计任务的不同，应该选择合适的百分位及其同百分位的不同值，如重型车和轿车的不同、汽车目标销售地区的不同、目标销售群体的不同、使用情况的不同等。

(8) 设计时采用第5百分位女性到第95百分位男性，则可适应95%的人。

同样错误的认识是如果选择第5百分位男性到第95百分位男性，就能适应90%的男性。正确的是应该同名尺度的百分位比较，而不是笼统比较；另外90%仅是一种概率，是可能性。还有，如设计座椅调节范围和头部空间，就不能用同样的评价尺度。头部空间用第95百分位男性去设计，就可以认为它能满足所有用户的可能性（概率）是95%。

9.3　提高乘员空间设计水平的方法和工具

9.3.1　标准、指导原则与建议

国内尤其是在国外，在人机工程的许多领域有很多可用于汽车设计的标准、指导原则与建议。它们在概念设计的初期阶段非常有用。

在美国，对与人机工程设计相关标准的研究和推出非常积极，和乘员空间布置设计相关的标准与法规有：

SAE J826	*H* 点（ISO6549）
SAE J1100	座位参考点
SAE J1100	*H* 点的行程曲线（ISO6549）
SAE J1517	驾驶员适意位置
SAE J941	眼椭圆（ISO4513）
SAE J1052	驾驶员和乘员头部包络线（轮廓线）
SAE J287	手伸及界面（ISO4040）

上述标准可以在SAE标准手册上查得。还有一些标准和显示装置、操作装置、前视野、后视野、振动和室内气候的设计有关。

在我国，与汽车人机工程设计相关的标准和法规主要是参考国外标准或者结合我国自己的研究成果推出的，相关的主要标准有：

GB 14167—2013	汽车安全带安装固定点
GB 15085—2013	汽车风窗玻璃刮水器和洗涤器　性能要求及试验方法
GB 15084—2013	机动车辆　间接视野装置　性能和安装要求
GB 11550—2009	汽车座椅头枕性能要求和试验方法
GB 4094—1999	汽车操纵件、指示器及信号装置的标志
GB/T 15705—1995	载货汽车驾驶员操作位置尺寸
GB/T 29120—2012	*H* 点和 *R* 点确定程序
GB/T 1332—1991	载货汽车定型试验规程
GB 11562—2014	汽车驾驶员前方视野要求及测量方法
QC/T 55—1993	汽车座椅动态舒适性试验方法
GB 11555—2009	汽车风窗玻璃除霜和除雾系统的性能和试验方法
GB/T 10000—1988	中国成年人人体尺寸
GB/T 16251—2008	工作系统设计的人类工效学原则
GB/T 12985—1991	在产品设计中应用人体尺寸百分位数的通则
GB/T 13547—1992	工作空间人体尺寸
GB/T 14776—1993	工作岗位尺寸设计原则及数值
GB/T 14775—1993	操纵器一般人类工效学要求
GB/T 14774—1993	工作座椅一般人类工效学要求
GB/T 15759—1995	人体模板设计和使用要求

GB/T 14779—1993　坐姿人体模板功能设计要求
GB/T 13379—2008　视觉工效学原则　室内工作系统照明
GB/T 12984—1991　人类工效学　视觉信息作业基本术语
GB/T 12454—2008　视觉环境评价方法
GB/T 18049—2000　中等热环境 PMW 和 PPD 指数的测定及热舒适条件的规定
GB/T 18977—2003　热环境人类工效学　使用主观判定量表评价热环境的影响
GB/T 13441—2007　机械振动与冲击　人体暴露于全身振动的评价　第一部分：一般要求
GB 4599—2007　汽车用灯丝灯泡前照灯
GB/T 15705—1995　载货汽车驾驶员操作位置尺寸
GB/T 13053—2008　客车车内尺寸
GB/T 11557—2011　防止汽车转向机构对驾驶员伤害的规定
GB 14166—2013　机动车乘员安全带、约束系统、儿童约束系统 ISOFIX 儿童约束系统
GB/T 11551—2014　汽车正面碰撞的乘员保护

应用推荐建议、指导原则和标准法规应该具体问题具体分析，活学活用。背景知识非常重要，必须结合进来。如赛车为了动力性能和美学需要，舒适性和功能就要有所妥协。

9.3.2　总布置图样和二维人体的运用

二维总体布置设计图要提供乘员位置设计的第一次视觉感受。在车型计划阶段结束后，就要给出总体布置设计图。这时市场目标已经确定，基本参数已经定义。它们经常采用手绘，更多的是计算机绘图。这些图一般是侧视图、俯视图和前后方向视图，而与人体相关布置则是按第 5 百分位值女性到第 95 百分位值男性进行（见图 9-1）。大部分情况下，二维总体布置设计图由总体室提供，图样应提供“硬点”（即尺寸控制点）。在该图设计过程中，造型设计师不能施加任何影响。

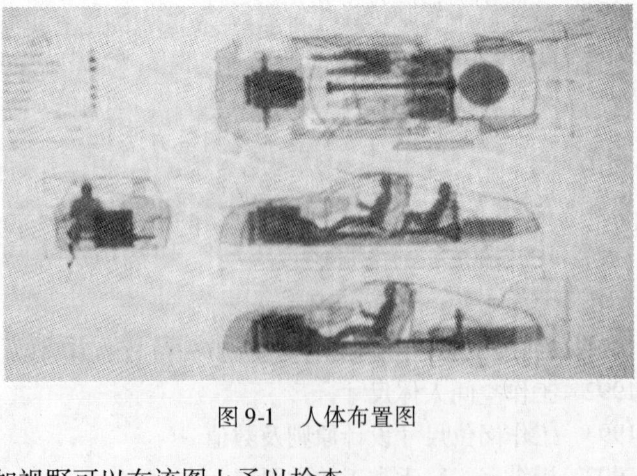

图 9-1　人体布置图

一些法规项目如视野可以在该图上予以检查。

二维人体样板的使用一般应符合 SAE 规定的尺寸要求，以进行法规项目的检查。但是，它并不完全适合为造型人员提供“硬点”信息（如车顶）。大部分汽车公司有自己尺寸体系

的人体样板，它们的数据资料较新。在有些公司，一般最开始的人体布置由总体设计部门的工程师完成，人机工程设计师只参与一些工作。工程师们对计测学的复杂性通常理解不多，因此仅采用人体样板并不够。其他因素降低了设计对车室内实际情况的准确度，这些在最初的布置设计中是预料不到或没有考虑到的。例如，第 95 百分位的人体样板经常用来确定车顶线的高度。这会导致身材较大的潜在用户被无意识地“设计出去”。开始感觉不出来，一旦这类问题集中反映出来，错误已经铸成了。

9.3.3　快速实物模型

图 9-2 所示是考文垂大学学生项目所用的快速实物模型。它是耗时 6 个月所完成的赛车用模型。

图 9-2　快速实物模型

模型用木材和泡沫材料制成，还有尺寸精确的门及门立柱、踏板、发动机罩和后风窗。座椅是现成的。门的运动范围按照理想要设计的车确定，并给其一定的重量。人体尺寸选择按照第 5 百分位值的女性到第 95 百分位的男性确定。

该模型主要评价的项目有座椅、进出方便性、门的拉手位置、前方视野、室内显示装置、室内操作装置、后部车顶线、后风窗设计等。由于车门重量非实际、前部车顶线不存在等问题，因此未考核车门开启工作负荷，前部车顶也去掉以方便试验的进行。

通过该项研究，更快得到了有助设计决策的人机工程信息。通过该模型进行用户人机工程检查，得到的信息比二维图更直接和正式。如前所述，精度和有效性因时间和经费、资源限制有一些不足。然而，这种方式本身的创新性是值得肯定，数据也是有相当的参考价值的。

9.4　提高乘员空间设计和舒适性水平的策略

1. 在概念设计上

（1）应该清楚谁是可能的用户，他们的性别、国别、年龄范围、身体尺寸如何?

（2）收集和用户相关的数据资料，如果现成有关资料不可用，就直接测取。

（3）在概念设计时，用相关的人体计测量数据来进行适合目标销售对象的设计。如果数据过时了，允许一些补充和增长。应确保在驾驶位置布置上的足够调节。

(4) 用人体模型系统预测坐姿问题。

(5) 加强设计队伍的沟通，这样在负责工程设计、造型和财务等方面的人之间就能找到有效的解决方案。

(6) 在公司内，人机工程专家应有权力开展一些训练项目或雇用有资历的人机工程设计人员。

(7) 启动一些研究项目，以更新数据库和引入一些新的舒适性设计理念。

2. 在产品开发上

(1) 用选择性的人体样本对样车进行评价。静态模型对于评价乘员布置设计有很多用处，当然路试也是一种检查和改善乘坐舒适性的基本手段。

(2) 对竞争车型进行考察，调查其室内设计的优缺点。

(3) 要反复设计直至获得舒适坐姿。

3. 在产品的销售和后续工作上

(1) 了解购买者的关注方面和反馈意见，提高设计水平。

(2) 通过分发详细的人机工程方面的问卷给使用者和其他竞争车型的使用者，评估汽车总体布置设计的成功与否。

(3) 将这些信息反馈给设计队伍，供将来改型和新车型设计使用。

9.5 汽车人机工程设计的未来与挑战

将来，在设计和开发的整个过程中，人机工程的重要性将会变得更加重要，内容也会更多，原因如下：

(1) 市场更加国际化。民族和地区的增多使人体尺寸和人群构成的变化更多，有更多的课题需要研究，包括思想和文化差异。

(2) 驾驶坐姿可能增加。例如，跨国界运输对于很多人来说，会导致每年的平均行车里程增大，同时交通阻塞将带来更长的旅途时间，从而对坐姿产生更多需求。

(3) 由于能源和环境保护的原因，轿车将会小型化。如果今天的驾驶员抱怨腿部和头部空间小，将来很可能将更加严重。身体尺寸、体重、抗撞能力的变化可以想象为，适应身材高大驾驶员的安全气囊可能对身材较小的女性并不合适。

(4) 汽车开发周期将继续缩短。一些人机工程方法需要时间以提供高质量的信息。这特别适用于严格试验中的座椅开发，乘员在历经两个小时或更多的时间里程后就报告不舒适。这种路试经常采用3个月的考核期，来对比试验己方的样车和竞争车型。因此必须开发快速预测的方法、工具。

(5) 虚拟现实技术将会作为一种工具得到更多的应用。人们期待着许多更复杂的人机工程课题用专门的虚拟环境技术来加以检验。目前的关键是提高这种评价方法的精度。

(6) 法规将会持续增多，这可能和人体百分位体系相抵触。

(7) 为了获得优惠，汽车运输公司可能采购同一个厂家的汽车。但这里有隐藏的成本和后续问题，有可能增加事故发生的可能性，除非这批车专门设计以适应它们的驾驶员，否则应该允许每位驾驶员有选车的自由度。

(8) 车内电子辅助设施是用来为驾驶员提供帮助的，它能使驾驶员摆脱反应的风险。

引起争论的是，它能使车安全行驶，同时也使驾驶员驾驶技能降低。倒车进停车场的技术都会失去，可是所有的动作不可能全自动化，又如何处理？又如何解决驾驶员从被控制到不被控制的状态调节问题呢？

（9）为了主动安全，汽车辅助装备增多，制造和使用成本越来越高，系统工作可靠性也将更加脆弱。

（10）智能交通技术的发展使汽车智能化程度越来越高，人机界面更加复杂，人机系统功能分配、人机系统特性协调的方法和内容将发生变化。

总之，汽车人机工程设计作为汽车设计的重要部分，其研究对于提高我国的汽车自主开发能力非常重要。我们应积极努力，结合本国的人体特征，加强方法研究和应用基础研究，推出合适的法规，提高设计水平，赢得未来国际汽车市场的严峻挑战。

参考文献

[1] 温吾凡．汽车人体工程学［M］．长春：吉林科学技术出版社，1991.
[2] 周一鸣，毛恩荣．车辆人机工程学［M］．北京：北京理工大学出版社，1999.
[3] 杜子学．汽车造型［M］．北京：人民交通出版社，2005.
[4] 刘春荣．人机工程学应用［M］．2 版．上海：上海人民美术出版社，2009.
[5] 李彬彬．设计心理学［M］．北京：中国轻工业出版社，2001.
[6] 毛恩荣，张红，宋正河．车辆人机工程学［M］．北京：北京理工大学出版社，2007.
[7] 丁玉兰．人机工程学［M］．北京：北京理工大学出版社，2000.
[8] 阮宝湘．人机工程学与产品设计［M］．北京：中国科学技术出版社，1994.
[9] 郭青山，汪元辉．人机工程设计［M］．天津：天津大学出版社，1994.
[10] 浅居喜代治．现代人机工程学概论［M］刘高送，译．北京：科学出版社，1992.
[11] 小原二郎．什么是人体工程学［M］．罗筠筠，樊美筠，译．北京：三联书店，1990.
[12] 佐藤武．汽车的安全［M］．昊关昌，陈倩，译．北京：机械工业出版社，1988.
[13] 曹琦，等．人机工程设计［M］．成都：西南交通大学出版社，1988.
[14] 赖维铁．人机工程学［M］．2 版．武汉：华中科技大学出版社，1997.
[15] 白恩远，杨硕，王福生．安全人机工程学［M］．北京：兵器工业出版社，1996.
[16] 王福军．计算流体动力学分析-CFD 软件原理与应用［M］．北京：清华大学出版社，2004.
[17] 袁修干，庄达民，张兴娟．人机工程计算机仿真［M］．北京：北京航空航天大学出版社，2005.
[18] 罗仕鉴．朱上上，孙守迁．人机界面设计［M］．北京：机械工业出版社，2002.
[19] 卢煊初，李广燕．人类工效学［M］．北京：轻工业出版社，1990.
[20] 龚锦．人体尺度与室内空间［M］．天津：天津科学技术出版社，1987.
[21] 朱保良，朱钟炎．室内环境设计［M］．上海：同济大学出版社，1991.
[22] 杨公侠．视觉与视觉环境［M］．2 版．上海：同济大学出版社，2002.
[23] 卡洛林 M 布鲁墨．视觉原理［M］．张功钤，译．北京：北京大学出版社，1987.
[24] 曾宪揩．视觉传达设计［M］．北京：北京理工大学出版社，1991.
[25] 严杨，王国胜．产品设计中的人机工程学［M］．哈尔滨：黑龙江科学技术出版社，1997.
[26] 徐灏．机械设计手册：第 2 卷［M］．北京：机械工业出版社，1991.
[27] 朱祖祥．人类工效学［M］．杭州：浙江教育出版社，1994.
[28] 李洪兴，汪培庄．模糊数学［M］．北京：国防工业出版社，1994.
[29] 何渝生．汽车噪声控制［M］．北京：机械工业出版社，1995.
[30] 陈南，张建润，孙蓓蓓，李普．汽车振动与噪声控制［M］．北京：人民交通出版社 2005.
[31] Peacock，B. J，Karvowski，W. Automotive Ergonomics［M］. London：Taylor and Francis Ltd，2001.
[32] Feuton. J. Handbork of Automotive Body Construction and Design Analysis Professional［M］.［S. l.］：Engineering Publishing Ltd，1998.
[33] Wesley E. woodson. Human Factors Design Handbook［M］. 2nd ed. New York：McGraw-Hill publishing Company，1999.
[34] Human factors in Automotive Design［C］. SAE，sp-1591. SAE Transaction.
[35] Julian Happian-Smith，Moden vehicle Design［M］.［S. l.］：Read Educational and Professional Publishing Ltd，2001.
[36] Hans-Hermann Braess. Handbook of Automotive Engineering，2004.

[37] Dipl. -Ing. Christian Proksch, Dipl. -Ing. Frederic Guilbaud, Dipl. -Ing. Friedrich Brotz, Dr. -Ing. Wolfram Kühnel, Behr GmbH & Co Predicting passenger comfort [J] CD-adapco press room.

[38] Bailey, R. W. Human performance engineering——A guide for system designers [M]. NJ: Prentice-Hall, Inc., 1982.

[39] Boussenna, M., Corlett, E N., Pheasant S T. The relation between discomfort and postural loading at the joints [J]. Ergonomics, 1982, 25 (4): 315 -322.

[40] Corlett N, Wilson J. Manenica I. The ergonomics of working postures——Models, Methods and Cases [M]. London: Taylor&Francis, 1986.

[41] Hall S J. Basic Biomechanics [M]. 2nd Ed. MO: Mosby-Year BooK, Inc., 1995.

[42] Karhu O, Kansi P, KuorinKa, I. Correcting working postures in industry: A practical method for analysis [J]. Applied Ergonomics, 1977, 8 (4): 199-201.

[43] Karwowski W, Marras W S, et al. The occupational ergonomics handbook [M]. [S. I.]: CRC Press, 1999.

[44] Keeaan J J. Alterations of the lumbar curve related to posture and seating [J]. The J. of Bone and Joint Surgery, 1953, 35-A (3): 589-603.

[45] Kroemer K H E, Grandjean E. Fitting the task to the human [M]. Bristol PA: Taylor&Francis, 1997.

[46] Morrissey M. Human-centric design [J]. Mechanical Engineering, 1998, (7): 60-62.

[47] Niebel B W, Freivalds A. Methods, standards, and work design [M]. 10th ed. New York: WCB McGraw-Hill, 1999.

[48] Panero J. Zelnik M. Human dimension & interior space [M]. London: Whitney Library of Design, The Architectual Press Ltd., 1979.

[49] ISO 2631—1—1997 Mechanical vibration and shock——Evaluation of human exposure to whole-body vibration—Part 1: General requirements（机械振动与冲击——人体承受全身振动的评价（第一部分）：通用要求）.

[50] Stikeleather L F, The Development of An Active Seat Suspension System for Off-Road Vehicles [D]. North Carolina State University at Raleigh, 1968.

[51] Huang B K, Suggs C W. Vibration Studies of Tractors Operators [J]. Transaction of ASAE, 1967, 10 (2): 478-482.

[52] Stikeleather L F, Suggs C W. An Active Seat Suspension System for Off-Road Vehicles [J]. Transaction of ASAE, 1970, 13 (1): 99-106.

[53] ISO/DIS 5349 人体承受传递给手的振动测量和评价标准.

[54] American Society of Heating, Refrigerating, and Air-Conditioning Engineers (ASHRAE). ASHRAE Fundamentals Handbook (19889 fundamentals vol) [M]. New York: American Society of Heating, Refrigerating, and Air-Conditioning Engineers, Inc.

[55] Porter C S, Porter J M. An 'inside-out' approach to automotive design [C]. Proceedings of the 13th Triennial Congress of the International Ergonomics Association, June 29 ~ July 4, 1997, Tampere, Finland: 90-92.

[56] Porter J M, Case K, Freer M T. Recent applications of SAMMIE system [C]. Proceedings of the 13th Triennial Congress of the International Ergonomics Association. June 29 ~ July 4, 1997, Tampere, Finland: 93-95.

[57] Pualt B M. A computer-aided panel layout procedure for process control jobs—LAYGEN [J]. IIE Transactions, 1985, 17 (1): 84-93.

[58] Jung E S. An object-oriented anthropometric database for developing a man model. International Journal of Industrial Ergonomics, 1995, 15 (2): 103-110.

[59] Jensen Holland. The process of selecting a man-machine interface software package for use in a process control system [J]. ISA Transaction, 1992, 31 (3): 101-110.

[60] Jung E S, Park S, Chang S Y. A CSP technique-based interactive control panel layout [J]. Ergonomics, 1995, 38 (9): 1884-1893.

[61] Karwovski W. Complexity, fuzziness and ergonomics in compatibility issues in the control of dynamic work environments [J]. Ergonimics, 1991, 34 (6): 671-686.

[62] Youji Shimizu, Tomio Jindo. A fuzzy IOgic analysis method for evaluating human sensitivities [J]. International Journal of Industrial Ergonomics, 1995, 15 (1): 39-47.

[63] John Croney. Anthropometry for designers [M]. London: Van Nostrand Reinhold Company, 1981.

[64] Ernest J McCormick, Mark S Sanders. Human Factors in Engineering and Design [M]. 5th ed. New York: Mc GRAW-HILL Book Company, 1982.

[65] Jlian Happian-Smith. An Introduction to Modern Vehicle Design [M]. Lodon: Reed Educational and Professional Publishing Ltd, 2001.

[66] John Fenton. HANDBOOK of Automotive Body and System Design [M]. London: Professional Engineering Publishing Ltd, 2001.

[67] Don B Chaffin. Digital Human Modelling for Vehicle and Workplace Design [M]. USA: SAE, Inc. 1997.

[68] Ulrich Seiferlt, Lothar Wech. Automotive Safety Handbook [M]. London: Professional Engineering Publishing Ltd, 2003.

[69] John Fenton. HANDBOOK of Automotive Body Construction and Design Analysis [M]. London: Professional Engineering Publishing Ltd, 1998.